IGREJA:
CARISMA
E PODER

Dados Internacionais de Catalogação na Publicação (CIP)
(Câmara Brasileira do Livro, SP, Brasil)

Boff, Leonardo
    Igreja: carisma e poder – Ensaios de eclesiologia militante / Leonardo Boff. – 5. ed. – Petrópolis, RJ : Vozes, 2022.

    ISBN 978-65-5713-417-7

    1. Igreja Católica 2. Igreja Católica – Doutrinas 3. Teologia da libertação I. Título.

21-96503   CDD-230.2

Índices para catálogo sistemático:
1. Igreja Católica : Doutrinas   230.2
Aline Graziele Benitez - Bibliotecária - CRB-1/3129

IGREJA:
CARISMA
E PODER

Leonardo Boff

EDITORA VOZES

Petrópolis

© by Animus/Anima Produções Ltda.
Caixa Postal 92.144 – Itaipava
25741-970 Petrópolis, RJ
www.leonardoboff.com

Direitos de publicação em língua portuguesa:
1981, 2022, Editora Vozes Ltda.
Rua Frei Luís, 100
25689-900 Petrópolis, RJ
www.vozes.com.br
Brasil

Todos os direitos reservados. Nenhuma parte desta obra poderá ser reproduzida ou transmitida por qualquer forma e/ou quaisquer meios (eletrônico ou mecânico, incluindo fotocópia e gravação) ou arquivada em qualquer sistema ou banco de dados sem permissão escrita da editora.

CONSELHO EDITORIAL

Diretor
Gilberto Gonçalves Garcia

Editores
Aline dos Santos Carneiro
Edrian Josué Pasini
Marilac Loraine Oleniki
Welder Lancieri Marchini

Conselheiros
Francisco Morás
Ludovico Garmus
Teobaldo Heidemann
Volney J. Berkenbrock

Secretário executivo
Leonardo A.R.T. dos Santos

Diagramação: cedida pela Distribuidora Record de Serviços de Imprensa S.A.
Revisão gráfica: Anna Carolina Guimarães
Capa: Adriana Miranda

ISBN 978-65-5713-417-7

Este livro, lançado pela Vozes em 1981, passou por outras duas edições (2. ed. e 3. ed.). Posteriormente, a Record o relançou no mercado (4. ed.). Esta quinta edição marca a sua volta ao catálogo da Vozes.

Este livro foi composto e impresso pela Editora Vozes Ltda.

Dedico este texto aos membros do grupo Justiça e Paz de Petrópolis. Eles tiveram que andar sozinhos e compreenderam que não basta que a Igreja exista. Ela precisa ser continuamente construída, não contra, mas apesar daqueles que a querem reduzir à antiga sinagoga.

Sumário

NOTA À EDIÇÃO REVISTA   17
NOTA À 2ª EDIÇÃO   19
INTRODUÇÃO   21

I. PRÁTICAS PASTORAIS E MODELOS DE IGREJA   23

1. A correta articulação: Reino-mundo-Igreja   25
2. Os grandes modelos herdados do passado   27
    a) *Igreja como* civitas Dei: *totalidade* ad intra   27
    b) *Igreja como* mater et magistra: *o antigo pacto colonial*   28
    c) *Igreja como* sacramentum salutis: *a modernização da Igreja*   30
3. A emergência de um novo modelo: Igreja a partir dos pobres   32
    a) *Uma libertação política e religiosa*   33
    b) *Uma Igreja que nasce da fé do povo*   34
    c) *Uma Igreja à altura dos desafios históricos*   36
    d) *Um apelo à Igreja universal*   37
Notas   39

II. PRÁTICAS TEOLÓGICAS E INCIDÊNCIAS PASTORAIS   41

1. Da única teologia às muitas tendências teológicas   43
    a) *Alcance e limite de cada tendência teológica*   43
    b) *Quais são os "inimigos" ou concorrentes de cada tendência teológica*   44
    c) *Funcionalidade de cada tendência em referência à Igreja e à sociedade*   44
    d) *Qual a teologia útil e necessária para a nossa Igreja e nossa sociedade*   45

2. Primeira tendência teológica: teologia como explicitação do *depositum fidei*   45
3. Segunda tendência teológica: teologia como iniciação à experiência cristã   46
4. Terceira tendência teológica: teologia como reflexão sobre o *Mysterium salutis*   48
5. Quarta tendência teológica: teologia como antropologia transcendental   49
6. Quinta tendência teológica: teologia dos sinais dos tempos (do político, da secularização, da esperança)   51
7. Sexta tendência teológica: teologia do cativeiro e da libertação   52
8. Qual a teologia adequada e necessária à nossa Igreja no Brasil?   54
Notas   55

III. A IGREJA E A LUTA PELA JUSTIÇA E PELO DIREITO DOS POBRES   57

1. A urgência da luta pela justiça social hoje   59
2. Reações mais significativas por parte das Igrejas cristãs   60
3. Fundamentação teológica para o compromisso com a justiça   62
    a) *Afirmação fundamental, tese central*   63
    b) *Três argumentos principais*   63
    c) *Evitar os reducionismos*   66
4. Luta pela justiça e política   66
    a) *Significados de "política": Política com maiúsculo e política com minúsculo*   67
    b) *Política e lucidez: a politização autêntica*   69
5. Distribuição das competências dentro da Igreja   71
    a) *Competência da Hierarquia*   71
    b) *Competência dos religiosos*   71
    c) *Competência dos leigos (cf. Lumen gentium nº 33)*   72
6. Dois critérios para o compromisso dos leigos em um determinado partido   73
7. Conclusão: compreender, apoiar, participar   74
Notas   75

IV. A QUESTÃO DA VIOLAÇÃO DOS DIREITOS HUMANOS DENTRO DA IGREJA   77

1. Colocação do problema: teoria e prática dos direitos humanos na Igreja   80

2. Práticas de Igreja em atrito com sua proclamação dos direitos humanos   81
   a) *No nível institucional*   82
   b) *No nível da formação da opinião na Igreja*   85
   c) *No nível da doutrina e da disciplina*   86
3. Tentativa de explicação   89
   a) *Abordagem histórico-sociológica*   89
   b) *Abordagem analítica: a ideia que a autoridade concebe de si mesma*   92
   c) *Abordagem estrutural*   94
4. Caminhos de superação   95
5. Conclusão   99
Notas   100

V. O PODER E A INSTITUIÇÃO NA IGREJA PODEM SE CONVERTER?   105

1. Esperanças frustradas, mas não destruídas, em face da Igreja-instituição   107
2. A Igreja-instituição passou pela prova do poder?   110
3. O fim das re-formas: urge re-criar   121
4. Refontalização: o sentido evangélico da autoridade   124
   a) *O projeto fundamental de Jesus: libertação e liberdade*   125
   b) *Crítica a todo poder-dominação*   126
5. Eclesiogênese: da velha nasce a nova Igreja   128
6. Sara, a estéril, concebeu   131
Notas   133

VI. O CATOLICISMO ROMANO: ESTRUTURA, SANIDADE, PATOLOGIAS   137

1. Etapas na formulação do problema   139
   a) *Nos protestantes: de um pré-conceito para a busca de um conceito*   140
   b) *Nos católicos: de uma patologia para a busca de uma normalidade*   147
   c) *Conclusão: Evangelho-catolicismo, identidade e não identidade*   151
2. Que autoridade possui o catolicismo primitivo sobre o posterior?   152
3. A identidade do catolicismo   155

4. Catolicismo romano: afirmação corajosa da identidade sacramental   158
5. Patologias do catolicismo romano   163
6. Catolicismo romano oficial e catolicismo popular   166
7. Conclusão: o catolicismo romano deve ser mais tradicional e menos tradicionalista   168
Notas   170

VII. EM FAVOR DO SINCRETISMO: A PRODUÇÃO DA CATOLICIDADE DO CATOLICISMO   175

1. O que é sincretismo   177
    a) Sincretismo como adição   178
    b) Sincretismo como acomodação   178
    c) Sincretismo como mistura   179
    d) Sincretismo como concordismo   179
    e) Sincretismo como tradução   180
    f) Sincretismo como refundição   180
2. O cristianismo é um grandioso sincretismo   181
3. A legitimação teológica do sincretismo religioso   183
    a) O oferecimento salvífico universal e suas historizações   183
    b) A religião como expressão sincrética da fé   186
    c) Catolicidade: a mesma identidade na pluralidade   189
4. Verdadeiros e falsos sincretismos   191
    a) Critérios intrínsecos ao próprio fenômeno do sincretismo   191
    b) Critérios hauridos da autocompreensão cristã   193
5. Uma pedagogia da condescendência   200
Notas   202

VIII. CARACTERÍSTICAS DA IGREJA EM UMA SOCIEDADE DE CLASSES   205

1. Que significa "características da Igreja" (notas, propriedades)   207
2. As características de uma Igreja articulada com a classe hegemônica   209
    a) Campo religioso-eclesiástico e modo de produção da sociedade   210

b) A experiência cristã com seu conteúdo de revelação 214
   c) Características da Igreja num modo dissimétrico de produção religiosa 214
3. Características de uma Igreja articulada com as classes subalternas 216
   a) Igreja-Povo-de-Deus 218
   b) Igreja de pobres e fracos (reduzidos a sub-homens) 219
   c) Igreja dos espoliados (feitos desumanizados) 220
   d) Igreja de leigos 220
   e) Igreja como koinonia *de poder* 221
   f) Igreja, toda ela ministerial 221
   g) Igreja de diáspora 222
   h) Igreja libertadora 222
   i) Igreja que sacramentaliza as libertações concretas 223
   j) Igreja que prolonga a grande Tradição 223
   l) Igreja em comunhão com a grande Igreja 224
   m) Igreja que constrói a unidade a partir da missão libertadora 225
   n) Igreja com nova concreção de sua catolicidade 225
   o) Igreja toda ela apostólica 226
   p) Igreja, realizadora de um novo estilo de santidade 227
4. Conclusão: a credibilidade da esperança cristã 228
Notas 229

IX. A COMUNIDADE ECLESIAL DE BASE: O MÍNIMO DO MÍNIMO 231

1. As comunidades eclesiais de base: encontro do povo oprimido e crente 233
2. As comunidades eclesiais de base nascem da Palavra de Deus 235
3. As comunidades eclesiais de base: maneira nova de ser Igreja 236
4. As comunidades eclesiais de base: sinal e instrumento de libertação 238
5. As comunidades eclesiais de base: celebração de fé e de vida 239

X. AS ECLESIOLOGIAS SUBJACENTES ÀS COMUNIDADES ECLESIAIS DE BASE 241

1. Eclesiogênese: nasce a Igreja da fé do povo 243
2. Problemas específicos de cada tipo de Igreja 245
   a) Problemas em torno do tema-reflexão: Igreja-Povo-de-Deus 245

b) Problemas em torno do tema-reflexão: Igreja-comunidade e sinal de libertação 247

c) Problemas em torno do tema-reflexão: Igreja profética e instrumento de libertação 249

XI. É JUSTIFICADA A DISTINÇÃO ENTRE IGREJA DOCENTE E IGREJA DISCENTE? ENTRE IGREJA QUE FALA E IGREJA QUE ESCUTA? 253

Primeira tese: Toda a Igreja (*communitas fidelium*) constitui a *Ecclesia discens* 255

Segunda tese: Toda a Igreja (*communitas fidelium*) constitui a *Ecclesia docens* 256

Terceira tese: *Docens* e *discens* são duas funções e não frações na Igreja 257

Quarta tese: A distinção entre *Ecclesia docens* e *Ecclesia discens* só é teologicamente válida quando previamente se tiver assumido e ultrapassado a reflexão socioanalítica acerca da divisão religiosa do trabalho 257

Quinta tese: A compreensão dicotômica da *Ecclesia docens* e *Ecclesia discens* resulta de uma visão patológica da realidade da Igreja 260

Sexta tese: A inter-ação dialética como sanidade da distinção entre *Ecclesia docens* e *Ecclesia discens* 261

Notas 262

XII. UMA VISÃO ALTERNATIVA: A IGREJA SACRAMENTO DO ESPÍRITO SANTO 263

1. A encarnação, modelo da Igreja? 265
2. A Igreja fundada por Cristo e pelos Apóstolos, movidos pelo Espírito 267
3. A unidade originária entre o elemento cristológico e pneumático na Igreja 269

    a) O Jesus carnal já era a presença do Espírito Santo no mundo 269

    b) O Espírito Santo na Igreja é já a presença do Cristo ressuscitado 270

    c) Uma Pessoa em duas Pessoas 272

4. A Igreja, Sacramento do Espírito Santo 272

    a) O simbolismo nos milagres de Pentecostes: o Espírito está na Igreja 273

    b) A Igreja, corpo do Cristo ressuscitado: sua dimensão cósmica 274

    c) O Espírito Santo e as estruturas: sinal ou contra-sinal? 275

Notas 278

XIII. UMA ESTRUTURAÇÃO ALTERNATIVA: O CARISMA COMO PRINCÍPIO DE ORGANIZAÇÃO 281

1. À Igreja toda, povo de Deus, são dados o Espírito e os carismas 284
2. O que é mesmo um carisma? 286
3. A simultaneidade dos carismas 289
4. Cada um é portador de um ou mais carismas 290
5. O carisma como estrutura da comunidade 290
6. Os critérios de verdade nos carismas. Quando sabemos que o carisma é carisma? 293
    a) Carisma e talentos humanos 293
    b) O carisma é para a construção da comunidade 294
7. O carisma da unidade entre os carismas: o coordenador, o presbítero, o bispo e o Papa 296

Notas 298

APÊNDICE
O PROCESSO DOUTRINÁRIO A *IGREJA: CARISMA E PODER* 299

Documento 1
Carta do Sr. Cardeal Joseph Ratzinger incriminando pontos do livro *Igreja: carisma e poder* 301

Documento 2
Esclarecimento de Leonardo Boff às preocupações da Congregação para a Doutrina da Fé acerca do livro *Igreja: carisma e poder* (1981) 309

I. Introdução 309
   1. Que contém o livro Igreja: carisma e poder 309
   2. O contexto vital de Igreja: carisma e poder 312
   3. A acolhida de Igreja: carisma e poder 316
   4. Minha atitude fundamental em face do colóquio em Roma 318
   5. Ressonâncias inevitáveis do colóquio em Roma 321
II. Observações sobre a introdução da carta do Sr. Cardeal Ratzinger 323
III. Resposta aos conteúdos da carta do Sr. Cardeal Ratzinger 324

1. Resposta às observações de caráter geral e metodológico: nº 1 324
  2. Resposta às observações de caráter geral e metodológico: nº 2 327
    a) Falta de moderação na linguagem e tradição profética 328
    b) A "falta de precisão da linguagem" e a inadequação de todo discurso sobre a verdade divina 332
  3. Resposta às questões de caráter geral e metodológico: nº 3 334
IV. Resposta às questões referentes à estrutura da Igreja: nº 1 337
  1. Jesus e as estruturas concretas da Igreja 339
  2. A Igreja de Cristo, a Igreja católica e as Igrejas cristãs 340
  3. A questão do protestantismo 342
V. Resposta às questões sobre a concepção do dogma e da revelação: nº 2 345
  1. O dogma e suas formulações 346
  2. A revelação de Deus e as doutrinas sobre Deus 348
  3. O sentido dinâmico do depositum fidei 351
VI. Os eventuais abusos do poder sagrado na Igreja e o Ideal evangélico: nº 3 353
  1. A situação da Igreja no Brasil e os desafios para a instituição da Igreja 354
  2. A legitimidade de categorias socioanalíticas aplicadas à instituição da Igreja 355
  3. A perda progressiva do poder de decisão dos leigos na história da Igreja 357
  4. Os abusos do poder sagrado e a indefectibilidade da Igreja 358
  5. O leigo e a celebração da Ceia do Senhor 363
VII. Conclusão: à Verdade e a Deus a última palavra 365

Documento 3
Congregação para a Doutrina da Fé
Notificação sobre o livro *Igreja:
carisma e poder. Ensaios de eclesiologia militante*,
de Frei Leonardo Boff, O.F.M.   367

Documento 4
Comentário crítico e confutação de pontos da "Notificação"
da Congregação para a Doutrina da Fé   375

  1. Atualidade das questões do carisma e poder na Igreja 375
  2. O pastiche como forma de montar a acusação 379

3. Onde encontrar a Igreja de Cristo: uma questão ecumênica   384
4. Dogma e revelação no cativeiro da cultura ocidental   389
5. O faraonismo no exercício do poder sagrado   392
6. É hybris *da hierarquia querer controlar as manifestações do Espírito*   395
7. Conclusão: o carisma do poder central, magnífico e terrível   397

Documento 5
Balanço crítico vinte anos após   400

I. O processo doutrinário no Vaticano   400
   1. Antecedentes: a polêmica acerca do livro   400
   2. A chegada a Roma e a questão da teologia da libertação   403
   3. O "colóquio" com o Cardeal Joseph Ratzinger em Roma   404
      a) Que são as comunidades eclesiais de base?   407
      b) Só a Igreja Católica é a Igreja de Cristo?   407
   4. O "colóquio" com os cardeias brasileiros   409
   5. Lições a tirar   411

II. Leigo, teólogo e escritor   415

Documento 6
Carta aos companheiros e companheiras de caminhada   417

Nota à edição revista

O livro *Igreja: carisma e poder – Ensaios de eclesiologia militante* se tornou, sem que o autor o pretendesse, um livro histórico. Publicado em 1981 (Vozes, Petrópolis), pretendia fazer eco à efervescência que se notava fortemente nas bases da Igreja e da sociedade sacudidas pelos ventos de libertação.

O propósito original era preparar o terreno para um tratamento sistemático da Igreja visando à sua reestruturação institucional para que estivesse à altura da eclesiogênese (o nascimento de um novo tipo de Igreja) que ocorria no Brasil e na América Latina. O título pretendido e anunciado era *De Ecclesia severina* (A Igreja severina). Esse título já anunciava a forma como se queria pensar e organizar a Igreja, articulada com os pobres e com sua liberação.

Tal objetivo e os conteúdos deste livro preocuparam setores conservadores da Igreja do Brasil e sobressaltaram sobremaneira as instâncias doutrinárias do Vaticano.

Em 1984, o autor foi submetido a um processo junto à Congregação para a Doutrina da Fé, a antiga ex-Inquisição ou Santo Ofício. Tal fato atraiu a atenção da opinião pública mundial porque o processo fora colocado no contexto da condenação da teologia da libertação, discutida dentro da Igreja e perseguida pelos militares latino-americanos, que, não por acaso, fora feita naquela mesma semana.

Passado um ano do julgamento, o autor foi condenado a um tempo indeterminado de "silêncio obsequioso", deposto da cátedra de teologia, impedido de escrever e de coordenar o editorial religioso da Editora Vozes. O livro *Igreja: carisma e poder* não poderia mais ser reeditado sem profundas remodelações.

Por razões que não cabe aqui detalhar, mas que serão referidas no final do Apêndice, o autor se viu obrigado a deixar o ministério presbiteral em 1992. Porém continuou como teólogo e escritor.

Em 1994, a Editora Ática republicou a obra sem qualquer remodelação, com um apêndice no qual se recolhiam todos os documentos oficiais da polêmica e a primeira reação crítica do autor, o que antes lhe era vedado, acerca da "notificação" da Congregação para a Doutrina da Fé.

Agora, passados mais de 20 anos do processo, a Record fez uma nova edição, conservando o texto original de 1981, o apêndice com a crítica do autor, acrescentando, porém, um sucinto histórico e um balanço do que significou o livro *Igreja: carisma e poder*.

O espaço de liberdade de pensamento e de criação foi se estreitando cada vez mais ao longo do Pontificado de João Paulo II, a ponto de se tornar impossível concluir *De Ecclesia severina*. Até a presente data são cerca de 140 teólogos de várias partes do mundo, da Europa, dos EUA, da Ásia e do Brasil vitimados pela ex-Inquisição. É um verdadeiro flagelo para o pensamento cristão que procura um diálogo com as várias culturas, assentado na fidelidade ao evangelho, na grande tradição e no serviço fraterno à causa da justiça, da paz e da preservação do criado no seio de uma humanidade sofredora. O que a teologia da libertação sempre buscou foi reforçar uma Igreja toda ela servidora e pobre, comprometida na luta contra a fome e a exclusão das grandes maiorias da humanidade.

O clima de medo e de repressão eclesiástica que se abateu sobre a comunidade eclesial, particularmente a partir de meados dos anos 80 do século XX, confirma as críticas de centralismo, autoritarismo e até de arrogância feitas por *Igreja: carisma e poder* e torna suas teses de reforma e de que outra Igreja é possível mais atuais do que nunca.

L.B.
Petrópolis, 20 de fevereiro de 2005.

Nota à 2ª edição

Em 1984, o autor do livro *Igreja: carisma e poder* foi submetido, no Vaticano, a um processo doutrinário perante a Congregação para a Doutrina da Fé, mais comumente conhecida como ex-Santo Ofício e ex-Santa Inquisição. O resultado desse processo consistiu na imposição ao autor de um tempo de "silêncio obsequioso", na verdade um silêncio forçado e penitencial, e na proibição de se reeditar o livro incriminado. A censura, inusitada na tradição daquele organismo de controle das doutrinas, não fala de heresias, nem de doutrinas escandalosas ou ofensivas aos ouvidos piedosos; apenas reza: "as opções do autor são de tal natureza que põem em perigo a sã doutrina da fé".

Passados dez anos, reedita-se o livro assim como apareceu em sua primeira edição, sem correções ou acréscimos. Os fatos eclesiais ocorridos nos últimos anos só fizeram confirmar o acerto das opiniões, críticas e opções sustentadas por *Igreja: carisma e poder*.

No final do livro, foram acrescentados um Apêndice com os documentos do processo doutrinário e as duas respostas do autor. Os leitores dar-se-ão conta de que, em um debate interno de Igreja, não só de teologia se trata, mas de muitos outros assuntos, não totalmente alheios à sociedade e à política.

L.B.

Introdução

O subtítulo *Ensaios de eclesiologia militante* define a linha desta coletânea de estudos e perspectivas sobre a realidade histórica e teológica do carisma e do poder na Igreja. Vários destes trabalhos são inéditos, outros foram publicados em distintas revistas, fruto de conferências e debates. O autor não esconde sua posição e seu interesse por certo tipo de renovação e inovação na Igreja. Trata-se, pois, de um posicionamento *militante* que não impede, antes dá força de concreção à busca da verdade da fé com a qual está comprometido o teólogo.

Estamos vivendo tempos privilegiados. Há uma efervescência de vida eclesial que revigora todo o corpo, dos pés à cabeça. Tanto as bases quanto as cúpulas se puseram em uma caminhada de renovação. O que daí vai resultar é certamente um novo rosto da institucionalidade da Igreja. Há forças vivas, particularmente nas bases, que não são adequadamente recolhidas nos condutos tradicionais da organização eclesiástica. Elas demandam nova reestruturação e nova divisão eclesiástica do trabalho e do poder religioso. Para isto, impõe-se uma visão diferente da eclesiologia. Ela não foi ainda sistematizada, de forma a responder de maneira global às demandas da realidade. Mas se faz urgente em toda a América Latina.

O presente texto não pretende preencher esta lacuna. Assume, isto sim, alguns desafios, ora críticos em face de uma certa tradição, ora construtivos na direção de um novo modelo de Igreja, e os reflete de maneira militante e também corajosa.

Dentro em pouco, esperamos entregar à nossa Igreja no Brasil um trabalho sistemático em Eclesiologia que faça jus à riqueza que o Espírito aqui suscita e que esteja à altura dos desafios aqui vividos e assumidos na *parrhesia* apostólica. Ele será escrito em parceria com Frei Clodovis Boff e se intitulará *De Ecclesia severina*.

O presente texto será certamente compreendido por aqueles que amam a Igreja com suas rugas e manchas. Portanto, por aqueles que já superaram uma mentalidade triunfalista. Outros poderão estimar que é totalmente supérfluo e até inoportuno. Isto não me magoará de forma nenhuma. Não me vem à mente outra ideia senão esta de Santo Agostinho, repetida pelo grande filósofo Ludwig Wittgenstein:

"*Et multi ante nos vitam istam agentes, praestruxerunt aerumnosas vias, per quas transire cogebamur multiplicato labore et dolore filiis Adam.*" Traduzindo: "E muitos antes de nós levando esta vida construíram caminhos tormentosos pelos quais éramos obrigados a caminhar com multiplicadas canseiras e sofrimentos impostos aos filhos de Adão."

Sítio São José, Estrada Santa Veridiana,
Santa Cruz, fevereiro de 1981.

L. B.

I.
PRÁTICAS PASTORAIS E MODELOS DE IGREJA

Mais e mais a Igreja da América Latina ocupa as atenções dos analistas religiosos, primeiramente devido à sua importância numérica e depois devido aos ensaios eclesiológicos em curso, às novas posições do episcopado ante os problemas sociais e à emergência de uma Igreja que nasce das bases populares. Que tendências se perfilam no atual momento eclesial e que perspectiva de futuro cada uma projeta? A verdadeira eclesiologia não se encontra nos manuais ou nos escritos dos teólogos; ela se realiza e vigora nas práticas eclesiais e está sepultada dentro das instituições eclesiásticas. Em decorrência disto, se quisermos identificar as principais tendências eclesiológicas em nosso continente latino-americano, devemos analisar as distintas práticas com seus atores e a partir daí as prédicas e as elaborações teóricas. É o que tentaremos fazer, sucintamente.

1. A correta articulação: Reino-mundo-Igreja

Para que nossa análise tenha um sentido teológico além daquele fenomenológico, importa articular corretamente os pólos que entram na compreensão da Igreja. A Igreja não pode ser entendida nela e por ela mesma, pois está a serviço de realidades que a transcendem, o Reino e o mundo. Mundo e Reino são as pilastras que sustentam todo o edifício da Igreja. Primeiro apresenta-se a realidade do Reino, que engloba mundo e Igreja. *Reino* – categoria empregada por Jesus para expressar sua *ipsissima intentio* – constitui a utopia realizada no mundo (escatologia); é o fim bom da totalidade da criação em Deus, finalmente liberta totalmente de toda imperfeição e penetrada pelo Divino, que a realiza absolutamente. O Reino perfaz a salvação em seu estado terminal. O *mundo* é o lugar da realização histórica do Reino. Na presente situação, ele se encontra decadente e marcado pelo pecado; por isso, o Reino de Deus se constrói contra as forças do anti-Reino; impõe-se sempre um oneroso processo de libertação para que o mundo possa acolher em si o Reino e desembocar no termo feliz. A *Igreja* é aquela parte do mundo que, na força do Espírito, acolheu o Reino de forma explícita na pessoa de Jesus Cristo, o Filho de Deus encarnado em nossa opressão, guarda a permanente memória e a consciência do Reino, celebra sua presença no mundo e em si mesma e detém a gramática de seu anúncio, a serviço do mundo. A Igreja não é o Reino, mas seu sinal (concreção explícita) e instrumento (mediação) de implementação no mundo.

Cumpre articular em uma ordem correta estes três termos. Primeiro vem o Reino como a primeira e última realidade, englobando todas as demais. Depois vem o mundo como o espaço da historificação do Reino e de realização da própria Igreja. Por fim, vem a Igreja como realização antecipatória e sacramental do Reino dentro do mundo e mediação para que o Reino se antecipe mais densamente no mundo.

A aproximação demasiada da realidade da Igreja ou até a identificação com o Reino faz emergir uma imagem eclesial abstrata, idealista, espiritualizante e indiferente à trama da história. Por outro lado, uma identificação da Igreja com o mundo projeta uma imagem eclesial secularizada, mundana, disputando o poder entre outros poderes deste século. Por fim, uma Igreja centrada sobre si mesma e não articulada com o Reino e com o mundo faz aparecer uma imagem eclesial autossuficiente, triunfalista, sociedade perfeita que duplica as funções que, normalmente, competem ao Estado ou à sociedade civil, não reconhecendo a autonomia relativa do secular e a validade do discurso da racionalidade.

Todas estas desarticulações teológicas constituem patologias que demandam uma terapia; a sanidade eclesiológica reside na correta relação entre Reino--mundo-Igreja, na sequência como enunciamos linhas atrás, de tal sorte que a realidade da Igreja sempre apareça na ordem do sinal concreto e histórico (do Reino e da salvação) e do instrumento (da mediação) em função de serviço salvífico ao mundo.

2. Os grandes modelos herdados do passado

Feitos estes esclarecimentos de corte metodológico, queremos aprofundar quatro práticas eclesiais com suas correspondentes eclesiologias (latentes ou explícitas) que ocorrem na América Latina, perguntando-nos pela sua significação em confronto com os desafios que são próprios de nosso continente e que futuro se pode esperar de semelhantes práticas eclesiais.

a) Igreja como civitas Dei: *totalidade* ad intra

Persiste ainda na América Latina, embora cada vez com menor intensidade, uma prática de Igreja voltada quase exclusivamente para dentro. A Igreja se entende como a exclusiva portadora da salvação para os homens; atualiza o gesto redentor de Jesus mediante os sacramentos, a liturgia, a meditação bíblica, a organização da paróquia ao redor de tarefas estritamente religioso-sagradas. O Papa, o bispo e a estrutura hierárquica da Igreja em geral constituem os eixos organizadores da compreensão da Igreja; ela é essencialmente clerical no sentido de que sem o clero, ordenado no sacramento da ordem, nada de decisivo pode acontecer na comunidade. Cultivam-se a tradição, a exatidão das fórmulas ortodoxas oficiais e a fixação canônico-jurídica da liturgia com os fiéis. O mundo não possui consistência teológica; deve ser convertido, pois somente na mediação da Igreja acede a *ordo gratiae*. Como seu campo de atuação é o campo estritamente sagrado, ela se mostra insensível aos problemas humanos que ocorrem fora de seus limites, no mundo e na sociedade. O político constitui a dimensão do "sujo", que deve ser evitado o mais possível. Mais que neutralidade, vigora uma indiferença em face das realidades "mundanas".

Por detrás destas práticas funciona uma eclesiologia da Igreja-sociedade-perfeita, paralela à outra sociedade perfeita do Estado. Esta compreensão trai um expediente teológico de afirmação do poder da Igreja, ainda que na gerência do religioso. O poder religioso não é entendido como uma forma de leitura de toda a realidade, um "espírito" com o qual se abordam as coisas todas, mas uma região delimitada da realidade, cuja competência cabe à Hierarquia.

Não existe uma articulação com a realidade do Reino e do mundo. Praticamente, nesta visão se identifica Igreja com o Reino, pois é somente nela que encontra historização. Do mundo ela é alheada, porquanto se sente fora dele, embora em função dele. Isto não implica que a Igreja não se organize no mundo; pelo contrário, dado que somente por ela passam a salvação e o sobrenatural, criam-se obras que vêm sob o título explícito de "católico": sindicatos cristãos, escolas católicas, imprensa religiosa, universidades católicas etc. Por essas iniciativas se garante a presença de Deus dentro do mundo. Como se depreende, a Igreja se constrói à parte do mundo, duplicando os serviços.

Que futuro possui este modelo de Igreja? Teologicamente, está vastamente superado pela teologia do Vaticano II; entretanto, práticas tradicionais não se desmontam facilmente mediante uma nova teologia; mas, na medida em que outras práticas eclesiais ganham hegemonia, este modelo da Igreja, *civitas Dei* sobre a terra, vai se marginalizando e se tornando abertamente reacionário e não apenas tradicionalista. O futuro está ligado à sorte dos próprios bispos que com o desaparecimento deste modelo de Igreja lhes permite acertar o passo com a História. As chances de recuperação são mínimas.

b) Igreja como mater et magistra: *o antigo pacto colonial*

A América Latina foi missionada dentro de um determinado modelo de Igreja, aquele próprio do Padroado. Segundo este modelo, a Igreja se faz presente no mundo mediante um pacto com o Estado, que provê todas as necessidades da Igreja e garante seu funcionamento. Trata-se da relação entre hierarquias, a civil com a religiosa. Igreja nesta acepção é simplesmente sinônimo de Hierarquia. Com a queda do regime de Padroado e a emergência dos vários estados republicanos, o modelo se reajustou e ganhou nova versão. A Igreja se aproxima das classes dominantes que controlam o Estado e organiza suas obras no seio ou a partir dos interesses das classes dominantes: assim os colégios, as universidades, os partidos cristãos etc. Evidentemente, trata-se de uma visão do poder sagrado articulado com o poder civil. A Igreja dá a sua interpretação a este pacto: ela quer servir ao povo e às grandes maiorias pobres; estes são carentes, não têm meios, instrução, participação. Para ajudá-los, ela se aproxima daqueles que efetivamente têm condições de ajudar, que são as classes abastadas. Educa-lhes os filhos para que estes, imbuídos de espírito cristão, libertem os pobres. Nesta estratégia, criou-se uma vasta rede de obras assistenciais. A Igreja aparece como uma Igreja *para* os pobres e não tanto *com* os pobres e *dos* pobres.

No nível doutrinário, este tipo de Igreja se mostra conservador e ortodoxo. Suspeita de todas as inovações. A dogmática é rígida, e a visão, jurídica, próprias de quem ocupa os lugares de mando na Igreja (Hierarquia). A referência à autoridade, especialmente ao Papa, está sempre presente; o discurso é sacerdotal, sem nenhum laivo profético. O edifício da fé é apresentado como compacto e perfeito; dele não se há de tirar nada, nem a ele acrescentar nada. Mas devem-se derivar consequências para a prática social. A Igreja emerge, fundamentalmente, como *mater et magistra*: sobre todas as questões possui uma lição que tira de seu depósito feito da Escritura, da Tradição, dos ensinamentos do Magistério e de um certo tipo de leitura da lei natural.

Em termos da articulação Reino-mundo-Igreja, nota-se, efetivamente, uma certa funcionalidade com referência ao mundo. A relação se realiza com os poderes estabelecidos e não com os movimentos históricos emergentes (reformadores, inovadores, revolucionários), porque a própria Igreja se entende a partir de uma visão jurídica e de poder (*potestas sacra*, comunicada mediante o sacramento da ordem). Com referência ao Reino, este modelo continua a vê-lo realizado exclusivamente na Igreja ou no mundo pela mediação da Igreja.

Que futuro possui este modelo? Ele possui uma respiração longa, porque goza de um substrato histórico muito forte; ademais, a concentração do poder na Igreja em poucas mãos (corpo hierárquico) facilita a relação com os outros poderes deste mundo. Nunca é muito difícil o entendimento entre os "poderosos" que decidem e fazem arranjos, geralmente por cima das cabeças do povo, que no continente latino-americano é ao mesmo tempo oprimido e religioso. Interessa à política centralista romana este tipo de Igreja fundado sobre o poder sacerdotal e magisterial e a autoridade sagrada da Hierarquia. Ele entra, todavia, em crise na medida em que os estados se fazem autoritários e até totalitários, começando a oprimir o povo para além dos limites suportáveis pela ética. Neste momento, prevalece o transfundo evangélico da Igreja (Hierarquia); buscam-se isenção e neutralidade; é neste momento que se ouve o discurso sobre o caráter não político da Igreja e sobre sua especificidade religiosa irredutível. De resto, este tipo de Igreja se afina com os regimes políticos autoritários; nunca se faz uma crítica de fundo sobre sua ilegitimidade, apenas sobre seus abusos. Nos países latino-americanos onde predomina este modelo de Igreja, nota-se, sem surpresas, que os respectivos episcopados se mostram desprovidos de espírito profético e da *parrhesia* evangélica. A luta pelos direitos humanos não se faz publicamente, mas mediante contatos secretos entre as cúpulas militares e as cúpulas hierárquicas. Outro caminho é visto como intromissão na vida política, considerada de estrita competência do Estado ou dos leigos. Este modelo agrada ao poder dominante, porque reduz o campo de atuação da Igreja à sacristia. Supõe uma sociologia funcionalista em que cada corporação é bem definida e possui suas práticas próprias, sem interferências de uma corporação em outra. Assim, a Igreja não deve, consoante esta compreensão, imiscuir-se na política. Evidentemente, a Igreja não é uma instituição política, mas mantém uma relação com a política na medida em que esta apresenta uma dimensão objetiva de Reino e tem um caráter ético. À Igreja, cabe pronunciar-se sobre o caráter ético e/ou religioso das práticas políticas; é uma derivação de sua missão evangelizadora. Este modelo de Igreja é demasiadamente comprometido com os poderes seculares para, normalmente, assumir uma atitude crítica em face das opressões que amarguram a vida do povo.

c) Igreja como sacramentum salutis: *a modernização da Igreja*

Os últimos cinquenta anos marcaram as sociedades latino-americanas com a aparição de uma burguesia industrial dinâmica, nacionalista e modernizadora. A tarefa urgente consistia em superar o atraso técnico em que nos encontrávamos mediante uma rápida modernização de toda a estrutura produtiva. O espantalho que precisava ser exorcizado era o subdesenvolvimento. Para isso, convocaram-se todas as forças em nome do progresso e do desenvolvimento em todas as frentes. Paralelamente a este processo, criaram-se formas mais adequadas de participação social: democracias com base populista e organização sindical.

A Igreja participou ativamente deste programa desenvolvimentista. Ocorreu uma inusitada abertura da Igreja ao mundo. Os problemas principais não eram os doutrinários (combate à penetração protestante e ao secularismo do Estado) e litúrgico-disciplinares, mas os ligados à sociedade: justiça, participação, desenvolvimento integral para todos. A Igreja pode ser acelerador e não freio deste processo. Importa valorizar a ciência, a relativa autonomia das realidades terrestres, desenvolver uma ética do progresso e do compromisso com a transformação social. A Igreja participou nos últimos cinquenta anos em todos os grandes debates em torno da educação, do desenvolvimento econômico, da formação de sindicatos e da reforma agrária. O secular emergia como valor teológico.

O Vaticano II elaborou a teologia adequada a tais práticas de Igreja, por um lado legitimando-as, por outro iluminando-as criticamente. Primeiramente, torna-se claro que devemos pensar a realidade em termos de *mysterium salutis* e da universalidade do oferecimento da salvação. A Igreja é apresentada como sacramento da salvação universal. Importa compreender que, fundamentalmente, a salvação (como oferecimento) é universal e pervade toda a História. A Igreja é o momento de densificação e celebração desta salvação universal. A Igreja se torna, por sua vez, universal na medida em que sinaliza para todos os homens o amor salvífico do Pai por seu Filho na força do Espírito. Porque é assim, as realidades, chamadas terrestres e seculares, são portadoras possíveis da graça e da salvação. Merecem ser buscadas por elas mesmas e não somente na medida em que são inseridas dentro do projeto da Igreja. Esta perspectiva conferia caráter teológico ao compromisso dos cristãos em luta pela construção de um mundo mais justo e fraterno.

A Igreja, no marco desta teologia, articulou-se com os estratos modernos da sociedade, particularmente com os empenhados em uma transformação do mundo. Não necessariamente aproximou-se do Estado, mas dos grupos, portadores da ciência, da técnica, do poder político na sociedade civil. A Igreja mesma se modernizou em suas estruturas, adaptadas à mentalidade funcional da modernidade, secularizou-se em muitos de seus símbolos, simplificou a liturgia e tornou-a adequada ao espírito do tempo. O discurso da Igreja se fez mais profético no sentido de denunciar os abusos do sistema capitalista e a marginalização do povo. Neste nível, não apresentava uma perspectiva alternativa, mas reformista, aquilo que era suportável pelos grupos modernos da sociedade. Não pedia, fundamentalmente, outro tipo de sociedade, apenas mais participação nesta que aí está dentro do sistema liberal moderno de capitalismo avançado e tecnológico.

Em termos da articulação Reino-mundo-Igreja, a reflexão teológica foi muito atenta: Reino constitui o grande arco-íris sob o qual estão mundo e Igreja; mundo é o lugar da ação de Deus construindo seu Reino já agora aberto para a escatologia que ainda não se realizou em plenitude. A Igreja como o sacramento, vale dizer, o sinal e o instrumento oficial e público mediante os quais Cristo e seu Espírito atuam e aceleram a concretização do Reino na história do mundo e de forma explícita e densa no espaço da Igreja. Mundo aqui se entendia, preferencialmente, a modernidade, produto da grande empresa científico-técnica. Com este "mundo", a Igreja buscou uma aproximação, uma reconciliação, e ofereceu sua colaboração diaconal.

Que futuro é destinado a este modelo de Igreja? Devemos reconhecer que, numericamente, este é o modelo mais vigente em toda a América Latina. Praticamente, a grande maioria assimilou o Vaticano II e fez a virada que se exigia em termos de mentalidade teológica (teoria) e de presença no mundo (prática). A Igreja se libertou de uma carga tradicional que a tornava pouco simpática ao homem moderno e conseguiu elaborar uma nova codificação da fé que respondesse ao espírito crítico do homem urbano, assimilado dentro do processo produtivo capitalista. Os intelectuais, antes em sua grande maioria anticlericais, agora passam a ter na Igreja uma aliada. A Igreja confia muito mais nos centros de poder decisório que procuram engajar-se em tarefas eclesiais e imbuir-lhes de espírito novo, nascido do Vaticano II. Os vários movimentos, como Cursilhos de Cristandade, Movimento Familiar Cristão, Movimento Carismático e outros deste gênero, têm como endereçados primeiros os grupos bem situados na sociedade e não o povo proletarizado e pobre. O futuro deste tipo de presença da Igreja a partir de sua coligação com os estratos modernos da sociedade depende do destino da própria sociedade moderna. A Igreja tentará evangelizá-los a partir dos valores e da ótica própria da modernidade. A relação para com os pobres se definirá a partir da ótica dos ricos acerca dos pobres; os ricos serão convocados a ajudar na causa dos pobres, mas sem precisar, necessariamente, mudar de lugar social e de prática burguesa.

3. A emergência de um novo modelo: Igreja a partir dos pobres

A partir dos anos de 1960, iniciou-se em quase todos os países latino-americanos uma crescente conscientização acerca dos reais mecanismos produtores do subdesenvolvimento. Este não consiste apenas em um problema técnico nem somente político. É consequência do tipo de desenvolvimento capitalista no interior dos países cêntricos (Atlântico Norte), que, para manter os níveis de aceleração e acumulação a que chegaram, necessitam estabelecer relações profundamente dissimétricas com os países mais atrasados tecnologicamente e ricos em matérias-primas; estes são *mantidos* no subdesenvolvimento, que aparece, então, como a outra face do desenvolvimento. O subdesenvolvimento surge como um desenvolvimento dependente e associado ao desenvolvimento dos países ricos. Esta dependência significa opressão em nível econômico, político e cultural. A estratégia a longo alcance é conseguir uma libertação que garanta um desenvolvimento autossustentado capaz de atender às reais necessidades do povo e não ao consumismo dos países ricos e dos estratos nacionais associados aos países ricos.

a) Uma libertação política e religiosa

O sujeito histórico desta libertação seria o povo oprimido, que deve elaborar a consciência de sua situação de oprimido, organizar-se e articular práticas que intencionem e apontem para uma sociedade alternativa menos dependente e injustiçada. As demais classes podem e devem incorporar-se ao projeto dos oprimidos, sem, entretanto, quererem assumir sua hegemonia. Assim, ocorreu que, a partir dos anos de 1960, inúmeros jovens, intelectuais e toda uma gama de movimentos surgiram para viabilizar tal libertação. Fizeram uma opção de povo: começaram a entrar no continente dos pobres, assumir sua cultura, dar expressão a seus reclamos e a organizar práticas, consideradas pelo *status quo* como subversivas. Não poucos passaram para a violência de guerrilhas urbanas e de camponeses, sendo violentamente reprimidos pelos estados de segurança nacional.

Neste processo, participaram inúmeros cristãos e organizações inteiras, como a Juventude Universitária Católica, a Ação Operária Católica e outras. Eram geralmente pessoas e grupos com forte contradição de classe (extração burguesa), cheios de idealismo, mas sem muito senso político em termos da viabilidade histórica de semelhante libertação popular.

Posteriormente, passados os anos da repressão mais dura (1968-1974), começaram as bases da Igreja a assumir importância excepcional em termos eclesiológicos e também políticos. Era o povo mesmo que assumia seu próprio destino. Tudo, geralmente, começa com círculos bíblicos. Depois se passa à criação da pequena comunidade eclesial de base. Sua tarefa, inicialmente, é aprofundar a fé internamente, preparar a liturgia, os sacramentos e a vida de piedade. Em um estágio um pouco mais avançado, passa-se a tarefas de mútua ajuda nos problemas da vida dos membros. Na medida em que se organizam e aprofundam a reflexão, eles se dão conta de que seus problemas apresentam um caráter estrutural. Sua marginalização é consequência do tipo de organização elitista, de acumulação privada, enfim, da própria estrutura econômico-social do sistema capitalista. Aí emerge a questão política, e o tema da libertação ganha conteúdos concretos e históricos. Não se trata de uma libertação apenas do pecado (do qual sempre nos devemos libertar), mas de uma libertação que também possui dimensões históricas (econômicas, políticas e culturais). A fé cristã visa diretamente à libertação derradeira e à liberdade dos filhos de Deus no Reino, mas inclui também as libertações históricas como forma de antecipação e concretização da libertação última, só possível no termo da história em Deus.

b) Uma Igreja que nasce da fé do povo

É aqui que se faz importante a verificação de como o povo faz a passagem do religioso ao político. Geralmente, para ele, as duas realidades vêm unidas. Começa pelo religioso. Aí ele se dá conta das injustiças que são pecado que Deus não quer. Depois passa para a compreensão das estruturas reais que produzem as injustiças. Importa mudá-las para que não produzam mais o pecado social.

O compromisso político nasce da própria reflexão da fé que exige mudança. Mesmo quando se fazem análises sobre os mecanismos da opressão, nunca está ausente a fé, como horizonte de compreensão, como mística poderosa para a ação e como ponto de chegada de todo agir humano. A comunidade não se transforma em uma célula política. Ela é aquilo que é: lugar da reflexão da fé e de sua celebração. Ao mesmo tempo, porém, é o lugar onde se ajuízam eticamente, à luz de Deus, as situações humanas. A comunidade cristã e a comunidade política não são dois espaços fechados, mas abertos, por onde circula o cristão: na comunidade cristã, este celebra e alimenta sua fé; aí ele ouve a palavra de Deus, que o envia para o compromisso para com seus irmãos; na comunidade política, age e atua ao lado de outros, realizando concretamente a fé e a salvação; aqui ele escuta a voz de Deus, que o chama a expressar-se na comunidade cristã. Tanto um espaço quanto o outro vêm recobertos pela realidade do Reino de Deus, que se realiza, embora sob signos diferentes, em um e em outro espaço.

Primeiramente, a comunidade eclesial de base significa mais que um instrumento mediante o qual a Igreja atinge o povo e o evangeliza. É uma forma nova e original de se viver a fé cristã, de se organizar a comunidade ao redor da Palavra, dos sacramentos (quando é possível) e dos novos ministérios exercidos por leigos (homens e mulheres). Há uma nova distribuição do poder na comunidade, muito mais participado, evitando-se toda centralização e dominação a partir de um centro de poder. A unidade fé-vida, Evangelho-libertação se dá concretamente sem o artifício de difíceis mediações institucionais; propicia-se o surgimento de uma rica sacramentalidade eclesial (a Igreja toda como sacramento), com forte criatividade nas celebrações, com um sentido profundo do sagrado, próprio do povo. Está em curso uma verdadeira eclesiogênese, a Igreja nascendo da fé dos pobres.

Por outro lado, a comunidade eclesial é o lugar de exercício da democracia real do povo, onde tudo é discutido e decidido junto e se aprende o pensamento crítico. Para um povo secularmente submetido, ao qual sempre se cassou a palavra, a simples *prise de parole* já significa um primeiro momento de tomada de poder e de elaboração de seu próprio destino. O significado da comunidade eclesial desborda de seu sentido religioso e assume, assim, um alto significado político.

Por detrás destas práticas, vige uma eclesiologia que encontra nas categorias Povo de Deus, *koinonia*, profecia, *diakonia* seus eixos estruturadores. Este tipo de Igreja supõe aquilo que se cristalizou em Puebla: uma opção preferencial pelos pobres. Importa compreender o exato sentido desta opção. Trata-se de privilegiar os pobres (sem exclusivismo) como o novo sujeito histórico emergente que vai preferentemente realizar o projeto cristão no mundo. Os pobres aqui não são compreendidos apenas como aqueles que possuem carências; eles as têm, mas têm também força histórica, capacidade de mudança, potencial evangelizador. A Igreja acede a eles diretamente; não passa pela mediação do Estado ou das classes hegemônicas. Por isso, aqui não se trata mais de uma Igreja para os pobres, mas de uma Igreja de pobres e com os pobres. A partir desta opção e inserção nos meios pobres e populares é que a Igreja define sua relação com os demais estratos sociais. Ela não perde sua catolicidade; dá-lhe um conteúdo real e não retórico; dirige-se a todos, mas a partir dos pobres, de suas causas e de suas lutas. Daí ser a temática essencial desta Igreja a mudança social na direção de uma convivência mais justa, direitos humanos, interpretados como direitos das grandes maiorias pobres, justiça social, libertação integral, passando, principalmente, pelas libertações sócio-históricas, serviço concreto aos deserdados deste mundo etc.

c) Uma Igreja à altura dos desafios históricos

As categorias Povo de Deus e Igreja-comunhão permitem redistribuir melhor a *potestas sacra* dentro da Igreja, obrigam à redefinição do papel do bispo e do padre, permitem que surjam novos ministérios e um novo estilo de vida religiosa encarnada nos meios populares. A Hierarquia é de mero serviço interno, e não constituição de estratos ontológicos que abrem o caminho para divisões internas ao corpo eclesial e de verdadeiras classes de cristãos (sentido analítico). Não é aqui o lugar de desenvolver a eclesiologia presente nas práticas novas deste tipo de Igreja. Ela já se encontra em estado de avançada elaboração na teologia feita na América Latina.

Com referência à articulação Reino-mundo-Igreja, devemos dizer que aqui se verifica uma forma própria de realizar a dialética destas relações. Reino é, sim, a utopia cristã que concerne ao destino terminal do mundo. Mas insistimos: ele se encontra em processo dentro da história sempre e lá onde se constroem a justiça e a fraternidade, e onde os pobres são respeitados e feitos agentes de sua própria história. Portadores do Reino são todos os homens, instituições e práticas que se orientam pelos ideais éticos intencionados pelo Jesus histórico. A Igreja é um portador qualificado e oficial, mas não exclusivo. A categoria mundo recebe uma determinação histórica: é o mundo dos pobres, o submundo que deve ser transformado em mundo do convívio humano fraterno; no mundo, há o Reino e o anti-Reino (submundo da miséria), e o Reino se constrói contra o anti-Reino, cujos agentes podem e devem ser, profeticamente, denunciados. A Igreja se propõe assumir o submundo e o não homem para ajudar no processo de libertação integral, aportando especialmente sua especificidade: a referência religiosa e sua leitura em chave de Reino de Deus, já agora em processo até culminar na consumação do mundo.

Parece-nos que, mediante o pacto da Igreja com as grandes maiorias pobres do continente (cujo símbolo maior foi a entrega do anel pontifical do Papa João Paulo II aos favelados do Vidigal no Rio de Janeiro, em julho de 1980), descortina-se um caminho novo para a Igreja. Desde Teodósio, a Igreja foi certamente uma Igreja para os pobres, mas nunca mais conseguiu ser uma Igreja de pobres. Agora, os pobres não são apenas vistos numa perspectiva caritativa e assistencialista, mas principalmente política: são as classes populares, novo sujeito histórico emergente que, provavelmente, decidirá os destinos da sociedade futura. Os pobres estão aumentando o nível de sua consciência, organizando suas práticas e exigindo uma sociedade mais participativa e menos elitista. Provavelmente, é nesta direção que caminhará o processo social. A Igreja, em sua reflexão e prática (pelo menos na América Latina), está sendo contemporânea a estas exigências. Não chega atrasada com modelos inadequados. Está conseguindo se manter à altura dos desafios. A sociedade futura latino-americana terá uma presença estrutural dos elementos cristãos e evangélicos, graças à Igreja que está ajudando a gestar o futuro. Esta verdade é tão forte, que analistas já ponderam: uma sociedade latino-americana que não incluir em seu processo, em grau elevado, elementos cristãos, mostra-se antipopular. A matriz do povo é cristã; esta matriz está sendo expressa dentro de uma codificação que responde às demandas históricas. É a chance de mostrar todo seu vigor e sua verdade. É nesta direção que caminha a esperança e se define o futuro mais promissor da Igreja latino-americana.

d) Um apelo à Igreja universal

Em conclusão, podemos dizer: há distintas práticas eclesiais no continente, cada qual com sua imagem de Igreja latente, algumas prolongando a tradição do cristianismo colonial, outras adaptando-se aos novos fatos históricos, especialmente diante da necessidade de inserção mais profunda dentro do sistema capitalista, outras mais críticas postulando mudanças que vão contra a corrente dominante mas que se ligam organicamente ao rio subterrâneo e profundo dos anseios de libertação dos pobres. Elas convivem e compõem a vitalidade da mesma Igreja de Cristo que vive e sofre seu mistério pascal na periferia das grandes nações e das veneráveis Igrejas europeias. Mas sua voz fala cada vez mais alto e pode ser ouvida no coração do centro. Estimamos que elas representam um chamado a toda a Igreja para que seja mais evangélica, mais serviçal e mais sinal da salvação que interpenetra, como dom de Deus, todos os tecidos humanos. Elas encarnam o que deve ser. E o que deve ser tem força histórica invencível.

Nota

Este ensaio representa um pouco a experiência eclesial do autor, há muitos anos circulando pela América Latina a serviço de diferentes comunidades e tentando refletir teologicamente sobre a realidade que está se fazendo dentro e fora da Igreja latino-americana. Apesar deste caráter mais pessoal, indicaremos algumas referências bibliográficas para ajudar o leitor a aprofundar o tema: BOFF, L., *Igreja e vida religiosa no processo de libertação*, Petrópolis, 1975; Id., *Teologia do cativeiro e da libertação*, Petrópolis, 1980, p. 201-20; *Mission et universalité concrète de l'Église*, em Lumière et Vie, 137 (1978), p. 33-52. BOFF, Cl., *Comunidade eclesial, comunidade política. Ensaios eclesiológicos*, Petrópolis, 1978; Id., *A influência política das comunidades eclesiais de base*, em SEDOC, 11 (1979), p. 797-818; BOFF, L., *Église en genèse. Les communautés de base ré-inventent l'Église*, Paris, 1978; BIGO, P., *L'Église et la révolution du Tiers Monde*, Paris, 1974; PROAÑO, L., *Pour une Église libératrice*, Paris, 1973; ARROYO, G., KRISCHKE, P. J. e outros, *The Church and politics in Latin America*, Toronto, 1977; VIDALES, R., *La Iglesia latinoamericana y la política después de Medellín*, Quito, 1972; MUÑOZ, R., *Nueva conciencia de la Iglesia en América Latina*, Salamanca, 1974; MARINS, J. e equipe, *Igreja e conflitividade social na América Latina*, São Paulo, 1976; CLAR, *Pueblo de Dios y comunidad liberadora. Perspectivas eclesiológicas desde las comunidades religiosas que caminan con el pueblo*, Bogotá, 1977; CELAM, *Conflicto social y compromiso cristiano en América Latina*, Bogotá, 1976; VÁRIOS, *Igreja, povo que se liberta. Estudos sobre a eclesiologia das comunidades de base no Brasil*, em SEDOC, 11 (1979), p. 705-862; MUÑOZ, R., *Sobre el capítulo eclesiológico de las conclusiones de Puebla*, em Puebla, 3 (1979), p. 141-51; BOFF, L., *O caminhar da Igreja com os oprimidos. Do vale de lágrimas rumo à terra prometida*, Rio de Janeiro, 1980.

II.
PRÁTICAS TEOLÓGICAS E INCIDÊNCIAS PASTORAIS

1. Da única teologia às muitas tendências teológicas

A teologia (como saber regrado) resulta de uma maneira própria de considerar todas as coisas, a saber, à luz de Deus. Todas as coisas possuem uma dimensão teologal, porque todas podem ser vistas em referência a Deus ou contempladas a partir de Deus. Neste sentido, como perspectiva e ótica próprias (*ratio formalis* dos escolásticos, ou princípio de pertinência dos modernos), a teologia é uma só.

Não obstante, existem várias formas de realizar historicamente a tarefa teológica. Assim, pode-se querer relevar o caráter *sapiencial* da teologia, e então deparamos com a teologia patrística. Outras épocas estão interessadas no caráter *científico*, racional e sistemático da fé, e aparecem então as sumas teológicas da teologia medieval. Outros tempos sentem a urgência de sublinhar o fator *existencial* da fé, ou seu caráter libertário e *social*, e nos deparamos com a teologia contemporânea. Assim, emergem as várias tendências teológicas. Cada uma delas procura ouvir toda a verdade apostólica e se esforça por ser fiel ao Evangelho, enucleando todos os dados ao nosso redor que sejam decisivos ou de uma preocupação fundamental. Normalmente, a história e a sociedade é que propõem as perspectivas básicas.

a) *Alcance e limite de cada tendência teológica*

Nenhuma tendência pode monopolizar a teologia e se apresentar como a teologia. Em todo dito está o não dito. A razão (também teológica) é finita. Por consequência, nenhuma geração de cristãos pode expor e resolver todas as questões apresentadas pela fé. Disto decorre que cada tendência teológica deve conhecer seu alcance e principalmente seus limites. Nesta humildade, ela pode dizer toda a verdade no fragmento do tempo histórico. Deve também estar aberta a acolher outras formas de sistematizar a fé, embora sempre levantando a questão acerca de quais assuntos são os mais relevantes e até decisivos para a teologia abordar em vista das exigências da Igreja concreta e da história presente.

b) Quais são os "inimigos" ou concorrentes de cada tendência teológica

Cada tendência teológica tem uma verdade a propor e erros correspondentes a combater. Ela ocupa um lugar na Igreja, e a partir daí define sua relação com as várias instâncias e outras correntes. Muitas vezes, as verdadeiras intenções de uma tendência teológica se revelam na identificação de seus contraentes polêmicos e das coisas que ela critica ou condena.

c) Funcionalidade de cada tendência em referência à Igreja e à sociedade

Um teólogo não vive no ar; participa da Igreja e da sociedade; tanto uma quanto outra não são corpos homogêneos, mas corpos permeados por tendências, interesses e conflitos. Como qualquer agente social e eclesial, o teólogo ocupa um determinado lugar, e sua produção teórica e sua prática guardam certa funcionalidade para com este ou aquele grupo de Igreja ou da sociedade, seja apoiando, criticando, condenando ou justificando. Esta situação é objetiva e independe da vontade das pessoas. Entretanto, o teólogo conscientizado do fenômeno pode controlar e orientar esta funcionalidade. É computada por conta da ingenuidade epistemológica a pretensão de fazer um discurso totalmente neutro, desengajado e somente teológico. Ninguém tem o poder de controlar plenamente os efeitos de suas palavras ou ações sobre os destinatários.

d) Qual a teologia útil e necessária para a nossa Igreja e nossa sociedade

Referir as várias tendências teológicas vigentes hoje na Igreja pode significar um exercício de diletantismo intelectual ou a satisfação de uma curiosidade, em si legítima. Em uma Igreja aberta, as ideias circulam e incidem sobre as práticas pastorais e ajudam a alimentar o *intellectus fidei*. Não obstante, não se pode eludir a questão verdadeiramente decisiva: qual é a teologia útil e necessária para a Igreja e a sociedade *hic et nunc*? A Igreja tem já sua caminhada dentro de uma determinada sociedade; tomou suas grandes decisões e apresenta um perfil feito de ação e reflexão. A sociedade afronta a fé com graves desafios que devem ser tomados a sério e refletidos pela teologia com o intuito de ajudar a Igreja a ver claro para que possa decidir com acerto. Em razão desta *diakonia* que toda verdadeira teologia dentro da Igreja deve prestar, não é qualquer tendência teológica que se mostra apta para desempenhar este serviço indispensável. Uma Igreja só pode se considerar adulta quando dispõe de uma reflexão séria que acompanha suas práticas e de um corpo de peritos capaz de elaborar o quadro teórico da fé articulado com os desafios provindos da realidade sócio-histórica. Resta decidir qual é a teologia adequada e necessária à Igreja que peregrina com o povo brasileiro, em sua grande maioria religioso e pobre.

2. Primeira tendência teológica: teologia como explicitação do *depositum fidei*

No *depositum fidei* estão contidas as verdades necessárias para a nossa salvação. Consoante esta teologia, tal depósito foi confiado ao Magistério, que não só o guarda fielmente, como o defende ciosamente e o interpreta autenticamente. A teologia possui uma função de explicitação das verdades deste depósito sagrado procurando o nexo entre os vários mistérios e sua articulação com a razão humana.

Como a teologia realiza sua tarefa? Ela tenta expor de forma sistemática as verdades, começando com o tratado da apologética (*de vera religione, de revelatione, de Ecclesia*) e terminando com os novíssimos[1]. A forma de apropriação se faz da seguinte maneira: apresentam-se as verdades propostas ou definidas pela Igreja; identificam-se os inimigos antigos (arianos, pelagianos etc.) e modernos (reformadores, iluministas, existencialistas); aduzem-se as provas da Escritura, as provas da Tradição, as razões teológicas. A Escritura é considerada um repositório de frases (*dicta probantia*), inspiradas e reveladas; da Tradição se tomam também frases, sem levar em conta as teologias internas de cada uma destas fontes ou as várias camadas de sua elaboração histórica. Aqui, o que importa é a clareza das verdades de fé, com suas várias qualificações (*de fide, proxima fidei, opinio theologica* etc.), bem como a identificação das proposições errôneas (*haereticae, pias aures offendentes* etc.).

A incidência desta teologia na pastoral é mínima, pois não ajuda muito a iluminar os problemas eclesiais, geralmente mesclados com problemas sociais, políticos e ideológicos. Sua maior influência se dá na catequese, mediante uma metodologia doutrinária sem outros maiores recursos pedagógicos. Na moral, é tuciorista; na administração dos sacramentos, é estritamente obediente às prescrições canônicas. Seus "inimigos" são os hereges e os inovadores em teologia e pastoral.

A incidência na sociedade apresenta-se também mínima. Esta teologia não dispõe de instrumentos teóricos, nem teológicos nem analíticos para ajuizar um sistema social ou para se pronunciar sobre questões seculares. No máximo, é uma teologia das consequências, no estilo: "Se houvesse mais moral, se tivesse havido mais catecismo nas famílias e na escola, não haveria a avalanche de crimes dos dias atuais." Esta teologia é para o consumo interno da Igreja.

Alcance e limites desta tendência: ela é forte nos conteúdos da fé, formulados com extremo cuidado e precisão técnica; o fiel tem a impressão de saber o que está certo e o que está errado. Seu principal limite: é pouco existencial, não possui mordência histórica, corre o risco de ser rígida e de criar farejadores de heresias e denunciadores perante as instâncias doutrinárias.

3. Segunda tendência teológica: teologia como iniciação à experiência cristã

O saber da fé não é apenas intelectual, mas "cordial" e existencial; deve propiciar uma experiência do mistério cristão como mistério da autocomunicação da vida divina às vidas humanas. Esta tendência teológica tem também, como a primeira, a Igreja como eixo enucleador, mas entende a Igreja como Povo de Deus ou Corpo

Místico de Cristo[2]. A fé é a fé da Igreja, e não apenas a da Hierarquia. A tarefa da teologia consiste na explanação racional de todo o mistério cristão que engloba dimensões mais amplas que aquelas das "verdades reveladas", como o aspecto cúltico-litúrgico, a vivência da comunidade.

Esta intenção básica faz com que esta tendência assimile muito as contribuições da reflexão moderna sobre a existência, a história, o processo de conversão, as relações interpessoais. O esquema básico é o mesmo da tendência anterior, mas dentro de parâmetros mais atualizados: a utilização das Escrituras respeita e aproveita os resultados da exegese, o argumento da Tradição é precedido pelo estudo da patrologia e da história dos dogmas, o *sensus fidelium* ganha maior peso.

Esta teologia tem abertura ecumênica; se a primeira tendência é apenas centrada na Igreja Católica (Hierarquia), esta se dimensiona para todo o fenômeno cristão; seus contraentes na polêmica são os humanismos fechados e os sistemas totalitários, negadores da transcendência de Deus e do homem.

A incidência na pastoral desta tendência é notável, pois a codificação da fé se apresenta em uma linguagem que fala ao sentido da vida e anima a fé como experiência de encontro com Deus (mistagogia). A catequese insere experiências humanas como mediadoras para os mistérios cristãos, a moral atende melhor e faz justiça aos condicionamentos concretos em que se dá a decisão ética, a liturgia assume melhor seu caráter de celebração.

A incidência no mundo se faz não sobre as estruturas, mas sobre os relacionamentos humanos. A riqueza do personalismo moderno se faz valer otimamente no contexto comunitário, a conversão atinge o coração e os grupos e permite à fé revelar sua dimensão humanizadora e magnificadora da dignidade humana.

Alcance desta teologia: recupera a riqueza da grande tradição bíblica e patrística de uma teologia mais sapiencial e mistagógica; a verdade, mais que apresentação objetiva de um dado, é vivida como encontro transformador (*metánoia*), ajuda a sedimentar uma Igreja como comunidade de fé. Seus limites: o conteúdo da fé pode empanar-se devido às demasiadas mediações antropológicas, existenciais e personalistas; não atina para o caráter estrutural e institucional dos grandes fenômenos eclesiais e sociais, não alcançáveis pela dinâmica da conversão pessoal.

4. Terceira tendência teológica: teologia como reflexão sobre o *Mysterium salutis*

Se nas duas tendências anteriores, a Igreja, seja como Hierarquia, seja como Povo de Deus, ocupava o centro da teologia, agora é o mistério da salvação o pólo enucleador de toda sistematização[3]. *Mysterium salutis* é um conceito-chave na Tradição antiga e na teologia do Vaticano II. Deus se oferece a si mesmo como salvação universal para todos os homens, de sorte que há uma só história da salvação, que vai do *Abel iusto usque ad ultimum electum*, recobrindo toda a história dos homens. A história do AT e do NT emerge como uma história sacramental (sinal e instrumento), como o momento de conscientização e de reflexão de que a salvação é um oferecimento a todos os povos. Esta consciência única, suscitada por uma revelação específica de Deus ao povo de Israel, tem também sua história e foi codificada nas Escrituras Sagradas.

Esta teologia está atenta ao fenômeno religioso universal, entendido como res-posta humana à pro-posta divina; o homem sempre se encontra sob o arco-íris da graça e do perdão de Deus, apesar do pecado e das recusas permanentes.

Esta tendência se apropria de tal visão pelo entendimento das fontes da fé (Escritura e Tradição) sempre dentro de um contexto maior (a história da salvação/perdição universal). Na argumentação, são tomados em conta os testemunhos maiores das outras religiões. O diálogo ecumênico não se restringe às Igrejas cristãs, abrindo-se às religiões do mundo.

Os "inimigos" desta teologia são os ateus teóricos que se fecham à abertura ínsita do homem ao Mistério, o secularismo como ideologia das realidades terrestres, consideradas autossuficientes e sem qualquer referência a um Maior.

Sua incidência sobre a pastoral: esta tendência significou uma rajada de ar fresco e oxigenado no velho edifício dogmático da Igreja; o sentido pastoral é grande, pois mostra a fé aberta às outras manifestações de Deus no mundo, aprende a valorizar os sinais dos tempos, possíveis portadores da vontade concreta do Espírito, alarga a compreensão dos sacramentos, mais como sinais visibilizadores da graça já presente e oferecida que instrumentos produtores de graça anteriormente inexistente.

Incidência sobre a sociedade: ela mostra uma Igreja aberta, capaz de aprender das ciências modernas, discerne o momento de salvação/perdição nas várias instâncias sociais, interessa-se por tudo o que faz crescer o homem, pois ajuda a preparar a matéria do Reino de Deus que já se inicia aqui e agora, culminando na eternidade.

Alcance desta teologia: mostra a real catolicidade da Igreja que se deriva da universalidade do oferecimento salvífico; incentiva uma perspectiva contemplativa da vida e da história, na medida em que as vê "grávidas de Cristo e do Mistério"; supera uma visão dualista, sagrado por um lado e profano do outro, natural e sobrenatural como realidades justapostas.

Limite desta tendência: propende a considerar mais a história da graça do que a considerar a história da recusa e do pecado; é demasiadamente otimista, exaltando o trabalho, a ciência e a técnica, sem apreciar o fato de que, em sua concreção histórica, tais fenômenos se prestam atualmente a serem instrumentos da dominação de países sobre outros tecnicamente mais atrasados.

5. Quarta tendência teológica: teologia como antropologia transcendental

O destinatário do oferecimento salvífico de Deus é cada homem que vem a este mundo. Esta tendência faz a viragem, tipicamente moderna, do objeto para o sujeito[4]. O homem, interlocutor de Deus, constitui a ideia geradora de todos os demais temas teológicos. Mas não é qualquer acepção de homem que aqui é tomada como foco orientador. Não é o homem empírico, nem a imagem do homem que deriva das ciências antropológicas, mas o homem tal como apresentado pelas Escrituras: ouvinte da Palavra, em permanente diálogo com o Último que se faz presente na consciência, em transcendência viva, jamais categorizável completamente. Por isso, esta tendência não significa imanentismo; pelo contrário, resgata dentro da história a transcendência, o homem como mistério, abertura infinita para a qual somente Deus é o pólo adequado e plenificador.

Esta tendência procura, em todos os mistérios da fé, mostrar seu *quoad nos*, sua referência a nós, em que medida eles vêm ao encontro das buscas humanas. Parte do pressuposto ontológico de que o homem foi "construído" assim por Deus, que só é plenamente homem em contato com a revelação; só em Jesus Cristo, Deus humanado, se decifra o mistério antropológico. O grito do homem de todos os tempos pelo Infinito e o Eterno é eco da própria voz do Eterno e do Infinito que o chama. Assim sendo, o mistério da Encarnação não concerne apenas a Jesus de Nazaré; de certa forma, concerne a cada homem, pois nele sente sua própria vocação realizada.

Os "inimigos" que esta tendência enfrenta são os que separam demasiadamente o cristianismo dos movimentos do mundo em busca do Absoluto, os que não põem em evidência o aspecto de realização humana presente na revelação de Deus, o imanentismo das ciências humanas modernas, que recalcam e não explicitam o elemento de transcendência presente no homem.

A incidência pastoral desta tendência é evidente: procura-se valorizar todas as manifestações verdadeiramente humanas e autênticas da cultura, porque por detrás está em ação o próprio Espírito de Deus. A comunidade é o espaço e o lugar onde se celebra a salvação que se realiza na história, onde se faz a exegese dos sinais dos tempos. O presbítero, além de um representante da Igreja, deve ser um representante do homem, tocado por Deus, vigário de Jesus, o *novissimus Adam*, no qual o divino do humano se mostrou em toda a sua intensidade.

A incidência na sociedade também é respeitável, pois os cristãos são colocados como peregrinos junto com os demais homens; todas as manifestações que mostram a abertura e a transcendência humana são valorizadas, como respostas bem-sucedidas ao apelo de Deus, que os homens atendem mesmo inconscientemente. Esta tendência milita por uma sociedade aberta, antiautoritária, pois só assim se criam as condições para a concretização da transcendência real do homem.

Alcance desta teologia: ela valoriza não apenas a história judaico-cristã (história sacramental), mas toda a história humana; elabora um conceito sagrado do homem, superando todo e qualquer profanismo e naturalismo (não ausente na teologia clássica); ajuda a compreender melhor a realidade humano-divina, outrora expressa pelas categorias natural-sobrenatural: a permanente abertura e chamado do homem por parte de Deus.

Limites desta tendência: ela corre o risco de não atribuir muito peso aos fechamentos históricos, a não ver a história do mal com suas estruturas e agentes; à força de sublinhar o caráter transcendental do homem e dos mistérios cristãos, perde suas categorizações (concretizações) intramundanas; não é suficientemente dialética no sentido de não levar mais em conta o caráter conflitivo da história.

6. Quinta tendência teológica: teologia dos sinais dos tempos (do político, da secularização, da esperança)

O Vaticano II (*Gaudium et Spes*) insistiu no fato de que a Igreja se encontra dentro do mundo, participante de suas esperanças e angústias. Esta consciência permitiu à teologia descobrir novos campos e novos objetos para sua reflexão. A grande tradição teológica sistematizara já, quase à exaustão, com um instrumental tomado da filosofia e das ciências históricas e linguísticas, os temas diretamente teológicos: Deus, Jesus Cristo, a revelação, a gesta salvadora no Filho e pelo Espírito, a Igreja, os sacramentos, a escatologia etc. O desafio que hoje se apresenta consiste nisto: como pensar teologicamente realidades que de si não se apresentam como teológicas, mas como profanas e seculares, assim o campo da política, os sistemas sociais vigentes, os mecanismos econômicos, os processos libertários dos povos ou classes dominadas, a empresa científico-técnica?

Para falar delas teologicamente, precisamos, previamente, apropriar-nos de um conhecimento adequado, caso contrário incorremos simplesmente em *ignoratio elenchi*. Assim, o teólogo precisa se adestrar na leitura de textos analíticos das várias ciências positivas e histórico-sociais, o que propicia a emergência de um novo dialogante para a teologia, as ciências do homem e da sociedade. Sobre a leitura científica e crítica, faz-se a interpretação teológica e ética.

Assim, no primeiro pós-Concílio surgiram algumas teologias[5] que vinham sob o signo de teologias dos sinais dos tempos. Os fenômenos antes referidos apresentam-se como sinais interpeladores que nos desafiam a buscar neles a presença ou a negação do desígnio de Deus. Dessa forma, surgiram as teologias do político, da secularização, da esperança e da *process-theology* dos EUA. Todas elas têm isto em comum: trata-se de fenômenos coletivos, públicos, que demandam também uma expressão pública e política da fé. Não se quer acrescentar nada à fé, apenas desentranhar estas dimensões que estão ínsitas dentro dela, mas que foram, historicamente, encobertas por ela ter sido vivenciada de modo intimista, personalista e individualista. A secularização é considerada uma consequência da própria fé que liberta o mundo de características divinas ou mágicas e o devolve ao homem para o seu campo de criatividade responsável. A esperança, mais que uma virtude, embora cardeal, constitui um dinamismo ontológico dentro de cada homem e da sociedade que impede as estagnações e propicia as mudanças e até as revoluções. A teologia volta a redescobrir "a memória subversiva e perigosa de Jesus de Nazaré", que, quando esteve entre nós, não disse: "Eu sou a Tradição, mas eu sou a Verdade" (Tertuliano), com isso colocando em marcha um processo de mudança que vai além do coração e envolve também a sociedade e a criação inteira.

Os contraentes polêmicos desta tendência são aqueles que reduzem o cristianismo somente à sua dimensão pessoal e familiar, excluindo seu momento social e político. Caem no absentismo dos problemas do mundo e no conservadorismo religioso e político, retardando o advento do Reino de Deus.

A incidência sobre a pastoral se torna evidente; abre à comunidade cristã novas formas de presença e testemunho no meio das estruturas em vista de sua mudança, a partir, evidentemente, dos critérios próprios da fé.

A incidência social também não precisa ser ressaltada, porque se trata de uma reflexão orientada diretamente sobre o elemento social e histórico. Se a Igreja no último milênio mais se prestou a legitimar a ordem estabelecida, agora é convocada a ser um fator de mudança e uma força histórica de humanização do mundo, realidade esta não indiferente a uma teologia do Reino.

O principal alcance desta tendência reside no fato de ter aberto outros campos para a pastoral e para a reflexão teológica, necessários para a fé no nosso mundo.

Seu principal limite está em que a análise das realidades profanas não se apresenta ainda bem articulada com o discurso teológico, ficando uma justaposição danosa para ambas as partes, a teologia e a compreensão da realidade.

7. Sexta tendência teológica: teologia do cativeiro e da libertação

No pós-Concílio, a teologia não se viu confrontada apenas com os problemas das sociedades abertas, industriais e secularizadas. A questão primordial que as Igrejas sentiam exigir uma urgente resposta era: como ser cristão em um mundo crítico, adulto, funcionalista? Descobriu-se um desafio ainda maior, vindo das periferias da Ásia, África e especialmente América Latina: emergem os pobres como fenômeno social, as grandes maiorias, marginalizados dos benefícios do processo produtivo e explorados como excedentes de uma sociedade que privilegia soluções técnicas, em detrimento de soluções sociais, para os seus problemas. A questão é: como ser cristão em um mundo de empobrecidos e miseráveis? O tempo das reformas no sistema já passou; importa um processo de libertação no qual os pobres recuperem sua dignidade aviltada e ajudem a gestar uma sociedade não necessariamente rica, mas sobretudo mais justa e mais fraterna.

Os passos metodológicos desta tendência[6] já foram detalhados e ensaiados com êxito: parte-se de uma indignação ética em face da pobreza que Deus não quer para seus filhos, ao mesmo tempo que se faz uma experiência religiosa perante os pobres, entre os quais está presente o Servo Sofredor Jesus Cristo. Em segundo lugar, importa conhecer por que caminhos e mecanismos se produzem por um lado gritante miséria e por outro escandalosa riqueza. Aqui, cabem as análises históricas, sociais, políticas e econômicas. Em terceiro lugar, cumpre ler esta realidade da miséria, já decodificada com o instrumental sócio-analítico, com os olhos da fé e da teologia, discernindo as sendas da graça e os picadeiros do pecado. Por fim, faz-se mister apontar pistas de ação pastoral mediante as quais a Igreja e os cristãos ajudem no processo de libertação integral. A fé cristã traz a sua contribuição específica no processo mais global de libertação dos pobres, privilegiando os meios não violentos, a força do amor, a capacidade inexaurível do diálogo e da persuasão, procurando entender também à luz de critérios éticos, firmados na Tradição, a violência às vezes inevitável porque imposta pelos que não querem nenhuma mudança.

Os "inimigos" desta tendência são aqueles que não conseguem ver uma dimensão libertária presente na fé cristã e na vida de Jesus, os que reduzem a expressão da fé apenas ao âmbito do culto e da piedade e se mostram insensíveis aos gritos do Jó moderno que sobem ao céu.

A incidência na pastoral da Igreja se faz notar nas várias práticas de muitas Igrejas periféricas, em seu empenho na defesa dos direitos humanos, especialmente dos pobres, na denúncia das violências do sistema capitalista e neocapitalista, na constituição de comunidades de base, onde o povo expressa, alimenta e articula sua fé com as realidades da vida que os oprimem.

A incidência na vida social não é menos relevante: a Igreja se fez companheira, por razões teológicas, de todos aqueles que lutam por uma sociedade alternativa e mais participativa; a coesão teológica e pastoral do corpo episcopal em favor dos pobres colocou a Igreja entre as forças mais importantes da sociedade.

O alcance desta teologia se mede pela sua ressonância nos meios intelectuais e populares. Depois de séculos, por causa desta teologia, o interesse pela reflexão teológica desceu às ruas; é uma teologia com forte dimensão profética e missionária. Não são poucos os que, em contato com ela, voltam à Igreja para com outros cristãos se comprometerem por reformas necessárias.

Limites desta tendência: à força de insistir sobre o caráter estrutural do pecado social e da necessidade de uma graça também social e estrutural, corre-se o risco de esquecer a conversão pessoal e a busca da perfeição da vida cristã. Há também o temor de que o político desborde de seus limites e acabe ocupando todo o horizonte da fé. A fé possui, inegavelmente, uma dimensão política, que hoje é urgente, é exigência do Espírito à sua Igreja, mas não absorve toda a riqueza da fé, que deve também encontrar outras expressões dentro do processo de libertação integral, como a expressão mística, litúrgica, pessoal.

8. Qual a teologia adequada e necessária à nossa Igreja no Brasil?

Todas as tendências teológicas são úteis, porque cada uma delas põe a descoberto dimensões que ficam escondidas ou pouco focalizadas em outras tendências. Isto, entretanto, não impede que apresentemos a questão básica: qual das teologias surge das práticas pastorais, religiosas e místicas do caminhar de nossa Igreja? Qual delas é momento de iluminação e de animação para tais práticas? Creio que devemos refletir, com Puebla (cf. nº 368), que a temática da libertação é uma das criações originais de nossos cristãos e uma contribuição positiva às demais Igrejas que peregrinam com outros problemas e desafios. Isto não significa que as demais tendências devam ser descartadas, mas que se deve assumir tudo o que nelas nos possa ajudar a ser mais fiéis ao Evangelho, à grande Tradição, ao Povo de Deus e principalmente aos anelos de libertação dos pobres.

Depois de ter feito tudo o que está ao seu alcance, não cabe ao teólogo senão ouvir a palavra do Senhor: "Não somos senão simples servos; fizemos o que tínhamos de fazer."

Notas

1. Nesta tendência, caberiam os clássicos manuais de teologia de corte neoescolástico: o grupo espanhol, com a *Sacrae Theologiae Summa*, BAC, 1952s; o grupo alemão, com Pohle-Gummersbach, *Handbuch der Dogmatik*, 3 vol., Innsbruck, 1952; o grupo francês, com o comentário à *Summa Theologica* feito pelos dominicanos, *Initiation théologique*, Paris, 1952; o grupo italiano (latino), os vários manuais saídos da Gregoriana de Roma.
2. Aqui cabe citar especialmente SCHMAUS, M., *Katholische Dogmatik*, Munique, 1956, ou, do mesmo autor, *A fé da Igreja*, 4 vol., Petrópolis, 1973s (original 1970).
3. Basta que citemos aqui o volumoso manual de teologia à luz dos princípios do Vaticano II; *Mysterium Salutis*, Petrópolis, 1971s, em 24 volumes, ou a série do grupo de língua francesa *Le mystère Chrétien*, Desclée, 1963s.
4. Aqui importa citar a vasta obra de K. Rahner e sua escola, que ganhou expressão coletiva no *Lexikon fur Theologie und Kirche*, 10 vol., Friburgo, 1955s; *Handbuch der Pastoraltheologie*, Friburgo, 1966; *Sacramentum mundi*, 4 vol., Friburgo, 1970; as produções pós-conciliares de Flick-Alszeghy, professores da Gregoriana sobre antropologia, graça, revelação.
5. Quem mais se destacou foi METZ, J. B., com sua *Teologia política* e *Teologia do mundo*, Lisboa, 1970; na França, DUQUOC, Ch., com estudos sistemáticos sobre a secularização; MOLTMANN, J., *Teologia da esperança*, São Paulo, 1971.
6. Veja GUTIÉRREZ, G., *Teologia da libertação*, Petrópolis, 1976; BOFF, L., *Teologia do cativeiro e da libertação*, Petrópolis, 21980; BOFF, Cl., *Teoria e prática. A teologia do político e suas mediações*, Petrópolis, 1977.

III.
A IGREJA E A LUTA PELA JUSTIÇA E PELO DIREITO DOS POBRES

1. A urgência da luta pela justiça social hoje

Basta olharmos em volta para confirmarmos a verdade do grito dos bispos latino-americanos reunidos em Puebla (1979): "Do coração dos vários países que formam a América Latina está subindo ao céu um clamor cada vez mais impressionante; é o grito de um povo que sofre e que reclama *justiça*, liberdade e respeito aos direitos fundamentais dos homens e dos povos... O clamor é crescente, impetuoso e, nalguns casos, ameaçador... A situação é de *injustiça*..." (nº 87, 89, 90, cf. 28). Clama-se por justiça, denuncia-se a injustiça social e estrutural.

Atrás destes brados proféticos se esconde o drama, no caso brasileiro, de 75% da população que vive em situação de marginalidade relativa; de 43% da população condenada a sobreviver apenas com um salário mínimo. Como dizia o operário de Vila Penteado (São Paulo), Manoel Paulo da Silva: "O que ganho é tão pouco que só dá para dizer que ainda estou vivo." E a sua mulher, Helena Gomes da Silva, completava: "Isto aqui não é vida de ninguém"[1].

Não admira que 40% dos brasileiros vivam, trabalhem e durmam com fome crônica; que haja 10 milhões de deficientes mentais, 8 milhões atacados de esquistossomose, 6 milhões com malária, 650 mil tuberculosos e 25 mil leprosos[2].

Para que nos escandalizarmos com tais cifras? Já as conhecemos e infelizmente nos temos habituado a elas.

Mas esta situação conscientizada constitui na consciência dos cristãos um verme que não nos deixa descansar. É o fermento que dinamiza o compromisso crescente das Igrejas na luta pela justiça social. É o tema de nossa reflexão.

2. Reações mais significativas por parte das Igrejas cristãs

Diante destas contradições que corporificam o pecado da opressão, do empobrecimento e da desumanização, esboçaram-se reações no corpo hierárquico da Igreja brasileira. Os últimos anos testemunham um sério compromisso da Igreja com a causa da justiça:

A função tribunícia da Igreja: os bispos e a CNBB romperam a censura imposta à palavra livre no Brasil (a partir de 1968) e anunciaram e denunciaram as violações sistemáticas aos direitos humanos, as torturas, a insuficiência dos salários, a expropriação das terras. A Igreja se fez o tribuno do povo.

Criaram-se vários organismos que dão eficácia à luta pela justiça:

- Comissão Justiça e Paz em nível nacional, diocesano e em muitos lugares, em cada paróquia ou comunidade de base;
- CIMI: Conselho Indigenista Missionário, órgão ligado à CNBB e encarregado de ajudar os índios na defesa de suas terras e de sua cultura;
- CPT: Comissão de Pastoral da Terra: órgão que acompanha os problemas das terras, onde a violência assume formas extremas;
- Movimento Custo de Vida, que mobilizou mais de 1 milhão de pessoas.

Observemos: todos estes órgãos não visam defender os interesses corporativos da Igreja, mas do povo esbulhado. É um serviço da Igreja ao oprimido contra o pecado do esbulhamento a que está submetido.

Opção preferencial pelos pobres: é a expressão teológica que subjaz ao compromisso cristão. Os pobres foram os privilegiados por Jesus, não pelo fato de serem bons e abertos, mas pelo fato de serem pobres (Puebla nº 1.142): "Criados à imagem e semelhança de Deus para serem seus filhos, esta imagem jaz obscurecida e também escarnecida [pela pobreza]. Por isso, Deus toma sua defesa. Assim é que os pobres são os primeiros destinatários de sua missão" (nº 1.142). Assumindo a causa da justiça dos pobres, a Igreja coloca-se no mais puro seguimento de Jesus. João Paulo II, falando aos bispos em Puebla, recordou que o compromisso de Jesus foi "um compromisso com os mais necessitados" (3.3).

Neste transfundo se entendem vários documentos de nossos bispos que tiveram repercussão universal e que revelam o conteúdo evangélico das ações cristãs:

Não oprimas teu irmão: dos bispos de São Paulo reunidos em Brodósqui, em 1974.

Eu ouvi os clamores de meu povo: documento dos bispos e religiosos do Nordeste, em 1973.

Marginalização de um povo: o grito das Igrejas: documento dos bispos do Centro-Oeste do Brasil, em 1974.

Exigências cristãs de uma ordem política: CNBB, 1977, importante documento dos bispos colocando a tônica no tema da participação do cidadão e do cristão na construção de uma sociedade justa e, por isso, diferente daquela na qual vivemos e sofremos[3].

Solidariedade dos bispos paulistas e da CNBB às greves dos metalúrgicos do ABC paulista em 1980, as maiores de nossa história. A Igreja reconheceu a legitimidade da greve dos operários em busca de melhores salários e da estabilidade por um ano no trabalho. Quando todos os locais foram interditos ao povo, quando todo o aparato do Estado (jurídico, policial, político) se fechou contra os operários, a Igreja abriu o recinto sagrado de seus templos. O que há de mais sagrado do que a pessoa humana? O sagrado da pessoa é mais importante que o sagrado dos objetos e espaços sagrados. É em função da sacralidade da pessoa, de seus direitos, que existe o sagrado material. Na pessoa, estamos em face do Sagrado de Deus. Esta solidariedade dos bispos dividiu a opinião pública controlada pelas classes dominantes. Este tipo de ação das Igrejas não lhes é mais funcional. Acabam atacando a Igreja; na verdade, estão atacando o povo e a Igreja que tomou a defesa do povo "capado e recapado, sangrado e ressangrado" (Capistrano de Abreu)[4].

Resultado desta postura da Igreja na defesa da justiça social: a Igreja ganhou credibilidade, e o Evangelho de Jesus mostra sua força de libertação. Tudo o que é justo, digno, toda luta em prol da defesa da dignidade humana é compatível com o Evangelho e, mais do que isso, exigido por ele.

De repente, muitos cristãos começaram a sentir orgulho de sua fé e de sua Igreja. A Igreja em quase todo o país se mobilizou na coleta de alimentos e de ajuda monetária para os grevistas em São Paulo.

Como pequeno índice da credibilidade da Igreja, seja referida a estatística da Pontifícia Universidade Católica do Rio de Janeiro (PUC). O levantamento feito em 1963 mostrava o seguinte quadro: 60% dos alunos se declaravam ateus. A razão principal aduzida: a Igreja está do lado da ordem, que é injusta e antipopular. Em 1978 fez-se outro levantamento: 75% declararam-se crentes. A razão principal aduzida: entre Medellín (1968) e Puebla (1979), a Igreja foi a voz dos que não tinham voz, identificou-se com o pobre e o marginal. Ocorre ainda que 10-15% declararam explicitamente: "Acredito na Igreja; não acredito na religião." A Igreja, portanto, cobrou credibilidade por aquilo que fez, desinteressadamente, em favor dos mais pobres de seu povo[5].

3. Fundamentação teológica para o compromisso com a justiça

Queremos oferecer alguns subsídios que fundamentam o dever de todo cristão de se empenhar na luta pela justiça. Utilizaremos os recentes documentos oficiais da Igreja. Assim, teremos segurança de uma doutrina obrigatória para todos os cristãos. Estes documentos são: os vários documentos pontifícios em matéria social, as assim chamadas encíclicas sociais que elaboraram a Doutrina Social da Igreja. Nomeadamente, referimos:

A justiça no mundo: documento final do Sínodo dos Bispos de 1971 (Doc. Pont. nº 184, Vozes, Petrópolis, RJ).

Octogesima Adveniens: Carta Apostólica de Paulo VI pelos 80 anos da Rerum Novarum sobre "As necessidades novas de um mundo em transformação" (Doc. Pont. nº 180, Vozes, Petrópolis, publicada em 1971).

Evangelii Nuntiandi: Exortação Apostólica de Paulo VI sobre a evangelização no mundo contemporâneo (1975). Na terceira parte se aborda o tema da evangelização e sua relação com a política e a libertação (Doc. Pont. nº 188).

Redemptor Hominis: primeira carta-encíclica do Papa João Paulo II (1979). Na terceira parte (ponto 17), alusão aos direitos do homem, "letra" ou "espírito" (Doc. Pont. nº 190).

Evangelização no presente e no futuro da América Latina: conclusões finais dos bispos reunidos em Puebla, todas pervadidas pela ideia da justiça social, da promoção humana, luta pela dignidade dos homens e por sua libertação à luz do Evangelho.

a) Afirmação fundamental, tese central

Diz o Sínodo dos Bispos sobre a Justiça no mundo: "A ação pela justiça e a participação na transformação do mundo aparecem-nos claramente como uma dimensão *constitutiva* da pregação do Evangelho, vale dizer, da missão da Igreja em prol da redenção e da libertação do gênero humano de todas as situações opressivas" (nº 6). "A mensagem evangélica comporta... *a exigência da justiça* no mundo. Esta é a razão por que a Igreja tem o direito e mesmo o *dever* de proclamar a justiça no campo social, nacional, internacional, bem como de denunciar as situações de injustiça" (nº 36).

Atente-se bem: não se diz que justiça é tema integrante (não essencial), mas *constitutivo*. Sem a pregação da justiça, não há evangelho que seja de Jesus Cristo. Isso não é politizar a Igreja: é ser fiel. E se não o somos, mutilamos pelo coração a própria mensagem de Jesus e desnaturamos a própria missão da Igreja. Daí entendermos que se fala de *dever*. E um dever deve ser cobrado. O não atendimento de um dever assim grave, porque essencial, é pecado, mesmo quando é praticado pelo bispo. Daí também fica fácil entender as palavras de Paulo VI na *Evangelii Nuntiandi*, tantas vezes repetidas por Puebla: "A Igreja tem o *dever* de anunciar a libertação de milhões de seres humanos, sendo muitos destes seus filhos espirituais; o *dever* de ajudar uma tal libertação nos seus começos, de dar testemunho em favor dela e envidar esforços para que ela chegue a ser total. Isso *não é alheio* à evangelização" (nº 30). Preste-se atenção: fala-se duas vezes de *dever*. E não se pense que o Papa imagine uma libertação meramente espiritual. A frase imediatamente anterior a esta fala das opressões humanas: "carestias, doenças crônicas, analfabetismo, pauperismo, injustiças nas relações internacionais, neocolonialismo etc." (nº 30).

b) Três argumentos principais

aa) Em que se baseia este dever? O Sínodo dos Bispos (1971) aduz dois argumentos: um do Antigo Testamento e outro do Novo Testamento: "No AT, Deus se nos revela a si mesmo como o libertador dos oprimidos e o defensor dos pobres que exige dos homens a fé nele e a justiça para com o próximo. Somente na observância dos deveres da justiça se reconhece Deus, verdadeiramente, como o libertador dos oprimidos" (nº 30). Aqui se profere uma sentença importante: *Deus só é encontrado no caminho da justiça*. O Deus vivo não é um Deus de rezas, incensos e ascetismos. De Isaías, capítulo 1,11-18, aprendemos que o que agrada a Deus não são sacrifícios e orações, mas "procurar o que é justo, socorrer o oprimido, fazer justiça ao órfão" (1,17). Jesus, da mesma forma, estabelece uma hierarquia de valores: mais importante que a observância religiosa é "a justiça, a misericórdia e a fidelidade" (Mt 23,23). O amor é o centro da mensagem bíblica, mas para ser verdadeiro ele supõe a justiça. Por isso, ensinaram os bispos no Sínodo de 1971: "o amor implica de fato uma *absoluta exigência* de justiça que consiste no reconhecimento da dignidade e dos direitos do próximo. A justiça, por sua vez, alcança sua plenitude interior somente no amor" (nº 34).

Portanto: "amor ao próximo e justiça não podem separar-se" (nº 34). A justiça é aquele mínimo de amor sem o qual a relação entre as pessoas deixa de ser humana e se transforma em violência.

Porque o Deus verdadeiro é o Deus da justiça e do amor, precisamos denunciar a utilização que os sistemas iníquos fazem do Deus cristão e da Tradição cristã. Proferem-se teístas; na verdade são adoradores de ídolos do dinheiro, do poder, do capital. O Deus verdadeiro não se encontra nestas realidades, quando excludentes. Por isso, D. Pedro Casaldáliga desafia estes equívocos com este pequeno poema: "Onde tu dizes lei, eu digo Deus. Onde tu dizes paz, justiça, amor, eu digo Deus. Onde tu dizes Deus, eu digo liberdade, justiça, amor"[6]. Aqui se vê que Deus está somente lá onde estão a justiça, o amor e a liberdade. Nestas realidades ele mora. Não mora automaticamente nas palavras piedosas. Nem sempre que dizemos Deus, incluímos necessariamente liberdade, justiça, amor. Mas se não incluímos estas realidades quando falamos de Deus, então não falamos do Deus vivo, mas de algum ídolo.

bb) O outro argumento que fundamenta o dever da luta pela justiça, os bispos do Sínodo de 1971 derivam do Novo Testamento: resumindo o argumento, é dito (nº 31-34) que, dada a encarnação de Deus em Jesus Cristo, "a atitude do homem para com os outros homens é integrada na sua própria atitude para com Deus" (nº 34). Em outras palavras: a verdade da relação com Deus se mede pela verdade da relação com os outros. Só está bem com Deus quem está bem em termos de justiça e amor com os demais homens. A justiça é colocada, portanto, no coração da própria religião. Daí entendermos o critério escatológico de nosso julgamento final: a nossa relação com os zeros econômicos e zeros humanos de nossa história (Mt 25,31-46).

Ademais, enfatizam os bispos (nº 31) que Jesus nos revelou o Pai e ao mesmo tempo trouxe a *intervenção da justiça* do mesmo Deus em favor dos pobres e oprimidos (Lc 6,20-23: felizes os pobres, os famintos, os tristes, os malditos...). João Paulo II recordou aos bispos em Puebla que a "opção de Jesus foi para os mais necessitados" (3.3). Quando São Lucas diz: "Felizes os pobres porque é deles o Reino de Deus" (Lc 6,20), isto significa, segundo a mais exigente exegese (Dupont, Pikaza, Schurmann, J. Jeremias e outros): felizes sois vós que sois empobrecidos, que sois injustiçados e sofreis violência, porque vosso é o Reino de Deus, que é um Reino de Justiça, amor e paz[7]. Em face da injustiça que se exterioriza na pobreza, Deus mesmo se indigna, se sente desafiado e decide intervir. Jesus historifica esta intervenção de Deus: Deus vem e restitui a justiça ao oprimido; não porque ele é piedoso e bom, mas pelo simples e puro fato de ser vítima da opressão que o faz empobrecido.

Em uma palavra: a justiça é tão importante, que sem o seu advento não existe advento do Reino de Deus. Um sinal de que o Reino de Deus se aproxima e começa a morar em nossas cidades pode ser percebido quando aos pobres se faz justiça, quando se propicia a sua participação nos bens da vida e da comunidade, quando eles são promovidos em sua dignidade e defendidos contra a violência a que o sistema econômico e político os submete.

cc) Outro argumento decisivo desenvolvido amplamente na *Evangelii Nuntiandi*, e retomado sob todas as formas por Puebla, consiste na inclusão da justiça no conteúdo central da evangelização (toda a III parte da EN e II parte do documento de Puebla, cap. 1-2).

O centro da evangelização reside na "salvação em Jesus Cristo... que tem seu começo nesta vida e terá realização completa na eternidade" (EN 27). Esta evangelização "comporta uma mensagem explícita... sobre a vida em comum na sociedade, sobre a vida internacional, a paz, a *justiça*, e o desenvolvimento, uma mensagem sobremaneira vigorosa para os nossos dias, sobre a libertação" (EN 29). O Papa enfatiza fortemente que a libertação faz parte do conteúdo *essencial* da evangelização

(EN 30, Puebla nº 351). Em seu sentido mais primário, a libertação é libertação do pecado, da injustiça e da opressão e libertação para a graça da justiça e a fraternidade.

Este conteúdo não é acrescentado ao Evangelho por causa de nossa conjuntura atual. Pertence à sua essência em todos os lugares e tempos humanos.

c) Evitar os reducionismos

Em seu compromisso com a justiça e a libertação, o Papa nos adverte contra dois tipos de reducionismo, um religioso e outro político. O *reducionismo religioso* (encurtamento da fé) enclausura a Igreja exclusivamente na sacristia e na gerência do sagrado. O Papa Paulo VI assevera: "A Igreja não admite circunscrever a sua missão apenas ao campo religioso, como se se desinteressasse dos problemas temporais do homem" (nº 34). A Igreja, portanto, deve incluir em sua evangelização essencial o mundo com seus problemas e glórias. O outro *reducionismo é político*: encurtar a missão da Igreja "às dimensões de um projeto simplesmente temporal" (nº 32). A Igreja articula e relaciona o religioso com o político. Como não está somente na sacristia, não está também somente na praça pública. Ela vai à praça pública, anuncia, denuncia, solidariza-se a partir da inspiração evangélica e de sua dimensão religiosa. Não fala politicamente da política, mas fala evangelicamente da política. Entende que a política e a luta pela justiça antecipam e concretizam o Reino de Deus – que se encontra também nestas dimensões, embora não se extenue nelas; transcende-as, mas penetrando-as e assumindo-as.

4. Luta pela justiça e política

Falar em justiça social e libertação já implica situar-se no coração do domínio da política. Por isso, precisamos articular a luta pela justiça com o campo da política. Não existe palavra mais ambígua do que esta. As forças reacionárias da sociedade e da Igreja se valem desta ambiguidade para se demissionarem de lutar pela justiça. Em letras garrafais se pode ler: "A Igreja não pode entrar em política." "Papa proíbe padres e bispos de se meter na política." "Não queremos política dentro da igreja (edifício da Igreja)." "Não queremos política na missa." Cumpre, portanto, esclarecer semanticamente a palavra "política".

a) *Significados de "política": Política com maiúsculo e política com minúsculo*

O Papa Paulo VI já advertia na *Octogesima Adveniens* (1971): "Sob o termo política, naturalmente, são possíveis confusões que devem ser esclarecidas" (nº 46). Os bispos em Puebla nos ajudaram a esclarecer estas confusões (nº 521-530).

Primeiro importa superar um preconceito, comum na cabeça de muitos herdeiros de uma má experiência política que encobertou corrupção, manipulação, jogo de interesses particulares. Para não poucos, política significa coisa suja, mentira, demagogia. Na verdade, tudo isto representa a patologia da política, que é um conceito altamente positivo a ponto de Aristóteles dizer que o ser humano, todo ser humano, queira ou não, é um *animal político*. Ouçamos os bispos de Puebla, que fazem o mais alto elogio à política de que se tem notícia na história recente da Igreja:

"A necessidade da presença da Igreja no âmbito político provém *do mais íntimo da fé cristã*" (nº 516). A política está encerrada dentro do senhorio de Jesus Cristo. Ele é senhor não de pequenos espaços: só do coração, só da alma, só da Igreja; ele é Senhor cósmico, dos grandes espaços, também da política. Ela tem a ver com o Reino de Deus, porque ela tem a ver com a justiça, que é um bem messiânico e do Reino, ou com a injustiça, que é expressão do pecado e da recusa a Deus. Os cristãos primitivos, ao professarem: "Jesus é único Senhor", faziam uma profissão política. Com isso, eram condenados às feras. Daí se entende a segunda afirmação dos bispos:

"[O interesse da Igreja pela política] é uma forma de *dar culto ao único Deus*, dessacralizando e ao mesmo tempo consagrando o mundo a ele" (nº 521, *Lumen Gentium* 34). Praticar a política, como logo veremos, é lutar pela justiça de todos. Lutar pela justiça e realizá-la é dar culto a Deus, o culto que Paulo nos pedia em Romanos 12, 2: dar culto a Deus em nossos corpos: "este é o vosso culto espiritual". A *Octogesima Adveniens* ensina: "A política é uma maneira exigente – se bem que não seja a única – de viver o compromisso cristão, ao serviço dos outros" (OA nº 46). O compromisso político expressa o amor que descobriu sua dimensão social e de solidariedade.

Vejamos os dois sentidos de política apresentados por Puebla:

• *Política com maiúsculo*: a busca comum do bem comum, a promoção da justiça, dos direitos, a denúncia da corrupção e da violação da dignidade humana. Quanto à Política em maiúsculo, segundo Puebla, "corresponde-lhe precisar os valores fundamentais de toda a comunidade – a concórdia interna e a segurança externa, conciliando a igualdade com a liberdade, a autoridade pública com a legítima autonomia e participação das pessoas e grupos... define também os meios e a ética das relações sociais. Neste sentido amplo, *a Política interessa à Igreja* e, portanto, a seus pastores, ministros da unidade" (nº 51). Ademais, dentro da Política em maiúsculo estão as ideologias (marxismo, capitalismo, doutrina social da Igreja etc.), que projetam uma imagem e utopia do homem e da sociedade. A Igreja possui sua visão do mundo, do homem, da convivência, da distribuição dos bens etc. Ao anunciar o Evangelho, ela anuncia a Política que deriva do Evangelho. Está interessada na Política e sempre esteve.

Neste ponto, portanto, a Igreja deve entrar na Política. Assim como a justiça, a Política constitui parte de sua missão e essência. A Igreja não pode não fazer Política em maiúsculo, vale dizer, não pode ser indiferente à justiça ou injustiça de uma causa, não pode silenciar em face da manifesta exploração do povo; em uma tal Política, não há neutralidade: ou se é pela mudança na direção de maior participação social ou se é pela manutenção do *status quo*, que, em muitos países, como no nosso, marginaliza grande porção da população.

O apolitismo como desinteresse pelo bem comum e pela justiça social é criticado formalmente por Puebla: "A Igreja critica aqueles que tendem a reduzir o espaço da fé à vida pessoal ou familiar, excluindo a ordem profissional, *econômica, social e política*, como se o pecado, o amor, a oração e o perdão não tivessem importância aí" (nº 515). Há um texto ainda mais duro, que diz: "Há *instrumentalização* da Igreja que pode provir dos próprios cristãos, sacerdotes e religiosos, quando anunciam um Evangelho *sem conexões econômicas*, sociais, culturais e *políticas*. Na prática, esta *mutilação* equivale a certo conluio – embora inconsciente – com a ordem estabelecida" (nº 558).

Ressaltamos: a neutralidade é impossível. Todos temos uma posição; ocorre que alguns não se conscientizaram de sua posição. Geralmente, esses assumem a posição da classe dominante, da ordem estabelecida, que no Brasil é manifestamente uma ordem antipopular e muito desigual, e por isso injusta. Foi em razão desta desigualdade, que se manifesta nos próprios salários, que o Núncio Apostólico, Carmine Rocco, apoiou os trabalhadores nas greves de São Paulo. E deixou claro que com isso não acirrava o conflito, porque já há um acirramento objetivo que vem da diferença brutal dos salários[8]. A pretensa apoliticidade resulta, segundo Puebla, em instrumentalização do Evangelho e mutilação. Precisamos hoje conscientizar a dimensão Política presente no Evangelho e em nossa fé. Deus quer ser servido aí.

Esta dimensão é objeto da evangelização ("o cristianismo deve evangelizar a totalidade da existência humana, inclusive a dimensão política", nº 515) e da celebração. Seu lugar é também no púlpito e na missa. Se nossa homilia não abordar a justiça, a fraternidade, a participação, se não denunciar as violências que ocorrem, estará mutilando o Evangelho e emasculando a mensagem dos profetas e do maior deles, Jesus Cristo.

• *Política em minúsculo* é toda atividade que se destina à administração ou transformação da sociedade mediante a conquista e exercício do poder de Estado. Puebla diz que é o exercício "do poder político para resolver as questões econômicas, políticas e sociais segundo os critérios ou ideologia dos grupos de cidadãos" (nº 523). E se acrescenta: neste sentido se pode falar de "política de partido" (nº 523). Trata-se, portanto, não do todo, mas da parte; fala-se da política em minúsculo, que é a política partidária. É a facção e a fração. Esta não pode empenhar toda a Igreja, mas parte dela, que são os leigos. Ensina Puebla:

"A política partidária é campo próprio dos leigos; corresponde à sua condição leiga *constituir e organizar partidos*, com ideologia e estratégia adequada para alcançar seus fins legítimos" (nº 524). Isto não significa que os leigos não devam observar critérios mínimos para participar em partidos e criar partidos, na qualidade de leigos e cristãos. Cabe-lhes, fundamentalmente, a tarefa de ser fermento e sal dentro da massa político-partidária. Veremos logo a seguir alguns critérios para a nossa situação latino-americana.

b) Política e lucidez: a politização autêntica

A realidade social apresenta-se hoje extremamente sofisticada e opaca, e perpassada de todo tipo de ideologia. Existe uma ideologia especialmente perigosa, desenvolvida pelas classes dominantes que controlam os meios de comunicação de massa, que ocultam os conflitos, escondem as notícias que lhes desagradam e pintam de rosa uma realidade trágica. O cristão, empenhado na eficácia de sua luta pela justiça, deve poder defender-se de tais engodos. É por esta razão que o documento de Puebla recomenda a utilização de ferramentas racionais que nos ajudam a ver claro (nº 86, 719, 1.046, 1.160, 1.307, esp. 826). Devemos usar, para vermos claro e podermos agir com eficácia, duas ferramentas (instrumentos teóricos, mediações).

- *Ferramenta analítica*: estudar os mecanismos geradores de pobreza e da violência dos direitos humanos; o problema, geralmente, não é pessoal, mas estrutural. Importa ler literatura mais técnica para saber como funciona a sociedade brasileira, quem possui o quê, como é distribuída a renda, qual a importância das multinacionais no Brasil, como é a legislação trabalhista, sindical.
- *Ferramenta prática*: nenhuma vontade possui eficácia se não houver organização. Daí a importância de organizar centros de defesa e promoção dos Direitos Humanos, comissão de Ação, Justiça e Paz; decidir-se a entrar no sindicato, participar nas associações de bairro e lá dentro lutar com os outros.
- *Tarefa da verdadeira politização*: como se depreende, faz-se mister uma educação para a participação na política em maiúsculo e em minúsculo. O Papa Paulo VI fala "da importância de uma educação para a vida em sociedade" (*Octogesima Adveniens*, nº 24). Puebla fala da educação para a justiça (1.030), educação libertadora (1.026), apesar de que "alguns governos chegaram a considerar subversivos certos aspectos e conteúdos da educação cristã" (nº 1.017). E mais ainda: "A educação católica deve produzir os agentes de transformação permanente e orgânica da sociedade mediante uma formação cívica e *política* inspirada na doutrina social da Igreja" (nº 1.033). Ora, esta atividade se chama *politização*, que não deve ser confundida com politicagem. Politização é um conceito positivo e significa a ação educadora para o social, o político e a co-responsabilidade. *Politicagem* é a utilização dos aparelhos de Estado, feitos para todos, em benefício somente de alguns ou de uma classe, ou interferência da Hierarquia em questões da política menor, partidária.

5. Distribuição das competências dentro da Igreja

A Igreja, fundamentalmente, está organizada em três grandes corpos: a Hierarquia, que vai do Papa até o diácono; os leigos, que são os batizados que não participam da condução da comunidade cristã; e os religiosos, que ficam entre os leigos e a Hierarquia, possuindo algo de ambos. Nesta questão das competências, os religiosos são contados no número dos hierarcas.

a) Competência da Hierarquia

Seguiremos aqui especialmente o texto de Puebla e do Sínodo dos Bispos de 1971, sobre a Justiça no mundo. Cabe à Hierarquia: *anunciar* ("palavra transformadora da sociedade", Puebla 518) e *denunciar*: a justiça e as situações de injustiças (Just. 36); promover e defender a dignidade e os direitos humanos (Just. 37); solidarizar-se com os leigos e *estimulá-los* em sua criatividade (Puebla 525); *interpretar* em cada nação as aspirações de seus povos, especialmente os anseios daqueles que uma sociedade tende a marginalizar (Puebla 522).

À luz destes critérios, podemos dizer: os bispos de São Paulo (D. Cláudio Hummes, D. Paulo Evaristo Arns e a CNBB) agiram dentro de seu estrito múnus pastoral, apoiando a greve no ABC que postulava o direito de garantia do trabalho e a liberdade sindical (negociação direta, sem atrelamento ao Ministério do Trabalho). A Hierarquia não possui competência técnica: não sabe dizer como fazer; possui uma competência ética: à luz do Evangelho, pode dizer se é justo ou injusto, favorece a participação ou exclui. "O serviço da paz e da *justiça* é um ministério essencial da Igreja" (Puebla 1.304).

b) Competência dos religiosos

Paulo VI, na Exortação Apostólica *Evangelica Testificatio* (Doc. Pont. 182), confronta os religiosos com "o clamor dos pobres". Diz que este clamor "deve impedir-vos de compromissos com qualquer forma de injustiça social. Ele vos obriga a despertar as consciências para o drama da miséria e para as exigências de justiça social do Evangelho e da Igreja" (nº 18). E completa convidando para a aproximação dos pobres na sua condição de pobreza. Puebla ensina que os religiosos "devem também cooperar na evangelização do político" (528), mas sem ceder à tentação de um comprometimento em política partidarista (528).

c) *Competência dos leigos (cf. Lumen Gentium nº 33)*

Precisamos compreender a ação dos leigos não como prolongação da ação da Hierarquia. Eles possuem seu próprio lugar dentro da Igreja como leigos e devem agir nesta propriedade, a título próprio. O leigo não é um homem secular. É um membro da Igreja no mundo secular. Possui um mandato direto de Jesus Cristo (*LG* nº 33/83).

- Seu campo de ação é o mundo (Puebla 789).
- Ênfase especial merece a atividade política (nº 791). No nosso continente, marcado de injustiças, "não se pode eximir dum sério compromisso com a promoção da justiça e do bem comum" (793).
- Devem ser "agentes da justiça" e não só denunciadores da injustiça (793).
- A eles cabe a militância partidária (791) e até "construir e organizar partidos" (524) com ideologia e estratégia adequada.
- Fazem tudo isso, não sob a direção dos bispos, mas por si mesmos. Os textos do Sínodo dos Bispos sobre a Justiça e de Puebla são claros: "sob a direção do espírito evangélico e da doutrina da Igreja" (Sínodo 38); "sempre iluminados pela fé e guiados pelo Evangelho e pela doutrina social da Igreja e ao mesmo tempo pela inteligência e aptidão para uma ação eficaz" (Puebla 793). Não basta o Evangelho, precisa-se de lucidez, enfatizam os bispos.

Portanto, tiremos uma conclusão: quando leigos se reúnem, fundam um movimento de Ação, Justiça e Paz, por si mesmos, fazem seus trabalhos, suas campanhas, como hoje em tantas comunidades cristãs, estão usando de um direito e exercendo um dever. Pelo próprio ensinamento oficial dos bispos, não precisam do aval de seu bispo ou pároco, sem o qual seu movimento não teria caráter cristão. Ele possui caráter cristão porque eles são membros vivos da Igreja e, a título próprio de sua dignidade de leigos, atuam em seu campo próprio – o mundo e o campo político, até da política partidária. Segundo Puebla, os bispos devem "garantir sua *solidariedade*, favorecendo sua formação e sua vida espiritual e estimulando-os em sua criatividade para que procurem opções cada vez mais conformes com o bem comum e as *necessidades dos mais fracos*" (nº 525). "E ao desenvolverem aquelas atividades, agem geralmente por sua própria iniciativa, sem envolverem na sua decisão a responsabilidade da Hierarquia eclesiástica; de algum modo implicam, porém, a responsabilidade da Igreja, dado que são seus membros" (Sínodo 38). Aqui se faz uma clara distinção entre Hierarquia e Igreja como totalidade dos fiéis.

6. Dois critérios para o compromisso dos leigos em um determinado partido

Como se depreende de toda a exposição, a política partidária é da competência dos leigos. Entretanto, isso não significa que, à luz de sua fé e do Evangelho, se recomende qualquer partido. Deve-se sempre respeitar a decisão de cada um, porque do Evangelho não se deduz nenhum partido. Entretanto, há critérios negativos que excluem alguns deles. Estes critérios variam na história; na América Latina, em face da situação social injusta e do nível de consciência adquirido pela Igreja, elaboraram-se especialmente dois critérios.

A Igreja inteira fez uma *opção preferencial pelos pobres* (Puebla, IV parte, cap. II, nº 1.166-1.205), como expressão de sua fidelidade ao Evangelho e ao clamor dos oprimidos. Em conexão estreita com esta opção, fez também uma opção pela *libertação integral* que visa à transformação da atual situação para uma outra mais fraterna e justa (nº 470-506).

Estes dois critérios, para o cristão consciente que quer caminhar com sua Igreja, funcionam como critérios que o orientam no julgamento dos partidos: Qual deles favorece mais os pobres, que são a imensa maioria do povo? Qual deles propicia mais uma libertação integral?

Não se trata apenas de ser *para* o povo, mas caminhar *com* o povo e fazer o próprio povo andar e chegar à sua própria humanização.

7. Conclusão: compreender, apoiar, participar

Por toda a parte estão florescendo comissões de Justiça e Paz, ligadas à pastoral das Igrejas em nível diocesano, paroquial e das comunidades eclesiais de base. Importa mais e mais reforçar esta forma de viver a fé articulada com a humanização da vida. Para isso, importa assimilar três pontos:

a) Compreender o compromisso pela justiça: como resposta aos ensinamentos oficiais da Igreja, do Papa, dos bispos, e como expressão da maturidade dos leigos, encarnados em sua fé dentro da realidade conflitiva.
b) Apoiar efetivamente o movimento: lutar pela justiça não é uma festa, não é uma filigrana, não é um buquê de rosas, não é um momento de doçura tranquila e de enlevo romântico. É entrar em um conflito que toda denúncia de injustiças implica. É viver uma tensão e alimentar um espírito de paz no meio do conflito, sem se deixar tomar pelo instinto de vingança e de farisaísmo.
c) Participar no movimento: existe lugar para todos em distintos níveis de engajamento e em diferentes frentes, seja na equipe jurídica, de estudos de casos, no aprofundamento doutrinário e de conscientização etc.

Os bispos de Puebla nos deixaram uma vigorosa lição: "Para nós hoje em dia, o amor de Deus deve tornar-se sobretudo obra de justiça para com os oprimidos, esforço de libertação para quem mais precisa" (nº 327).

Notas

1. *Folha de S. Paulo*, 2/5/1976.
2. *O São Paulo*, 6-22/2/1974, p. 3.
3. Cf. SOUZA LIMA, L. G., *Evolução política dos católicos e da Igreja no Brasil*, Petrópolis, 1979.
4. Veja a minuciosa análise em "A Igreja na greve dos metalúrgicos", São Bernardo, 1980, em *Religião e Sociedade*, 6 (1980), p. 7-68, por vários autores (Heloísa Helena T. de Souza Martins e outros).
5. Cf. MENDES DE ALMEIDA, C., "Ação, Justiça e Paz nas opções de Puebla", em *Encontro Nacional de Ação, Justiça e Paz*, Curitiba, 1980, 10.
6. *Antologia retirante*, Rio de Janeiro, 1978, p. 168.
7. Cf. BOFF, L., *Teologia do cativeiro e da libertação*, Petrópolis, 1980.
8. Cf. Revista semanal *Veja*, 5/10/1980, páginas amarelas.

IV.
A QUESTÃO DA VIOLAÇÃO DOS DIREITOS HUMANOS DENTRO DA IGREJA

Certamente, nenhuma instituição hoje existente no mundo terá enaltecido mais a dignidade humana do que a comunidade cristã. Por colocar a consciência humana imediatamente diante de Deus, por contemplar o homem como imagem e semelhança do absoluto Mistério, por considerá-lo filho de Deus, irmão de Jesus Cristo, Deus encarnado, portador de uma natureza assumida hipostaticamente por Deus mesmo. Por isso, tem seu destino ligado irreversivelmente ao eterno destino da SS. Trindade. Por estas e outras razões, a Igreja pôde elaborar uma compreensão do homem na qual ressaltam sua dignidade e sacralidade invioláveis. Esta realidade antropológica funda direitos inalienáveis, porque primigênios, e estabelece deveres impostergáveis de respeito tão radicais, que na causa do homem está presente a causa de Deus.

Embora tardiamente surgisse na consciência cristã a tematização dos direitos e deveres fundamentais do homem, estes entretanto sempre estiveram presentes na própria compreensão teórica da essência do homem: "o fermento evangélico despertou e desperta no coração do homem uma irrefragável exigência de dignidade" (*GS* 26d/281). Indubitavelmente, esta visão do homem permitiu ao Concílio Vaticano II proclamar na Declaração *Dignitatis Humanae* o seguinte princípio que raia as dimensões do utópico: "Deve-se reconhecer ao homem a liberdade em sumo grau e não se há de restringi-la, a não ser quando e quanto for necessário" (7c/1.556). Em vista disto, a *Gaudium et Spes* admoesta os cidadãos a "que evitem atribuir demasiadamente poder à autoridade pública" (75b/453).

Apesar desta exaltação, a Igreja tem consciência de que a liberdade, em seu exercício prático, vem limitada pela responsabilidade pessoal e social perante os direitos dos outros, os deveres para com os outros e o bem comum (*DH* 7/1.515-

1.516). Não obstante isso, toda e qualquer discriminação se configura injustificável: "Qualquer forma de discriminação dos direitos fundamentais da pessoa, seja ela social ou cultural, ou baseada no sexo, raça, cor, condição social, língua ou religião, deve ser superada e eliminada, porque contrária ao plano de Deus" (*GS* 29b/289)[1].

1. Colocação do problema: teoria e prática dos direitos humanos na Igreja

Dado tal grau de consciência acerca dos direitos humanos na Igreja, esperar-se-ia uma prática que guardasse coerência com a teoria. Evidentemente, nunca há uma passagem direta entre a pureza da prática teórica, com sua clarividência e coesão interna, e a prático-prática com suas mediações necessárias e ambiguidades inerentes a todo processo histórico. Nem toda teoria é totalmente reversível em uma prática absolutamente consequente. O quadro teórico funciona como um modelo imperativo e, em um certo sentido, utópico. As concretizações históricas ficam sempre aquém e, por isso, configuram-se perfectíveis. A Igreja não se subtrai a esta difícil dialética; em outras palavras, nela também a teoria é uma e, em um certo sentido, a prática é outra.

Mas, a despeito da defasagem inevitável entre proclamação e implementação, há uma outra defasagem que resulta de mecanismos de poder, de insuficiências institucionais, de distorções práticas e teóricas herdadas de modelos não mais adequados à realidade, implicando a violação de direitos fundamentais da pessoa. Há violações de direitos humanos no interior da Igreja. Referimo-nos aqui não àquelas que são fruto de abusos pessoais de poder e que, por isso, possuem um caráter fortuito, mas àquelas que são consequências de uma determinada maneira de compreender e organizar a realidade eclesial e que, por causa disso, têm um caráter permanente.

Nosso trabalho se resumirá em constatar alguns fatos notórios nos quais se vê comprometido o respeito aos direitos humanos, em seguida buscar-lhes os mecanismos explicativos e compreensivos, e por fim considerar a viabilidade de sua superação.

Nossa intenção não é denegrir a Igreja dentro da qual nos situamos com um trabalho que supõe uma adesão explícita ao seu valor sacramental. A vontade de autoafirmação da Igreja não pode se recusar à autocrítica, antes a exige, pois, embora "sendo santa, ela é ao mesmo tempo e sempre necessitada de purificação" (*LG* 8c/22). A credibilidade de seu anúncio dos direitos humanos e da denúncia de suas violações depende do respeito que a Igreja mesma realiza no interior de sua própria realidade. O documento *A Justiça no Mundo* da 11ª Assembleia Geral do III Sínodo dos Bispos (1971) enfatiza o que estamos asseverando: "Se a Igreja deve dar um testemunho de justiça, ela reconhece que, seja quem for que deseje falar aos homens de justiça, deve ele próprio ser justo aos olhos dos mesmos homens. Convém, portanto, que nós mesmos façamos um exame sobre os modos de agir, sobre as possessões e o estilo de vida que se verificam dentro da Igreja" (nº 40).

Não queremos, entretanto, exagerar o alcance de nossa reflexão; ela deve propiciar maior autenticidade e eficácia ao compromisso das Igrejas com os direitos humanos; e, no atual momento, a contradição principal não reside no interno das próprias comunidades de fé, mas no enfrentamento dos estados autoritários. Em função disto, não se deve, taticamente, enfraquecer a força denunciadora e profética das Igrejas. Sua contradição é secundária, e assim será tratada por nós.

2. Práticas de Igreja em atrito com sua proclamação dos direitos humanos

Interessam-nos, nesta parte, não tanto as teorias, mas as práticas de Igreja. Elencaremos algumas que, assim nos parece, atritam com a própria consciência que a Igreja desenvolveu acerca dos direitos humanos. Não queremos nós mesmos levantar todas estas questões[2]. As principais delas foram conscientizadas e, com notável franqueza, expressas nas discussões dos padres sinodais em 1971, ao se elaborar o documento *A Justiça no Mundo*[3]. Tratava-se de levantar as injustiças não somente no mundo, mas também dentro da própria Igreja.

a) No nível institucional

É manifesta a centralização do poder decisório na Igreja, fruto de um longo processo histórico no qual se cristalizaram formas que talvez encontrassem validade ao tempo de seu surgimento, mas que hoje provocam conflitos com a consciência do direito e da dignidade da pessoa humana que possuímos.

Assim, por exemplo, os postos de direção na Igreja, desde o Papado até o presbiterato, não são precedidos de consulta às bases do Povo de Deus, e quando, por acaso, se realiza alguma consulta, esta não é levada em conta. Os dirigentes são escolhidos por cooptação dentro do círculo restrito daqueles que detêm o poder eclesial, impostos às comunidades, marginalizando a imensa maioria de leigos, mesmo aqueles que possuem atualmente grande qualificação profissional, intelectual e até teológica. A centralização das decisões gera inevitavelmente marginalização; e esta afeta direitos fundamentais concernindo à informação, à participação decisória naquilo que afeta a todos e às responsabilidades comunitárias. Por isso, postulava o documento *A Justiça no Mundo*, no sentido de sanar as injustiças contra a exclusão dos leigos nas decisões eclesiais: "Que os membros da Igreja, finalmente, tenham participação no preparar as decisões, segundo as normas dadas pelo Concílio Vaticano II e pela Santa Sé, por exemplo, no que diz respeito à constituição dos Conselhos em todos os níveis" (nº 46).

Os próprios sacerdotes não são considerados aptos a refletir, a se organizar e a decidir, respeitando a unidade na Igreja, sobre os assuntos que lhes dizem respeito. Nos concílios, nos sínodos ou em semelhantes encontros eclesiais, são os bispos que por eles pensam, fazem e decidem. São tidos, juridicamente, como auxiliares do bispo, e, no que tange aos direitos de sua própria *ordo*, como apêndices episcopais. Todas as vezes que grupos se organizaram com expressão própria, a reação foi imediata, na forma de suspensão, maledicência, pressões superiores, quando não suspensão e excomunhão. Insiste *A Justiça no Mundo* em sua realização dentro da Igreja: "Hão de ser respeitados os direitos no interior da Igreja; assim, pelo fato de alguém se associar à Igreja deste ou daquele modo, nem por isso deve ser privado dos direitos comuns" (nº 41).

Há um manifesto atrito com os direitos fundamentais da pessoa humana na legislação que norteia a redução de sacerdotes ao estado laical[4]. A vontade de deixar o ministério ordinário é quase equiparada a um pecado[5], pois o documento (em sua segunda parte, em forma de carta-circular) os considera, assumindo palavras do próprio Papa na encíclica *Sacerdotalis Caelibatus* (nº 83), "infelizmente infiéis às obrigações contraídas na consagração" ou então, taxativamente, "infelizes irmãos no sacerdócio" (SEDOC, 1971, p. 309). Não se concede legitimidade moral a uma decisão tomada em consciência. Não é sem razão que eles se vêem punidos com uma série de proibições, o que os reduz a um estado sublaical. Entre outras coisas, o reduzido a este estado não pode ter qualquer parte litúrgica na celebração com o povo em que sua condição é conhecida e fazer a homilia; não lhe é permitido exercer qualquer ofício pastoral; é-lhe vedado ser docente nos seminários, nas faculdades teológicas e em institutos semelhantes (SEDOC, 1971, p. 308). Em um documento posterior, esclarecem-se as restrições, que chegam a afetar a própria subsistência dos atingidos, abstraídos os danos à fé e ao relacionamento com a visibilidade da Igreja. Não podem ter acesso a faculdades, institutos, escolas de ciências eclesiásticas ou religiosas (p. ex. faculdades de direito canônico, missiologia, história da Igreja, filosofia ou institutos de pastoral, de pedagogia religiosa, de catequese etc.), nem a outros centros de estudos superiores, ainda que não diretamente dependentes da autoridade eclesiástica, nos quais também se ensinam disciplinas teológicas ou religiosas. Nestes institutos, não se pode confiar aos padres casados o ensino de matérias propriamente teológicas ou com elas estreitamente conexas (p. ex. a pedagogia religiosa e a catequese) (SEDOC, 1973, p. 1.049). É-lhes proibido outrossim ser diretor de uma escola católica ou exercer o cargo de professor de religião em qualquer escola católica ou não.

Não é difícil perceber que tais discriminações atingem não somente os sacerdotes reduzidos ao estado laical, mas a própria comunidade, privada do seu preparo excepcional para as lideranças e a explanação da fé.

Um dos pontos que mais salta aos olhos como contrário ao sentido do direito é a vigência da discriminação da mulher no seio da Igreja. As mulheres compõem metade do número dos fiéis, e o número de religiosas é dez vezes superior ao dos religiosos. Apesar disto, são, juridicamente, consideradas incapazes para quase todas as funções de direção na Igreja, com escassíssima presença nos Secretariados romanos, nas Comissões e Sagradas Congregações. Em razão de uma tradição cultural assumida também na expressão histórica da Palavra de Deus, elas são excluídas do acesso aos cargos ministeriais ligados ao sacramento da Ordem. Esta tradição foi estatuída em doutrina normativa e recentemente reafirmada[6], desconsiderando o peso da argumentação exegética e dogmática formulada pelos melhores teólogos da atualidade[7]. O argumento básico aduzido pela declaração da Sagrada Congregação para a Doutrina da Fé parece não ser nem o fato da tradição contrária à ordenação sacerdotal das mulheres, nem a atitude de Cristo, nem a prática dos apóstolos, mas simplesmente de ordem biológica: o fato de Cristo ter sido um varão. Diz o texto: "Não se pode transcurar o fato de que Cristo é um homem. E portanto, a menos que se queira ignorar a importância de um tal simbolismo para a economia da Revelação, há de se admitir que, naquelas ações que exigem o caráter de ordenação e em que é representado o próprio Cristo, autor da aliança, esposo e chefe da Igreja a exercer o seu ministério da salvação – como sucede no mais alto grau no caso da eucaristia –, o seu papel há de ser desempenhado (é este o significado primigênio da palavra *persona*) por um homem" (p. 7).

Como não existe o homem-varão em abstrato, já que cada ser humano vem sempre racialmente determinado, linguisticamente caracterizado, geograficamente situado (nasceu num determinado lugar), perguntamos: não seria igualmente legítimo, e dentro da lógica da argumentação oficial, decretar que somente teria acesso ao sacramento da ordem não apenas quem fosse varão, mas, como Jesus, quem fosse judeu, nascido na Galileia, falando aramaico, sendo circuncidado? Não traz nenhuma consequência para a Igreja o fato de Cristo ter escolhido onze apóstolos casados e apenas um solteiro? Por que esse fato não pesa nas decisões, só o outro? O texto trai a carga de discriminação presente ao reservar a palavra *persona* somente ao varão, permitindo concluir que a mulher, por ser incapaz do sacramento da ordem, não é *persona*.

A *Gaudium et Spes* é taxativa quando recrimina qualquer discriminação como contrária ao plano de Deus (*GS* 29b/289).

Dizia contundentemente o Arcebispo de St. Paul, Minneapolis, L. Byrne, durante o Sínodo de 1971: "Nenhum argumento deve servir para excluir a mulher de qualquer serviço eclesial, quando baseado puramente em preconceitos machistas e numa cega dependência a meras tradições humanas que se reduzem a anacrônicas representações da posição da mulher na sociedade e a frágeis interpretações da Sagrada Escritura"⁸. D. Paulo Evaristo Arns, Cardeal-Arcebispo de São Paulo, asseverava: "Como não pensar na situação da mulher dentro da sociedade e das Igrejas? Seríamos tão míopes a ponto de enxergarmos apenas as disposições e os costumes do passado, sem abrirmos novos horizontes para forças tão decisivas no desenvolvimento humano?"⁹

b) No nível da formação da opinião na Igreja

A participação está ligada à circulação da informação. Como poderão os membros da Igreja ajudar a decidir se lhes são subtraídas informações necessárias para a formação da opinião? As informações circulam dentro de um âmbito restrito da Igreja. A Hierarquia é muito sensível à censura que o Estado impõe às informações e aos canais de expressão; o mesmo não se dá quanto ao controle quase inquisitorial que ela impõe sobre os meios católicos de informação e expressão. Há hierarcas que são verdadeiros títeres, concentrando tudo ao redor de sua opinião, proibindo qualquer sacerdote ou religioso de se expressar pelos canais de formação da opinião pública ou tomar posição sobre assuntos religiosos. A repressão, não raro, se faz sistemática com a suspensão e a pressão, chegando a propiciar e a facilitar a redução ao estado laical. Qualquer artigo em revista teológica de caráter científico ou de espiritualidade que não se coadune com um certo tipo de interpretação episcopal ou que avance hipóteses teológicas em face de problemas novos surgidos na sociedade provoca reação, muitas vezes violenta, com ameaças de deposição do redator ou de submetê-lo a um processo doutrinário em instâncias superiores.

Há dioceses onde o sacerdote conferencista só pode falar a religiosos ou grupos sacerdotais mediante prévio preenchimento de um formulário que, pelo teor, quase equivale a um interrogatório judicial. Em outros lugares, o simples fato de alguém ser teólogo já o coloca como suspeito de heresia, de defender proposições esdrúxulas e de ser contra a autoridade constituída. A ignorância de muitos bispos é substituída pelo autoritarismo, que se furta a qualquer racionalidade, não sabendo senão repetir monotonamente pronunciamentos publicados no *Osservatore Romano*. A insegurança gera a violência, e o rebaixamento do outro é a forma da autoafirmação.

Não é de admirar que a subserviência e a inexpressividade caracterizem a produção cultural católica. D. Hélder Câmara cunhou uma expressão que resume todo um discurso: grande parte da imprensa católica sucumbiu ao matrimônio que o diabo introduziu na Igreja: da mediocridade unida ao mau gosto. Tal casamento espúrio resulta do excesso de controle ideológico sobre a inteligência, que só medra e produz com o húmus da liberdade. Por isso, proclama o documento *A Justiça no Mundo*: "A Igreja reconhece a todos o direito a uma conveniente liberdade de expressão e de pensamento, o qual supõe também o direito a que cada um seja ouvido, em espírito de diálogo, o que garante uma legítima diversidade na Igreja" (nº 44).

c) No nível da doutrina e da disciplina

Com referência à doutrina, a prática da Igreja vem sobrecarregada por um longo, persistente e manifesto cerceamento de direitos fundamentais da pessoa humana, a ponto de um conhecido jurista católico concluir um minucioso estudo sobre o assunto com a seguinte constatação: "Na Igreja não há nenhuma tradição humana e cristã que tenha sido adequada para processos seja da verificação de erros de fé, seja de defesa contra eles. Especialmente na Igreja ocidental, a ortodoxia sempre teve a primazia sobre a ortopraxia"[10]. Faltam à Igreja de hoje meios políticos de poder para exercer violência contra acusados de heresia como outrora, mas a mentalidade fundamental e as procedimentos pouco mudaram. As torturas físicas foram abolidas, mas perduram ainda aquelas psíquicas produzidas pela insegurança jurídica dos processos doutrinários, pelo anonimato das denúncias, pelo desconhecimento dos motivos reais das acusações, das atas dos julgamentos, pela duração arbitrária dos processos, pela não acusação do recebimento das explicações, pela recusa de respostas a perguntas feitas, pelos intervalos entre uma carta e outra, pela insegurança e incerteza se o processo ainda corre ou se já foi encerrado ou se os métodos se refinaram ainda mais. Tudo isso, acrescido ainda mais pela marginalização que o acusado sofre na Igreja local pelo fato de estar sob exame da Sagrada Congregação para a Doutrina da Fé, pode levar teólogos a noites escuras de sofrimento solitário, a perturbações psicológicas e, como já ocorreu, neste século, à morte física.

Em 15 de janeiro de 1971, foi publicado o regulamento para o exame das doutrinas, emanado da Sagrada Congregação para a Doutrina da Fé (antigo Santo Ofício e Santa Inquisição). Aí se exerce uma forma de autoridade que, para o sentido do direito atual, cerceia uma série de direitos humanos consagrados até por sociedades manifestamente ateias[11]. O processo é aberto, atendendo a acusações sem que o próprio acusado o saiba. Em uma fase posterior, quando já se tomaram posições dentro da própria Congregação, o acusado é informado e solicitado a responder aos distintos quesitos em questão. Geralmente são frases tiradas do próprio contexto, truncadas e, não raro, mal traduzidas[12] do original para o latim. O acusado não tem acesso às atas, nem às acusações concretas, nem aos vários pareceres dos teólogos da Sagrada Congregação. Esta aponta um Relator *pro auctore*, mas o acusado não conhece seu nome, nem pode indicá-lo ele próprio. Trata-se de um processo doutrinário kafkiano, no qual o acusador, o defensor, o legislador e o juiz são a mesma Sagrada Congregação e as mesmas pessoas. Não há o direito a um advogado, nem a recurso a uma outra instância. Tudo é feito em segredo, que, por ausência de um direito assegurado, provoca boatos, danosos à pessoa e à atividade do acusado.

O único direito do acusado é responder às solicitações vindas da Sagrada Congregação para a Doutrina da Fé; ele não pode contar com qualquer resposta a perguntas que faça nem ser informado sobre o andamento do processo. A carta incriminadora já vem, previamente à defesa, com as qualificações condenatórias; as proposições do acusado são *theologice incertae, periculosae, erroneae*, não conciliáveis com a *doctrina catholica* e a *regula fidei*. No final, ainda previamente à resposta do acusado, já vem a punição: não pode mais escrever nem falar sobre os assuntos em questão. O que resta ao acusado, geralmente, não é outra coisa senão assinar a sua própria condenação, numa expressão de Hans Kung[13]. O Colóquio a que o acusado é convocado em Roma, como última chance de justificação, é feito sem as seguranças jurídicas que constituem evidência em estados de direito: não há acesso às atas, nem se pode recorrer a um advogado. Pergunta com razão H. Kung, que acumulou amargas experiências neste setor: "Parece que um teólogo católico deve viajar a Roma como os tchecos para um 'colóquio' em Moscou com o Politburo soviético... Um colóquio tem sentido quando é um verdadeiro diálogo, um falar e um ouvir mútuos, e não o ditado de uma parte que exige a incondicional capitulação da outra"[14].

Evidentemente, cabe ao Magistério eclesiástico positivamente apresentar a doutrina cristã e defendê-la contra possíveis erros. É uma tarefa e um dever de ajuda à comunidade dos fiéis, que não exclui – como *ultima ratio* – eventuais processos doutrinários. Entretanto, nestes casos, dever-se-ia seguir o princípio da subsidiariedade. Deveria haver, em *primeiro lugar*, órgãos competentes nas conferências dos bispos que submetessem à prova as doutrinas teológicas divulgadas que atritam com a doutrina comum e conflitam com os fiéis. A Sagrada Congregação ficaria como instância superior e teria sua função ligada àquelas das conferências nacionais. Em *segundo lugar*, as investigações deveriam ser efetuadas nos quadros de um processo formal e límpido, no qual os promotores deveriam ser separados das instâncias de decisão. Os direitos do acusado deveriam ser assegurados. *Terceiro*: o acusado, desde o início, deveria ter a possibilidade de apresentar a sua doutrina e de se defender. Isso supõe um acesso às atas e a escolha de um advogado teológico competente que pudesse ajudá-lo a explicitar sua doutrina e fosse capaz de traduzi-la para um outro horizonte e numa outra gramática compreensível para aqueles que devem decidir. Há tantos problemas de ordem científica, histórico-dogmática e exegética que assim seriam esclarecidos, e que constituem frequente motivo de acusações e processos perante a Sagrada Congregação[15].

A *regula fidei* e a *doctrina catholica*, sempre brandidas pela Sagrada Congregação, estão a serviço da fé na salvação trazida e abraçada em Jesus Cristo. Função da teologia e também do Magistério é apresentar sempre a substância da fé de forma que ela possa ser vivida existencialmente pelos fiéis e seja também plausível com a razão humana em sua concretização histórica de cada época. A *regula fidei* quer conservar e preservar a essência da fé e não colocá-la em conserva dentro de fórmulas imutáveis. O extraordinário da fé cristã reside exatamente no fato de ela conservar sempre sua identidade nas várias mutações históricas e dentro de distintas formulações. Foi assim desde o começo, com os Evangelhos, e será assim enquanto houver História. Muda nossa forma de experimentar o mundo, mudam também nossos problemas. Se a teologia não considerar estes fatores históricos e não os inserir em sua apresentação da fé cristã, então a *regula fidei* se tornará uma caricatura de realidades peremptas e vazias. Grandes teólogos, como São João, São Paulo, Orígenes, Agostinho, Tomás de Aquino, Möhler, Rahner e outros, tiveram a coragem de assumir as perguntas de seu tempo e no arsenal da fé buscar respostas pertinentes. Isso não se faz pela pura repetição de fórmulas, mas tentando recriar uma nova gramática e sintaxe para a fé em cada época[16]. Em face dos possíveis desvios nesta tarefa, que provocam a responsabilidade na defesa da reta compreensão da fé na forma de uma investigação acerca das doutrinas teológicas, deve-se proceder de tal forma que não se violem direitos essenciais e a dignidade da pessoa. Por isso, proclamava *A Justiça no Mundo*: "Nos processos judiciais, dêem ao acusado o direito de conhecer os seus acusadores, bem como o direito a uma defesa conveniente. A justiça, para ser completa, deve incluir rapidez nos processos" (nº 45).

Estes são alguns dos problemas que questionam a credibilidade da Igreja em sua proclamação e luta pelos direitos humanos. Haveria outras tantas questões não aventadas aqui, especialmente aquela da liturgia, por exemplo; bastam estas, no entanto, para nos advertir da ocorrência.

3. Tentativa de explicação

A defasagem entre teoria e práxis eclesial concernindo os direitos humanos constitui um desafio à sua reta interpretação. Míope seria a interpretação que atribuísse tal contradição simplesmente a deficiências humanas dos portadores de autoridade na Igreja, vítimas de uma compreensão doutrinária da fé ou de instintos rudimentares de poder e de auto-afirmação. Tudo isso pode, em casos particulares, existir, pois onde há autoridade podem ocorrer abusos em seu nome. Devemos, entretanto, reconhecer que a grande maioria é de boa-fé, de consciência límpida e de moralidade pessoal irrepreensível.

O problema situa-se em um nível mais profundo, atingindo um dado estrutural que, em sua lógica e funcionamento, independe em grande parte das pessoas. Queremos aceder ao problema de distintos pontos de vista para desocultar melhor o mecanismo gerador da contradição antes referida.

a) *Abordagem histórico-sociológica*

Uma das causas explicadoras é sem dúvida a estrutura de poder na Igreja. Em termos de decisão, o eixo circula em torno do Papa, do bispo e do presbítero, excluindo o leigo e o religioso. Sociologicamente considerando, a Igreja se rege pelos quadros de um sistema autoritário[17]. Autoritário é todo sistema em que os portadores do poder não necessitam do reconhecimento livre e espontâneo dos súditos para se constituir e se exercer. Autoridade se contradistingue do poder e da dominação pela livre e espontânea submissão de um grupo de homens a outro homem ou a alguma instituição[18]. Separada destas condições naturais de relacionamento, a autoridade se transforma em autoritarismo. O sistema de poder na Igreja se crê e se apresenta como vindo diretamente de Deus para os fiéis, que devem acolhê-lo na fé. A socialização mediante a catequese, a teologia e o exercício aceito da estrutura do poder garante a manutenção da estrutura de geração em geração[19].

É indiscutível que a toda verdadeira autoridade humana subjaz a autoridade divina. Isso vale de forma eminente para a Igreja de Cristo. O problema que se levanta é se a atual estrutura de poder pode invocar diretamente origem divina, nos mecanismos de sua diferenciação (Papa-bispo-presbítero-leigo), ou se estes mecanismos procedem do inserimento histórico da Igreja e da autoridade divina. É possível, em boa teologia, com suporte em uma linha que vem do NT, sustentar que a autoridade de Cristo está presente, em primeiro e fundamental sentido, em toda a Igreja, corpo de Cristo, e em seguida diferenciada organicamente nos diferentes portadores (Papa-bispos etc.). As formas de concretização caberiam à contribuição das diferentes situações culturais.

Com efeito, as comunidades cristãs primitivas encontravam-se sob a férrea necessidade de se institucionalizar. Necessária e inevitavelmente, assumiram formas sociais e políticas do mundo circunstante, nas quais encarnavam a autoridade vinda de Deus e de Cristo. A atual estrutura de poder na Igreja é devedora de representações de poder que possuem séculos de existência e que nela convergiram. Duas especialmente cabe ressaltar: a experiência com o poder romano e com a estrutura feudal. Deles foram assumidos costumes, títulos, expressões, símbolos de poder. A Hierarquia, como palavra e como concepção, é resultado deste processo. Esta necessária "mundanização" da Igreja era condição de sua continuidade no mundo, e, como encarnação, pode-se dizer, teologicamente, é também querida por Deus. O estilo romano e feudal de poder na Igreja, sem conotação pejorativa, perdura até hoje e, ao nosso ver, constitui uma das principais fontes de atrito com a consciência que desenvolvemos dos direitos humanos.

A autoridade em estilo romano e feudal se caracteriza, em *primeiro lugar*, por uma hierarquia piramidal com as diferentes *ordines* (Tertuliano); em *segundo lugar*, constitui uma hierarquia personalizada. O portador de poder o é vitaliciamente; sua vontade é lei (*lex animata*) dentro do próprio *ordo*, mas ele está ligado por obediência ao *ordo* superior. Em *terceiro lugar*, é uma hierarquia sagrada e cósmica. Em outras palavras: sua legitimação não vem de baixo, mas de cima, da vontade de Deus. Quanto mais alto alguém se encontra na pirâmide, mais próximo está de Deus e assim mais participa de Seu poder divino. Obedecer ao superior é, fundamentalmente, obedecer a Deus. A obediência, mesmo civil, é um ato religioso. Em *quarto lugar*, a autoridade em estilo romano e feudal é uma hierarquia intocável e não sujeita a qualquer crítica interna. As ordens são boas porque vêm da autoridade, legitimada a partir de cima. A crítica dentro da instância é impossível; somente apelando a uma instância superior. Uma revolução surgida de baixo equivaleria a uma revolução no universo, a uma convulsão universal. Daí, toda mentalidade transformadora equivalia a um atentado contra Deus, autor da ordem e da pirâmide do poder sagrado[20].

Esta compreensão da autoridade propiciou ordem, integração, e forneceu sentido à vida pessoal e social.

A experiência da Igreja nos marcos desta estrutura de poder foi tão profunda e bem-sucedida, que se cristalizou até os dias de hoje, passando quase incólume através das grandes revoluções modernas, responsáveis pelo surgimento de novas estruturas de poder (revolução francesa, industrial, socialista etc.). Com os ataques vindos das transformações sociais dos últimos séculos, ela teve de se autoafirmar política e doutrinariamente. O que, na verdade, a Igreja defende não é tanto a autoridade divina, mas uma forma histórica que assumiu esta autoridade divina. Sua forma e seu estilo pouco mudaram; mudou a extensão de sua validade e reconhecimento. Outrora, toda a sociedade a reconhecia; hoje, cresce mais e mais o gueto a que se viu reduzida; a grande sociedade não presta atenção ao que acontece na Igreja, em termos de poder, porque sua presença não é mais decisiva nas decisões que modificam a história de uma nação.

Esta estrutura de poder centralizada gera marginalização, especialmente dos leigos; estruturalmente, são cortados os caminhos da participação mais efetiva nas decisões que interessam a toda a comunidade. Eles não são considerados como portadores e produtores do material simbólico, porque estão na base da pirâmide, sem poder; sua verdade e sua palavra são feitas eco da voz das instâncias superiores. Aqui se ferem, estruturalmente (independentemente da boa ou má vontade dos membros da Igreja), direitos consagrados da pessoa humana.

Como veremos posteriormente, o Concílio Vaticano II deu-se conta da historicidade das formas de poder na Igreja e elaborou uma compreensão teológica da autoridade mais colegial e menos monárquica, em si mais adequada a incentivar novas estruturas de participação na vida eclesial, especialmente na *Lumen Gentium* (Igreja), na *Christus Dominus* (bispos), na *Apostolicam Actuositatem* (leigos) e na *Gaudium et Spes* (Igreja e mundo moderno).

b) Abordagem analítica: a ideia que a autoridade concebe de si mesma

Outro acesso à explicação da contradição teoria x práxis concernindo os direitos humanos se alcança pela análise interna da autoconsciência da autoridade na Igreja. Dizia com acerto E. Durkheim: "Uma sociedade não é constituída meramente pela massa de indivíduos que a compõem, o território que ocupam, as coisas que usam e os movimentos que executam, *mas acima de tudo está a ideia que ela forma de si mesma*"[21]. A autoconsciência que um grupo elabora de si mesmo é um dos fatores importantes, explicadores de seu comportamento. Que ideia forma a autoridade eclesiástica de si mesma? Ela se considera como a principal, se não a exclusiva, portadora da revelação de Deus ao mundo, com a missão de proclamá-la, explaná-la, mantê-la sempre intacta e pura e defendê-la[22]. Esta revelação está consignada nas Sagradas Escrituras, e sua legítima interpretação, entregue ao Magistério da Igreja. A revelação, por sua vez, é compreendida doutrinariamente como um conjunto de verdades necessárias para a salvação.

Aqui está o nó górdio do problema: a compreensão doutrinária da revelação. Deus revela verdades necessárias, algumas inatingíveis pela razão, outras compreensíveis, mas mesmo assim reveladas, para facilitar o caminho da salvação. Portanto, o Magistério possui, recebido de Deus, um complexo de verdades absolutas, infalíveis, divinas. O Magistério habita um discurso e articula uma doutrina absoluta, livre de qualquer dúvida. Qualquer questionamento que nascer da vida e que questione a doutrina só pode ser equivocado. A vida, a experiência, o que quer que venha de baixo – tudo é substituído pela doutrina[23].

Esta compreensão da revelação divina como comunicação de verdades carrega consigo imediatamente uma consequência grave para o problema dos direitos humanos: a intolerância e o dogmatismo. Quem é portador da verdade absoluta, divina e *sicut opportet ad salutem consequendam* não pode tolerar outra verdade. "O destino daqueles que pretendem possuir a verdade é a intolerância" (R. Alves). A salvação, portanto, depende do conhecimento da verdade ortodoxa. Discurso e ser coincidem: quem tem a verdade divina está salvo. A verdade é mais decisiva que a bondade. A Inquisição não se preocupava com os crimes morais, mas com os crimes referentes à verdade ortodoxa[24]. Aquele que comete um deslize moral peca, mas não coloca em xeque o quadro de compreensão e o sistema das verdades e dos poderes que elas implicam. Contradiz também a verdade, mas se confessa pecador porque reconhece o quadro de validade. O herege nega a validade do quadro de verdades e proclama, sem medo nem arrependimento, outra verdade. Dentro da compreensão doutrinária da revelação, o herege é um criminoso não apenas contra a unidade da Igreja, mas contra a própria realidade da Igreja-portadora-das-verdades-divinas. Ele equivale a um ateu e, neste sentido, é qualificado por um edito de Constantino (Eusébio, Vita Constantini 3, 64). O rigor implacável da Inquisição se impõe pela lógica férrea e necessitante do próprio sistema e ainda hoje preside a mentalidade doutrinária dos prepostos da Sagrada Congregação para a Doutrina da Fé.

Enquanto perdurar este tipo de compreensão dogmática e doutrinária da revelação e da salvação de Jesus Cristo, dever-se-á contar irretorquivelmente com a repressão da liberdade de pensamento divergente dentro da Igreja. A repressão será feita dentro da mais pura consciência de cumprir um dever sagrado e na maior das boas vontades em preservar o direito divino da revelação em face do qual qualquer direito humano tem que ceder lugar. Para uma superação desta compreensão doutrinária, veja meu estudo na REB, 35 (1975), p. 853-79: O que é fazer teologia a partir da América Latina oprimida.

c) Abordagem estrutural

As duas achegas anteriores não configuram uma explicação suficiente da defasagem entre consciência dos direitos humanos e sua não realização histórica no seio da Igreja. Os dois acessos interpretativos situam-se no nível das ideias e das representações. Este nível oculta um outro mais profundo e estrutural, e remete a ele: a prática concreta dos homens dentro de condicionamentos definidos em termos de poder. As ideias não são substantivos que perambulam por aí; são produtos de uma vida concreta e estão em função dela. Em outras palavras: para se entender estruturalmente um fenômeno, não se deve partir daquilo que os homens pensam e dizem (embora, como consideramos antes, isso tenha uma relativa autonomia), mas daquilo que os homens efetivamente fazem no seu processo de vida real[25]. Na Igreja, os membros que detêm os meios de produção religiosa, que é simbólica, detêm também o poder e criam e controlam o discurso oficial. Sociologicamente considerando, na Igreja vigora uma inegável divisão e desigualdade: um grupo produz o material simbólico, e outro apenas o consome; há o ordenado, que pode produzir, celebrar e decidir, e o não ordenado, que assiste e se associa. Toda a capacidade de produzir e de decisoriamente participar dos excluídos deixa de ser aproveitada. O grupo detentor dos meios de produção simbólica elabora sua correspondente teologia, que vem justificar, reforçar e socializar seu poder, atribuindo origem divina à forma histórica de seu exercício. Daí é que a maneira centralizada, monárquica, excludente de seu funcionamento, a concepção doutrinária da revelação e da salvação são tidas como intocáveis e irreformáveis porque queridas (nesta concreta forma) por Deus.

Esta compreensão, entretanto, está mascarando o real conflito que se encontra subjacente: o poder de uns sobre os outros, poder que não quer abdicar de seus privilégios e direitos, atritando com direitos invioláveis da pessoa humana (de participar, de produzir simbolicamente, de expressar-se livremente etc.). Ao cristão leigo se faz crer que, pelo fato de ser simples cristão, está diante de fatos divinos que o excluem e o subordinam, inapelavelmente, a um grupo cujo poder vem de cima. Isso é tanto mais grave quanto esta compreensão vem dogmatizada e feita irreformável. Ao leigo, nada resta senão aceitar que nele há direitos reconhecidos pela Hierarquia, mas que não podem ser exercitados porque não encontram espaço na forma de organização eclesial. Os direitos do homem perdem assim seu caráter inalienável e passam a ser violados.

Insistimos: não se discute sobre a legitimidade da autoridade na Igreja; ela existe e é querida por Deus; questiona-se a forma histórica excludente de sua organização e da teologia, criada sobre ela, exercendo a função de justificativa ideológica das relações desequilibradas de poder entre os membros da mesma Igreja.

A desigualdade estrutural produzida pela detenção dos meios de produção simbólica por parte de um grupo gera uma situação de permanente conflito com os direitos humanos.

4. Caminhos de superação

Como se há de superar ou amenizar esta defasagem entre teoria e práxis na Igreja? Devido à carga doutrinária oficialmente criada, reforçando os interesses dos portadores do poder sagrado, serão obstaculizados os caminhos de uma renovação atingindo a estrutura? Cremos ser sensato alimentar uma razoável esperança devido à contradição interna à própria consciência eclesial. Se por um lado há práticas, justificadas com suas correspondentes teorias teológicas, que cerceiam direitos humanos fundamentais, por outro há uma instância evangélica, sob a qual está a Igreja, que permanentemente critica e denuncia todas as formas abusivas ou restritivas do poder e convoca para o respeito e o serviço. A mensagem de Jesus em seu sentido global e a Igreja que vive dela e a encarna no mundo não são realidades que favorecem a dominação de uns sobre outros ou o amordaçamento das liberdades; pelo contrário, supõem, garantem e promovem a liberdade, a fraternidade e o serviço mútuo desinteressado. Vivemos na "lei da liberdade" (Tg 1,25; 2,12), e "é para que sejamos livres que Cristo nos libertou" (Gl 5,1). Estes imperativos dos textos fundadores não deixarão de fermentar esperanças e informar práticas que apontam para estes ideais.

Em primeiro lugar, convém exorcizar a tentação idealista de que basta um recurso à modificação das consciências para produzir uma mudança estrutural na

Igreja. Mais do que as novas ideias, são as práticas diferentes (com o suporte de suas respectivas teorias) que modificam a realidade eclesial. Estas modificações por sua vez abrem caminho para uma compreensão teórica e temática correspondente, propiciando uma leitura nova do Evangelho e da Tradição.

Com referência às práticas, devemos reconhecer que, nos últimos anos, mas com mais ênfase a partir do Concílio, deram-se passos extremamente importantes. Como outrora assumiu o regime romano e feudal, a Igreja está agora assumindo também formas ensaiadas nas nossas sociedades civis, que melhor se coadunam com nossa sensibilidade pelos direitos humanos. Trata-se aqui da discutida questão da democratização na Igreja. Antes de significar conteúdos concretos e formas de organização do poder, isso significa um título para intenções e estruturas de tipo diverso (respeitando a figura fundamental da Igreja com elementos de que não se pode dispor, como a revelação de Jesus Cristo, as doutrinas fundamentais sobre sua pessoa e obra, os imperativos éticos implicados em sua mensagem, a sacramentalidade da Igreja), favorecendo a participação do maior número possível de fiéis e gestando a comunidade livre e fraterna[26]. Raros são os hierarcas que cultivam ainda a figura feudal centralista; mais e mais surge a figura do bispo e do padre como verdadeiros pastores, líderes religiosos no meio de seu povo, num serviço desprovido de toda titulatura e em um estilo que deixa transparecer os traços evangélicos da diaconia. Seria exaustivo e não é aqui o lugar para tal, detalharmos as distintas transformações que se estão operando nos diferentes níveis do poder na Igreja[27]. Não só exercícios de poder estabelecido estão se modificando (e se humanizando), mas novas formas de ser Igreja estão surgindo, especialmente nas comunidades eclesiais de base, fazendo-nos pensar numa verdadeira eclesiogênese.

Ademais, esta prática diferente de Igreja, mais adequada a atender às exigências dos direitos humanos, nos dá acesso à compreensão evangélica da autoridade e nos conscientiza dos pressupostos presentes no conceito imperante de autoridade eclesial oriundos de uma metafísica da criação, do poder absoluto do Criador e da harmonia cósmica, elementos estes que pouco têm a ver com a compreensão neotestamentária do serviço. A autoridade da e na Igreja vem da autoridade de Jesus. "Jesus tem ou revela autoridade, pelo que Ele diz e faz, e justamente porque o homem a sente como uma autoridade solícita, libertadora e benéfica. Com outras palavras: a autoridade de Jesus deve ser entendida como plenitude de salvação. Mas

Jesus não apelou para a sua plenitude de poderes, não se preocupou em legitimá-la, não se vangloriou dela. Procurou o diálogo com a liberdade dos homens. Provocou a liberdade... Jesus tem autoridade porque age usando a autoridade da liberdade e do amor, autoriza os homens a realizarem ações criadoras e a viver o amor e a liberdade"[28]. A autoridade eclesial que se situa na tradição jesuânica deve fundar-se na igualdade dos irmãos (Gl 3,26-29: sois todos um em Cristo; Mt 23,8: sois todos irmãos; Tg 2,2-4: não deveis fazer distinção entre vós), na fraternidade, que se opõe a todo culto cristão da personalidade com qualificativos de mestre, pai etc. (Mt 23,8-9), e no serviço, que exclui toda dominação e pretensão de última instância (Mc 10,42-45; Lc 22,25-27; Jo 13,14). Esta autoridade foi encarnada diferentemente na Igreja primitiva: nas comunidades paulinas (Corinto), era de estrutura carismática; na comunidade de Jerusalém, sinagogal (conselho de presbíteros); nas comunidades das epístolas pastorais, de estrutura centralizada ao redor dos delegados apostólicos com seu presbitério, reduzindo em muito a participação de cada batizado, que para Paulo era portador do Espírito. Pouco importa a forma, tratava-se sempre de um serviço. O que, entretanto, predominou foi a linha das epístolas pastorais, onde aparece o ministro com poder recebido pela imposição das mãos, dando origem às *ordens* diferentes na Igreja; em germe, reside aqui – caso não esteja sempre presente a mística do serviço – o foco que irá manifestar-se como discriminação entre os irmãos de fé até o ponto de os ordenados capturarem para si todo o poder na Igreja. Isso certamente conflita com a intenção fundamental de fraternidade presente na mensagem de Jesus. A forma centralizada constitui *uma* forma de poder que, por razões históricas (no caso, a ameaça do agnosticismo), pode se justificar, mas que não pode reclamar para si a exclusiva vigência por todos os séculos. A diversidade das formas de autoridade no NT sugere outra direção. A autoridade era antes colegial do que monárquica[29].

O Concílio Vaticano II, influenciado pelas práticas e estilos novos de autoridade na Igreja, acolheu a ideia da colegialidade não apenas no nível episcopal, mas, num certo sentido, também no nível de toda a Igreja. Assim, por exemplo, enquanto a teologia pré-conciliar excluía os leigos de qualquer múnus por não serem ordenados, o Vaticano II ensina que "pelo batismo são feitos participantes, a seu modo, do múnus sacerdotal, profético e régio de Cristo, pelo que exercem sua parte na missão de todo o povo cristão na Igreja e no mundo" (*LG* 31/76).

Enquanto a encíclica *Humani Generis* de Pio XII (1950) ensinava que a Hierarquia é a única responsável pela administração da Palavra de Deus (nº 18), o Vaticano II, consequentemente, afirma que os leigos também "anunciam Cristo, elucidam sua doutrina" (nº 16/1.391).

Finalmente, está ocorrendo na teologia e na Igreja uma superação progressiva da compreensão doutrinária da revelação e da fé, que induzia a um fatal dogmatismo. Deus, primeiramente, não revelou proposições verdadeiras sobre si mesmo, o homem e a salvação. Ele se revelou a si mesmo, em seu mistério, em sua vida e em seus desígnios. Foi a vida divina que invadiu a vida humana. O que nos salva não são verdades formuladas em frases, mas Deus mesmo se dá como salvação. A fé, em seu sentido primigênio, consiste na adesão total ao Deus vivo e não simplesmente na aceitação de um credo de proposições.

A doutrina tem sua função, mas em um momento derivado. Na formulação das doutrinas acerca da revelação e da salvação, entram variantes que são culturais e que, portanto, estão do lado do homem. As doutrinas variam, como se pode notar na própria Bíblia; mas todas elas vêm assim articuladas, permitindo o reconhecimento da presença da salvação e do Deus vivo.

A Igreja não se apresenta apenas como portadora da revelação e da salvação; ela se sente, com razão, também responsável pelas doutrinas (*regula fidei*), porque há doutrinas e maneiras de articular a fé e a revelação que induzem a uma falsa representação de Deus e de seu amor. A fé sempre deve poder se reconhecer nas doutrinas e nas teologias. É o critério de justeza de qualquer teologia que pretenda se apresentar à comunidade eclesial. Aqui cabe a vigilância da Igreja, que não pode, sem perverter-se, cair em uma rigidez dogmática e em uma fixidez doutrinária, como se a doutrina fosse a última instância. Ela é sempre tradução histórico-cultural da revelação de Deus. Finalmente, o que nos faz apropriar-nos da salvação não são nossas doutrinas, mas as práticas consequentes, nascidas do encontro com o Deus vivo e verdadeiro.

Esta compreensão existencial e bíblica da revelação e da fé abre espaço para diferentes achegas à Verdade absoluta. Esta será um dom escatológico; na história, nossas formulações exprimem a Verdade absoluta, mas não logram exprimir todo o absoluto da Verdade. No dito fica sempre o não dito, e todo ponto de vista será sempre a vista de um ponto. Por isso, haverá sempre possibilidades de se dizer a fé em doutrinas expressas nos marcos inteligíveis de uma outra cultura, por que não dizê-lo, de uma outra classe social.

5. Conclusão

Pela ciência que a Igreja possui acerca da insondável dignidade humana, ela pode ser a consciência do mundo com respeito aos direitos humanos. Não basta, entretanto, a pura proclamação. Na verdade, ela só será realmente ouvida se testemunhar, por suas práticas, que é a primeira a respeitar e a promover os direitos humanos no interior de sua própria realidade. Caso contrário, terá razão aquele que a incriminar: Como vês o cisco no olho dos outros e não vês a trave no teu? E como ousas dizer aos outros: Deixa que eu tire o cisco do teu olho, tendo tu uma trave no teu? Hipócrita: tira primeiro a trave do teu olho, e então tratarás de tirar o cisco do olho dos outros (cf. Mt 7,3-5).

Terminamos com um apelo do Cardeal D. Paulo Evaristo Arns, que, na Igreja, se tornou o paladino na defesa dos direitos pisoteados, especialmente dos sem nome, e que, por causa disto, conhece, um pouco, o caminho oneroso dos profetas: "O Jó moderno tem grandes poemas a escrever. E estes poemas não costumam ser lidos senão pelo Coração de Deus. Têm as Igrejas a coragem de ser o Coração de Deus, neste momento da história?"[30].

Notas

1. Cf. KLOPPENBURG, B., *O cristão secularizado*, Petrópolis, 1970, p. 167-8: "O Concílio foi generosíssimo no falar. Mas também este modo de falar é novo. Olhando para a história passada da Igreja, não custa verificar que a *diakonia* não poucas vezes se transformou em domínio e absolutismo; que o múnus pastoral passou a assumir o aspecto autoritário e impositivo; que o magistério eclesiástico se converteu em corpo teológico uniforme e intangível; que a disciplina tomou as formas de legalismo rígido e estático; que a continuidade da Igreja se metamorfoseou em tradição imóvel e sagrada... Leio hoje no nº 8c/22 da *Lumen Gentium* que a Igreja é 'ao mesmo tempo santa e sempre necessitada de purificar-se'; leio no nº 21e/261 da *Gaudium et Spes* que a Igreja 'deve renovar-se incessantemente sob a direção do Espírito Santo'; leio no nº 6a/777 do Decreto *Unitatis Redintegratio* que a Igreja peregrina 'é chamada por Cristo a uma perene reforma'; mas leio também no nº 6 da Mirari vos (de Gregório XVI, 1832) que 'é por demais absurdo e altamente injurioso dizer que se faz necessária uma certa restauração ou regeneração [da Igreja] para fazê-la voltar à sua primitiva incolumidade, dando-lhe novo vigor, como se fosse de crer que a Igreja é passível de defeito, ignorância ou outra qualquer das imperfeições humanas'. Na prática, caímos numa espécie de monofisitismo eclesiástico, que identificava a autoridade humana da Igreja com a própria autoridade divina; e consequentemente fazia-se da virtude da obediência a atitude característica do 'fiel', que era a designação mais simples para o cristão."
2. Tomaremos alguns exemplos da história recente da Igreja; exemplos do passado, mais abundantes, mostrariam, quiçá melhor, o problema em pauta.
3. Cf. *Herderkorrespondenz*, 25 (1971), p. 592-7, esp. p. 593-5: Das Thema Gerechtigkeit auf der römischen Bischofssynode; *Documentos Pontifícios*, 184, Petrópolis, 1972.
4. Novas normas para a redução de sacerdotes ao estado laical em *SEDOC*, 4 (1971), p. 304-11.

5. Id., p. 309: "Neste mesmo documento (*Sacerdotalis Caelibatus*), o Sumo Pontífice, lembrados os motivos pelos quais a Igreja julga conceder a alguns sacerdotes a redução ao estado laical com dispensa da obrigação de observar o celibato, admoesta que 'sejam experimentados todos os meios de persuasão com o fito de ajudar o irmão que vacila a reencontrar a paz e a confiança, a enveredar *pela via do arrependimento e do retorno*; só quando o caso não apresentar nenhuma outra solução possível é que o infeliz ministro da Igreja é excluído do exercício do ministério sacerdotal' (nº 87). Acrescenta o Papa que, 'se este sacerdote é irrecuperável para o sacerdócio, mas apresenta, no entanto, sérias e boas disposições para uma vida cristã de leigo, a Sé Apostólica, após haver estudado todas as circunstâncias e de acordo com o Ordinário do lugar ou com o Superior religioso, deixando ainda o amor triunfar sobre a dor, concede às vezes todas as dispensas requeridas'."
6. Cf. S. C. para a Doutrina da Fé: Declaração sobre a questão da admissão das mulheres ao sacerdócio ministerial, em *L'Osservatore Romano*, 30/1/1977.
7. Cf. um apanhado da argumentação teológica em BOFF, L., *O sacerdócio da mulher*, em *Convergência* (1973), p. 663-97.
8. Em *Herderkorrespondenz*, 25 (1971), p. 593.
9. Direitos humanos e a tarefa da Igreja, em *Direitos humanos* (CEI, Suplemento, 15), Rio de Janeiro, 1976, p. 27-30, aqui p. 28. Veja-se o disparate escrito pelo teólogo francês L. Bouyer, no mesmo número de *L'Osservatore Romano* (30/1/1977) em que se publicava o documento coibindo o sacerdócio para as mulheres: "A religião da Bíblia, o judaísmo, e ainda mais o cristianismo proclamaram a igualdade fundamental da mulher e do homem. Mas não no sacerdócio." Ou a igualdade perante o direito é universal ou não se poderá falar, sem ser cínico, de igualdade.
10. NEUMANN, J., Ketzerverfahren – eine Form der Wahrheitsfindung?, em *Theologische Quartalschrift*, 154 (1974), p. 328-39, aqui p. 338.
11. Cf. o Regulamento para o exame da doutrina, em *SEDOC*, 3 (1971), p. 1.075-6. Cf. também a entrevista do secretário da S. C. para a Doutrina da Fé, J. HAMMER, em *Herderkorrespondenz*, 28 (1974), p. 238-46. Cf. as entrevistas críticas do jurista católico J. NEUMANN, na mesma revista citada, p. 287-97, e do teólogo Hans KUNG, 27 (1973), p. 422-7.
12. Cf. o processo contra o biblista católico H. Haag sobre o pecado original, Ein Verfahren der Glaubenskongregation, em *Theologische Quartalschrift*, 153 (1973), p. 184-92, esp. p. 190.
13. KUNG, H., em *Herderkorrespondenz*, 27 (1973), p. 426.
14. Id., ibidem. Ficou famoso, por seu primarismo e pela violência ideológica impressa contra qualquer direito assegurado, o processo contra Ivan Illich. Assim se iniciou o interrogatório: "Eu sou Illich. – Isso eu sei. – *Monsignore*, como se chama o

senhor? – Seu juiz. – Eu pensei que pudesse saber o seu nome! – Isso não é importante. Meu nome é Casoria." Quiseram obrigar Illich, sob juramento, a guardar absoluto sigilo sobre o que se passasse nas salas da S. Congregação, o que não foi aceito por Illich. O interrogatório misturava bagatelas da vida de um instituto, com perguntas sobre cinquenta pessoas, sobre problemas de fé, assuntos discutidos em teologia, 'subversivas interpretações'. E aqui figurava, por exemplo, esta: "É verdade que o senhor quer que as mulheres se confessem em confessionários sem grades?": cf. KAUFMANN, L., *Schicksal eines Propheten*, Munique, 1970.

15. NEUMANN, J., *Herderkorrespondenz*, op. cit., p. 297.
16. A *doctrina catholica* não é certamente um corpo enrijecido e sem vida. Um dia ela se formou; não caiu do céu já pronta; continua ainda a se formar, a crescer e assimilar as inesgotáveis riquezas do depósito da fé. Cada época é importante para, com suas perguntas e suas angústias, revelar dimensões insuspeitadas do mistério cristão. A teologia, em comunhão com toda a Igreja e com o Supremo Magistério, é chamada a aprofundar, a traduzir na linguagem do aqui e agora e a viver a boa nova da libertação trazida por Jesus Cristo. Nela não há só certeza e dogmas. Há também lugar para a hipótese, para a probabilidade e para um sadio pluralismo. Não deve valer menos para a teologia aquilo que vale para a Sagrada Escritura, e que foi magistralmente expresso pela Comissão Bíblica em 1915: "Tudo o que o hagiógrafo afirma, enuncia e insinua deve ser tido como afirmado, enunciado e insinuado pelo Espírito Santo" (EnB 433). Em outras palavras, na Bíblia "existe, ao lado da afirmação categórica, a proposição de uma probabilidade, de uma possibilidade, de uma simples conjetura ou mesmo de uma dúvida" (BENOIT, P., *L'inspiration [Initiation Biblique]*, Tournai, 1954, p. 37; GRELOT, P., *La Bible, parole de Dieu*, Paris-Tournai, 1965, p. 108). Quanto mais isso vale para a teologia, que não pode contar com a inspiração divina!
17. Por sistema entendemos um determinado relacionamento de elementos (pessoas, instituições) que se conectam e influenciam mutuamente, formando um corpo mais ou menos ordenado com sua teoria e suas práticas. A Igreja é considerada um sistema que possui subsistemas (hierarquia, magistério, anúncio, organização dos membros). O sistema da Igreja, por sua vez, é um subsistema da sociedade, sendo influenciado pela sociedade e capaz de influenciá-la. Só se entende a Igreja quando se estudam essa realidade e suas práticas articuladas com o sistema principal, que é a sociedade global.
18. Cf. SAUER, B., Autoritäre Systeme in der Kirche heute, em *Autorität* (publicado por J. Turk), Mogúncia, 1973, p. 114-25; TILMANN, R., Die Autoritätskrise in den Kirchen, no mesmo livro, p. 26-40.

19. Cf. a análise bem detalhada do sistema de poder na Igreja, feita por MEDINA, C. A. e OLIVEIRA, Pedro A. Ribeiro de, *Autoridade e participação*, Petrópolis, 1973. VÁRIOS A., Macht, Dienst, *Herrschaft in Kirche und Gesellschaft*, Friburgo, 1974.
20. MERTON, Th., *Fede e violenza*, Brescia, 1965, p. 59: "Um dia futuro, o historiador honesto terá que dizer coisas amargas sobre a contribuição da Igreja na criação da mentalidade de massa, do coletivismo e da ditadura."
21. DURKHEIM, E., *Les formes élémentaires de la vie religieuse*, Paris, 1937, p. 618.
22. Embora os textos doutrinários, como a *Lumen Gentium*, *Apostolicam Actuositatem* e outros, afirmem que toda a Igreja (leigos e ordenados) é responsável pela conservação e integridade da fé e da revelação, na prática a Hierarquia se comporta como se fosse a única responsável.
23. Freud mostrou que, quando se estabelece um conflito entre psique e realidade, aquela tem a tendência de substituir esta por palavras, para assim evitar o contato concreto: "Quando alguém teme o contato com a realidade, as palavras são interpostas como uma cortina, tanto entre o que verbaliza e o seu ambiente, quanto entre o que verbaliza e o seu próprio corpo" (BROWN, N., *Vida contra morte*, Petrópolis, 1973). O medo da vida resulta da própria estrutura da vida, que é dinâmica, imprevisível, destruidora de todas as pretensões absolutas, problematizadora. A palavra, ao contrário, é estável, é uma receita já pronta, gera certeza, é manipulável.
24. Para um histórico rápido e essencial sobre os pressupostos ideológicos da instituição da Inquisição, do Santo Ofício e da S. Congregação para a Doutrina da Fé, cf. NEUMANN, J., Ketzerverfahren – eine Form der Wahrheitsfindung?, em *Theologische Quartalschrift*, 154 (1974), p. 328-39.
25. BOFF, Clodovis, Teologia e prática, em *REB*, 36 (1975), p. 798-810, aqui p. 798: "Depois de Marx, a teologia não pode mais colocar entre parênteses as condições materiais de existência, sob pena de 'mistificar' a realidade de situações iníquas. A palavra teológica concernente ao Social não tem crédito senão na posição de palavra-segunda, isto é, depois de ter feito justiça às condições mencionadas. Tal é precisamente a função de uma mediação socioanalítica. Simultaneamente, contra o pragmatismo teórico e o idealismo epistemológico, cumpre reconhecer que a prática teológica implica dois regimes distintos e inseparáveis: o regime interno e o regime externo. O primeiro se define pela autonomia da prática teórica, cujas regras pedem ser respeitadas. O segundo corresponde à dependência da teologia em relação às condições sociais de produção, ou seja, à economia dos bens culturais, sobre os quais o teólogo é chamado a exercer uma vigilância ideo-política permanente."

26. Cf. todo o número 63 (1971) da revista *Concilium* sobre a "Democratização da Igreja".
27. Cf. um apanhado das mutações modernas dentro da Igreja, em *Autorität* (Vários A., org. por J. Turk), Mogúncia, 1973, p. 26-41, 216s; GREINACHER, N., Comunidades livres de domínio, em *Concilium*, 63 (1971), p. 323-37.
28. PESCH, R., Fundamentos neotestamentários da vida democrática da Igreja, em *Concilium*, 63, p. 304.
29. WEISER, A., Autorität im Alten und Neuen Testament, em *Autorität*, op. cit., p. 60-76; THUSING, W., Dienstfunktionen und Vollmacht kirchlicher Ämter nach dem Neuen Testament, em *Macht, Dienst, Herrschaft in Kirche und Gesellschaft*, op. cit., p. 61-74.
30. ARNS, P. E., *Direitos humanos e a tarefa da Igreja*, op. cit., p. 29.

V.
O PODER E A INSTITUIÇÃO NA IGREJA PODEM SE CONVERTER?

1. Esperanças frustradas, mas não destruídas, em face da Igreja-instituição

Na Igreja coexistem dois comportamentos que não se coordenam nem se recobrem totalmente: um voltado para o mundo e a sociedade, e o outro voltado para dentro e para as distintas estruturas de Igreja. Com referência ao primeiro comportamento, a Igreja emerge como uma totalidade homogênea e fortemente coerente. Nos últimos decênios, conquistou uma respeitabilidade e autoridade moral como jamais na história do Ocidente. Ela representa o que há de mais alto e santo do mistério do Homem e de Deus. Corporifica as esperanças ainda não frustradas da humanidade de que nem tudo se perverteu nem entrou no circuito dos poderes interesseiros. Ela inspira confiança e produz aquilo que é próprio do Evangelho: alegria de viver e de esperar[1].

O outro comportamento concerne às relações intrassistêmicas; os cristãos estão às voltas com veneráveis tradições, prescrições litúrgico-canônicas, códigos de moral bem definidos, estruturas eclesiásticas e formas de poder com o peso de séculos, fortemente centralizadas e controladas por um corpo de peritos, a Hierarquia.

Neste nível interno, apontam, aqui e acolá, tensões, conflitos, manifestações de autoritarismo[2] que pouco diferem das formas similares de dominação existentes na sociedade civil. Um bispo decide desmantelar todo um trabalho de base, envolvendo dezenas de comunidades eclesiais, presbíteros, religiosas, agentes de pastoral, e, sem prévia discussão, transfere os párocos, literalmente expulsa de sua diocese (arqui) as religiosas, demite os agentes de pastoral leigos e deixa a comunidade perplexa. Não há a quem apelar, pois se trata de um comportamento de uma instância última. E muitos entram, às vezes, em graves crises de fé, provocadas diretamente por cardeais, bispos ou párocos. Sentem-se exorcizados da instituição a que dedicaram as melhores horas e depositaram as esperanças vivas. Que é isso de poder como serviço de que fala o Evangelho? Que significa uma Igreja servidora e pobre? Pode a Igreja-instituição assumir uma função libertadora no meio dos pobres e oprimidos? É possível a conversão de um bispo ou de um pároco imbuídos de uma mística todo-poderosa acerca do sagrado poder de que somente eles estão investidos? Pode-se confiar na opção preferencial pelos pobres, esperar que uma Igreja rompa seu pacto histórico com as forças hegemônicas e efetivamente se converta para uma pobreza evangélica, solidária com os debulhados de seus direitos e empobrecidos, para uma coragem profética, livre do medo da perseguição, da tortura e da morte, para um seguimento de seu Fundador, o Servo Sofredor Jesus Cristo, consequente e destemido? A presente reflexão quer, com toda a honestidade e veracidade de quem se sente pela fé comprometido no interior desta mesma Igreja-instituição, analisar o porquê das esperanças frustradas e, não obstante isso, realimentar a fé na força do Espírito, capaz de acordar o coração adormecido do corpo institucional da Igreja para que reanime a presença viva e não fúnebre e reacenda a memória perigosa e não castrante da vida, morte e ressurreição de Jesus Cristo.

Quando falamos em Igreja-instituição, não entendemos por Igreja a comunidade dos que crêem e testemunham no meio do mundo a presença do Cristo ressuscitado como evento antecipador e cheio de sentido da ressurreição do homem e do cosmo, mas como a organização desta comunidade dos fiéis, com sua Hierarquia, com seus poderes sagrados, com seus dogmas, com seus ritos, com seus cânones e com sua tradição[3]. Através da organização institucional, a comunidade responde às necessidades que se fazem sentir dentro dela em termos de estabilidade, de conservação da própria identidade, de propagação do Evangelho, de assistência interna, de governo etc. Nenhuma comunidade subsiste sem um mínimo de instituição que lhe confira unidade, coerência e identidade. A instituição não é um em si, mas uma função em favor da comunidade de fé. Em decorrência disso, ela é sempre derivada, deve caminhar no mesmo passo das transformações históricas pelas quais passa a comunidade, deve enfrentar as rupturas e encontrar respostas institucionais adequadas. A esse processo histórico de fidelidade e de serviço à comunidade e ao Senhor nela presente chamamos conversão permanente.

Esta implica uma atitude de despojamento e de pobreza interior que permite à instituição largar conquistas gloriosas quando percebe que, para servir à comunidade e ao Senhor nela atuante, é imperioso abandoná-las. Só nesta medida da conversão permanente, a comunidade com suas instituições será serviço salvífico para o mundo. Caso contrário, ela será um mundozinho dentro do mundo, um gueto que se automagnifica salvificamente, traindo assim sua ineludível vocação para a universalidade. A elite cognitiva, que é a comunidade cristã em um mundo que a ela ainda não aderiu, não pode, sem perverter sua essência católica, considerar como exclusivamente sua a salvação de Deus, que é do mundo todo. Ela está a serviço da salvação, participa dela, mas não tem a sua posse.

A instituição se caracteriza pela duração, pela estabilidade e pela regra de jogo que estabelece entre os membros[4]. Por causa destas características, a instituição corre o risco de perder o ritmo da história, de bastar-se a si mesma, de olvidar-se de sua funcionalidade, de gerar passividade, monotonia, mecanização e alienação. Começa a entender-se ideologicamente como a epifania de promessas nela cumpridas; sobrepõe-se à comunidade a quem deveria servir; a verdade é substituída pela certeza intrassistêmica; cria os cismas ao cortar os movimentos que não se deixam enquadrar dentro das malhas da instituição. Toda instituição tem a tendência de se ontocratizar, vale dizer, de se transformar em sistema de poder e de repressão contra a criatividade e a crítica. A instituição tem a ver sempre com o poder. Como asseverava excelentemente Lord Acton, todo poder tende a se corromper, e o poder absoluto a se corromper absolutamente.

Como veremos ao longo deste trabalho, a instituição da Igreja não ficou livre desta disfunção; o poder lhe significou uma terrível tentação de domínio e de substituição de Deus e de Jesus Cristo; e em certas épocas, a ela sucumbiu desastrosamente. A esclerose institucional gerada impediu que a Igreja respondesse adequadamente aos desafios vindos das rupturas da modernidade, levou a que fosse considerada um reduto de conservadorismo antievangélico e que na práxis eclesial se introduzisse uma profunda cissura entre Igreja-Povo-de-Deus e Igreja-Hierarquia, entre esta que pensa, diz e não faz, e a outra, que não deve pensar, não pode dizer, mas que faz. Esta cissura prática é tanto mais grave quanto mais as declarações proclamatórias do Concílio Vaticano II sobre a Igreja-Povo-de-Deus e a função dos leigos agora estão superando o nível de um perfunctório verbalismo teológico e já geram práticas novas.

Que chances tem a Igreja-instituição de atualizar o Evangelho e, à sua luz, responder aos grandes desafios do mundo de hoje, mundo surgido já há quatro séculos, ao seu lado, exteriormente, à sua revelia e, por vezes, em franca oposição? Que esperanças podemos alimentar? Que críticas, na liberdade que o Evangelho outorga a todo fiel e que Cristo inaugurou, em face das instituições de seu tempo, podemos e também devemos formular? Que tipo de conversão se impõe?

2. A Igreja-instituição passou pela prova do poder?

Para respondermos com realismo a semelhantes interrogações, faz-se mister considerar como historicamente se comportou a Igreja-instituição em face das rupturas sociais vividas pela sociedade ocidental, incluída evidentemente a América Latina[5]. Neste particular, a reação foi extremamente homogênea, tanto na Europa como na América, dada a centralização típica do poder eclesial.

Inicialmente, devemos nos conscientizar do fato de que o cristianismo é fruto de uma ruptura. Para o judaísmo, ainda hoje, ele é heresia. As duas primeiras gerações cristãs viveram intensamente a novidade trazida por Jesus Cristo, que não era mais simples prolongamento do judaísmo na forma histórica do tempo dos apóstolos. Era a Nova Aliança, o novo *eon*, o homem novo, as promessas já cumpridas, a liberdade dos filhos de Deus, o Espírito escatologicamente já comunicado, a ressurreição já inaugurada e o Reino definitivo já antecipado pela glorificação e elevação do Senhor. Todos estes temas, como observou atentamente J. Comblin[6], são de um conteúdo revolucionário inconteste e situam a Igreja para além de suas estruturas atuais, que desfibraram vastamente, dentro da acomodação inofensiva da instituição, este fermento transformador. A Igreja primitiva, particularmente Paulo, tinha ainda a preocupação de interpretar a novidade da existência cristã em uma perspectiva teológica global, através de discussões sofisticadas com a tradição veterotestamentária e rabínica. Faltava domesticar conceitualmente a irrupção cristã; foi obra dos Evangelhos e da teologia paulina elaborar impressionantes e vigorosas sínteses. As comunidades da terceira geração, das Epístolas Católicas, já se encontravam em uma situação mais tranquila. Estavam já fundadas, possuíam as sínteses teológicas anteriores; seus problemas não são de construção, mas de conservação, de reta ordem na comunidade e de manutenção da doutrina pura. Aparecem aí já os primeiros albores daquilo que será o decisivo na Igreja-instituição posterior[7].

Mas o decisivo da Igreja nos três primeiros séculos não foi seu aspecto institucional[8]. A unidade era garantida pelo acordo da fé e pela mesma coragem através da *martyria* pública e não tanto através das estruturas institucionais. É verdade que o embate com a heresia obrigou a comunidade a definir o Cânon do Novo Testamento e a linha da sucessão apostólica, dois grandes alicerces da instituição eclesial. Mas a Igreja está livre do poder. É pobre, feita pelos pobres. Mas cheia de contestadores da religião e da moral oficiais e, por isso, consagrada de mártires. Afirmações arrojadas, como as de Santo Inácio, "nada sem o bispo, tudo com o bispo" (Fl 7,1) ou "os bispos são cristóforos e teóforos" (Magn 3,1; Sm 8,1) e "os diáconos devem ser venerados como os mandamentos de Deus e o próprio Cristo" (Tr 3,1; Sm 8,1), estão longe de qualquer episcopalismo posterior. Aqui vigora não uma visão jurídica e faminta de poder, mas uma visão mística que vê o *Christus praesens* ressuscitado se fazendo presente através de pessoas carismáticas que desempenham funções de serviço e de unidade na comunidade. A autoridade destas pessoas lhes vem pela vivência exemplar do mistério de Cristo, e não ainda pelo poder sacro de que foram investidas.

A situação se modificou radicalmente com o advento da virada constantiniana. De *religio illicita*, o cristianismo passa a constituir a religião oficial, e assim a ideologia sacral do Império. Surge a grande chance de a Igreja não mais permanecer um gueto, mas uma verdadeira *ecclesia universalis*. Inicia sua grande aventura cultural e política. Faz a experiência do poder com todos os riscos que ele implica. Aproveitará o *kairos* histórico para articular o poder num sentido jesuânico, diferente daquele dos pagãos, gerando como consequência uma outra forma de convívio humano, um outro humanismo, uma outra significação para o jogo político?

Tudo foi por demais rápido. Aparentemente, apesar das perseguições, a Igreja não estava preparada para enfrentar evangelicamente os desafios próprios do poder. Ela não aboliu a ordem preexistente. Assumiu-a e adaptou-se a ela. Ofereceu ao Império uma ideologia que sustentava a ordem vigente e sacralizava o cosmo pagão. "A religião que marcou o Ocidente não foi propriamente a mensagem cristã, mas a síntese entre a religião antiga e a cristã", concluía um estudioso moderno em pesquisa sobre as origens do regime de cristandade e da religião do Estado[9]. Com a entrada na Igreja dos funcionários do Império, que deviam assumir a nova ideologia estatal, processou-se antes uma paganização do cristianismo do que uma cristianização do paganismo[10]. A Igreja até 312, mais movimento que instituição, passou a ser a grande herdeira das instituições do Império: o direito, a organização em dioceses e paróquias, a centralização burocrática, os cargos e a titulatura. A Igreja-instituição se acomodou de bom grado às realidades políticas e às uniformidades inexoráveis. Encetou uma trajetória de poder que chegou até o presente, e cujo ocaso, parece, nos é dado entrever.

A categoria-chave para se compreender a Igreja *tout court* é a de *potestas*. A Igreja se autocompreenderá fundamentalmente como aquela comunidade que vem investida de poder (Hierarquia) em face da outra comunidade destituída de poder (Povo de Deus dos leigos), mas sobre a qual se exerce o poder. O poder se instaurará como o horizonte máximo a partir do qual será assimilado, compreendido e anunciado o Evangelho. Cristo e o *Imperator*, o Senhor cósmico, não mais o Servo Sofredor, aquele que enfrentou os poderes deste mundo e o Império do qual o Papa é herdeiro, um Jesus que decididamente renunciou a todo poder e magnificência terrena[11]. A Igreja-instituição idealizou o passado, leu com categorias de poder jurídico e político a *exousia* neotestamentária, o poder petrino de confirmar os irmãos na fé; ideologicamente e em benefício dos detentores do poder sagrado, foram interpretadas as palavras proferidas, como veremos, em uma situação missionária (Igreja-mundo e não Hierarquia-comunidade): "Quem vos ouve, a mim ouve, e quem vos despreza, a mim despreza e despreza aquele que me enviou" (Lc 10,16).

Até o século XI, o poder da Igreja é um poder tutelado pelo Império. Esse processo já se iniciou com Constantino, que convocou o primeiro concílio ecumênico, Niceia (325), chamando a si mesmo de Papa e encontrando sua fórmula jurídica através da investidura leiga. A Igreja transformou-se em um grande feudo dos imperadores, que dispunham dos cargos eclesiásticos e os tratavam secularmente. A disputa se estabelecia entre os dois poderes, sagrado e secular, cada qual pretendendo a herança do Império de Augusto. O poder sagrado da Igreja-instituição lançou mão de todas as artimanhas, até da falsificação de decretais e da falsificação do *Testamentum Constantini*, para justificar suas pretensões, o que vem confirmar a tese de que o poder, independentemente de signo sob o qual seja exercido, cristão ou pagão, sagrado ou secular, segue imperturbável a mesma lógica interna de querer se ampliar sempre e mais, de ser um dinossauro insaciável e de submeter tudo e todos aos próprios ditames.

No século XI, com Gregório VII, deu-se uma virada decisiva dentro da própria estrutura do poder[12]. Em seu *Dictatus Papae* (1075), o Papa se ergueu contra a prepotência do poder secular, que degenerara em simonia, nicolaísmo e toda sorte de sacrilégios, e inaugurou a ideologia do poder absoluto do Papado. O suporte não é a figura de Jesus Cristo pobre, humilde e fraco, mas Deus, Senhor onipotente do cosmo e fonte única do Poder. O Papa se entende, misticamente, como o único reflexo do poder divino na ordem da criação. Ele é seu vigário e lugar-tenente. Por aí se entendem as seguintes proposições do *Dictatus Papae*: "Apenas o Pontífice romano merece ser chamado universal" (2); "Seu legado, em um Concílio, comanda a todos os bispos, mesmo se este legado seja de posição inferior; e apenas ele pode pronunciar a sentença de deposição" (4); "O Papa é o único homem de quem todos os príncipes beijam os pés" (9); "Sua sentença não deve ser reformada por ninguém, e apenas ele pode reformar a de todos" (18); "Ele não deve ser julgado por ninguém" (19); "A Igreja Romana nunca errou e, conforme atestam as Escrituras, não poderá jamais errar" (22): "O Pontífice romano, se foi ordenado canonicamente, torna-se indubitavelmente santo pelos méritos de São Pedro" (23).

O *Summus Pontifex* assumia, assim, a herança do Império Romano e se instituía como poder absoluto, casando em sua pessoa o *sacerdotium* e o *regnum*. Era a ditadura do Papa. A partir daí, elaborou-se a ideologia da assim chamada "cefalização", a cabeça como plenitude de sentido e de poder. O termo *caput* (cabeça), no NT reservado somente a Cristo, é aqui aplicado ao Papa, como o portador de todos os valores e poderes de Deus, de Cristo, da Igreja, do povo, do Império, do Colégio episcopal. Comenta Laurentin: "O Papa foi identificado com o Cristo. Cada vez menos ele era designado como sucessor de Pedro; cada vez mais como sucessor e vigário de Jesus Cristo, que Hervé Nedellec († 1323) considera como primeiro Papa (Y. Congar, *Ministères*, Cerf, 1971, 13). Ele se tornou 'o doce Cristo na terra', segundo a expressão de Santa Catarina de Sena"[13]. A partir desta compreensão do absoluto poder, podia em 1955 o salesiano D. Bertetto escrever em um livro de meditações sobre Dom Bosco: "De fato, o Papa é Deus sobre a terra... Jesus colocou o Papa acima dos profetas... acima do Precursor... acima dos anjos... Jesus colocou o Papa no mesmo nível de Deus"[14]. O que aqui se diz é simplesmente uma heresia, além de ser um pecado manifesto contra o segundo mandamento, o de usar o santo nome de Deus em vão, aplicado a quem não é Deus nem o Deus encarnado, Jesus Cristo. Curioso é observar que tais excessos verbais não acarretam as punições facilmente infligidas àqueles que, por qualquer razão teológica ou histórica, fazem algum reparo ao poder do Papa. A ideologia do culto à personalidade desculpa benevolamente tais abusos e encontra sempre interpretações benignas para semelhantes afirmações exacerbadas.

Esta ideologia do poder inaugurou o lastro eclesiológico que perdurou nos meios teológicos até o século XIX e, na mentalidade da Hierarquia oficial mais alta, praticamente até os dias de hoje. Esse poder absoluto do Papa determinou o curso posterior da história eclesiástica e civil: a história ou será história deste poder absoluto, de seus sucessos, de sua confirmação e sedimentação, ou será a história que deverá, para ser autônoma e poder prosseguir, contestar esse poder. Surge um dilema terrível: ou a Igreja domina ou será dominada.

O poder absoluto da Igreja-instituição irá desenvolver a argumentação justificadora de sua vigência como qualquer outro poder totalitário o faz: a razão abdicará de sua função crítica para ser mero instrumental do sistema; a teologia será um puro e simples *sentire cum Ecclesia*, entendendo-se por *Ecclesia*, evidentemente, a instituição como foi evidenciado de forma assustadoramente convincente pela teologia oficial sob Pio XII e pela teologia curial que preparou os textos para o Concílio Vaticano II, depois maciçamente rejeitados por não traduzirem a fé viva da Igreja-Povo-de-Deus. A Igreja será, na prática, uma única e enorme diocese na qual o Papa, por não poder atingir a todos, institui vigários seus que participam de seu poder. Os dogmas serão lidos juridicamente, e os cânones jurídicos, dogmaticamente. A unidade entendida como conformidade e uniformidade impede que se veja o conflito como sinal de variedade e de vida. Ele é degradado a elemento patológico, gerador de divisão e de cisma. A solução simples e fácil é a eliminação. Típico de toda estrutura do poder é proceder por cortes de tudo quanto não se enquadra dentro do sistema[15]. A Igreja, que surgiu como ruptura da sinagoga, corre o risco de transformar-se ela mesma em uma sinagoga, em uma grande seita fechada sobre si mesma e controlada em tudo pelos clérigos. A lógica do poder é querer mais poder, conservar-se, preservar-se, entrar em compromissos e, caso corra risco, fazer concessões para sobreviver. Tudo isso podemos averiguar na história da Igreja-instituição.

O poder eclesiástico sempre se entendeu como poder de legação divina. Entretanto, o divino no poder da Igreja-instituição é só de origem; seu exercício concreto pouco tem de divino, antes se processando na lógica de qualquer outro poder humano, com todas as suas artimanhas. Análises sociológicas recentes revelaram claramente o tipo de centralização extrema a que está sujeito o poder decisório na Igreja-instituição[16]. Reproduzimos aqui uma página de um analista brasileiro, onde ele traça um paralelo surpreendente entre a forma de governo da Igreja e a do Partido Comunista na Rússia:

"Quando se estudam as posições políticas da instituição, deve-se atender à importância toda particular que o Papa e os bispos ocupam. Eles são por excelência os atores da política da Igreja. Os padres são os atores de composição – aquilo que os ingleses chamam de *supporting cast* –, e os leigos, os figurantes. A posição do Papa em relação aos outros membros da Hierarquia é muito semelhante àquela que corresponde ao secretário-geral do Partido Comunista da União Soviética antes da revolução chinesa. O Papa é, por tradição, o guia infalível da política e, por dogma, o intérprete infalível da doutrina. O secretário-geral do PCUS estava em uma posição equivalente; tinha sua autoridade 'teológica' reconhecida e era o intérprete principal do corpo doutrinal, as obras de Marx e de Lênin. Tanto um como outro eram chefes de duas gigantescas burocracias que englobavam o conjunto dos fiéis – as massas cristãs ou o proletariado socialista –, mas que se definiam como seus vanguardeiros e se arrogavam o direito de falar no nome deles. Tinham, portanto, uma liberdade semelhante para determinar a linha política a seguir pelo conjunto multinacional dos aparelhos sob o seu comando. Esta linha política era invariavelmente conforme aos interesses particulares do centro de decisão, vale dizer, do Vaticano em um caso, e da União Soviética no outro. Sua ingerência nos assuntos interiores dos aparelhos locais – Igrejas nacionais, partidos irmãos – era fundada sobre os mesmos princípios de reconhecimento hierárquico e de solidariedade internacionalista. A base organizacional para o exercício de seu poder era dada por um grupo de elite, selecionado do pessoal profissional, permanente, no seio do qual existia uma nítida predominância nacional: a Cúria Romana, de maioria italiana; o Politburo, de maioria russa. Apesar da importância executiva e doutrinária do grupo de elite, os poderes para eleger o chefe ficavam nas mãos de uma assembleia na qual os componentes nacionais eram menos homogêneos: o Colégio dos Cardeais e o Comitê Central. O recrutamento dos quadros não fazia, teoricamente, discriminações contra os grupos sociais e oferecia a todos oportunidades iguais de subir. Entretanto, privilegiava-se a burguesia de um lado, e o proletariado do outro. Esses quadros tinham a obrigação comum de aderir sem crítica às estruturas de poder estabelecidas e de lhes prometer obediência. Sua liberdade de expressão era limitada pela invocação de razões maiores – o interesse do proletariado e da revolução ou aquele da Igreja –, cujos limites somente os árbitros supremos eram capazes de definir. A formação dos quadros, tanto em um caso como no outro, realizava-se em escolas especializadas, cuja ideologia era estritamente controlada por um aparelho burocrático e cujos professores eram escolhidos por sua ortodoxia, sua lealdade e seus conhecimentos do corpo doutrinal. As duas burocracias dispunham de organizações especializadas, entre as quais aquelas encarregadas do policiamento da doutrina, de sua propaganda, dos relacionamentos internacionais. Tinham uma importância particular. Tanto uma como outra contavam com assembleias internacionais longamente preparadas para resolver os problemas teóricos, para reforçar o controle por parte do dirigente supremo, para fazer face às crises e às cisões: os concílios e os sínodos de um caso, as conferências dos partidos comunistas do outro. O desenvolvimento das organizações locais era baseado em uma política de exportação de pessoal permanente especializado no proselitismo e na propaganda. O ensinamento ideológico se assemelha em sua inflexibilidade, que excluía toda *démarche* intermediária e tinha por única a sua explicação própria da história: a evolução através da reconciliação dos homens em um caso, e o progresso através da luta de classes no outro. A inflexibilidade ideológica produzia uma igual intolerância em relação aos cismáticos e estava na raiz das organizações de policiamento, das regras limitativas da liberdade de expressão, das inquisições, das sondagens e dos expurgos. A diferença fundamental se encontra na maior solidez do chefe da burocracia mais antiga, pois o Papa não possui nenhum *vis-à-vis* nas Igrejas nacionais, enquanto o secretário-geral do PCUS era obrigado a se entender com os secretários-gerais dos partidos irmãos, que, teoricamente, tinham a mesma importância que ele. Assim, as razões doutrinais da hegemonia do Papa são mais explícitas. Quando a distensão internacional favorável a um maior pluralismo e a evolução interna das instituições favorável a uma elaboração teórica mais livre eclodiram dentro das duas burocracias, foi o poder do Papa que resistiu melhor aos contestadores. É quase necessário hoje em dia, quando se estuda a política das Igrejas nacionais, considerar as palavras de ordem do Soberano Pontífice feitas trinta anos atrás. A mesma coisa não se aplica necessariamente aos partidos comunistas em relação ao secretário-geral do PCUS[17]."

Este paralelismo de estruturas e de comportamentos revela a lógica de todo poder centralizador. O apelo da Igreja de que seu poder é de origem divina não modifica substancialmente o funcionamento e as patologias que se manifestam em semelhante tipo de exercício do poder. Com efeito, a Igreja-instituição funciona, burocraticamente, como se fora uma gigantesca multinacional. O centro e a matriz, onde se tomam todas as decisões ideológicas e estratégico-táticas, situam-se em Roma com o Papa e a Cúria ao seu redor. As dioceses praticamente equivalem a filiais implantadas por todo o mundo. Estabelece-se um verdadeiro regime de dependência entre o Centro e a periferia, atingindo todas as esferas – teológica, pastoral, litúrgica, jurídica etc. Evidentemente, o Concílio Vaticano II elaborou teoricamente uma teologia da independência e autonomia relativas do bispo em sua Igreja local, nos marcos de uma eclesiologia da comunhão, mas a implementação prática desta compreensão encontra entraves por parte do Centro.

Este tipo de exercício do poder gerou uma gama diversificada de manifestações sociais patológicas, já estudadas pela psicologia e sociologia[18], como falta de fantasia criadora, diálogo, espírito crítico, inflação de apelos à obediência, submissão, renúncia, humildade, carregar a cruz de Cristo, disciplina, ordem, valores estes de conteúdo evangélico mas vividos de forma a sempre justificar os poderes estabelecidos e a defendê-los subservientemente.

Como já asseveramos, após o século XI a História somente podia prosseguir no Ocidente por duas vias: ou como sedimentação do poder absolutista do Papado ou como contestação dele. Esta última alternativa se realizou. A Igreja-instituição teve de se defender contra os propugnadores de liberdades. Daí é que ela, particularmente a partir do século XVI, será uma Igreja que se definirá pelos "contra": será contra a reforma (1521), contra as revoluções (1789), contra os valores hoje consagrados, como a liberdade de consciência, ainda condenada em 1846 por Gregório XVI como *deliramentum* (DS 2.730), a liberdade de opinião, anatematizada como "erro pestilentíssimo" pelo mesmo Papa (DS 2.731), contra a democracia etc.[19]. Será que a Igreja-instituição, que a partir de 1968 se pronuncia com cada vez mais clareza a favor da libertação, conseguirá ainda introduzir uma ruptura na História? Enquanto poder, a Igreja-instituição teme todas as transformações que coloquem em risco a segurança do poder adquirido. E o poder por si mesmo jamais abdica. Somente reparte, quando periga soçobrar. A instituição quer estar sempre com os vencedores. Daí a facilidade com que Roma, o centro da Igreja-instituição, ratifica revoluções vitoriosas e direitos conquistados com trabalho e sangue; na luta, ela estava oficialmente ausente ou neutra; na vitória, quando já passaram todos os riscos e se superaram todas as ambiguidades, ela está presente e proclama uma conquista a mais do Evangelho. É demasiadamente fácil incorporar como suas as liberdades conquistadas por outros. "Então reconhecerá estas novas liberdades, como previamente reconheceu em sua época a validade das cadeias que as impediam"[20]. Porque ela se estrutura de forma centralizadora e autoritária, se acomoda sem grandes problemas de consciência aos regimes autoritários e até totalitários, com a condição de não ver atacados seus direitos. "Em qualquer situação crucial, o comportamento da Igreja Católica pode ser previsto com maior margem de acerto quando nos referimos a seus interesses concretos como organização política do que quando nos referimos a seus dogmas eternos. Podemos ir mais além e declarar que tais dogmas são bastante flexíveis e ambíguos para que a Igreja se possa acomodar à grande variedade de condições políticas, que vão desde a escola democrática até a ditadura totalitária"[21]. Gunter Lewy, em seu minucioso estudo sobre *A Igreja Católica e a Alemanha nazista*, mostrou como a Igreja-instituição, confrontada com uma ideologia extremamente totalitária como o nazismo, foi incapaz de separar seus objetivos ideais e sua dimensão evangélica de seu interesse de sobrevivência. Os bispos condenaram excessos intrassistêmicos, mas deixaram sempre claro que "a religião católica não se opunha mais ao regime nazista do que a qualquer outro"[22], embora fosse de todos sabido que a política de genocídio praticada pelo regime nazista constituía parte integrante da doutrina nacional-socialista. A Igreja-instituição não age profeticamente, com risco de ser eliminada de uma região; preferirá sobreviver, atuando oportunisticamente, mesmo que tenha de presenciar violações gravíssimas dos direitos humanos, como o extermínio de milhões de judeus e de milhares de intelectuais católicos poloneses, como foi o caso na Segunda Guerra Mundial.

Aqui, notamos uma grande diferença entre a Igreja dos três primeiros séculos e a Igreja posterior, fazendo a experiência do poder. A Igreja primitiva era profética; ia jovial às torturas e morria valentemente no martírio. Não cuidava de sua sobrevivência, porque acreditava na promessa do Senhor, que lhe garantia a indefectibilidade. Isso não constituía um problema da *raison de l'Église*. Era um problema para Deus. Os bispos iam à frente, confirmando os irmãos a morrerem pelo Senhor. A Igreja posterior é oportunista: quer defender seu lugar no mundo; a indefectibilidade não é problema de fé, mas resultado da prudência e da acomodação humana, o que lhe permite, com graves tensões com as exigências evangélicas, sobreviver em meio aos regimes mais totalitários. O bispo não é o que caminha livremente ao testemunho até o martírio; mas o que, comumente, empurrado, vai atrás do rebanho e, não raro, assiste à dizimação de seus profetas, bispo cheio de medo, de reticências e de apelos de fidelidade, não a Cristo, mas à Igreja-instituição. Para sobreviver, a Igreja-instituição irá adaptar até as interpretações de suas doutrinas, como é exemplar o caso do uso da violência e do direito à insurreição. Há uma linha que vem desde as encíclicas de Gregório XVI (1831-1846), Pio IX do *Syllabus* (1864), passando por Leão XIII (encíclica *Quod Apostolici Muneris* de 28 de dezembro de 1878), até Paulo VI na *Populorum Progressio*, onde se condena a violência revolucionária, mesmo quando seja grande a provocação motivadora. Ensinar semelhante doutrina é fácil, quando a instituição vive uma relação amistosa com os regimes contestados. Quando, porém, começam a arder as igrejas, ministros são encarcerados e mortos, como na revolução mexicana dos "Cristeros" em 1927 e na revolução espanhola de 1936-1939, então se manifesta uma outra linha de interpretação do uso da violência revolucionária. Membros do episcopado espanhol apoiavam o generalíssimo Franco, e Pio XI traçava uma distinção entre insurreições justas e injustas. Subscrevia o "recurso da força" como ato de "defesa própria"[23] contra aqueles que arrastavam a nação à ruína. A interpretação, ora em uma direção, ora noutra, visa sempre ao mesmo resultado: reforçar a sobrevivência da instituição, sem a qual não se faria presente o Evangelho no mundo. Será que a força do Evangelho necessita do poder, da "prudência", das concessões, das artimanhas típicas do poder pagão, criticadas por Jesus Cristo (Mc 10,42), ou a sua força não residirá exatamente na fraqueza, na renúncia a toda segurança, na coragem profética, como exemplarmente o viveu a Igreja nos seus três primeiros séculos?

O resultado de semelhante articulação do poder na Igreja, que gera marginalidade eclesial, tênue e anêmica comunicação entre todos, verdadeiro subdesenvolvimento religioso e evangélico, é a imagem de uma Igreja demasiadamente – quase diríamos neuroticamente – preocupada consigo mesma e, portanto, sem interesse real pelos grandes problemas dos homens.

Não se pense, entretanto, que a Igreja-instituição não fale e não faça apelos à conversão e deixe de, eventualmente, reconhecer seus erros históricos. O Concílio Vaticano II explicitou em vários lugares a permanente necessidade da conversão da *Ecclesia semper reformanda*. Contudo, a conversão recebe uma interpretação que permite ao sistema de poder permanecer exatamente como está. Confere-se um sentido intimista e privatizante à conversão: os membros devem converter-se, isto é, viver uma vida moralmente santa e chegar à pureza das intenções. As instituições, com suas estruturas que perpetuam iniquidade, discriminação, falta de participação etc., não são atingidas. Elas possuem sua densidade própria e independem da boa ou má intenção dos indivíduos. Se a conversão não atingir a instituição da Igreja, se não questionar o modo como exerce o poder e assim se faz presente na sociedade, então não podemos falar, verdadeiramente, em conversão evangélica. Surgem fenômenos grotescos de pessoas de extrema boa vontade e munidas de grande pureza de intenção, mas fiéis, leais e acríticas em face da instituição, causando através dessa mesma instituição os mais graves danos à Igreja e aos homens. Como asseverou com acerto Pascal: nunca se faz tão perfeitamente o mal como quando é feito com boa vontade e pureza de coração.

Comentando a situação atual da reforma da Igreja-instituição, diz o Pe. Congar: "Nossa época de mutação rápida, de mudança cultural (fermentos filosóficos e condições sociológicas diferentes das que a Igreja formou até aqui), exige uma revisão das formas 'tradicionais' que ultrapasse o plano da adaptação ou do *aggiornamento* e que seja, antes, uma nova criação. Não é mais suficiente manter, adaptando, aquilo que houve; é preciso reconstruir. Tal reconstrução só pode ser feita validamente a partir de uma revisão muito corajosa da história das instituições, estruturas e formas e de uma refontalização espiritual muito pura"[24].

É na linha destas reflexões do Pe. Congar que iremos pensar os valores inspiradores de uma reforma da Igreja-instituição. Mas antes façamos um pequeno balanço sobre o caminho histórico da Igreja-instituição-poder.

3. O fim das re-formas: urge re-criar

a) Por mais que isso possa irritar os atuais detentores do poder eclesiástico, devemos constatar que a Igreja-instituição não passou pela prova do poder. Poderíamos ter esperado que ela historizasse uma forma nova de exercer o poder, conforme os apelos do Evangelho. O exercício do poder na Igreja seguiu os critérios do poder pagão em termos de dominação, centralização, marginalização, triunfalismo, *hybris* humana sob capa sagrada. Segundo a sociologia crítica, o cristianismo não foi suficientemente negativo, isto é, crítico. "Muitas vezes, especialmente no período constantiniano, não anunciou suficientemente seus ideais de bondade, justiça e amor à sociedade e ao Estado injustos. Mas preferiu estar afirmativamente ao lado dos grandes proprietários e dos exércitos mais fortes. Comprou com a aura da justiça eterna os senhores injustos da sociedade, dando-lhes legitimidade e motivando muitos a se sacrificarem de bom grado e com humildade pela minoria no processo de produção, como também nos campos de batalha. O cristianismo perdeu o seu sal escatológico e se tornou uma ideologia que justificava as ordens de dominação que eram dadas. Desta maneira, só aumentou a dicotomia entre o particular e o universal, evitando a sua reconciliação numa sociedade mais livre. Tornou-se reacionário."[25] Não basta argumentar: deve-se entender a História com os critérios do tempo. Por que, em se tratando precisamente da Igreja, não devem ter muito mais valor os critérios evangélicos?

b) Na virada constantiniana, o cristianismo não teve outra alternativa senão assumir um desempenho histórico na forma do poder sagrado e político. Herdando o Império, ele teve a chance de se tornar efetivamente ecumênico e universal.

Esse efeito foi logrado. O cristianismo não é contra o poder em si, mas contra a forma diabólica com que ele geralmente vem revestido historicamente, como dominação e subjugação dos outros. Ele perdeu a chance de encarnar uma maneira nova de relacionamento entre os homens pelos caminhos do poder como pura função de serviço ao bem de todos, e não pela gestação e alimentação de elites desfrutadoras e marginalizadoras.

c) Apesar do fato de prolongar a forma pagã de poder, o cristianismo marcou cristãmente todo o mundo ocidental e através dele o resto do mundo. A história do mundo não pode ser narrada sem a presença secular do cristianismo. Não nos devemos, entretanto, iludir quanto à qualidade do cristianismo presente na cultura ocidental: ela é superficial e apresenta facetas profundamente anticristãs; do cristianismo nasceu o ateísmo como fenômeno cultural; do mundo ocidental surgiram as grandes ideologias totalitárias, seja do nazismo, do capitalismo ou do marxismo, a colonização e a escravatura, com todos os derivados em termos de opressão, guerras injustas e regime de dependência colonialista.

d) Tudo parece indicar que a experiência da Igreja com o poder está chegando ao seu ansiado ocaso. Isso por duas razões fundamentais: em primeiro lugar, porque o cristianismo vai se tornando cada vez mais dispensável como ideologia da sociedade moderna secular, pragmática e industrial. Ele não é mais chamado, como outrora na História, a servir de fator integrador das forças sociais e de totem legitimador dos poderes afluentes. Em segundo lugar, a própria consciência cristã está se dando conta do impasse profundo concernente às instituições eclesiásticas. D. Aloísio Lorscheider relatava aos Padres Sinodais, em 1974: "Examina-se a atual estrutura eclesiástica e se pergunta: até que ponto ela poderia e deveria ser outra em nossos dias?"...[26]; "Não sabemos como criar elementos de salvação com os meios à nossa disposição"[27]; "Uma reflexão teológica mais profunda sobre o relacionamento hierarquia e leigos no seio do Povo de Deus se impõe. O exercício da corresponsabilidade participada, no respeito das missões específicas, sob o pastoreio da Hierarquia, deverá ser pensado, desenvolvido, organizado. Os fiéis leigos são hoje muito sensíveis a uma participação efetiva lá onde se elaboram as decisões. Há um desejo de não oferecer apenas sugestões aos que decidem, mas decidir com os que decidem"[28]. Thomas Bruneau, concluindo seu volumoso estudo sobre *O catolicismo brasileiro em época de transição*, fez esta afirmação importante: "A desintegração institucional é, a meu ver, a condição *sine qua non* da participação do leigo na Igreja do Brasil"[29]. Os hierarcas que não compreendem este *kairos* não estão assimilando a lição dos sinais dos tempos e deixam de trabalhar para o futuro da Igreja. Com toda a boa vontade e pureza de intenções que não lhes negamos, exaurem-se na tentativa ineficaz de reanimar um tipo de presença da Igreja, com poder junto com os poderosos, que não é nem evangélica nem responde aos apelos do momento histórico. A Igreja encontra-se diante de uma nova sociedade e com novas chances de presença. "Quem não conhece os erros do passado" – sentenciava Hegel – "está condenado a repeti-los." Nisso residiu o sentido de nossas reflexões, que talvez possam parecer demasiadamente negativas. O olhar para o presente e para o futuro que se nos abre não nos deixa tempo para cantar as conquistas do passado. Elas já foram celebradas apologeticamente pela instituição até a saciedade.

e) Em face da nova situação, a Igreja deve, nas palavras proféticas de K. Rahner, "ir com coragem para o novo e para o ainda não experimentado até o extremo limite, até onde, para uma doutrina e consciências cristãs, clara e indiscutivelmente, não se pode ir além. Na vida prática da Igreja hoje, o único tuciorismo permitido é o tuciorismo da ousadia... Seguro hoje não é mais o passado, mas o futuro"[30]. Se há algum grupo que pode ousar, esse é o cristão, porque se sabe conduzido pelo Espírito, que o leva de verdade em verdade. Quanto mais se escorar em si mesmo e em seu passado, mais corre o risco de ser infiel aos apelos do Senhor presente como Ressuscitado no mundo e de afogar o Espírito Santo.

f) Se reconhecemos o passado pouco animador da Igreja-instituição às voltas com o exercício do poder, isso não significa rejeição da Igreja-instituição, realidade concreta que explicita o mistério cristão e prega, apesar de todas as contradições intrassistêmicas, Jesus Cristo Libertador. Todo cristão deve assumir esse passado, que não pode ser desconhecido nem recalcado. Existe uma neurose que surge exatamente pela recusa de aceitação do próprio passado iníquo. Ninguém é convidado a ser um cristão neurótico, mas a assumir criticamente o passado de sua Igreja-instituição e impedir que ele se perpetue no presente e no futuro. Assumir o passado não é justificá-lo. É um ato de coragem para nós mesmos, porque é o *nosso* passado, enquanto somos membros do Povo de Deus em meio ao qual se situa a Igreja hierárquica. Isso não nos tranquiliza, mas nos convoca a sermos corresponsáveis pelo futuro da fé cristã no meio do mundo. A causa de Cristo e do Povo de Deus é por demais importante para ser deixada apenas nas mãos da Hierarquia. "A instituição não é um mal. Poderíamos, em grande parte, atribuir-lhe o que Paulo disse da lei: necessária, mas, sozinha, insuficiente para o bem, podendo mesmo vir a ser ocasião de pecado e também um estímulo para quem nela só busca um abrigo."[31]

Só um amor concreto e evangélico e, por isso mesmo, crítico e livre, pode acolher a Igreja em suas limitações e erros, porque somente amando-a é que nos convertemos a nós mesmos e começa a aparecer a fascinante beleza da Esposa de Cristo e da Mãe de todos os homens.

4. Refontalização: o sentido evangélico da autoridade

A exposição até aqui levou à seguinte conclusão: estamos no fim das reformas, urge recriar. O modelo da Igreja-instituição-poder já deu tudo o que poderia ter dado. A atitude da Igreja-instituição só pode ser de conversão, com tudo o que implica pobreza, recusa de falsas seguranças, aceitação da incapacidade de controlar o futuro, exigência de fé, de confiança, de entrega ao Espírito, que foi dado à Igreja não para fazer desenvolver um depósito já garantido e conquistado, mas "para desfazer a complexidade crescente, desfazer os aparelhos nascidos da infiltração pagã e dos sistemas neofarisaicos na Igreja"[32] e garantir a fidelidade ao essencial, que é Jesus Cristo em todos os enfrentamentos entre a fé e o mundo (cf. Mt 10,20; Jo 15, 26; 16,8).

Impõe-se uma releitura das fontes da fé, não mais com os olhos do centro, com os critérios do poder, mas com os olhos de quem já abandonou a perspectiva do poder. O poder eclesiástico lia, relia e treslia do NT quase exclusivamente as Epístolas Católicas, onde já aparecem, como dissemos, os primeiros sinais de um pensar em termos de poder, de ortodoxia, de tradição, de preservar mais do que de criar, de moralizar mais do que profeticamente proclamar. A causa de Cristo, a figura histórica de Jesus pobre, fraco, sem poder, crítico em face do *status quo* social e religioso de seu tempo, foi pela instituição iconizado e espiritualizado e assim desfibrado de seu fermento questionador.

Para uma Igreja que busca uma presença nova no mundo e não quer repristinar formas e erros de antanho, é imprescindível uma refontalização muito pura da mensagem central de Jesus Cristo, da inteligência evangélica da estrutura de poder e da importância do Espírito na Igreja. É o que faremos em breves traços, porque já foi abordado alhures por nós com maior largueza[33].

a) O projeto fundamental de Jesus: libertação e liberdade

Jesus não pregou Igreja, mas Reino de Deus, que significava libertação para o pobre, consolo para os que choram, justiça, paz, perdão e amor. Não anuncia uma ordem estabelecida; não convoca o súdito a ser mais submisso, humilde e leal; liberta para a liberdade e para o amor, que permite ao súdito ser súdito, mas livre, crítico e leal sem ser subserviente, e o detentor de poder servo, irmão e também livre de apetência de maior poder. Fraternidade, livre comunicação com todos, nova solidariedade entre os homens, com os pequeninos, os últimos da terra, os pecadores, e até com os inimigos, bondade, renúncia ao julgamento dos outros, amor indiscriminado, perdão sem limites são os grandes ideais propostos por Jesus. Ele não introduz nem sacraliza privilégios que geram castas e divisões entre os homens. A *exousia*, isto é, a soberania que aparece em suas atitudes e palavras, não é poder ao estilo do poder humano. É o poder do amor. Se anuncia que "todo poder lhe foi dado no céu e na terra" (Mt 28,18) e passa esse poder aos apóstolos, devemos bem entender a natureza deste poder. É o poder de Deus. Qual é o poder de Deus? É o poder do Pai de Nosso Senhor Jesus Cristo, que se manifestou como Pai de infinita bondade, que revela um poder absolutamente surpreendente, a capacidade infinita de suportar e ter paciência com os homens, poder de amar os "ingratos e maus" (Lc 6,35). O poder é o poder do amor. O poder do amor possui natureza diversa do poder-dominação; ele é frágil, vulnerável, conquista pela fraqueza e pela capacidade de doação e de perdão. Essa *exousia* mostrou Jesus sempre em sua vida[34]. Por isso, renunciou ao poder-dominação; preferiu morrer fraco a usá-lo para subjugar os homens e fazê-los aceitar sua mensagem. Assim, desdivinizou o poder: não o fez mais prova de sua transcendência, negando-se sempre à prova do poder miraculoso (Mc 15,32). É na fraqueza que se revela o Amor de Deus e o Deus do Amor (1Cor 1,25; 2Cor 13,4; Fl 2,7).

b) Crítica a todo poder-dominação

A partir do projeto fundamental de Jesus e do novo estilo de relacionamento entre os homens que sua mensagem postula (conversão), compreendem-se as críticas que move contra as formas empíricas de poder que encontrou em seu mundo. "Sabeis como os que parecem reinar nas nações exercem tirania sobre elas e os seus grandes praticam contra elas violências. Assim não há de ser entre vós; antes, se algum de vós quiser ser grande, seja vosso servidor; e aquele de vós que quiser ser o primeiro, seja servo de todos; pois também o Filho do Homem não veio para ser servido, mas para servir e dar sua vida para a redenção de muitos" (Mc 10,42-44; Lc 22,25-27). Esta palavra foi provocada pelas disputas de poder e de privilégios entre os apóstolos. O significado deste *logion* é o seguinte: "O evangelista Marcos julga irreconciliável com o seguimento na cruz de Cristo que um discípulo, portador de uma responsabilidade eclesial, seguidor e representante de Jesus, se apresente na comunidade com poderes dominadores"[35]. Ele, que representa Cristo e sua *exousia*, deve ser um servidor como Jesus o foi. Sem isso, é comparável aos tiranos pagãos. Contra um exercício do poder-dominação dentro da comunidade eclesial se move também Mateus. Por ele, fala Jesus: "Não vos façais chamar de mestres, porque um só é vosso Mestre e todos vós sois irmãos. Nem chameis pai a ninguém na terra, porque um só é vosso Pai, aquele que está nos céus. Nem vos façais chamar doutores, porque um só é vosso Doutor, Cristo. O maior de vós seja vosso servidor" (23,8-11). Estranho é constatar que exatamente aquilo que Cristo não quis vingou na Igreja-instituição: emergiram da vontade de poder hierarquias de mestres, doutores, pais, pais dos pais e servos dos servos.

Os apóstolos são os portadores da *paradosis* (da essência da mensagem e dos eventos salvíficos de Cristo); este fato lhes confere uma autoridade especial; mas essa autoridade não funda nenhum privilégio, nenhuma dominação da liberdade dos outros; devem ser servos dos servos. A *exousia* funda a *diakonia*. Viver o poder como serviço e função diaconal constitui o grande desafio da Igreja-instituição; há tensões e tentações; nenhuma ideologia pode justificar, contra o Evangelho, o que ocorreu ao longo da história da Igreja, onde hierarcas se carregaram de honras, títulos, poderes seculares e sagrados, muitas vezes para satisfazer primitivos instintos de posse e de automagnificação.

A *exousia* dos apóstolos de ontem e de hoje não é uma autoridade diaconal apenas de pregar e transmitir a mensagem, mas também de construir e defender a comunidade. Paulo tem consciência da "autoridade que o Senhor me confiou para edificar e não para destruir" (2Cor 13,10). Por causa de Cristo, não teme entrar em conflito com a comunidade e para defendê-la (não para puni-la); sente-se obrigado a cortar alguns membros (1Cor 5,3-5). Mas jamais esquece o sentido diaconal de sua autoridade: "Não queremos dominar vossa fé, mas queremos contribuir para a vossa alegria" (2Cor 1,24; 2Cor 13,10)[36].

Estas considerações são de extrema importância para a legitimação das funções de unidade e de governo na comunidade eclesial. O portador destas funções, estando em uma relação com a Igreja universal e na continuidade com sua história, realiza uma legitimidade formal. Esta, entretanto, se apresenta vazia, se não vier acolitada pela legitimação material, que é conquistada mediante o confronto com o exemplo de Jesus humilde, pobre, fraco, servidor. O modo como é exercida a autoridade deve ser o modo jesuânico, diaconal, cheio de respeito, como entre irmãos, e não como entre o senhor e o súdito.

Comumente, a autoridade eclesiástica busca sua legitimação na frase de Cristo, conservada em São Lucas: "Quem a vós ouve, a mim me ouve, e quem vos rejeita, a mim rejeita, e quem me rejeita, rejeita aquele que me enviou" (10,16). Esse *logion* encerra as recomendações aos missionários, os 72 discípulos. Este *Sitz im Leben* missionário é importante para a correta compreensão do texto. Na missão, os homens são confrontados com a novidade da mensagem de Jesus, que não é de poder, de espetaculares metas revolucionárias, mas de conversão, amor, perdão, reconciliação universal etc. Aqui se trata, portanto, do anúncio de uma mensagem que contradiz situações e valores humanos estabelecidos. O homem é convocado à conversão. O Evangelho é crise e juízo sobre comportamentos humanos. Por isso, leva a um conflito; homens fecham-se e rejeitam a mensagem, bem como seus anunciadores. Esta passagem, por conseguinte, trata do encontro entre Evangelho e mundo, e não regula as relações entre Hierarquia e comunidade dos fiéis. Os fiéis também são enviados, e para eles também valem estas palavras de Cristo. Traduzir este texto no sentido de uma argumentação semelhante a essa – quem rejeita alguma coisa do representante de Cristo (Hierarquia) rejeita o próprio Cristo – seria utilizá-lo em um sentido estático-jurídico intra-eclesiástico não previsto pelo contexto missionário[37]. Se, anunciando Cristo e seu mistério, deixando transparecer não a si ou à instituição em primeiro plano, mas verdadeiramente a mensagem de salvação, o missionário for rejeitado, então, saiba o missionário e saibam os homens que o próprio Cristo não foi acolhido. Não se trata, portanto, de proposições a serem rejeitadas, mas da própria função do evangelizador e anunciador da salvação dos homens.

A consideração dos comportamentos da santa humanidade de Jesus Cristo deve permanecer como norma crítica para a Igreja construída sobre ela. A vivência concreta e consequente deste sentido serviçal da autoridade faria certamente da Igreja o espaço da liberdade, da fraternidade, da comunicação livre entre todos, entre os encarregados pela unidade da comunidade e os demais membros. A Igreja seria símbolo de verdadeira libertação e de liberdade, e não do homogêneo alinhamento de todos a um sistema fechado e cêntrico, com a desqualificação dos que dele se afastam com termos, às vezes, só aplicados aos depravados morais e aos criminosos.

5. Eclesiogênese: da velha nasce a nova Igreja

Significativa porção da Igreja-instituição, a partir de uma meditação evangélica e de uma leitura teológica dos sinais dos tempos, compreendeu os desafios que são lançados à fé cristã e tenta responsavelmente respondê-los. Assiste-se, um pouco por toda parte, ao surgimento de uma Igreja nova, gestada no coração da velha; comunidades de base nas periferias das cidades, Igreja dos pobres feita de pobres, inserção de bispos, padres e religiosos nos meios de marginalizados, centros de evangelização, levada a efeito por leigos etc.[38] É uma Igreja que renunciou definitivamente ao poder político; o eixo centralizador reside na ideia de Igreja-Povo-de-Deus, peregrino, aberto à aventura histórica dos homens, participando de todos os riscos e se alegrando com as pequenas conquistas, com um sentido muito profundo de seguimento de Jesus Cristo, identificado com os pobres, os tresmalhados e deserdados da terra. Essa Igreja se constrói dia a dia, abrindo-se a novos ministérios consoante as necessidades da comunidade, dimensionada para a totalidade da vida humana e não mais voltada para o espaço e o gesto cultual, inserida no mundo do trabalho e vivendo no coração do mundo secular o sentido e a inaudita alegria da ressurreição.

Assistimos hoje em dia a uma verdadeira eclesiogênese, exatamente lá onde a estrutura institucional mostra visíveis sinais de cansaço e de dissolução. O Evangelho não está amarrado a um tipo clássico e consagrado de articulação, herdada de um passado institucionalmente glorioso. Ele pode, novamente, ser vivido como movimento e criar para si as estruturas mais adequadas para o nosso tempo, sem polêmicas com a velha Igreja, sem lamúrias e sem espírito farisaico de quem se julga possuidor de um cristianismo mais vivo e genuíno. Uma Igreja assim compreende que não existe para si; sua função é ser sinal de Cristo para o mundo e espaço de atuação explícita do espírito. O sinal não existe para si, mas para os outros. Ele é *de* Cristo *para* o mundo. Porque nunca se julga já completamente feita, mas sempre por fazer e se tornar aquilo que deve ser, isto é, sacramento de Cristo e do Espírito, ela ferve de dinamismo interior, criativo, autocrítico, com um coração suficientemente sensível para perceber no mundo já a presença do Ressuscitado e de sua graça, antes mesmo da explicitação através do anúncio do Evangelho.

Esta Igreja nova, como todos os movimentos de renovação, emerge na periferia. Só aqui há possibilidade de verdadeira criatividade e liberdade em face do poder. A fé nasce e se faz presente pelo testemunho pessoal; não é amparada e velada pela instituição. Por isso, cria-se a chance de uma pureza e uma autenticidade evangélicas que se tornam inviáveis no interior da instituição feita, com suas preocupações de autoasseguramento, com a burocracia que exige e com o tempo de que precisa para se autoconservar e se expandir, se autojustificar e se autodefender.

Evidentemente, a velha Igreja olhará com certa desconfiança para a nova Igreja na periferia e para as liberdades evangélicas que ela se toma. Poderá ver nela uma concorrente; gritará em termos de Igreja paralela; magistério paralelo, falta de obediência e lealdade para com o Centro! À Igreja nova impõe-se agir, estratégica e taticamente, com inteligência: não deverá entrar no esquema de condenações e suspeitas, possibilidade aberta ao Centro. Deverá ser evangélica, compreender que a instituição, enquanto é poder somente, poderá usar uma linguagem que não ponha em risco o próprio poder, que sempre temerá qualquer afastamento do comportamento ditado pelo Centro e verá isso como deslealdade. Apesar de poder compreender tudo isso, a Igreja nova deverá ser fiel ao seu caminho; deverá ser lealmente desobediente. Explico-me: deverá buscar uma profunda lealdade com as exigências do Evangelho; deverá ouvir a voz do Centro para se questionar da verdade de sua interpretação evangélica; caso esteja crítica e profundamente convencida de seu caminho, deverá ter a coragem de ser desobediente, no Senhor e no Evangelho, às imposições do Centro, sem rancor nem lamúria, mas numa profunda adesão à mesma vontade de ser fiel ao Espírito como presumimos existir também no Centro. Salva-se, portanto, a comunhão básica. Esta pureza evangélica é pro-vocação para o Centro, a fim de que ele mesmo desperte para o Espírito que não pode ser canalizado segundo os interesses humanos. A abertura à comunhão com o todo, a exclusão da mais remota possibilidade de uma ruptura capaz de destruir a unidade e a caridade, mesmo que isso signifique isolamento, perseguição e condenação por parte do Centro, constituem a garantia de autenticidade cristã e selo de inspiração evangélica.

O futuro da Igreja-instituição, assim o cremos firmemente, reside nesse pequenino germe que é a Igreja nova e nascente nos meios pobres, destituídos de poder. Ela servirá, no nível dos modos de presença da fé cristã no mundo, de alternativa adequada e possível para uma nova encarnação das instituições eclesiais na sociedade, cujo poder será pura função de serviço. O Papado, o episcopado, o presbiterato não perderão sua função; ganharão outras funções, talvez mais puras e próximas do ideal evangélico de fortalecer os irmãos na fé, de serem princípio de unidade e de reconciliação na comunidade, com os líderes religiosos sendo capazes de interpretar, à luz do mistério de Cristo, o significado dos acontecimentos e dos anseios profundos dos homens, especialmente dos pobres. Referindo-se a esta nova situação da Igreja, dizia o conhecido sociólogo americano Andrew Greely, a propósito da função do Papa: "O Papa deve, por atitude pessoal, pelos tipos de perguntas que formula, pela atmosfera que cria na Igreja e, *last but not least*, pela eficácia de sua administração, ver que a Igreja cristã faz brilhar mais sua luz no cimo da montanha do que antes – uma luz trazendo testemunho para a convicção cristã de que Deus é um Deus de amor e que seu amor é proclamado pela qualidade de relacionamentos que os homens tiverem uns com os outros... Deve ser o mais aberto, o mais amante, o mais confiante de todos os cristãos. Sua confiança no compromisso cristão, sua abertura em relação a todos os homens, sua alegria perante a Boa Nova e sua confiança no trabalho do Espírito devem ser transparentes; devem brilhar adiante de suas palavras, ações e estilo de liderança. O Papado, ocupado por um homem de convicção tão transparente, será necessária e inevitavelmente a posição de liderança mais influente do mundo"[39]. O que vale para o Papa vale, *mutatis mutandis*, para níveis mais baixos do bispo e do presbítero, e de outros ministros ou monitores encarregados da unidade e direção de uma comunidade. Os últimos Papas da Igreja, fundamentalmente, situam-se dentro destes marcos ideais.

6. Sara, a estéril, concebeu

Poderá a Igreja se converter a um testemunho mais exigente e mais eloquente do Evangelho em meio ao nosso mundo? Sim, porque o está mostrando. Mas, para isso, é imperioso renunciar a certo tipo de poder, e na medida da renúncia deste poder. Por sua própria vocação, a Igreja está dimensionada para o Reino futuro e, por consciência, proclama seu caráter provisório. Sua identidade autêntica não está fixada num passado que ela pretende em vão repristinar, mas no futuro de Deus que ainda deverá se revelar. Se a mutação e o desenvolvimento humano do mundo preparam e antecipam o Reino, como ensina o Concílio (GS 34, 1; 39), quanto mais não deve a mutação permanente da Igreja também preparar e antecipar o novo céu e a nova terra[40]. A "tranquilidade da ordem", a fixação em modelos fixos, a repristinação obstinada de articulações do passado, em vez de serem mais propícias à fé, comprometem a verdadeira dimensão de abertura para o futuro e de esperança escatológica própria à fé cristã e nos fazem olvidar nossa condição de peregrinos e viandantes rumo ao descanso dinâmico de Deus[41]. É na medida da sua conversão a uma sempre adequada encarnação do Evangelho que a Igreja pode ser um sinal de libertação e se torna capaz de entrar num processo libertador junto com todos os homens.

Talvez a Igreja-instituição, experimentada e prudente como todas as anciãs, ao ouvir estas reflexões, sorria como a velha Sara, a que era estéril. Ela já não crê na possibilidade de conceição. Sorri. Entretanto, seja-nos permitido sonhar e colocarmo-nos no lugar de Abraão, que ouviu de Deus a pergunta: "Por que se riu Sara? Há porventura algo de impossível para Deus?" (Gn 18,14). Sorri, Sara, porque de estéril te tornaste fecunda, de velha foste transformada em nova! Sara já concebeu. Já começam a aparecer, no seio da velha Sara, os sinais da nova vida: uma Igreja nova está nascendo nos porões da humanidade.

Notas

1. Veja como testemunho desta experiência a visita do Papa ao Brasil em julho de 1980: todo o número da *REB*, 39 (1980): Balanço da visita do Papa João Paulo II.
2. Ressaltem-se a coragem e a veracidade de D. Aloísio Lorscheider, ao abrir o Sínodo de 1974 em Roma: Panorama da Igreja Universal a partir de 1971, CNBB, *Boletim da Imprensa*, nº 47/74 de 27 de setembro de 1974.
3. Cf. HASENHUTTL, G., Igreja e instituição, em *Concilium*, 91 (1974), p. 15-24; cf. também todo o número 90 da mesma revista *Concilium* de 1973.
4. Quanto à problemática das instituições, veja HONECKER, M., *Kirche als Gestalt und Ereignis*, Munique, 1963, onde se estudam as várias abordagens sociólogicas; para o aspecto tipicamente antropológico e social: GEHLEN, A., *Der Mensch*, Bonn, 1953; *Anthropologische Forschung*, Hamburgo, 1961, p. 69s; JONAS, F., *Institutionslehre A*. Gehlens, Tubinga, 1966, p. 43s; KEHL, M., *Die Kirche als Institution*, Frankfurt, 1976; DULLAART, L., *Kirche und Ekklesiologie*, Mogúncia, 1975.
5. Como visão de conjunto, veja BARNADAS, J., Fé cristã e situação colonial na América Latina, em *Concilium*, 90 (1973), p. 1.269-75; DUSSEL, E., *Hipótesis para una historia de la Iglesia en América Latina*, Barcelona, 1967; para o Brasil, HOORNAERT, E., *Formação do catolicismo brasileiro 1550-1800*, Petrópolis, 1974; TURNER, F. C., *Catholicism and political development in Latin America*, The University of North Carolina Press, 1971; FERREIRA DE CAMARGO, C. P., *Igreja e desenvolvimento*, São Paulo, Cebrap, 1971; BRUNEAU, Th., *O catolicismo brasileiro em época de transição*, São Paulo, Loyola, 1974.
6. *Théologie de la révolution*, Théorie, Paris, 1970, p. 216-34.
7. Para a problemática histórico-teológica das três primeiras gerações cristãs, veja livros muito importantes: HASENHUTTL, G., *Charisma, Ordnungsprinzip der Kirche*, Friburgo, 1969; DIAS, P., *Vielfalt der Kirche in der Vielfalt der Junger, Zeugen und Diener*, Friburgo, 1968; KUNG, H., *A Igreja*, 1, Moraes, 1970; DANIÉLOU, J. e MARROU, H., *Nova história da Igreja*, Petrópolis, 1966.

8. Cf. WARWICK, D., A centralização da autoridade eclesiástica: uma perspectiva organizacional, em *Concilium*, 91 (1974), p. 101-9.
9. HERNEGGER, R., *Macht ohne Auftrag? Die Entstehung der Staats-und Volkskirche*, Olten e Friburgo, 1963, p. 431.
10. Cf. COMBLIN, J., *Théologie de la révolution*, p. 244.
11. ISERLOH, E., Prophetisches Charisma und Leitungsauftrag des Amtes in Spannung und Begegnung als historisches Phänomen, em *Macht, Dienst und Herrschaft in Kirche und Gesellschaft* (publ. por W. Weber), Friburgo, 1974, p. 143-53.
12. Cf. FLICHE, A., *La réforme grégorienne*, 2 vol., Lovaina, 1924 e 1925; LADNER, G. B., The concepts of "Ecclesia" and "Christianitas" and their relations to the idea of Papal "plenitudo potestatis" from Gregory VII to Boniface VIII, em Miscell. Hist. Pontif., 18 (1954), p. 49-77.
13. O fundamento de Pedro na incerteza atual, em *Concilium*, 83 (1973), p. 360.
14. San Giovanni Bosco, *Meditazioni*, Torino, 1955, p. 90; outros tantos exemplos são aduzidos por KUNG, H., *Unfehlbar? Eine Anfrage*, Zurique, 1970 passim.
15. RUDGE, P., A sociologia do conflito e a vida eclesiástica, em *Concilium*, 91 (1974), p. 93-100.
16. Veja o excelente estudo crítico de MEDINA, C. A. e OLIVEIRA, Pedro A. Ribeiro de, *Autoridade e participação. Estudo sociológico da Igreja Católica*, Petrópolis, 1973; DOMBOIS, H., *Hierarchie. Grund und Grenze einer umstrittenen Struktur*, Friburgo, 1971, esp. p. 47-65; MADURO, O., *Religión y lucha de clases*, Caracas, 1979, p. 123-63.
17. ALVES, M. Moreira, *L'Église et la politique au Brésil*, p. 75-8.
18. Cf. GÖRRES, A., Pathologie des katholischen Christentums, em *Handbuch der Pastoraltheologie*, II/I, Friburgo, 1966, p. 277-342; O'DEA, Th., Patologia e renovação da instituição religiosa, em *Concilium*, 91 (1974), p. 110-7.
19. Cf. METZ, J. B., La autoridad eclesiástica frente a la historia de la libertad, em *Ilustración y teoría teológica*, Salamanca, 1973, p. 47-78.
20. LEWY, G., *La Iglesia Católica y la Alemania nazi*, México, 1965, p. 433. DAWSON, Ch., *Religion and modern State*, Nova York, 1936, p. 135-6, diz que o catolicismo "não é em nada hostil à ideia autoritária do Estado. A Igreja sempre manteve os princípios de autoridade e Hierarquia, e em um alto conceito as prerrogativas do Estado ante as doutrinas liberais do direito divino das maiorias e de uma liberdade de opinião sem repressão". Acrescenta ainda que, no social, os ideais das encíclicas de Leão XIII e Pio XI "têm muito mais afinidade com aqueles do fascismo que com os do liberalismo ou socialismo".
21. LEWY, G., *La Iglesia Católica*, p. 428.

22. Id., ibid., "Quando o governo de Hitler reagiu com raiva ante a declaração aparecida no *L'Osservatore Romano* durante o mês de julho de 1933, no qual se dizia que a conclusão da concordata entre a Alemanha e a Santa Sé não supunha para esta o reconhecimento de uma doutrina política determinada e específica, os prelados alemães puderam explicar-se assim: 'A afirmação do *L'Osservatore Romano* de que a conclusão da concordata não expressava nenhum assentimento para com o Estado nacional-socialista, isso não significava em absoluto um repúdio básico do dito Estado, já que, de outro modo, a concordata jamais teria sido firmada. Simplesmente supõe a suspensão intencional de um juízo, que se fez necessário devido às relações da Santa Sé com outros Estados'": op. cit., p. 435, citando a fonte seguinte: *Verhandlungen der Vertreter der Fuldaer Plenar-Bischofskonferenz im Reichinnenministerium*, vom 25. bis 30. Juni 1933, p. 27.
23. Cf. encíclica *Firmissimam Constantiam* de 28 de março de 1937.
24. Renovação do espírito e reforma da instituição, em *Concilium*, 73 (1972), p. 305-13, aqui p. 312.
25. Cf. SIEBERT, R., A religião na perspectiva da sociologia crítica, em *Concilium*, 91 (1974), p. 45-57, aqui p. 51.
26. *Panorama da Igreja Universal a partir de 1971*, II, 2, p. 4.
27. Id., III, 2, p. 6.
28. Id., III, 3, p. 7.
29. Op. cit., p. 416-7.
30. *Handbuch der Pastoraltheologie*, II/I, Friburgo, 1966, p. 275-6.
31. LIÉGÉ, P. A., A Igreja diante de seu pecado, em *A Igreja do futuro*, vários autores, Petrópolis, 1973, p. 121. D. Aloísio Lorscheider, em seu *Panorama ao Sínodo*, disse, taxativamente: "A concepção de uma Igreja hierárquica, concentrando em suas mãos todos os direitos e poderes, prejudicou sem dúvida a expansão da Igreja", III/3, p. 7.
32. COMBLIN, J., Atualidade da teologia da missão, III, em *REB*, 33 (1973), p. 582.
33. Cf. BOFF, L., Libertação de Jesus Cristo pelo caminho da opressão, em *Grande Sinal*, 28 (1974), p. 589-615, esp. p. 594-606.
34. Cf. REESE, J., O evento Jesus: poder na carne, em *Concilium*, 90 (1973), p. 1.195-203; FOERSTER, W., Exousia, em *ThWNT*, II, p. 559s.
35. EISING, H.e LÖNING, K., Herrschaft Gottes und Befreiung des Menschen, em *Macht, Dienst, Herrschaft in Kirche und Gesellschaft*, p. 38-60, aqui p. 58, nota 11.
36. Cf. KERTELGE, K., *Gemeinde und Amt im Neuen Testament*, Munique, 1972, p. 158-68.
37. THUSING, W., Dienstfunktion und Vollmacht kirchlicher Ämter nach dem Neuen Testament, em *Macht, Dienst, Herrschaft*, p. 61-80, aqui p. 62-5.

38. Cf. PROAÑO, L., *Pour une Église libératrice*, Paris, 1973, esp. p. 133-59; DUMAS, B., *Los dos rostros alienados de la Iglesia una*, Buenos Aires, 1971, p. 125-72; GREGORY, A., *Comunidades eclesiais de base*, Petrópolis, 1973.
39. GREELY, A., Vantagens e desvantagens de um centro de comunicações na Igreja, em *Concilium*, 64 (1971), p. 494-5.
40. Cf. EYT, P., Igreja e mutações sócio-culturais, em *A Igreja do futuro*, p. 15-34.
41. Veja-se esta expressiva poesia de Lothar Zenetti, que damos em alemão: "Frag hundert Katholiken, was das Wichtigste ist in der Kirche. Sie werden antworten: die Messe. Frag hundert Katholiken, was das Wichtigste ist in der Messe. Sie werden antworten: die Wandlung. Sag hundert Katholiken, dass das Wichtigste in der Kirche die Wandlung ist. Sie werden empört sein: Nein, alles soll bleiben wie es ist!" "Pergunte a cem católicos: o que é o mais importante na Igreja? E eles responderão: a missa. Pergunte a cem católicos: o que é o mais importante na missa? E eles responderão: a mutação do pão e do vinho no corpo e no sangue do Senhor! Diga então aos cem católicos que o mais importante da Igreja é a mutação. Eles se enfurecerão: Não, tudo deve ficar como está!"

VI.
O CATOLICISMO ROMANO: ESTRUTURA, SANIDADE, PATOLOGIAS

O catolicismo não é somente uma grandeza teológica como concretização do Evangelho no tempo. É também uma realidade histórica, política, sociológica e religiosa, passível de ser analisada a partir das diferentes razões formais. Cada interpretação é legítima, porque colhe aspectos verdadeiros do catolicismo, mas é também limitada porque se restringe à sua perspectiva própria.

Nosso intento se situa dentro de uma das muitas análises possíveis do catolicismo. Uma análise e uma interpretação teológicas dentro da ótica que constitui o teológico e dos critérios que constituem a gramática do discurso teológico. Por importante e legítima que seja, semelhante diligência não deixa de ser também limitada. Está aberta à consideração de outras perspectivas; dispõe-se, partindo de sua perspectiva própria, a contribuir para compreender melhor o fenômeno total do catolicismo.

1. Etapas na formulação do problema

A pergunta "o que é o catolicismo?" está ligada, na história das ideias teológicas e das controvérsias eclesiológicas, à Reforma e especialmente às discussões exegético-históricas do século passado dentro do campo do cristianismo protestante[1]. "Católico" era sinônimo de decadente. E. Troeltsch cunhou em 1908-1909 a expressão técnica *Fruhkatholizismus*, catolicismo primitivo, para expressar a decadência do Evangelho, constatável já nas primeiras comunidades do Novo Testamento[2]. Sobre esta decadência ter-se-ia construído historicamente o catolicismo posterior.

O assim chamado catolicismo não colocou o problema em termos temáticos.

Nem se sentia urgido a fazê-lo. À fé católica tranquila bastava saber que aquilo que hoje existe estava em continuidade histórica com o Evangelho e com a Igreja primitiva. O surgimento do protestantismo, contestando esta continuidade e acusando de deterioração o Evangelho, obrigou o catolicismo a uma reflexão sobre sua identidade.

a) Nos protestantes: de um pré-conceito para a busca de um conceito

Podem-se assinalar várias etapas na reflexão sobre esta questão, particularmente no lado protestante. Abordava-se a questão da legitimidade da ruptura com o catolicismo. Dizia-se: a Igreja de Roma pretende ser a verdadeira Igreja de Cristo porque está em continuidade com a Igreja primitiva. Lutero, em seu escrito *Wider Hans Worst* (1541), tenta mostrar que ele e seu movimento se encontram em perfeita continuidade com a Igreja antiga[3]. Daí ser a pretensão do catolicismo ilegítima. Este é fruto de uma apostasia. Semelhante tese ganhou sua elaboração minuciosa na grande obra histórica coletiva publicada a partir de 1559 sob a égide de Matthias Flacius Illyricus, *Magdeburger Zenturien*. Aí se consagrou a teoria da decadência[4].

aa) *Surgimento do catolicismo: do primeiro milênio ao tempo de Jesus* – Os reformadores se sentiam em comunhão com a Igreja até o primeiro milênio. Para eles, somente com a Idade Média surgiu o catolicismo como decadência da verdadeira Igreja. O protestantismo posterior estendeu mais para trás a emergência do catolicismo, com a viragem constantiniana; seus adeptos sentiam-se em continuidade com a Igreja dos primeiros séculos. A. Harnack estabeleceu o começo do catolicismo no início do século II: "A luta contra o gnosticismo obrigou a Igreja a fixar sua doutrina, seu culto e sua disciplina em formas e leis rígidas, e a excluir todos quantos se negavam a sua obediência. Se identificarmos como 'católica' uma Igreja de doutrinas e leis, então ela surgiu na luta contra o gnosticismo[5]". Neste século, estudiosos protestantes estenderam para dentro do próprio Novo Testamento o surgimento do catolicismo. Assim, a preocupação pela reta doutrina, pela disciplina eclesial, pela transmissão do poder, elementos encontradiços nas epístolas pastorais, mostrariam a presença ineludível do catolicismo incipiente. Outros vão ainda mais longe. Nomes como Haenchen, Conzelmann, Vielhauer, Käsemann, Marxsen e outros não receiam reconhecer a presença de catolicismo em São Lucas e São Mateus. Diz Käsemann: "O catolicismo primitivo (*Fruhkatholizismus*) no Novo Testamento resulta do fato de que não mais se esperava a vinda próxima (do Filho do Homem). Em seu lugar entrou a eclesiologia"[6]. Ora, isso se mostra claramente em São Lucas, e com certeza também em Mateus. Os próprios evangelhos, como expressões teológicas das comunidades primitivas, significam neste sentido catolicismo, pois neles se fixaram a mensagem, as doutrinas, as medidas parenéticas etc.

Outros radicalizam ainda mais a retroprojeção do surgimento do catolicismo. Situam-no no próprio Jesus Cristo. Ele também traduziu a revelação recebida do Pai em termos de conteúdos determinados, de uma mensagem linguisticamente fixada e de representações tiradas do mundo cultural circunstante. Se entendermos como "católicas" as mediações históricas, jurídicas, ideológicas, sociais etc., nas quais e pelas quais se concretizam o cristianismo ou a salvação do pecador, então devemos dizer que ele se encontra já na própria palavra e atuação de Jesus de Nazaré.

Como se vê, atrás de um tema confessional e polêmico como esse – quando surgiu o catolicismo – se esconde um grave, se não o mais grave, problema hermenêutico da fé cristã: como combinar o absoluto de sua pretensão com o relativo de suas mediações históricas? Como compreender a Palavra de Deus que se concretiza em palavras humanas? Como captar o Evangelho que se encontra testemunhado em quatro evangelhos? Como confessar a identidade da mesma fé dentro da pluralidade das teologias e de confissões cristãs?

Antes de adentrarmos estas questões essenciais, queremos referir a problemática histórica. Ela decodifica o problema que nos ocupa.

bb) "*O catolicismo, em germe, tão velho quanto a Igreja*" – A. Harnack, o grande conhecedor da história dos primeiros séculos, ocupou-se detidamente, e em forma polêmica, com R. Sohm, com o problema do surgimento do catolicismo[7]. Para ele, este é resultado de várias forças que se conjugaram lentamente e convergiram no final do século I. A primeira força é o judaísmo, que se fez presente na forma como se organizaram as primitivas comunidades cristãs dentro de uma estrutura jurídica de tipo familiar e patriarcal. A Igreja primitiva sentia-se herdeira do Povo de Deus do Antigo Testamento, uma comunidade organizada juridicamente. O direito do Povo de Deus era direito divino; daí se considerar, nas primitivas comunidades cristãs, o direito também como divino. Disso conclui Harnack: "o catolicismo é, portanto, em sua forma embrional, tão velho quanto a Igreja; nela dificilmente se nota a falta deste ou daquele elemento"[8]. Entretanto, se o direito divino virá a constituir a essência do catolicismo posterior, não constitui ainda para o cristianismo primitivo. Está aí presente em germe, porém o elemento carismático predomina sobre aquele jurídico, herdado do judaísmo. A esta força, o judaísmo, juntou-se outra: a presença da estrutura carismática personificada nos apóstolos e profetas itinerantes, cujas determinações obrigavam juridicamente. No século II, diz Harnack, morreram os carismáticos. As comunidades ficaram entregues aos chefes, responsáveis pela ordem. Sob pressão de circunstâncias exteriores, como o montanismo, chegou-se a uma confederação católica. Aqui vingou a ideia da sucessão apostólica, que marginalizou a estrutura carismática nas comunidades. Os bispos, tidos como sucessores dos apóstolos, detinham o poder religioso em suas mãos, configurando já em miniatura o que seria depois o característico do catolicismo. Sua forma completa foi alcançada com a terceira grande força formadora do catolicismo, com sua obra-mestra – o dogma –, cerne da Igreja romana: o helenismo. Por helenismo se entende, comumente, a intelectualização do cristianismo que resultou do encontro entre a mensagem judaico-cristã e a filosofia grega. Diz Harnack, textualmente: "O dogma é em sua concepção e em sua construção obra do espírito grego sobre o chão do Evangelho"[9]. A essência do catolicismo, na definição de Harnack, reside "tanto na transformação da fé cristã numa doutrina revelada, constituída de elementos históricos e ideais filosófico-helenísticos, confirmada pelos apóstolos e ratificada em poder mediante o sacramento da Ordem e assim tradicionada, quanto na identificação da Igreja de Cristo com a Igreja empírica, corpo jurídico, dirigida pelos Epíscopos apostólicos"[10].

Como se vê, conclusões de ordem histórica se mesclam, na definição de Harnack, com elementos teológicos de seu horizonte protestante. Em uma palavra, para ele, catolicismo significava divinização da Tradição, e não reconhecimento de que ele é o resultado de um desenvolvimento histórico feito por homens. Cristianismo é o divino verdadeiro, prescindindo do direito, da disciplina e das mediações doutrinais.

cc) *"O catolicismo surgiu e devia surgir por uma necessidade férrea"* – R. Sohm, notável jurista e historiador, polemizou acremente com Harnack[11] e colocou o problema em termos que ainda hoje significam uma provocação sempre retomada por eclesiólogos e canonistas[12]. Ele contesta a afirmação de Harnack de que na Igreja primitiva tivesse havido a presença de um direito divino herdado do judaísmo. A Igreja se entendia, diz Sohm, como *mysterium* ou *sacramentum* e Corpo de Cristo, e não como prolongamento do Povo de Deus do Antigo Testamento. Tudo o que fazia, entendia-o misticamente como ação do Ressuscitado, agindo nela. Não havia sacramentos no sentido moderno, como determinados gestos que comunicam a graça[13]. Tudo era sacramental e tudo se constituía em instrumento de ação de Cristo no seu corpo, que é a Igreja. Por que então, pergunta-se Sohm, surgiram os sete sacramentos e o direito que os ordena? E responde: surgiram e deviam surgir "por uma necessidade férrea"[14]. A comunidade começou a crescer. De corpo de Cristo se transformou em corporação de cristãos. Surgiram necessidades próprias da organização, desejo de segurança e ânsia de certeza. A fé no Evangelho começou a ceder lugar à fé no direito divino. Assim, irrompeu na História o catolicismo. "Com o surgir do direito (católico) divino, deram-se fundamentalmente duas coisas: *primeiro*, o princípio formal do catolicismo, vale dizer, a identificação da Igreja visível, organizada juridicamente, com a Igreja em sentido religioso (*Ecclesia*); *segundo*, o princípio material do catolicismo, a saber, a redenção (justificação) alcançada através dos sacramentos (da Igreja e do sacerdote) mediante determinações exteriores, ordenadas juridicamente. Administradas, concedem a graça; negadas, impedem a comunicação da graça."[15]

O catolicismo é assim uma construção humana e histórica, diz Sohm, não é mais a Igreja em sentido teológico, porque esta é criação do Espírito[16]. A vida do catolicismo é parte da vida dos homens e com os homens. A vida da Igreja é vida espiritual, vida dos fiéis através de Cristo com Deus. Sobre a relação entre "estas duas igrejas", assevera Sohm, reina muita confusão. Mas o importante é manter a distinção de ambas[17]. Mais ainda: "A essência da Igreja está em contradição com a essência do direito. A Igreja, em virtude de sua essência, não pode tolerar um direito eclesial[18]". A essência do catolicismo, segundo este autor, consiste "em que ele não faz a distinção entre a Igreja em sentido religioso (Igreja de Cristo) e a Igreja em sentido jurídico... A presença da distinção significa o princípio protestante, a ausência da distinção o princípio católico"[19].

Sohm toca no ponto nevrálgico da questão, mas se abstém de aprofundar o problema de como se ordenam e como devem ser pensadas teologicamente a dimensão jurídica, doutrinária e institucional da Igreja com aquela Espiritual (do

Espírito Santo) e transcendente. Não basta contrapô-las e fazê-las duas igrejas. Faz-se mister – e aqui está propriamente o problema – estudar como se relacionam. Nem Sohm nem Harnack contribuíram para esta questão. Ativeram-se a uma afirmação dogmática da tradição protestante: a Igreja jurídica, o catolicismo, é decadência e perversão da Igreja do Evangelho.

O direito teve, no entanto, um aspecto positivo, reconhece Sohm[20], pois permitiu a persistência histórica da Igreja, embora não deixe de ter constituído o seu "pecado original" e uma falsificação da mensagem de Cristo.

Contra semelhante simplificação de Sohm insurge-se o historiador Harnack, tentando demonstrar que, com base nas fontes históricas, não se pode deixar de constatar a presença do aspecto organizatório já nos primórdios do cristianismo.

dd) *Catolicismo: forma concreta e histórica do cristianismo* – E. Troeltsch, teólogo que passou para a sociologia e para a história, em seu livro *A doutrina social das igrejas e grupos cristãos*, dedicou quase cem páginas à problemática do catolicismo primitivo[21]. Ele protesta contra a separação entre catolicismo e cristianismo operada por Harnack e Sohm. O cristianismo não é uma ideia ou uma essência abstrata. Ele sempre se chamou a si mesmo de Igreja santa, católica e apostólica. Nesta concreção, deve-se buscar a essência do cristianismo, e não mantê-lo em uma instância vazia e a-histórica[22]. À luz de semelhante concepção concreta, Troeltsch polemiza com a tradição protestante. Para ele, a Igreja antiga se baseia sobre três pilastras fundamentais: o Evangelho, o paulinismo e o catolicismo primitivo. Estes três elementos não se ordenam cronologicamente, mas estão presentes como princípios constituidores da organização da Igreja concreta. O que identifica esta organização é seu caráter religioso, e não algum ideal social ou político. O que fica sempre idêntico nas várias formas que assume a Igreja é seu aspecto religioso. Entretanto, ela não manteve, ao largo dos séculos, esta sua identidade. A distinção entre o *ius divinum* e o *ius humanum* secularizou a Igreja e a entregou aos dinamismos de organização[23]. Ela decaiu em uma força política e não mais especificamente religiosa. Tal tendência se fez notar já nos primórdios da Igreja primitiva.

O mérito de Troeltsch foi ter situado o problema em seu lugar hermenêutico exato: o que existe concretamente não é o cristianismo, mas o catolicismo. O cristianismo não pode ser encontrado fora da História. Ele não existe nem subsiste fora das concretizações históricas, mas exatamente nelas e por elas. Por isso, não se pode acentuar a distinção entre Evangelho e catolicismo a ponto de hipostasiar os dois termos e contrapô-los. É dentro desta concreção que se deve operar a distinção.

ee) *Todo o Novo Testamento é catolicismo primitivo* – A discussão sobre o catolicismo primitivo se modificou profundamente com os novos procedimentos exegéticos e a nova forma de conhecimento que eles possibilitaram. Mediante a *Form-Traditions-Redaktionsgeschichte*, deu-se a conhecer o imenso trabalho teológico escondido debaixo dos "simples" evangelhos. Não estamos imediatamente diante do Evangelho de Jesus Cristo. Este se retrai debaixo de quatro versões, tradições e teologias que constituem os quatro evangelhos. Estes, na linguagem de Sohm e de Harnack, deveriam ser qualificados de católicos e fruto já do catolicismo como tradução doutrinária, catequética, litúrgica, parenética do Evangelho para as condições e necessidades das várias comunidades cristãs. A partir de semelhante constatação, como já observamos, considera-se, sem dificuldades, a presença de catolicismo nos quatro evangelhos e no resto de todo o Novo Testamento.

Onde, então, encontrar o Evangelho como ele saiu do Verbo da Vida? Buscava-se, com procedimentos histórico-exegéticos rigorosos, a *ipsissima facta et verba* de Jesus. São conhecidos os intentos de J. Jeremias, M. Dibelius e outros. Isto seria evangélico, tudo o mais católico, vale dizer, interpretação e tradução. Tal intento é irrealizável: por um lado, corremos o risco de fazer depender a mensagem autêntica de Jesus dos critérios dos historiadores e dos exegetas; como estes variam, varia também a mensagem autêntica de Jesus; por outro, há um tropeço hermenêutico ineludível: identificando historicamente a *ipsissima facta et verba* de Jesus, não estamos ainda, sem mediação, diante da mensagem de Jesus, porque ele também interpretou sua experiência messiânica e traduziu sua mensagem num quadro simbólico da cultura de seu tempo. Ora, isso, hermeneuticamente, deve ser considerado católico, e não evangélico.

Outros mais avisados perseguiram um caminho diferente na busca de um cânon dentro do cânon[24]. Tornava-se imperativo: deve-se poder identificar o Evangelho debaixo dos evangelhos. Aí estaria a revelação, aquilo que nos ligaria a Deus e seria a mensagem revelada ao mundo. Tudo o mais seria interpretação teológica. A questão sobre o que é catolicismo desemboca, pois, na pergunta fundamental pelo que é o Evangelho, que é a Mensagem, qual a Causa de Jesus e qual aquele único necessário sem o qual perdemos nossa relação com Cristo, com o Pai e finalmente com a nossa salvação. Isso seria o cânon no cânon. Entretanto, não podemos situá-lo em uma frase, em um texto ou em um núcleo de verdades. Estaríamos, então, diante de uma mediação como qualquer outra, seria algo histórico, cultural, um conteúdo do mundo, não o Evangelho. No nível linguístico, toda determinação de um centro já descentra, toda identificação de uma essência não é essencial, mas categorial. Neste nível, não se pode preparar, como um destilado quimicamente puro, a Causa de Jesus Cristo ou a essência do cristianismo. Semelhante tarefa é simplesmente impossível. O Evangelho vive na História e atinge o homem encarnado na realidade de muitas formas. Destas encarnações não se pode desentranhá-lo sem perdê-lo. Evangelho vem sempre junto com os evangelhos, o cristianismo com o catolicismo. O que são então o Evangelho, a causa de Jesus e o único necessário? Categorialmente não podemos dizer. Sua identificação deve ser feita dentro de cada mediação histórica cristã. Como diz com acerto E. Käsemann: "A Bíblia não é a Palavra de Deus num sentido objetivo, nem o sistema de uma doutrina de fé. É o resultado da história e da pregação da cristandade primitiva. A Igreja que canonizou a Bíblia afirma no entanto que, precisamente nesta maneira, se faz portadora do Evangelho"[25]. Mas se faz portadora do Evangelho não *ipso facto* porque possui a Bíblia, mas enquanto através dela se coloca sempre em referência ao Cristo vivo e se sente salva por ele. A Bíblia é produto católico e está sempre a serviço desse encontro salvífico com o Cristo vivo.

Vemos que, a partir destas últimas considerações, o problema do catolicismo se transformou totalmente. De um sentido pejorativo, passou para um sentido fundamental. Católico é simplesmente mediação. A referência que esta mediação mantém com o Cristo vivo aceito e vivido como salvador é que constitui o evangélico. Assim, quase desapareceu o problema histórico em termos do momento do surgimento do catolicismo, dos conteúdos (direito, tradições, sacramentos etc.), aparecendo a questão hermenêutica. Neste nível, tanto são "católicos" os católicos quanto os protestantes. Ambos se encontram às voltas com as mediações.

W. Marxsen, consciente desta transformação do problema, afirma em seu escrito *O catolicismo primitivo no Novo Testamento*[26] que o que caracteriza o catolicismo primitivo (e o posterior) não são certas afirmações do Novo Testamento ou um certo tipo de escritos (epístolas católicas), mas a maneira dogmática de se lerem os textos do Novo Testamento[27]. Esta maneira dogmática considera pura e simplesmente, sem se dar conta das mediações históricas, que o Novo Testamento é imediatamente Palavra de Deus. Utiliza os textos dogmaticamente para justificar doutrinas, fundamentar inapelavelmente medidas disciplinares da Igreja. Portanto, o catolicismo assume aqui novamente uma conotação pejorativa, como uma forma patológica de se viver e sentir a mensagem cristã. Ela pode se encontrar tanto entre católicos quanto entre protestantes.

b) *Nos católicos: de uma patologia para a busca de uma normalidade*

Até aqui, consideramos exclusivamente a reação protestante em face do problema do que é o catolicismo. Queremos nos volver agora, rapidamente, para a posição católica. Como já observamos, os católicos *in iure possessionis* não se sentiam provocados a buscar uma autoidentificação que os contradistinguissem dos outros que polemizavam com eles. Não moveram uma ação. Ficaram, inicialmente, em uma mera re-ação. Em vez de aceitarem a provocação para um aprofundamento da relação Evangelho e História, Cristo e Igreja, salvação e sacramentos, passaram a afirmar maciçamente o que tinham. Daí, católico passou a significar conservador, tradicionalista e reacionário. Não houve a preocupação de aprofundar teologicamente o estatuto daquilo que se mantinha. Esqueceu-se de que a mediação era mediação que fora apresentada e mandada crer como divina, evangélica e apostólica. Evidentemente, tudo enquanto referido ao divino, a Cristo e aos Apóstolos é de alguma maneira apostólico, cristão e divino. Mas não o é *in recto*, pois, assim sendo, estaríamos imediatamente diante do divino, em uma espécie de teofania. É somente *in obliquo*, enquanto a mediação presencializa nela e por ela o divino ou o evangélico. Assim, uma forma patológica foi sustentada como sendo o catolicismo *tout court*. Ganhou foros oficiais e entrou nos manuais de dogmática pós-tridentina, prolongando-se até o advento do Vaticano II. Por exemplo, apresentava-se, assim, a Igreja: Cristo deixou, antes de subir ao céu, a Igreja toda pronta com suas estruturas, seu corpo doutrinal, seus vários ministérios e os sete sacramentos. O problema da Igreja consistia em manter tudo isso de forma pura, embora à custa de uma explicitação libertadora, mas perigosa. A Igreja devia permanecer inalterável na História. Iria como em uma linha reta ao encontro do Senhor na *parusia*. Sua evolução é retilínea, e seu crescimento, meramente horizontal. O possível desenvolvimento posterior já estava contido nas ordens de Cristo aos apóstolos, conservadas seja na Escritura, seja na Tradição. Assim se justificava teologicamente e se consagrava para todos os tempos uma determinada forma histórica da Igreja surgida em um determinado tempo. Nela, tudo era considerado instituído por Jesus Cristo. Como dizia J. A. Möhler de alguns teólogos de seu tempo: "Para eles, Deus criou a Hierarquia. E isso para a Igreja é mais do que suficiente para garanti-la até o fim do mundo"[28].

Ora, parece-nos hoje de uma evidência palmar que é próprio da ideologia apresentar como natural aquilo que é histórico, e como divino aquilo que é humano. Assim, o humano passa a ganhar um valor inquestionável imposto a todos, e o histórico, um elemento de dominação congeladora da História. Aqui se abre espaço para falar do aspecto patológico do catolicismo e de sua capacidade de se transformar em elemento de opressão do homem. A isso voltaremos posteriormente.

aa) *A busca de uma normalidade teológica* – A evolução da reflexão católica foi se orientando na progressiva destruição deste tipo de representação da Igreja, saída pronta e feita das mãos do Salvador[29]. Os estudos históricos e exegéticos mostraram à evidência a evolução histórica da Igreja e também a evolução do dogma católico. Os estudos protestantes foram neste particular de uma utilidade indiscutível. Mas não só. As próprias pesquisas católicas demonstraram o fato. E aqui não se pode olvidar de modo nenhum o nome do Cardeal Newman. O primeiro a fazê-lo em um sentido do problema em tela foi certamente J. A. Möhler em seu livro *A unidade na Igreja ou o princípio do catolicismo apresentado no espírito dos padres da Igreja dos três primeiros séculos* (1825). Nele, o autor mostra desenvolvimentos e concretizações da Igreja nos três primeiros séculos que não justificam aludir-se a um desenvolvimento meramente explicitativo. Houve novidade e transformações históricas. Daí o princípio católico não se caracterizar por uma inalterabilidade uniforme de formas, mas pela unidade *na* Igreja, sempre mantida através da pluralidade de variações. Por isso, Möhler fala de unidade *na* Igreja, e não unidade *da* Igreja.

Em função desta averiguação, fica claro que a Igreja concreta não é só dom do alto, mas também construção histórica dos homens de fé em diálogo com o mundo circunstante. Daí a importância da decisão como princípio constitutivo da Igreja. Erik Peterson, conhecido teólogo protestante, discípulo de Harnack, que se converteu ao catolicismo, após afirmar que a Igreja só existe pelo fato de os judeus terem rejeitado Cristo e a *parusia* ter-se protelado, podia assim formular sua terceira tese em seu famoso escrito *A Igreja*: "A Igreja existe somente sob a condição de os Doze Apóstolos chamados no Espírito Santo se terem decidido, à luz do mesmo Espírito Santo, a ir para o meio dos gentios[30]". *Concretamente*, a Igreja deve seu surgimento à decisão dos Apóstolos, decisão esta encontrada à luz do Espírito Santo: "Aprouve ao Espírito Santo e a nós…" (At 15,28). Por isso, diz Ratzinger, que assumiu as teses de Peterson em sua concepção eclesiológica: "Pertence à Igreja o poder de decisão, o dogma; ela começa a existir somente a partir da fé neste poder, e sem ele fica totalmente incompreensível. Toda a forma da tradição bíblica é expressão desta fé, pois as palavras de Jesus não foram conservadas como se fossem um relicário de arquivo, mas pertencem ao presente da Igreja e em sua função foram interpretadas[31]". Peterson asseverava ainda com mais ênfase: "Uma Igreja sem direito eclesial apostólico, sem a capacidade de encontrar decisões dogmáticas, não pode de modo nenhum ser chamada de Igreja[32]".

H. Schlier, outro exegeta que migrou do protestantismo para o catolicismo, escreveu um pertinente ensaio com o título: *Das bleibende Katholische*[33] (O que caracteriza permanentemente o católico), tendo como subtítulo: *Ensaio sobre um princípio católico*. Também para ele, um dos princípios do catolicismo, quiçá o mais fundamental, seja este – o da *decisão*. Deus tomou a decisão em Jesus Cristo em favor do mundo. Esta decisão divina se exterioriza na decisão da Igreja na Palavra e no Sacramento. A Igreja vive enquanto permanentemente se decide a assumir a decisão divina no confronto com as exigências decisivas da história. Assim, a fé cristã vive sempre fazendo uma encarnação com a realidade do mundo, das ideias, das ideologias, dos costumes[34]. Ela não existe em si, senão concretizada em uma teologia ou em uma compreensão do mundo dentro de instituições eclesiais. Isso não constitui apanágio do catolicismo posterior, mas foi assim desde o princípio. O Novo Testamento é o livro de pregação da Igreja; é produto da dogmática, da liturgia, da catequese, da hinologia e das tradições e correntes teológicas das comunidades primitivas. O catolicismo de hoje continua o mesmo processo iniciado pelo Novo Testamento.

bb) *O problema do catolicismo é um problema de eclesiologia* – Como transpareceu nas discussões anteriores, a pergunta sobre o catolicismo desemboca na questão eclesiológica. É possível o cristianismo sem mediação histórica? Em outras palavras, podemos pensar o cristianismo sem suas aparições no mundo? A concretização do cristianismo na História se chama catolicismo e Igreja. Como então devemos pensar a Igreja? Não podemos mais ficar com a velha questão da Igreja de Cristo invisível e espiritual de um lado, e com as várias agremiações eclesiais visíveis, produto humano, do outro. A Igreja vive sempre a unidade concreta e viva do divino e do humano, da fé e da história. Esta questão se torna ainda mais palpitante se atendermos às discussões eclesiológicas e ecumênicas atuais concernindo à relação entre Cristo e a Igreja. Estava nas cogitações do Jesus histórico a instauração de uma Igreja organizada em suas estruturas essenciais? Ou a instituição detalhada da Igreja nasceu como resultado histórico do encontro de vários fatores que se conjugaram, como a mensagem de Jesus sobre o Reino, algumas estruturas escatológicas presentes em sua atuação (como os Doze), sua morte e ressurreição, o fato da protelação da *parusia*, a assimilação da fé pelos gentios etc.?

No atual ambiente católico, delineiam-se duas correntes fundamentais: uma afirma, em uma visão mais dogmática, a presença da Igreja já no anúncio do Reino e na atuação de Jesus junto aos Doze, possibilitando-lhe manter certa continuidade que sobrepassa o fosso criado pela morte de cruz e pela destruição momentânea da primitivíssima comunidade. Outros, mercê dos estudos exegéticos e dentro de uma visão mais estritamente histórica, tendem a afirmar que a Igreja como instituição não estava nas cogitações do Jesus histórico, mas que ela surgiu como evolução posterior à ressurreição, particularmente com o processo progressivo de desescatologização. Nomes como R. Schnackenburg[35], J. Blank[36], A. Vögtle[37] no campo da exegese católica, e como E. Peterson[38], J. Ratzinger[39], H. Kung[40] e eu mesmo, no campo da teologia sistemática, nos inscrevemos dentro desta orientação[41].

Nesta última perspectiva, fica claro que a Igreja como realidade histórica é sinônimo de catolicismo. A Igreja ou o catolicismo é a tradução do Evangelho para a vida concreta dos que crêem, assim como os quatro evangelhos e a pregação apostólica também o eram. Igreja e catolicismo resultam da história da atuação do Evangelho em todos os setores da vida humana. O problema então é como entender o Evangelho que está na raiz e dentro da Igreja, e como compreender a Igreja que encarna no mundo o Evangelho. Evangelho, bem entendido, não é sinônimo de Igreja. Mas também não pode ser entendido sem ela. Voltaremos logo a seguir a este problema.

c) *Conclusão: Evangelho-catolicismo, identidade e não identidade*

Concluindo esta parte histórica, retomemos as questões sistemáticas surgidas:

aa) O catolicismo não se evidenciou como uma decadência ou um processo de deterioração de algo *historicamente* anterior, puro e cristalino que seria a mensagem de Jesus ou o Evangelho. O catolicismo apareceu como um princípio, princípio de encarnação do cristianismo na História. Ele é mediação do cristianismo.

bb) O problema fundamental reside em como pensar esta mediação. Por um lado, ela é o próprio Evangelho concretizado, e por outro não é o Evangelho. De uma parte, existe uma identidade histórica com o Evangelho, porque este não existe fora da mediação; somente por ela se torna presente e se historiza no mundo. De outra parte, o Evangelho não é a mediação. O Evangelho não é o texto dos quatro evangelhos, nem está no mesmo nível que os textos. O Evangelho é como a força instaurante e o vigor estruturante do catolicismo, uma espécie de Vida que cria estruturas, articulações, ossaturas que manifestam a Vida, vivem da Vida, mas não podem ser identificadas com a Vida. Tal consciência faz com que o catolicismo tenha um modo de ser em abertura e em autotranscendência, de sorte a dar lugar a outras mediações do Evangelho. Arrolemos um exemplo: A Igreja Católica, apostólica, romana é, por um lado, a Igreja de Cristo, e por outro não. É a Igreja de Cristo porque nesta mediação concreta ela aparece no mundo. Mas também não o é porque não se pode pretender identificá-la exclusivamente com a Igreja de Cristo, já que esta pode subsistir também em outras Igrejas cristãs. O Concílio Vaticano II, superando uma ambiguidade teológica de eclesiologias anteriores que tendiam a identificar pura e simplesmente a Igreja de Cristo com a Igreja Católica romana, ensina, com acerto: "Esta Igreja (de Cristo), constituída e organizada neste mundo como uma sociedade, subsiste na Igreja Católica" (*subsistit in*: tem sua forma concreta na Igreja Católica)[42]. Evita dizer, como estava em documentos anteriores: é a Igreja de Cristo.

cc) Em função da identidade e não identidade entre Igreja e Evangelho, podem aparecer fundamentalmente dois estilos de vivência cristã: um, que irá assumir com entusiasmo e sem maiores prevenções as mediações históricas porque nelas vê presença de Evangelho e forma concreta de presencialização de Jesus Cristo e de sua causa; outro, que submeterá continuamente todas as mediações a uma vigilante crítica porque não vê nelas o Evangelho e o Cristo vivo: verá a construção humana e buscará insaciavelmente uma pureza sempre maior do evangélico. Ambos os estilos estão ancorados em dados objetivos de um problema real, aquele da identidade e não identidade do Evangelho com a Igreja, do cristianismo com o catolicismo. Ambos podem também degenerar numa patologia, no momento em que só se afirma a identidade esquecendo-se a não-identidade ou só se afirma a não identidade esquecendo-se a identidade. Parece-nos que o nó problemático fulcral entre o catolicismo romano e o protestantismo se situa neste ponto. Não são tanto doutrinas diferentes que os separam, mas estilos diversos de viver o cristianismo.

2. Que autoridade possui o catolicismo primitivo sobre o posterior?

As discussões antes desenvolvidas terminaram com a constatação de que todo o Novo Testamento, como livro, é livro da Igreja, produto histórico da encarnação da mensagem de Jesus nos vários estratos culturais daquele tempo. Este livro não nos dá a conhecer apenas doutrinas teológicas, mas toda a diversidade da vida das primitivas comunidades com seus ministérios e estruturas eclesiais. É o catolicismo primitivo (*Fruhkatholizismus*). Em seu estatuto epistemológico, não difere do catolicismo posterior. Entretanto, as Igrejas cristãs lhe conferem uma autoridade inalienável sobre as demais formas de encarnação da mensagem cristã. Ele é feito marco de referência indiscutível.

Como devemos entender esta autoridade? A resposta não é simples. Há que se tomar em conta alguns dados inegáveis: *primeiro*, a variabilidade da mensagem traduzida em quatro versões diferentes, que, na escolha, na distribuição e na apresentação do material jesuânico e das tradições, divergem sensivelmente; *segundo*, verifica-se uma extraordinária multiplicidade de correntes teológicas nos sinóticos e nos demais escritos do Novo Testamento; *terceiro*, constata-se igualmente a irredutibilidade de várias posições teológicas: existem contradições entre elas, assim entre São Mateus e a epístola aos Gálatas, a epístola aos Romanos e a epístola de São Tiago. Mesmo dentro do *corpus paulinum* constatam-se contradições entre Rm 7,12 e Gl 3,13, concernindo à valorização da lei judaica. Entretanto, todos eles subsistem dentro do mesmo cânon. Desta verificação, conclui, por exemplo, E. Käsemann que, *historicamente*, no nível da análise dos textos, o Novo Testamento não funda a unidade da Igreja, mas a diversidade das confissões[43]. Entretanto, para uma confissão se justificar não basta encontrar seu fundamento em algum texto ou corrente teológica do Novo Testamento. Há que se ouvir a totalidade, e não somente uma parte dos testemunhos neotestamentários. A unidade da Igreja é uma realidade teológica fundada na audiência e obediência do único Evangelho de Jesus Cristo, que está para além dos textos evangélicos. Aqui não decide a História, mas a fé.

Sem querermos entrar mais profundamente nesta questão, diríamos em *primeiro lugar* que o texto do Novo Testamento possui uma autoridade especial não pelo fato de ser texto, mas por ser o *primeiro* texto-testemunho daqueles que foram as primeiras testemunhas do Verbo da Vida. O texto enquanto texto não seria autoritativo, e sim a mensagem que ele traduz. A própria inspiração não altera a gramática e a semântica da letra. Entretanto, a mensagem, historicamente, está ligada ao texto. Este funciona como chave de decifração da mensagem. Sem o texto-testemunho, perderíamos o acesso histórico à mensagem e ao Jesus que viveu entre nós. Daí a fé, que se constitui como força histórica, estar ligada a estes primeiros textos. Eles senão sempre lidos e relidos, interpretados e reinterpretados em confronto e à luz das perguntas colocadas pelo presente. Assim se liberta a mensagem cativa no texto; ela é atualizada em nova encarnação textual a fim de produzir aquele impacto de fé que produziu ao surgir.

Em *segundo lugar*, os conteúdos dos textos também possuem autoridade especial. Eles surgiram pelas mãos daqueles que testemunharam a história de Jesus na qual Deus nos redimiu. Os conteúdos, bem como os textos, estão ligados à cultura e ao tempo histórico. Neste sentido, participam do limite histórico. Entretanto, também eles funcionam como chave decifradora da mensagem. Os conteúdos são representações que a reflexão usa para concretizar o inconcretizável: a verdade de Jesus Cristo, Deus-Homem, sua mensagem libertadora e seu acontecer salvífico. A Igreja tem que ter a coragem para o dogma, para a formulação comunitária da mensagem que capta na fé e procura viver no amor e testemunhar na esperança. Pode e deve ter também a coragem de denunciar aquelas formulações nas quais julga não poder identificar a mensagem libertadora de Jesus. Por isso, Paulo podia dizer que com os entusiastas gnósticos da 1Cor era impossível fazer comunidade.

O que se aplicava, também, aos nomistas judaizantes que não haviam compreendido a novidade do cristianismo em face do judaísmo. Entretanto, os conteúdos e as representações enquanto representações (não enquanto chaves decifradoras) não podem ser dogmatizadas de forma exclusiva, negando à História posterior a mesma tarefa de criar outras chaves decifradoras à luz e em prolongação daquelas primeiras do Novo Testamento. A afirmação dogmática é legítima e necessária em razão de ameaças de heresia e de perversão da experiência cristã. Mas, em sua formulação, ela é uma chave decifradora, válida para um determinado tempo e circunstâncias. Quando se olvida esta instância temporal e histórica, e se pretende, em sua formulação, fazê-la valer para todos os tempos e de forma exclusiva, então está criado um empecilho para as necessárias e novas encarnações do cristianismo. A dogmatização exclusivista do texto é sempre uma forma patológica de uma verdade. A obrigatoriedade do dogma está ligada à verdade enunciada, e não à exclusividade do modo da enunciação.

Há uma utilização do texto do Novo Testamento que é dogmatização: como texto, ele é alçado à última instância. O texto mostra autoridade só em um primeiro momento de um processo mais amplo, enquanto nos dá acesso à mensagem. Em um segundo momento do mesmo processo dialético, ele deve poder ser ultrapassado para dar lugar a outro texto do hoje da fé. O texto do catolicismo primitivo conserva sua autoridade como primeiro texto apostólico, marco de referência para todos os demais, mas não se considera exclusivo e congelador da história.

Em *terceiro lugar*, deve-se tomar muito a sério o fato de o Novo Testamento aceitar a pluralidade de teologias e posições doutrinárias até contraditórias. Tudo se encerra dentro do mesmo cânon e constrói a mesma Igreja una. Tal atitude funda um estilo de viver a fé cristã. O decisivo nela não se exaure apenas no aspecto doutrinário (um momento do processo dialético), mas na comum referência e na mesma vontade de querer ser fiel à única mensagem de Jesus Cristo Libertador. Este estilo testemunhado no Novo Testamento constitui um permanente apelo ao catolicismo para não se fechar sobre o logro de suas conquistas ou se deixar fascinar pelo brilho de uma formulação encontrada. Como diz Paulo, em uma forma programática: "Que é Apolo? Que é Paulo? Servos pelos quais recebestes a fé. E cada um é servo na medida em que Deus deu a cada um... Quanto ao fundamento, ninguém pode pôr outro senão aquele que foi posto, que é Jesus Cristo" (1Cor 3,5.11).

Qual seria a atitude verdadeiramente católica? Estar fundamentalmente aberto a todas as direções, sem excluir sequer uma, o que o Novo Testamento permite. Ser autenticamente católico seria estar livre e aberto à totalidade do Evangelho[44]. Patologicamente católico seria exclusivizar-se em algumas linhas ou cerrar-se somente em algumas correntes que exprimem a fé. E essa patologia pode manifestar-se tanto no catolicismo romano quanto no protestantismo, bem como em outras formas de encarnação da mensagem cristã.

3. A identidade do catolicismo

Atingimos agora o ponto essencial de nossa reflexão: entender o que seja a identidade do catolicismo. Ao fazê-lo, situamo-nos já dentro do próprio catolicismo. Daí que a dicção da identidade significa explicitação do próprio horizonte dentro do qual já e sempre nos encontramos. Assumimos a afirmação anterior: o catolicismo é um princípio de encarnação do cristianismo. É concreção histórica do Evangelho. É objetivação da fé cristã.

Ser católico implica, primeiramente, uma *atitude afirmativa* daquele que assume a concreção, abraça a articulação e afirma um caminho determinado. Por que ele faz isso? Porque quer ser precisamente cristão. Ninguém é cristão fora do mundo, sem a palavra, sem o gesto, sem a comunidade, sem um quadro vital de referências. Para ser cristão, faz-se mister coragem para o provisório, para o histórico, para o dogma, para o direito, para a norma moral e a disciplina litúrgica. Sem um esqueleto, não se sustenta um ser vivente. Por isso, se alguém quer viver cristãmente, tem que aceitar vértebras, limites de um espaço vital. Fora disso não há concreção. E concreção significa sempre limite. E o limite gera sentimento de opressão. Mas não se sentindo e assumindo este sentimento, como conhecer o sabor da liberdade evangélica? Neste momento, há, portanto, otimismo, coragem de ser, fruição da presença densa do cristianismo. Há identidade. Para ser cristão, há que ser "católico" (mediação).

Ser católico implica, em segundo lugar, uma *atitude negativa*: nega-se a objetivação e desconstrói-se o caminho feito. Por que se nega? Porque se quer ser autenticamente cristão. Para o cristão, não há uma identidade pura e simples entre cristianismo e catolicismo, entre fé e doutrina. A concreção afirmada é mediação. Faz-se presente, mas também oculta. Abre caminho, mas também fecha possibilidades. O que se oculta? Na mediação se oculta o cristianismo. Este é uma fonte que não se esgota em um único canal. É uma raiz que não produz somente uma haste e uma flor. Está aberto para. Neste momento, há lugar para a crítica, para a coragem de não ser. Vive-se uma ausência. Vigora uma não identidade. Note-se: não se nega em um sentido negativista; afirma-se a não identidade. Afirma-se em um sentido de superar o feito e se abrir a um novo fazer. Em função de um sim, tem que se dizer um não.

Catolicismo é, pois, um movimento dialético de afirmação da identidade e da não identidade. Tanto a afirmação do sim quanto a afirmação do não são tópicas, vale dizer, estão ligadas à concreção. Tanto um quanto o outro nascem da mesma fonte, que é o cristianismo. Aquele que pretende ser um cristão autêntico tem que afirmar corajosamente e negar destemidamente em um processo único e dialético.

Devemos agora tentar resumir numa palavra esse processo dialético que caracteriza o catolicismo fazendo aparecer sua identidade. Deve ser uma categoria que por um lado mantenha a unidade do processo dialético, e por outro contenha em si mesma a distinção entre a afirmação da identidade e a afirmação da não identidade, e que, por fim, provenha da própria história deste processo. Esta categoria é aquela do *sacramentum*[45]. Catolicismo é o *sacramentum* do cristianismo.

Sacramentum é uma das palavras mais antigas do catolicismo, pela qual ele se autodefinia. Traduz a palavra grega *mysterion*. Exprime a unidade cheia de tensões entre o humano e o divino, o visível e o invisível, o palpável e o misterioso, de tal forma que o palpável, o visível e o humano se tornam presença e comunicação do misterioso, invisível e divino. Neste sentido, exprime a lei fundamental de toda a economia da salvação. A graça não cai como um raio do céu, mas passa pela corporalidade e pelos elementos deste mundo através dos quais Deus se encontra com o homem. Todos os mistérios cristãos, como o viu muito bem Scheeben, são mistérios sacramentais, porque se comunicam e se presencializam na mediação humana ou cósmica[46]. A própria SS. Trindade é um mistério sacramental, dado ter sido revelada concretamente no caminho histórico de Jesus Cristo.

Pelo sacramento se afirma a identidade: na mediação, está presente a graça, dá-se a *parusia* do mistério que, deixando sua obscuridade inviolável, resplandece em uma palavra, corporifica-se simbolicamente em um gesto e se comunica em uma comunidade. Mas pelo sacramento se afirma também a não identidade: Deus e sua graça não estão presos fatalmente a esta ou àquela articulação sacramental. A *res sacramenti* (graça) pode dar-se fora de um determinado *sacramentum* (sinal), em um outro. Ademais, a presença não é epifânica, mas mediada na obscuridade de um gesto humano que conserva sua subsistência própria, na opacidade de uma palavra histórica que continua a seguir sua gramática e nas ambiguidades de uma comunidade de pecadores que possui estruturas próprias. No sacramento, apesar de toda a presença, há uma ausência sentida e sofrida. O mistério se revela no sacramento, mas continua mistério no sacramento (sinal). Há uma não identidade.

Todo esse processo dialético constitui o catolicismo. Estancar em um desses momentos seria dilacerá-lo e fazê-lo patológico. Nesta circularidade sacramental, onde o sobrenatural e o natural constituem uma unidade dialética, mostra-se o que é o cristianismo. Que é o cristianismo? Não sabemos. Sabemos apenas aquilo que nos é dado ver no processo histórico. Em outras palavras, somente mediante as encarnações, mediante o catolicismo, se nos é revelada e ocultada a identidade do cristianismo.

A identidade do catolicismo reside, pois, na sacramentalidade dialeticamente assumida, superada e reassumida. Poderíamos ilustrar com os grandes temas da teologia como esta sacramentalidade se articula caracterizando o catolicismo[47]. Assim, por exemplo, a Igreja, como comunidade organizada dos fiéis, é apresentada como o sacramento de Cristo na terra e o Corpo do Senhor. Por um lado, vigora uma identidade entre Cristo e a Igreja, pois por ela Ele nos atinge e continua sua ação no mundo. Por outro, vige uma não identidade entre eles, porque Cristo transcende a Igreja, sendo esta somente sinal e instrumento Dele. O mesmo se verifica com os sete sacramentos. No sinal concreto realizado na comunidade, visibiliza-se a graça, havendo uma identidade entre o significante e o significado. Mas, também, deve-se dizer que existe uma não identidade entre eles, porque a graça conserva sempre sua liberdade em face dos significantes concretos. Por um lado, a instituição hierárquica, por representar Cristo no meio dos fiéis, é tida como prolongamento da sacramentalidade de Cristo, e por outro não o é, porquanto possui seu estatuto próprio, seu mecanismo e sua lógica, como qualquer outra instância de poder do mundo.

Assumir as duas dimensões, como expressão de um mesmo mistério, constituindo a unidade na Igreja e da Igreja, é acolher a sacramentalidade. Assim, a graça, o Evangelho e a salvação jamais permanecem num "em si", mas constituem uma parte do mundo e de sua história. E isso por causa da sacramentalidade de Deus e de Jesus Cristo, que "se *communicavit sanguine et aqua*" (Hb 2,14).

4. Catolicismo romano: afirmação corajosa da identidade sacramental

Como se comportaram os cristãos em face dessa dialética sacramental que caracteriza a identidade do catolicismo? Pode haver uma tendência que acentue mais vigorosamente a identidade no sacramento, e outra que enfatize a não identidade. Isso dá origem a dois estilos diferentes de catolicismo. Parece-nos que o cristianismo romano (catolicismo) se distingue por afirmar corajosamente a identidade sacramental, e o cristianismo protestante por uma afirmação destemida da não identidade. Um acentua a encarnação, a História, a coragem pelo provisório, enquanto o outro revela a liberdade do Evangelho, o absoluto e a desvinculação com os esquemas deste mundo. Evidentemente, um não exclui o outro, antes o inclui; trata-se de acentuações, vale dizer, estilos de viver a totalidade do cristianismo.

Queremos agora ilustrar, com a história dos primeiros séculos, como o catolicismo vem marcado decisivamente pela vontade de acolher, de assimilar e de nada impor que não seja de fé. Com o catolicismo romano ocorreu um pouco daquilo que ocorre com as primeiras experiências infantis que marcam toda a evolução posterior de uma pessoa. As primeiras experiências históricas do cristianismo determinaram sua evolução posterior. Cada grande estrutura e conjuntura histórica serviu de material encarnatório para o cristianismo, enriquecendo-o, comprometendo-o, complexificando-o. O catolicismo romano de hoje é herdeiro de toda esta experiência profundamente complexa e também ambígua. Seu germe como princípio encarnatório se encontra já no Novo Testamento, que é uma expressão judaico-helenística da mensagem de Jesus. Ele assumiu categorias anteriores; nem poderia ser diferente. No processo histórico, não existe jamais começo absoluto, o que torna utópica a vontade de tudo destruir ou de tudo construir *ab ovo*. O novo apresenta-se sempre como síntese e assunção diferente do anterior e do velho. O catolicismo ocidental romano, entretanto, configura-se melhor, nas suas principais tendências, na *Carta aos Coríntios* de São Clemente Romano. Em 1966, K. Beyschlag escreveu um ensaio sobre Clemente Romano e o catolicismo primitivo (*Fruhkatholizismus*)[48]. Aí se diz: "Quase tudo o que constitui o catolicismo primitivo de cunho ocidental se encontra na análise da primeira carta de Clemente, a saber: o embasamento judaico da Igreja pelo Antigo Testamento, o confronto apologético com Israel, a profunda valorização de tudo o que é apostólico especialmente ligado ao nome de Pedro, o dogma da unidade ecumênica da Igreja, o primado do primeiro artigo de fé sobre o segundo e o terceiro, a síntese entre a história profana e a história sagrada, o ideal de paz e de ordem no mundo, a transformação da visão apocalíptica na doutrina dos fins últimos, a ideia da segurança infiltrada nas instituições eclesiásticas, a relativa ambiguidade do problema cristológico, o primado da soteriologia, do Jesus sinótico, a interpretação católica da teologia paulina, a mensagem orientada para a conquista missionária do mundo, a organização das Igrejas mediante a hierarquia e o direito canônico, a síntese entre a estrutura hierárquica e a dimensão carismática, entre cristianismo e Igreja, as normas concretas da vida cristã elevadas em Nova Lei, a confissão sacramental iterativa, o martírio interpretado como luta diária pela perfeição no seio da Igreja, ao mesmo tempo que se afirma a lealdade para com o Estado, a pretensão da Igreja de julgar soberanamente o mundo..."[49]. Tais elementos constituem, com efeito, as pilastras do catolicismo romano, reafirmadas recentemente por um notável historiador católico, P. Stockmeier, abordando o tema da fé e religião na primitiva Igreja (1973)[50].

O cristianismo, ao penetrar no mundo, não encontrou um vácuo religioso. Todos os países estavam ocupados religiosamente. Como ele se comportou? Tratava-se de uma realidade que cumpria destruir, implantando-se uma nova? Aqui se mostrou a vigência do princípio católico da sacramentalidade. Apesar do purismo de um Taciano ou de um Marcião, que ilusoriamente queriam um Evangelho puro, livre de paganismo um, e de judaísmo o outro, o que predominou foi a vontade de encarnação e de identidade. O cristianismo assumiu os conteúdos religiosos, depurou uns, integrou outros, rejeitou aqueloutros. Operou uma síntese extremamente rica de tensões sem perder sua identidade fundamental. Devemos evitar uma representação abstrata dessa osmose, frequentemente criticada por espíritos pouco dialéticos e mais afeitos ao formalismo. Cristianismo, judaísmo e paganismo não formavam grandezas abstratas que se confrontavam. Homens concretos, judeus, pagãos, gregos e romanos que amavam suas culturas e os valores de seu passado religioso, convertiam-se à fé cristã. Carregavam para dentro da fé aquilo que eram, apesar do processo de crítica e de rejeição. Como diz paradigmaticamente Paulo: "Não és tu que sustentas a raiz, mas sim a raiz que te sustenta a ti" (Rm 11,18). Em outras palavras, não foram os cristãos que se fizeram romanos ou gregos, mas os gregos e romanos que se fizeram cristãos. Este processo foi facilitado pelo fato de os romanos serem profundamente religiosos[51] e abertos simpaticamente a novas formas de culto, e pelo fato de o paganismo se encontrar numa fase notável de espiritualização[52].

O catolicismo primitivo se apresentou ao mundo sob a forma de uma religião, porque toda a cultura era religiosa. Para o judaísmo, era um *odos*, um caminho (At 9,2; 19,23), ou um grupo distinto de judeus que veneravam o Nazareno (*hairesis*: At 24,5.14). Com Santo Inácio de Antioquia (†110) apareceu pela primeira vez o neologismo *christianismos*, cristianismo, contraposto ao *judaismos*[53]. Para ele, cristianismo é sinônimo de catolicismo no sentido por nós dado. Significa a comunidade dos fiéis com seus ritos, suas doutrinas e seu caminho concreto de vida. Por isso, ele pede que "aprendamos a viver segundo o cristianismo" (*kata christianismon*). Sem embargo, o cristianismo não era reconhecido como *religio licita*[54]. Era considerado inferior juridicamente e estava sujeito à repressão. Daí a tendência dos apologetas de demonstrar o cristianismo como uma religião que poderia desempenhar uma função útil ao Império, como os demais cultos. Chegaram a apresentá-lo como a verdadeira filosofia e pedagogia do homem. Minucius Felix, em sua obra *Otávio*, podia dizer: "A gente poderia pensar que os cristãos seriam os filósofos de hoje e os filósofos de ontem teriam sido cristãos"[55]. Defendendo o cristianismo como religião a ser aceita com vantagem pelo Império, eles assumiram o modelo vigente das relações Religião-Estado. A isso se chegou em 311, com o edito de tolerância de Galério. O primeiro ato jurídico declarando o cristianismo *religio licita* se deu sob o aspecto de comunidade de culto, integrando-o nos quadros do direito romano. Constantino (306-337), logo após sua vitória sobre Maxêncio, na ponte Mílvia (28/10/312), concedeu imunidade aos sacerdotes cristãos, igualando-os assim aos demais sacerdotes pagãos; não só: a eles advinham ainda ajudas financeiras previstas pelo Estado. Acerca desta integração nos quadros religiosos oficiais, os cristãos não esboçaram nenhuma reação negativa. Pelo contrário. Acolhiam-na agradecidos, pois não só se viam livres das perseguições, como se alegravam com uma vitória a mais da verdadeira religião. Eusébio de Cesareia (†339), em sua *Praeparatio Evangelica*, interpretava essa viragem político-religiosa como culminação da história da salvação e a realização de promessas bíblicas.

A encarnação do cristianismo como religião nos quadros da romanidade se operou de forma completa com a lei de 28/2/380 de Teodósio, o Grande, declarando o cristianismo religião de Estado. Assim, ele é apresentado como *lex* obrigatória para todos; os hereges, declarados "loucos" a serem erradicados como conspiradores contra a ordem política, que era ao mesmo tempo religiosa[56]. Com a romanização do cristianismo, conceitos fundamentais do Novo Testamento começaram inevitavelmente a ganhar características romanas. Assim, os conceitos de fé (*fides*), de *mysterium* (*sacramentum*), de ordem (*ordo*), de povo (*plebs*), igreja (*ecclesia*) assumem sempre, ao lado da dimensão própria religiosa, uma conotação jurídica. Para os romanos, quem zelava pela religião não era o sacerdote (somente ministro), mas o Estado e o Imperador. Com Tertuliano, aparece claramente a fé funcionando como *regula fidei* ou simplesmente *lex*[57]. A ideologia romana de que a *dea* Roma era responsável pela grandeza do Império foi sendo lentamente transformada por Ambrósio (†397), Prudêncio (†405) e Leão Magno (†461) em uma ideologia cristã, apresentando Cristo e os príncipes dos apóstolos Pedro e Paulo como fautores reais da grandeza. Prega São Leão Magno: "Ambos os apóstolos foram os que te conduziram (ó Roma) a tão grande fama... Através da *religio divina* deverás estender teu poder ainda mais do que outrora mediante o poder profano"[58].

Com inaudita coragem, o catolicismo começa a assumir uma função cultural e organizatória. Faz as vezes da ideologia pagã, das funções pagãs e da liturgia pagã. Cria menos coisas novas do que assimila o que encontra. Isso se percebe bem na forma como se comportou o cristianismo em face da religiosidade popular pagã, que era, ao lado dos cultos oficiais, muito viva e pluriforme. Os convertidos ou os que passavam para o cristianismo porque era *lex civilis* carregavam para dentro da fé sua cosmovisão mágica, cheia de anjos e demônios, ritos e tradições[59]. Tais coisas não foram erradicadas; foram antes batizadas, aceitas e integradas, sem, às vezes, uma conversão dos fiéis, que interiormente e na vivência subjetiva continuavam pagãos. Tertuliano testemunha a religiosidade do povo: "Para sair e para entrar em casa, no começo e no fim de qualquer coisa, ao se vestir, ao colocar o sapato, antes do banho, antes de deitar ou de sentar, para cada ato do dia a dia, nós cristãos traçamos um sinal da cruz na testa"[60]. Provavelmente, o sinal da cruz substituía gestos mágicos pagãos. Havia mais transposição do que conversão. Tal fenômeno coletivo levou Agostinho a operar uma *interpretatio christiana* dos ritos pagãos. "A mesma realidade que agora se chama cristã estava já presente entre os antigos."[61] Para ele, a realidade cristã sempre esteve presente no mundo, sob signos diferentes: *mutata sunt sacramenta, sed non fides*! quer dizer, mudam os sacramentos, mas não a fé. O paganismo constitui uma outra forma de articular a mesma substância cristã. Por isso, não há obstáculos fundamentais para assumir suas manifestações. Este mesmo otimismo sacramental se encontra no Papa Gregório, o Grande (†604), quando ele envia os missionários para os saxões: "Não se deve destruir os templos de cada povo, somente seus ídolos. Tome-se água benta; seja jogada sobre os ídolos, construam-se altares e aí se coloquem as relíquias. Estes templos tão bem construídos devem ser lugares de sacrifício não para os espíritos maus, mas para o verdadeiro Deus. O povo, vendo que seu templo não é destruído, se voltará com alegria para o conhecimento e adoração do Deus verdadeiro"[62].

Tal medida não nascia de conveniências econômicas; era fruto de uma compreensão sacramental de fundo, histórico-salvífica, que vê Deus e sua graça sempre utilizando as realidades da história para encontrar os homens.

Apesar deste otimismo invencível, fazia-se também sentir a necessidade do discernimento dos espíritos. Nem tudo era sem mais acolhido e integrado. Santo Agostinho, confrontando toda sorte de objetivações mágicas, estabelecia para os seus fiéis as seguintes diretrizes: "Todas essas coisas que não encontram fundamento na Sagrada Escritura, nem nas resoluções dos sínodos dos Bispos, nem ganharam autoridade mercê da tradição de toda a Igreja, mas aparecem por aí conforme o lugar e o costume, numa pluriformidade de manifestações tal que não se consegue ver que objetivos perseguem, devem ser simplesmente abolidas, onde isso é possível. Embora não contradigam a fé, sobrecarregam a religião, que deve ser, segundo o desígnio de Deus, livre de sobrecargas escravizadoras e com formas cultuais simples e claras"[63].

Todo este processo deve ser entendido hermeneuticamente. Ao se encarnar, o cristianismo, num primeiro momento dialético, identifica-se com aquilo que assume, valoriza-o, aperfeiçoa-o. Em um segundo momento, distancia-se criticamente, desidentifica-se, para manter-se livre para novas assunções. O primeiro momento caracteriza profundamente o catolicismo romano. Ele vem marcado por uma vontade inarredável de assumir, de fazer síntese com as realidades que se lhe antolham, de conquistar e planejar o futuro. Na frase admirável de Agostinho, diz o cristão: *"Ego in omnibus linguis sum; mea est graeca, mea est syra, mea est hebraea, mea est omnium gentium, quia in unitate sum omnium gentium*[64]*"*. Porque nada é alheio ao Reino de Deus, nada também deve ser estranho ao cristianismo. Ele sente-se chamado a fermentar a massa toda do mundo. Herdeiro deste espírito, podia dizer Newman: "Objeta-se: estas coisas se encontram nos pagãos, logo não são cristãs; nós preferimos dizer: estas coisas se encontram no cristianismo, logo não são pagãs[65]". A história dos séculos posteriores à viragem constantiniana somente fez confirmar um caminho já encetado. O aspecto de negatividade, da consciência da não identidade, estará aqui e acolá presente, mas não chegará a caracterizar o catolicismo romano. Isso constituirá o apanágio do cristianismo protestante.

5. Patologias do catolicismo romano

Até aqui tentamos descrever o catolicismo em sua tendência original e normal. Mas ele apresenta também manifestações patológicas. Não há somente o católico. Existe também o catolicístico, como forma decadente do católico. E este pertence também à história do catolicismo, e como tal deverá ser assumido pelos católicos. O patológico aponta para o normal, e o negativo guarda sempre referência ao positivo, pois para algo ser patológico e negativo tem de ser mais do que patológico e negativo. Muito daquilo que a tradicional crítica protestante e cultural move contra o catolicismo romano não é outra coisa senão crítica ao catolicístico, e como tal pode e deve ser acolhido pelos católicos lúcidos. Consideramos antes que a identidade católica reside na sacramentalidade, na assunção positiva da mediação na qual o Evangelho e Cristo nos atingem. Por isso, no catolicismo se valorizam muito a instituição, a doutrina, a lei, o rito, os sacramentos, os ministérios e outras tantas mediações do cristianismo. A partir daqui podem verificar-se reais patologias. Esse perigo foi muito cedo detectado por São Leão Magno ao pregar sobre o fim das perseguições e sobre a paz entre cristianismo e Império: "*habet igitur, dilectissimi, pax nostra pericula sua...*"[66], "a nossa paz possui lá seus perigos". E estes não foram muito evitados na Igreja. Nela podemos encontrar, historicamente, todas as patologias imagináveis. Seria exaustivo entrar na análise das principais, o que já foi feito com notável competência por outros[67]. Apontaremos somente a estrutura patológica de fundo que reside na absolutização e ontocratização da mediação. Acentua-se tão somente o momento de identidade entre mediação e cristianismo, ocultando, quando não recalcando, a outra dimensão da não identidade. Assim, a instituição da Igreja é de tal maneira absolutizada, que tende a substituir Jesus Cristo ou a entender-se igual a ele. Em vez de ser função sacramental da redenção, independentiza-se, bastando-se a si mesma e se impondo opressivamente sobre todos. O catolicismo privilegia a palavra (dogma) e a lei (cânon). A palavra e a lei exigem o especialista (o teólogo e o canonista). Assim, surgiram as elites dos doutos e dos hierarcas, que possuem a gestão exclusiva do sagrado. Como são os únicos versados, presumem que somente mediante suas doutrinas, dogmas, ritos e normas se obtém a salvação e se pertence à Igreja[68]. Uma coisa é o dogma, e outra o dogmatismo, a lei e o legalismo, a Tradição e o tradicionalismo, a autoridade e o autoritarismo. O cristianismo, na compreensão patológica católica, foi reduzido a uma simples doutrina de salvação: importa mais saber as verdades "*sicut oportet ad salutem consequendam*" ("necessárias à salvação") do que fazê-las práxis de seguimento de Jesus Cristo. Adoram-se Jesus, sua terra, suas palavras, sua história, veneram-se os santos, decantam-se os mártires, celebram-se os heróicos testemunhos da fé, mas não se insiste no principal, que é pôr-se no seguimento deles e fazer o que eles fizeram; a celebração cúltica nem sempre leva à conversão, mas não raro a uma alienação da verdadeira práxis cristã.

A absolutização de uma doutrina, de uma forma cultural, de um modo de distribuir o poder na comunidade centralizando todas as decisões em uma pequena elite hierárquica, de uma maneira de presença da Igreja na sociedade, levou a formas inegáveis de opressão dos fiéis. O endurecimento institucional conduziu à ausência de fantasia, de espírito crítico, de criatividade. O novo é logo colocado sob suspeição, enquanto predominam as tendências de apologia do *status quo* eclesiástico, apelos de lealdade à instituição mais do que à mensagem e às exigências evangélicas. A ideia da segurança é muito mais forte do que a da verdade e da veracidade. As tensões são sufocadas frequentemente por repressão em que não raro se violam direitos fundamentais da pessoa humana, respeitados até por sociedades aconfessionais ou oficialmente ateias.

O catolicismo romano não foi suficientemente negativo, isto é, crítico: "Muitas vezes, especialmente no período constantiniano, não anunciou com suficiência seus ideais de bondade, justiça e amor à sociedade e ao Estado injustos. Preferiu, isto sim, estar afirmativamente ao lado dos grandes proprietários e dos exércitos mais fortes. Comprou com a aura de justiça eterna os senhores injustos da sociedade, dando-lhes legitimidade e motivando muitos a se sacrificarem de bom grado e com humildade pela minoria no processo de produção, como também nos campos de batalha. O catolicismo perdeu o seu sal escatológico e se tornou uma ideologia que justificava as ordens de dominação dadas. Desta maneira, só aumentou a dicotomia entre o particular e o universal, e evitou a sua reconciliação numa sociedade mais livre. Tornou-se reacionário"[69].

Ao lado destas manifestações deturpadas, elaborou-se a justificativa teológico-ideológica; com facilidade atribuiu-se ao direito divino o que é de direito histórico, chamou-se de lei natural ao que é uma construção cultural. Assim se resguardavam a instituição, as leis e as doutrinas de qualquer crítica ou tentativa de mudança social. Daí surgiram as várias mitologias opressoras sustentadas ideologicamente pelo catolicismo, como o mito do poder absoluto dos reis, da sacralidade do Império e outros.

A absolutização de um tipo de Igreja e de uma forma de apresentar a mensagem evangélica origina uma espécie curiosa de patologia: uma mentalidade apocalíptica. Quando o *status* absolutizado entra em crise, as pessoas nele empenhadas têm a nítida sensação do fim do mundo e da iminência da escatologia final. Parece que tudo se acaba. Teólogos e santos não deixaram de cair em semelhante ilusão. São Jerônimo, por exemplo, via na queda do Império Romano sinal evidente do fim próximo do mundo (Ep 123, 15-17; PL 22, 1.057-1.058); São Gregório, Papa, lia nos cataclismos de seu tempo e na derrocada de Roma o sinal do fim iminente (Hom. in Evang. I, 5: PL 76, 1.080-1.081). Com efeito, chegou o fim de um mundo, de sua ordem e de seu poder. Mas esse mundo não é todo o mundo, nem absorve em si todo o processo histórico. A história continua, surgirão outros mundos e outras chances de a fé se encarnar e possibilitar o encontro salvífico do homem com Deus.

As manifestações patológicas do catolicismo romano ganharam livre curso com a expulsão de seu seio do pensamento negativo que mantinha viva a consciência da não identidade. Foi um erro histórico a exclusão do protestantismo, porque não se excluiu apenas Lutero, mas também a possibilidade da crítica verdadeira, da contestação do sistema em nome do Evangelho. O catolicístico pode se transformar em uma ideologia total, reacionária, violenta, repressiva e um dia invocada por conhecidos regimes totalitários instalados em vários países da América Latina. Nada mais distante do espírito evangélico e alheio a ele do que a pretensão do sistema catolicístico de infalibilidade ilimitada, de inquestionabilidade, de certezas absolutas; o encapsulamento do cristianismo em uma única e exclusiva expressão; o não reconhecimento do Evangelho senão em uma única doutrina, em uma única liturgia, em uma única norma moral e em uma única organização eclesiástica. Substitui-se a experiência cristã pela indoutrinação do sistema montado. Vive-se no inferno dos significantes sempre de novo interpretados e reinterpretados ideologicamente para se manterem sempre vigentes, em uma cadeia sem fim de interpretações, perdendo-se a referência ao único necessário que é o Evangelho. A fetichização da mediação dentro do catolicismo é responsável pelo seu esclerosamento histórico e pela lentidão em captar os sinais dos tempos e, à luz deles, traduzir e encarnar novamente a mensagem libertadora de Jesus.

Ao concluirmos esta parte, queremos novamente ressaltar que tais manifestações são patologias de um princípio verdadeiro, patologias que não logram deglutir a força positiva da identidade do catolicismo. O negativo vive de um positivo mais fundamental, e a crítica, por mais contundente e veraz, inspira-se em algo maior e mais são. Sem esta dicção do problema, cairíamos em juízos sem discernimento dos espíritos e acabaríamos confundindo cristianismo com catolicismo, e identidade com suas concretizações históricas.

6. Catolicismo romano oficial e catolicismo popular

Das reflexões feitas, podemos inferir algumas considerações para o tema do catolicismo popular.

1. *É catolicismo*. Isto significa: há grande valorização da mediação. Na piedade se encarna a fé. Na promessa, na procissão, na vela acesa, na veneração dos santos se encontra o Evangelho concretizando nestas articulações sua identidade. Tudo isso o historiza. Daí existir um otimismo fundamental em todo o catolicismo, alegria, jovialidade e gozo da presença do Transcendente de Deus e de Jesus Cristo na diafania das realidades deste mundo assumidas como veículos manifestadores e comunicadores da salvação.

2. É catolicismo *popular*. Embora não queiramos entrar na complexa discussão do que seja popular, aqui tomamos o conceito em uma dimensão relativa. Popular é o que não é oficial nem pertence às elites que detêm a gestão do católico. Catolicismo popular é uma encarnação diversa daquela oficial romana, dentro de um universo simbólico e de uma linguagem e gramática diferentes, exatamente aqueles populares. Por isso, ele não deve necessariamente ser encarado como desvio em relação ao catolicismo oficial[70]. Constitui um diferente sistema de tradução do cristianismo dentro de condições concretas da vida humana[71]. Sua linguagem se embasa no pensamento selvagem, e sua gramática segue os mecanismos lógicos do inconsciente. Por isso, para entendê-lo faz-se mister um instrumental adequado e diferente daquele com o qual se analisa o catolicismo oficial, que se orienta pelo pensamento reflexo e pelo rigor lógico de sua sistematização doutrinária.

3. É catolicismo popular *romano*. Embora possua identidade própria, e sendo o seu reconhecimento condição indispensável para um estudo correto, o catolicismo popular, pelo fato de ser popular, está sempre relacionado com o catolicismo oficial romano. As doutrinas fundamentais, os santos, os sacramentos etc. são recebidos do catolicismo oficial. Este o alimenta permanentemente, confere-lhe ou não legitimidade. Os próprios católicos do catolicismo popular se confessam dentro da Igreja oficial dos clérigos. Por isso, não se pode entender o catolicismo popular sem a manutenção da relação dialética com o catolicismo oficial. Este controla a palavra, as doutrinas e as leis, mas deixa as práticas ao povo, bastante livres. Aqui ele possui criatividade e dá vazão à experiência religiosa para se expressar desimpedidamente. Esta experiência, por sua vez, alimentará a teologia oficial, a renovação das instituições oficiais e abrirá novas formas de presença do catolicismo oficial na cultura erudita do tempo. Não é sem razão

que os grandes movimentos renovadores, as novas formas de piedade, os grandes profetas, santos e místicos irromperam do meio popular, onde a experiência de Deus e de Jesus Cristo, livre de superegos da doutrina oficial, podia ensaiar uma nova mediação. Sem o catolicismo popular não *vive* o catolicismo oficial, sem o catolicismo oficial não se *legitima* em seu caráter católico o catolicismo popular.

4. O catolicismo popular romano pode apresentar, como o outro oficial também, manifestações patológicas. Mercê de sua própria estrutura, está mais entregue a desvios, pois vigora um predomínio da experiência sobre a crítica, do símbolo que nasce do inconsciente profundo sobre o conceito elaborado pela razão vigilante. Não raro emergem do inconsciente coletivo arquétipos da experiência religiosa da humanidade que podem pôr em perigo a identidade cristã, como, por exemplo, o afã de segurança e de certeza, que pode dar origem a práticas fetichistas e mágicas. O catolicismo popular pode significar verdadeira libertação interior, enquanto alimenta a coragem para a sobrevivência, mantém a esperança firme contra todas as contradições do presente e conserva luminoso o sentido transcendente da existência. Mas, porque não se preocupa com a criticidade de suas práticas, pode ser infiltrado pelos esquemas dos opressores e por toda uma interpretação ideológica dos conflitos humanos que, mediante a religião manipulada, visa manter as relações de força e de injustiça instaladas. Daí a necessidade de diligência na análise do que é popular e do que é antipopular no catolicismo popular.

7. Conclusão: o catolicismo romano deve ser mais tradicional e menos tradicionalista

Catolicismo – foi o que resultou de nossa análise – significa fundamentalmente uma atitude otimista em face das realidades históricas, disposição de abertura para assumir formas culturais, tradições, modo de viver, para neles expressar a fé cristã e o Evangelho. Esta atitude constitui a grande Tradição católica, sua glória e seu apanágio. Redundou em alegria e jovialidade dos católicos e construção de história sob o signo católico. Por todas as partes onde se implantou o catolicismo, nasceu uma cultura católica, com seus monumentos, suas igrejas, sua arte sacra e sua literatura. Ao lado desta dimensão positiva, existe todo o lado patológico, que não deve ser recalcado, mas mantido bem conscientemente.

Em função da atitude católica, o catolicismo de hoje, tão enraizado em um tipo de encarnação e tão disposto a defendê-la contra todas as mudanças que não sejam apenas modernizações da mesma estrutura, deveria manter sua tradição mais pura e cristalina: abrir-se a novos ensaios, assumir, criticamente, novas experiências religiosas, como, por exemplo, aquelas realizadas na grande religiosidade popular brasileira urdida de elementos africanos, ameríndios, ibéricos e das populações vindas da Europa moderna. O catolicismo atual não é suficientemente católico--romano, no sentido da identidade antes descrita. Ele é por demais catolicístico e re-acionário, pouco fiel a sua grande Tradição e obsessionado por suas tradições menores e recentes. Não é suficientemente tradicional e mostra-se demasiadamente tradicionalista. Porque é pouco católico e pouco tradicional, sente dificuldade de abrir-se com mais generosidade ao catolicismo popular e deixar-se renovar a partir da experiência cristã vivida pelo povo de Deus.

Notas

1. Cf. a principal bibliografia sobre o assunto: WAGNER, H., *An den Ursprungen des fruhkatholischen Problems. Die Ortbestimmung des Katholizismus im älteren Luthertum*, Frankfurt a.m., 1973, onde o autor, além de estudar a parte protestante, entra nos méritos da parte católica, esp. p. 295-317; Id., Zum Problem des Fruhkatholizismus, em ZkTh, 94 (1972), p. 433-44; NEUFELD, K. H., Fruhkatholizismus – Idee und Begriff, em *ZkTh*, 94 (1972), p. 1-28; ERHARD, A., *Urkirche und Fruhkatholizismus* (Die katholische Kirche im Wandel der Zeiten und Völker, I Bd., 1. Teil), Bonn, 1935; LOISY, A., *L'Evangile et l'Église, Paris*, 1902; BATIFFOL, P., *L'Église naissante et le catholicisme*, Paris, 1909; DE LUBAC, H., *Catholicisme. Les aspects sociaux du dogme*, Paris, 1952, p. 241-60; DE CERTEAU, M.-DOMENACH, J. H., *Le christianisme éclaté*, Paris, 1974; HERNEGGER, R., *Macht ohne Auftrag. Die Entstehung der Staats-und Volkskirche*, Olten-Friburgo, 1963; STOCKMEIER, P., *Glaube und Religion in der fruhen Kirche*, Friburgo, 1973. Mais literatura será citada na discussão com os autores individuais.
2. *Die Soziallehre der christlichen Kirchen und Gruppen* (Gesammelte Schriften, Bd. 1), Tubinga, 1911 (Fruhkatholizismus, p. 83-178). A primeira publicação do texto data de 1908-1909.
3. WA, 51, p. 478; cf. HÖHNE, W., *Luthers Anschauungen uber die Kontinuität der Kirche*, Berlim-Hamburgo, 1963.
4. Cf. o resumo das teses em WAGNER, H., *Zum Problem des Fruhkatholizismus*, 434-5.
5. *Das Wesen des Christentums*, Leipzig, 1920, p. 129.
6. KÄSEMANN, E., Kritische Analyse, em *Das Neue Testament als Kanon. Dokumentation und kritische Analyse zur gegenwärtigen Diskussion*, Göttingen, 1970, p. 372, nota 77.
7. *Entstehung und Entwicklung der Kirchenverfassung und des Kirchenrechts in den zwei ersten Jahrhunderten nebst einer Kritik der Abhandlung R. Sohms:* "Wesen und Ursprung des Katholizismus" und Untersuchungen uber "Evangelium", "Wort Gottes" und das trini-

tarische Bekenntnis, Leipzig, 1910; Idem, *Die Mission und Ausbreitung des Christentums in den ersten drei Jahrhunderten*, Leipzig, 1906; Idem, *Lehrbuch der Dogmengeschichte*, I, Friburgo-Leipzig, 1934.

8. *Entstehung und Entwicklung der Kirchenverfassung*, p. 182, nota 1.
9. *Lehrbuch der Dogmengeschichte*, 1, p. 20.
10. *Entstehung und Entwicklung der Kirchenverfassung*, p. 184-5.
11. *Wesen und Ursprung des Katholizismus* (Sonderausgabe MCMLXVII), Darmstadt, 1967, reprodução fotomecânica da 2ª edição de 1912; na introdução, polemiza com Harnack: III-XXXIII; Idem, Kirchenrecht, I: *Die geschichtlichen Grundlagen*, Leipzig, 1892; *Katholisches Kirchenrecht*, Leipzig, 1923; *Das altkatholische Kirchenrecht und das Dekret Gratians*, Leipzig, 1918.
12. Sobre a discussão moderna a partir de Sohm, com a rica bibliografia sobre o tema, cf. BOFF, L., *Die Kirche als Sakrament im Horizont der Welterfahrung*, Paderborn, 1972, p. 392-9.
13. *Das altkatholische Kirchenrecht*, p. 537.
14. *Wesen und Ursprung des Katholizismus*, p. 56
15. Idem, p. 68.
16. Idem, p. 8.
17. Idem, ibidem.
18. *Kirchenrecht*, I, p. 23.
19. *Wesen und Ursprung*, p. 13.
20. *Das altkatholische Kirchenrecht*, p. 67s.
21. Cf. *Die Soziallehre der christlichen Kirchen und Gruppen* (*Gesammelte Schriften*, Bd. 1), Tubinga, 1911, p. 83-178; NEUFELD, K. H., Fruhkatholizismus – Idee und Begriff, p. 16-20, nota 1; cf. HONECKER, M., *Kirche als Gestalt und Ereignis*, Munique, p. 31-55.
22. *Die alte Kirche, Aufsätze zur Geistesgeschichte und Religionssoziologie* (*Gesammelte Schriften*, Bd. 4), Tubinga, 1925, p. 65-121, aqui p. 66.
23. *Die Soziallehre*, p. 87.
24. Cf. LONNING, I., *Kanon im Kanon*, Oslo-Munique, 1972; FRANK, I., *Der Sinn der Kanonbildung*, Friburgo, 1971, esp. p. 203-11; APPEL, N., *Kanon und Kirche*, Paderborn, 1964, p. 333s; KÄSEMANN, E. (org.), *Das Neue Testament als Kanon*, Göttingen, 1970.
25. KÄSEMANN, E., Begrundet der neutestamentliche Kanon die Einheit der Kirche?, em *Exegetische Versuche und Besinnungen*, I, Göttingen, 1960, p. 214-23; Idem, Zum Thema der Nichtobjektivierbarkeit, ibidem, p. 224-36, citação do texto na p. 232.
26. *Der Fruhkatholizismus im Neuen Testament*, caderno 21 da coleção Biblische Studien, Neukirchen, 1958.

27. Idem, p. 67; cf. Idem, *Das Neue Testament als Buch der Kirche*, Gutersloh, 1964, p. 131-2.
28. *Tubinger Theologische Quartalschrift*, 5 (1823), p. 497.
29. Cf. RATZINGER, J., *Das neue Volk Gottes. Entwurfe zur Ekklesiologie*, Dusseldorf, 1970, p. 75-87; APPEL, N., *Kanon und Kirche*, Paderborn, 1964, p. 351-80.
30. Die Kirche, em *Theologische Traktate*, Munique, 1951, p. 17.
31. Zeichen unter den Völkern, *em Wahrheit und Zeugnis* (publ. por M. Schmaus e A. Läpple), Dusseldorf, 1964, p. 458.
32. *Theologische Traktate*, p. 421.
33. *Das bleibende Katholische. Ein Versuch uber ein Prinzip des Katholischen*, Munster, 1970.
34. Idem, 34.
35. Kirche, em *LThK*, VI, p. 167-88; Idem, Die nachösterliche Gemeinde und Jesus, em *Die Aktion Jesu und die Re-Aktion der Kirche* (publicado por K. Muller), Wurzburg, 1972, p. 122-6; Idem, *Die Kirche im Neuen Testament*, Friburgo, 1961.
36. Der historische Jesus und die Kirche, em *Wort und Wahrheit*, 26 (1971), p. 291-307.
37. Jesus und die Kirche, em *Begegnung der Christen*, Stuttgart-Friburgo, 1960, p. 54-81.
38. PETERSON, E., Die Kirche, em *Theologische Traktate*, Munique, 1957, p. 411-29.
39. O destino de Jesus e a Igreja, em *A Igreja em nossos dias*, São Paulo, 1969, p. 9-29.
40. KUNG, H., *A Igreja* I, Lisboa, 1969, p. 65-150.
41. O Jesus histórico e a Igreja, em *Perspectiva Teológica*, 5 (1973), p. 157-71.
42. Em todos os esquemas sobre a Igreja, apresentados ao Vaticano II, afirmava-se a identidade pura e simples entre Igreja de Cristo e Igreja Católica. No esquema de 1963, podia-se ler no nº 7: "*Haec igitur ecclesia, vera omnium Mater et Magistra, in hoc mundo ut societas constituta et ordinata, est Ecclesia catholica a Romano Pontifice et Episcopis in eius communione directa...*" O esquema de 1964 substitui o *est* por *subsistit in* e dá a seguinte explicação na *relatio* 25: "*Loco 'est'... dicitur 'subsistit in' ut expressio melius concordet cum affirmatione de elementis ecclesialibus quae alibi adsunt*": *Typis Polyglottis Vaticanis*, 1964; cf. RICKEN, F., Ecclesia... universale salutis sacramentum. Theologische Erwägungen zur Lehre der Dogmatischen Konstitution "De Ecclesia" uber die Kirchenzugehörigkeit, em *Scholastik*, 40 (1965), p. 352-88.
43. Begrundet der neutestamentliche Kanon die Einheit der Kirche?, em *Das Neue Testament als Kanon*, p. 124-33.
44. Cf. KUNG, H., Der Fruhkatholizismus im Neuen Testament als kontroverstheologisches Problem, em *Das Neue Testament als Kanon*, p. 175-204, esp. p. 198s.
45. Cf. BOFF, L., O que significa propriamente sacramento?, em *REB*, 34 (1974), p. 860-95.
46. Cf. SCHEEBEN, J. M., *Die Mysterien des Christentums* (ed. de J. Höfer), Friburgo, 1941, p. 459.

47. Cf. o livro bastante lúcido no nível ecumênico: PERSSON, P. E., *Evangelisch und Römisch-Katholisch*, Göttingen, 1961, esp. p. 28-60.
48. BEYSCHLAG, K., *Clemens Romanus und der Fruhkatholizismus*, Tubinga, 1966.
49. Idem, p. 308.
50. *Glaube und Religion in der fruhen Kirche*, Friburgo, 1973; cf. comentário crítico de BLANK, J., Uberformung des Glaubens durch Religion, em *Herderkorrespondenz*, 37 (1973), p. 590-4.
51. Cícero, em *De harusp.* resp. 19, podia dizer: "Apesar do bem que pensamos sobre nós mesmos, não superamos em número os hispanos, em força os gauleses, em esperteza os púnicos, nas artes os gregos, no amor à pátria os itálicos e os latinos, mas nós romanos os excedemos a todos em religiosidade e por esta única sabedoria compreendemos que tudo deve estar submetido à direção e ao governo dos deuses."
52. STOCKMEIER, P., *Glaube und Religion*, p. 24-30, 120.
53. *Carta aos magnésios* 10, 3.
54. Já em TÁCITO, Ann. XV, 44, caracteriza-se o cristianismo como *exitiabilis superstitio*; SUETÔNIO, Nero XVI, 2, diz: "*genus hominum superstitionis novae ac maleficae*"; PLÍNIO, Ep. ad Traianum 96, 8: "*superstitio prava, inmodica*"; MINUCIUS FELIX, Oct. IX, 2: "*vana et demens superstitio*" (CSEL 2, 13).
55. *Octavius* XX, 1 (CSEL 2, 28).
56. STOCKMEIER, P., *Glaube und Religion*, p. 102.
57. *Praescr. haeret.*, 14 (CChr I, 198).
58. *Sermo* 82, 1: PL 54, 422-3.
59. Cf. STEMPLINGER, E., *Antiker Volksglaube*, Stuttgart, 1948: HERNEGGER, R., *Macht ohne Auftrag*, p. 287-356, nota 1.
60. De cor. III, 4 (CChr 2, 1.043); no Salmo. 44, n° 24: PL 36, 509: "*Vestitus reginae huius quis est? Et pretiosus est, et varius est: sacramenta doctrinae in linguis omnibus variis. Alia lingua afra, alia syra, alia graeca, alia hebraea, alia illa et illa... In veste varietas sit, scissura non sit... Quaelibet sit varietas linguarum, unum aurum praedicatur: non diversum aurum, sed varietas de auro.*"
61. *Retract.* I, 13.
62. *Ep.* XI, 76: PL 77, 1.215.
63. *Ep.* 55, 19, 35 (CSEL 34, 2, 210), cf. também *Ep.* 54, 1, 1.
64. AGOSTINHO, *In Psalm.* 147, 19; PL 37, 1.929.
65. *Le développement du dogme chrétien*, p. 266.
66. *Sermo* 36, 4.

67. Görres, A., Pathologie des katholischen Christentums, em *Handbuch der Pastoraltheologie II/1*, Friburgo, 1966, p. 277-343; Welte, B., Wesen und Unwesen der Religion, em *Auf der Spur des Ewigen*, Friburgo, 1965, p. 279-96.
68. De Certeau-Domenach, *Le christianisme éclaté*, p. 47, nota 1.
69. Siebert, R., A religião na perspectiva da sociologia crítica, em *Concilium*, 91 (1974), p. 45-57, aqui p. 51.
70. Cf. Oliveira, P. A. Ribeiro de, Religiosidade popular na América Latina, em *REB*, 32 (1972), p. 354-64, esp. p. 355.
71. Cf. Comblin, J., Para uma tipologia do catolicismo no Brasil, em *REB*, 28 (1968), p. 46-73, esp. p. 48: "A diferença entre o catolicismo dos clérigos e o catolicismo popular consiste apenas nisto: os clérigos imaginam que o seu cristianismo é puro e o único verdadeiramente autêntico, e os outros não têm a problemática de ortodoxia, nem de autenticidade. Na realidade, existem apenas diferentes sistemas de tradução do cristianismo em condições concretas de vivência humana. As formas populares merecem tanto respeito quanto as formas oficiais. A conversão ao cristianismo não se fará por imposição a todos de um cristianismo oficial definido *a priori* pelos clérigos, e sim pelo contato renovado com o Evangelho que cada um firma dentro de suas próprias estruturas. Não devemos destruir o catolicismo popular, mas deixar que os próprios cristãos populares o melhorem de dentro do seu próprio dinamismo. Mas essa atitude supõe que reconheçamos pelo menos a existência e coerência dos católicos populares."

VII.
EM FAVOR DO SINCRETISMO: A PRODUÇÃO DA CATOLICIDADE DO CATOLICISMO

O catolicismo, como se mostrou historicamente até hoje, implica coragem para a encarnação, para a assunção de elementos heterogêneos e sua refundição dentro dos critérios de seu *ethos* católico específico. A catolicidade como sinônimo de universalidade só é possível e realizável sob a condição de não fugir ao sincretismo, mas, antes, pelo contrário, de fazê-lo o processo da produção da própria catolicidade.

Este problema tornou-se, no pós-Concílio, muito atual, dada a abertura da Igreja às demais religiões e a extraordinária valorização dos bens culturais. Não se trata apenas de um ecumenismo religioso e cultural, mas de um convite à penetração do Evangelho em corpos que até hoje lhe permaneceram exteriores ou estranhos. Alguns indagam: trata-se de uma estratégia nova do catolicismo para revigorar-se internamente e manter seu peso histórico? Se assim fosse, o interesse pelo sincretismo seria, do ponto de vista teológico, espúrio e meramente instrumental. Ou estamos diante de uma "lei de encarnação", própria do catolicismo, cujo destino histórico e atualidade permanente residem na exata medida de sua capacidade de sincretizar-se? Sob este ponto de vista, o sincretismo apareceria como positivo e como processo normal da constituição do catolicismo.

1. O que é sincretismo

A avaliação do sincretismo[1], positiva ou negativamente, remete ao lugar onde o observador se situa. Se se situa no lugar beneficiado do catolicismo, entendido como uma grandeza feita, constituída e fechada, então ele tende a considerar o sincretismo como uma ameaça que importa evitar. Se se situa em um nível mais chão, lá onde se dão os conflitos e os desafios, no meio do povo que vive sua fé em osmose com outras expressões religiosas, entendendo o catolicismo como uma realidade viva e por isso aberta, digerindo elementos diferentes e se transformando ao criar novas sínteses, então o sincretismo é considerado como um processo normal e natural.

Somos herdeiros de uma elaboração do tema feita pelos que preferentemente ocupavam o primeiro lugar, aquele do segmento detentor do saber teológico e institucional. Para estes, o sincretismo possui um sentido pejorativo. Para o antigo secretário do Conselho Ecumênico das Igrejas, Visser't Hooft, o sincretismo constitui a grande tentação deste século, pois a alma humana não é *naturaliter christiana*, mas *naturaliter syncretista*; ele chega a afirmar que o sincretismo é muito mais perigoso do que o ateísmo integral. G. Thils, conhecido professor de Lovaina, fez eco ao alarme de Visser't Hooft com um livro cujo título já indicava a alternativa: *Sincretismo ou catolicidade?*. Com menos rigidez, assume fundamentalmente as críticas do antigo secretário do Conselho Ecumênico das Igrejas. O próprio Vaticano II adverte "contra toda espécie de sincretismo e de falso particularismo" (*Ad Gentes* 22/942).

Que é, finalmente, o sincretismo? Circulam distintas definições:

a) Sincretismo como adição

Diz-se que existe um processo de sincretismo quando ainda não se elaborou uma nova religião, como um todo diferenciado, mas vigora uma adição ou alternância de crenças, cada uma com suas estruturas, ritos e locais de realização. Assim, por exemplo, quando pessoas frequentam a liturgia católica, depois o centro espírita, depois o candomblé, depois oram no templo dos Testemunhas de Jeová. O que aqui ocorre é mera adição de elementos, sem interação entre eles, unidos apenas pela experiência do crente, cuja religiosidade difusa e indefinida se utiliza destas expressões religiosas. Aqui, como se depreende, o sincretismo mostra seu lado pejorativo de indefinição de identidade.

b) Sincretismo como acomodação

Diz-se quando uma religião de dominados se adapta à religião dos dominadores, seja como estratégia de sobrevivência, seja como modo de resistência. Assim, as religiões afros dos escravos vindos da África tiveram que se acomodar às instituições, festas, ritos, crenças do catolicismo colonial. Este processo de dominação não implica ainda desestruturação da identidade da religião original, mas adoção de elementos que podem ser incompatíveis com seu *ethos* e geradores de conflitos e tensões na experiência religiosa. Assim, houve a acomodação de muitas divindades dos escravos negros a santos católicos, a coincidência de festas e a acomodação de elementos rituais.

c) Sincretismo como mistura

Todo sincretismo implica mistura. Importa decidir o tipo de mistura. Aqui o entendemos como mistura superficial e justaposição, como ocorreu, por exemplo, no panteão romano: em um mesmo templo estão misturados deuses e deusas da Ásia, do Egito, da Síria, da Pérsia, enfim, de todos os povos vencidos, ao lado dos deuses romanos. Não há nenhuma unidade, senão aquela difusa e interior do crente que simplesmente se sente sob o peso do Divino manifestado em tantos tipos de deuses. Não se oferece nenhuma sistematização que satisfaça às necessidades religiosas, nem uma visão religiosa do mundo, simplesmente a profusão delirante de deuses, com características as mais contraditórias. Sincretismo, neste sentido, é sinônimo de diluição e confusionismo.

d) Sincretismo como concordismo

É aquele particularmente combatido por Thils e Visser't Hooft. "Segundo esta compreensão, não existe uma revelação única na história, mas vias diversas para se chegar à realidade divina. Todas as formulações da verdade e da experiência religiosa são, por sua natureza, expressões inadequadas; faz-se mister harmonizá-las o mais possível e criar uma religião universal para toda a humanidade."[2] O problema não reside nas primeiras afirmações, que, sob uma perspectiva histórico-salvífica (a ser aprofundada mais adiante), são perfeitamente sustentáveis, mas em querer criar um concordismo de fórmulas, ritos e expressões em vista de uma religião útil a todos. Esta visão não desce à estrutura da religião, à sua experiência e identidade, antes se atém aos significantes exteriores. Alimenta a ilusão de que a harmonização das expressões harmoniza também as experiências radicais. É uma diligência meramente exteriorista e superficial. O resultado seria uma religião montada, uma espécie de esperanto religioso. Sincretismo aqui equivaleria a justaposição, sem qualquer organicidade.

e) Sincretismo como tradução

Diz-se que vigora sincretismo quando uma determinada religião utiliza categorias, expressões cultuais, tradições de outra religião para comunicar e traduzir sua própria mensagem essencial. Neste caso, utilizam-se somente aqueles elementos compatíveis com a identidade própria da religião, ou eles são de tal modo adaptados que acabam fazendo parte integrante da religião. Este é um processo comum a todas as religiões universais.

f) Sincretismo como refundição

Trata-se de um processo largo de produção religiosa, quase imperceptível. A religião se abre às diferentes expressões religiosas, assimila-as, reinterpreta-as, refunde-as a partir dos critérios de sua própria identidade. Não se trata de um mero assumir, mas de um refundir e converter que implica, às vezes, crises, momentos de indefinição e indeterminação, não se sabendo bem se a identidade foi salvaguardada ou diluída. O processo histórico desempenha um fator decisivo, permitindo que o *ethos* básico da religião dominante consiga "digerir" os elementos adventícios e fazê-los seus. Significa ver com um processo vital e orgânico, à semelhança do alimento, que, por mais diverso que seja, é ingerido e refundido nos quadros da vida humana. Mas há também alimentos indigestos, maléficos, e outros que produzem excreções. Algo semelhante ocorre com a religião inserida na história e aberta às influências do meio. Ela não só recebe; trabalha o que recebe e lhe confere a marca de sua identidade. Podemos dizer que todas as grandes religiões que atingiram um desenvolvimento sistemático resultaram de um imenso processo de sincretização.

O processo continua; uma religião, como o cristianismo, conserva e enriquece sua universalidade na medida em que é capaz de falar todas as línguas e de encarnar-se, refundindo-se, em todas as culturas humanas. É este sincretismo que postulamos como válido, embora possa manifestar também patologias. É um processo que inclui e ultrapassa os demais sentidos de sincretismo elencados anteriormente.

Nossa tarefa é mostrar a legitimidade do sincretismo como processo de vida de uma religião. Sua relevância no Brasil é grande, dada a profunda sensibilidade religiosa do povo e a efervescência de expressões religiosas existentes, de distinta procedência, da África, dos indígenas, dos caboclos, do cristianismo colonial-medieval, reformado e modernizado, das várias congregações cristãs. Aqui, o catolicismo pode, ao encarnar-se e abrir-se a esta riqueza religiosa, criar um rosto novo.

2. O cristianismo é um grandioso sincretismo

A opinião católica imperante afirmava: sincretismo só existe nas outras religiões. O cristianismo, por ser religião revelada, não é sincrético. Recebeu seus principais elementos estruturantes de seu divino fundador Jesus Cristo. O próprio judaísmo bíblico constitui revelação histórica de Javé.

Evidentemente, esta interpretação se credita à religião dominante, que se articula em um discurso ideológico totalizador, considerando todas as demais manifestações religiosas ou como preparações para ela – e, por isso, essencialmente imperfeitas – ou como decadência dela, como o catolicismo popular ou as Igrejas saídas dos movimentos reformadores. Os estudos das diferentes disciplinas interessadas no fenômeno religioso, mais especificamente no cristianismo, têm checado semelhante pretensão do catolicismo oficial. Este é tão sincrético como qualquer outra religião. O Antigo e o Novo Testamento se constituem igualmente em escritos sincretistas, assimilando as influências ambientais da cultura própria e de outras. Os textos neotestamentários contêm substância jesuânica, apostólica, judaica, judaico-cristã, tipicamente cristã, romana, grega, gnóstica, estóica etc. Os elementos não se encontram justapostos – por isso não é qualquer tipo de sincretismo –, mas estão aí assimilados a partir de uma forte identidade cristã dentro de critérios especialmente de corte cristológico.

O resultado não é uma religião que saiu e foi recebida pronta das mãos de Deus ou de Cristo. Ela se apresenta como um artefato cultural produzido pela atividade cultural do homem, movido pela interpelação de Deus. Por um lado, é um dom de Deus – e com razão se diz que ela possui uma origem sobrenatural –, e por outro se configura como uma construção humana, cujos passos e processos se podem estudar e detalhar. O dom de Deus vem constituído pela fé e pela revelação divina definitiva em Jesus Cristo. Mas tudo isso vem testemunhado e vivido dentro de parâmetros religiosos e culturais preexistentes. Concretamente, a Igreja, em sua estrutura, apresenta-se tão sincrética como qualquer outra expressão religiosa.

Em um estudo bastante minucioso, temos mostrado alhures[3] que o cristianismo puro não existe, nunca existiu nem pode existir. O divino sempre se dá em mediações humanas. Estas se comportam dialeticamente diante dele: constituem o divino na concreção da história (identidade), revelando-o, bem como negando-o, por sua limitação intrínseca (não identidade), velando-o. O que existe concretamente é sempre a(s) Igreja(s) como expressão histórico-cultural e objetivação religiosa de cristianismo, vivendo a dialética da afirmação e da negação de todas as concretizações.

Foi mérito de historiadores das origens cristãs do porte de um A. von Harnack, F. J. Dölger, A. Möhler, Fr. Heiler e modernamente P. Stockmeier[4] ter mostrado que o catolicismo configura um "sincretismo grandioso e infinitamente complexo". E. Hoornaert descreveu e valorizou os três tipos de catolicismo existentes em nossa história pátria, fruto igualmente de um não menos grandioso sincretismo: o catolicismo guerreiro, patriarcal e popular[5]. Na Igreja, encontramos sempre duas atitudes: uma de autoafirmação da própria identidade até o espírito apologético no intuito de mostrar sua especificidade cristã, e outra de abertura e de simpatia para com os valores preexistentes ao advento do anúncio cristão, assumindo-os redentivamente, expressando por eles e dentro deles a mensagem cristã e originando assim um novo sincretismo.

O sincretismo, portanto, não constitui um mal necessário nem representa uma patologia da religião pura. É sua normalidade como momento de encarnação, expressão e objetivação de uma fé ou experiência religiosa. Pode, como veremos, apresentar patologias. Mas, fundamentalmente, emerge como fenômeno universal *constitutivo* de toda expressão religiosa.

3. A legitimação teológica do sincretismo religioso

Queremos agora articular uma reflexão no interior da própria compreensão teológica da Igreja para apontar a validade e a legitimidade do sincretismo, bem como os limites que se impõem para que não degenere em uma possível patologia comprometedora da substância da fé cristã. Trata-se de vertebrar algumas categorias-chave da teologia católica (cristã), como aquelas de história universal de salvação e suas concretizações, fé e religião, catolicidade essencial da mensagem divina nas quais aparece a positividade do sincretismo.

a) O oferecimento salvífico universal e suas historizações

Pertence à substância da fé cristã afirmar que Deus, assim como é o Criador universal, é também o Salvador universal. Ele mesmo se oferece como salvação e plenificação humana a todos coletivamente e a cada um individualmente. Não se nega a ninguém. A perdição constitui obra exclusiva de uma liberdade que se negou ao amor salvífico de Deus. O amor de Deus é um concreto-concretíssimo; não fica em uma mera veleidade universalista e abstrata; desce às concreções; atinge o homem lá onde ele se encontra, utilizando como mediações os elementos de sua vida, de sua cultura e de sua religião. Em outras palavras: a vontade salvífica universal de Deus se historiza e encarna nos ritos, nas doutrinas e nas tradições de uma religião, nos códigos de ética de uma sociedade, nas formas de convivência social. Há, portanto, a partir de Deus, uma história de salvação que é a autocomunicação salvadora de Deus aos homens; há também, correspondente a isso, uma revelação universal de Deus, fazendo com que todos possam chegar ao conhecimento daquela verdade existencial que os coloca no caminho da salvação.

Nesta perspectiva histórico-salvífica, a religião não aparece jamais como obra meramente humana. Sua *origem* é sempre sobrenatural, porque a iniciativa cabe exclusivamente a Deus. A religião já é resposta do homem ao apelo divino que o chama. Na religião concreta, encontram-se, em uma unidade sem mistura e sem separação, a proposta divina e a resposta humana. A religião, é, por essência, sincrética porque se configura como momento de encarnação e de historização da salvação universal e da experiência da graça salvadora[6].

Neste nível de reflexão, o sincretismo aparece claramente como uma grandeza teológica positiva; pouco importa a forma de organização dos elementos ou sua proveniência: as realidades religiosas concretas funcionam como possíveis sacramentos comunicadores e expressores da graça.

À luz desta compreensão histórico-salvífica universal, os primeiros apologetas cristãos, confrontados com os valores religiosos e culturais do Império Romano, viam neles formas de presença do Verbo que "ilumina todo homem que vem a este mundo" (Jo 1,9); chamavam-nos de "sementes do Verbo" (*lógoi spermatikói*)[7]. O que Sêneca dizia, repetiam-no eles também: "*Quod verum est, meum est... Sciant omnes quae optima sunt, esse communia*"[8]. Nas palavras de São Justino: "Tudo o que foi dito de bom, não importa por quem, é cristão"[9]. O problema tornou-se verdadeiramente agudo quando o cristianismo sob Teodósio, o Grande, foi transformado em religião oficial (28/2/380); obrigados por lei a serem cristãos, os distintos grupos religiosos fizeram-se cristãos, carregando para dentro das comunidades cristãs toda sorte de ritos, crenças, doutrinas e hábitos religiosos. Ao lado de todo um esforço de purificação à luz da identidade cristã e de exigências evangélicas mínimas, nota-se entre os teólogos a diligência de proceder a uma interpretação histórico-salvífica das religiões. Vêem o mistério de Cristo presente e atuando desde as origens do mundo; a Igreja universal cobre toda a história, vindo desde Abel justo e indo até o último eleito, ganhando formas diferentes em cada tempo e cultura, mas comunicando sempre a mesma graça salvadora[10]. Agostinho diz, paradigmaticamente: "A mesma realidade que agora se chama cristã estava já entre os antigos[11]". Orígenes, à luz da fé na presença do Logos universal entre os homens, opinava que não se deve atender tanto aos ritos e às cerimônias dos pagãos, mas à sua intenção de se encontrar com a Divindade[12].

Esta interpretação otimista propiciou a elaboração do grandioso sincretismo católico: festas, ritos, tradições, conteúdos religiosos foram assimilados, incorporados, reinterpretados dentro do horizonte cristão e vieram compor a riqueza simbólica da Igreja Católica. O Vaticano, ao valorizar teologicamente as religiões não cristãs, reporta-se à mesma argumentação; vê nos seus elementos verdadeiros "uma secreta presença de Deus" (*Ad Gentes* 9/884), "uma semente oculta do Verbo" (11/887), "lampejos da Verdade que ilumina a todos" (*Nostra Aetate* 2/1582)[13].

Entretanto, quando nos referimos à história universal da salvação, não devemos pensar somente no oferecimento gracioso de Deus. Incluído está também um outro elemento: a acolhida ou a recusa humana. A salvação nunca é fatal; não se apresenta como uma imposição, mas como uma proposição à liberdade do homem. Esta, em seu exercício, conhece também a recusa de Deus. É a história do pecado do mundo encontrando também ele suas concretizações pelas quais se formaliza e se corporifica o rechaço humano ao convite divino.

A presente situação emerge profundamente ambígua; no dizer de Santo Agostinho: *omnis homo Adam, omnis homo Christus*[14], cada um é simultaneamente Adão e Cristo, justo e pecador. Isto significa que nenhuma mediação é somente pura e livre de toda a contaminação de pecado. O judaísmo bíblico e também a Igreja se apresentam como santos e pecadores. Somente em Jesus Cristo se dá o encontro absoluto do oferecimento de Deus com a acolhida cabal do homem. Só ele pode ser apresentado como o *novissimus Adam*, a criação e o gesto totalmente incontaminados. Por isso, ele é venerado como a presença da realidade escatológica antecipada no tempo. Em outras palavras: o sincretismo que ocorre em toda a manifestação religiosa não somente articula a presença do amor de Deus, mas também a oculta, recalca e obstaculiza na medida em que fecha o homem sobre si mesmo, confunde mediação com realidade divina, escraviza o homem a um ritualismo e legalismo que o fazem olvidar do principal – Deus e sua graça. Apesar desta ambiguidade, a fé cristã sempre afirmou a superabundância da autocomunicação de Deus sobre a abundância de pecado; vale dizer: por mais patológico que o sincretismo se possa apresentar, a despeito do magicismo, fetichismo e ritualismo, a graça de Deus não é obstaculizada definitivamente. Deus, apesar do fracasso humano, encontra caminho para o coração e para redimi-lo.

Semelhante afirmação, a teologia deverá sempre recordar para si mesma, impedindo-a de considerar as depravações religiosas do paganismo e do próprio cristianismo como obra puramente de satanás. A busca humana por um Transcendente, para uma salvação trans-histórica, nunca é absolutamente frustrada. Entretanto, a consciência da história da perdição permeando a história da salvação exige o permanente espírito crítico capaz de discernir o elemento simbólico do elemento diabólico presente nas expressões religiosas[15].

b) *A religião como expressão sincrética da fé*

Na discussão sobre as relações entre fé e religião, desponta o problema do sincretismo. Esta discussão tem sua longa história, especialmente do lado protestante, em que se verifica a tendência – mercê de uma paixão excessiva por um purismo evangelista – de contrapor fé e religião (Barth, Bonhoeffer), vendo a religião como um esforço humano de garantir a própria justificação, e a fé como dom gracioso de Deus. A mediação católica é muito mais serena; sabe distinguir fé de religião, mas compreende também que, no nível da práxis, ambas constituem uma unidade indissolúvel e inconfundível. A justificada diligência de distinguir não legitima uma ruptura daquilo que na vida vem sempre unido. Daí ser problemática a separação das etapas, no nível teórico, quando se quer fazer jus à unidade do processo religioso concreto no qual a fé sempre se encontra encarnada numa religião e uma religião remete ao seu núcleo vital gerador, a fé. Talvez um recorrido rápido sobre as etapas da explicitação do ato religioso desvele a imbricação da fé com a religião e o aparecimento do fenômeno do sincretismo no interior mesmo desta imbricação[16].

No *primeiro* momento, o *homo religiosus* revela uma dimensão ontológica da existência, vale dizer, uma dimensão que pertence à estrutura do ser humano, anteriormente a qualquer reflexão e ato livre. O ato religioso descobre a existência como abertura a um Transcendente. A experiência da vida como abertura pode ser rigorosamente descrita por uma reflexão filosófica, não necessariamente ligada de forma positiva a uma certa confissão religiosa. É o que fez magistralmente Sartre ao mostrar o homem com o sentimento de *être de trop*, Heidegger ao revelar o homem como ex-istência (ser excêntrico, lançado e gratuito) ou Hegel, apontando o homem como um "animal cronicamente doente". O homem se descobre referido e relacionado a uma realidade cujo sentido não logra ainda, neste primeiro momento, decifrar. Ele está aí, gratuitamente; choca-se com o Mistério de sua própria existência relacionada a um Mistério (a um não-sei-quê ainda indecifrado).

O teólogo vê nesta angústia e neste vazio uma forma de presença de Deus; o grito do homem não é outra coisa senão eco da voz de Deus mesmo, que o interpela[17]. Esta dimensão é estrutural e caracteriza o modo de ser do homem.

Em um *segundo* momento – o da liberdade –, o homem pode livremente acolher ou negar sua referência a um Transcendente. Pode aceitar sua própria existência assim como fenomenologicamente se apresentar, acolher sua referência e nomear o Mistério que o polariza. Entende sua vida como referida e cultiva o espaço do Mistério que nele se revela e tanto mais quanto mais se abre a Ele. Mas pode também se recusar a si mesmo e deixar a interrogação que sua abertura postula em aberto, fugindo dela ou plenificando-a com absolutos que ele mesmo cria e que saciam limitadamente.

Aqui aparece a estrutura responsorial da existência. Ela se sente interpelada; não pode senão responder negativa ou positivamente; mas não pode se furtar a responder. Clodovis Boff detalhou quatro níveis de resposta[18]:

Como grito de socorro: em face de situações ameaçadoras. O Transcendente aparece como salvador de doenças, de problemas afetivos, de medos existenciais.

Como desejo de plenitude: o Transcendente é visto como aquele que plenifica os secretos desejos do coração por absoluta realização, felicidade infinita, amor eterno, realidade totalmente reconciliada etc.

Como atitude de respeito: reconhece-se a alteridade radical do Transcendente. Este não é visto em função das necessidades do homem; o homem se sente em função do Mistério, porque é para ele que aponta a bússola da existência.

Como doação ao outro: o homem religioso se descentra de si mesmo e se entrega confiadamente aos desígnios do Mistério. Consagra sua vida ao Transcendente e dedica a Ele o amor fontal da existência. Aqui surge em sua cristalinidade a obra da liberdade desinteressada que se chama amor.

Todos estes passos da articulação responsorial da existência mostram um dinamismo de maturação: passa-se de uma resposta interesseira para outra funcional, até finalmente aquela desinteressada e amorosa. Tudo isso constitui um processo único abarcando os sentimentos humanos, as ameaças vitais, as aspirações secretas do coração e por fim o próprio âmbito da liberdade como autodoação a outrem. Para cada momento-etapa, elabora-se uma representação do Mistério (Deus). Para avançarmos o que iremos advertir depois, aqui se vê a possibilidade de uma imagem mágica de Deus, atendendo necessidades vitais do homem e outras possíveis desvirtuações quando o processo se cristaliza somente em uma determinada etapa. A permanente vigilância crítica sobre si mesmo, a conversão contínua para o Absoluto, fazendo questionar todos os modelos de representação e de segurança, livram a experiência religiosa da acusação frequente de ser ilusão ou alienação da verdade da existência.

O *terceiro* momento é aquele da objetivação. O homem é essencialmente corporalidade convivendo com outros no mundo. Suas experiências se exprimem mediante realidades psíquicas, intelectivas, materiais, sociais, culturais etc. A abertura transcendental e sua acolhida nunca se dão a seco, mas se corporificam em mediações e por um universo simbólico, lançando suas raízes no mundo concreto em que estão inseridas a pessoa e a comunidade, em seu estatuto de classe, em seus conflitos, em suas buscas etc. A teologia chama de fé a acolhida da abertura transcendental para o Mistério, e de religião a sua expressão histórico-cultural. "A religião é a fé expressa e institucionalizada; e a fé é o núcleo e a substância da religião."[19]

É neste nível da expressão que surge o fenômeno do sincretismo. Ao exprimir-se, a experiência lança mão dos instrumentos que encontra na cultura, na sociedade, no estatuto de classe. A fé se expressa na dimensão *sociológica*, e aparece a religião com suas instituições, tradições, costumes, poderes sagrados e formas de incorporação. A fé se visibiliza no nível da *corporalidade e materialidade* mediante ritos e símbolos. Lança raízes na *afetividade* humana atendendo às pulsões de plenitude, reconciliação, imortalidade e felicidade. Mergulha na dimensão *ético-praxística*, estabelecendo códigos de comportamento e ideais orientadores das práticas pessoais e sociais. Expressa-se no nível *intelectivo* e articula a compreensão doutrinária da fé com seus credos e dogmas.

Todo este complexo de elementos que compõem a religião configura um verdadeiro sincretismo. Todos os dados servem como mediação para a fé e formam o universo sacramental-simbólico da religião. Enquanto fenômeno cultural, este complexo simbólico é objeto da diligência científica que pode detectar nas expressões da fé os reflexos dos conflitos sociais, as proveniências dos materiais representativos e as estruturas psicossociais que neles se retratam. O núcleo de onde promana, conferindo consistência à religião – a fé –, escapa à análise científica. Esta atinge a fenomenologia; a fé que lhe subjaz é inalcançável, porque não pode ser objetivada em si mesma, além de ser fruto da liberdade. A fé é uma experiência originária e irredutível a qualquer outra.

c) *Catolicidade: a mesma identidade na pluralidade*

O verdadeiro conceito de catolicidade da Igreja abre espaço para uma compreensão positiva do sincretismo. Catolicidade[20] não é, primeiramente, um conceito *geográfico*: uma Igreja presente em todas as partes do mundo; não é também um conceito *estatístico*: uma Igreja quantitativamente mais numerosa; não é igualmente um conceito *sociológico*: uma Igreja encarnada em várias culturas; não é tampouco um conceito *histórico*: uma Igreja que conserva sua continuidade histórica. A catolicidade reside na mesma identidade da Igreja conservada, confirmada e manifestada "por todos, sempre e em toda parte". A identidade da Igreja reside na unicidade de sua fé em Deus Pai que enviou o seu Filho para, na força do Espírito Santo, salvar todos os homens, fé esta mediatizada pela Igreja, sacramento universal de salvação. Uma mesma fé, um mesmo Deus, um mesmo Senhor, um mesmo Espírito, um mesmo Evangelho, um mesmo batismo, uma mesma eucaristia: nisso residem a catolicidade, a unidade e a universalidade da Igreja.

Esta identidade, entretanto, se objetiva dentro dos parâmetros de um tempo e de um espaço. A Igreja universal (católica) se concretiza em Igrejas particulares, que o são porque, dentro dos condicionamentos culturais, linguísticos, psicológicos, classistas de uma região, vivem e testemunham a mesma identidade de fé. A catolicidade constitui uma característica de cada Igreja particular, enquanto cada Igreja particular, exatamente em suas particularidades e não apesar delas, se abre ao universal presente, também, em outras Igrejas particulares.

Pertence à catolicidade da Igreja o poder encarnar-se, sem perder sua identidade, nas mais diferentes culturas. Ser católico não consiste em expandir o sistema eclesiástico, mas em poder, dentro de uma determinada cultura, viver e testemunhar a mesma fé em Jesus Cristo salvador e libertador. Diz o Concílio, de forma elegante: "Como Cristo por Sua encarnação se ligou às condições sociais e culturais dos homens com quem conviveu, assim deve a Igreja inserir-se em todas estas sociedades (que ainda não ouviram a mensagem evangélica), para que a todas possa oferecer o mistério da salvação e a vida trazida por Deus" (*Ad Gentes* 10/885)[21]. Aqui se abre campo para um sincretismo verdadeiro. Não seria católica a Igreja que não fosse africana, chinesa, europeia, latino-americana. Paulo VI, em sua mensagem *Africae Terrarum*[22], diz isso, que vale também para os cultos afro-brasileiros: "Muitos costumes e ritos, antes considerados somente como excêntricos e primitivos, hoje, à luz do conhecimento etnológico, revelam-se elementos integrantes de particulares sistemas sociais dignos de estudo e respeito[23]." Valorizando a cultura africana, aparentemente politeísta, afirma:

"A visão espiritual da vida é fundamento constante e geral da tradição africana. Não se trata simplesmente da assim chamada tradução 'animista' no sentido emprestado a este termo na história das religiões, no fim do século passado. Trata-se, antes, de uma concepção mais profunda, mais ampla e universal, segundo a qual todos os seres e a mesma natureza visível se acham ligados ao mundo invisível e do espírito. O homem, em particular, nunca é concebido como apenas matéria, limitado à vida terrena, mas reconhecem-se nele a presença e a eficácia de outro elemento espiritual que faz a vida humana ser sempre posta em relação com a vida do além. Dessa concepção espiritual, elemento comum importantíssimo é a ideia de Deus como causa primeira e última de todas as coisas. Esse conceito, percebido mais do que analisado, vivido mais do que pensado, exprime-se de modo bastante diverso de cultura para cultura. Na realidade, a presença de Deus penetra a vida africana como a presença de um ser superior, pessoal e misterioso. A Ele se recorre nos momentos mais solenes e críticos da vida, quando a intercessão de qualquer outro intermediário se julga inútil. Quase sempre, posto de lado o temor da onipotência, Deus é invocado como Pai. As orações a Ele dirigidas, individuais ou coletivas, são espontâneas e por vezes comoventes. E entre as formas de sacrifício sobressai pela pureza do significado o sacrifício das primícias"[24]. E o texto arremata: "A Igreja considera com muito respeito os valores morais e religiosos da tradição africana, não só pelo seu significado, mas também porque neles vê a base providencial sobre que transmitir a mensagem evangélica e encaminhar a construção da nova sociedade em Cristo[25]."

Em razão de tal compreensão da catolicidade da Igreja, Frei Boaventura Kloppenburg, por exemplo, postula uma vigorosa valorização positiva dos ritos, usos, danças e costumes da religião umbandista do Brasil[26]. Os negros têm direito de ser cristãos no interior de seu universo significativo. Do que refletimos, resulta que o sincretismo perfaz a essência concreta da Igreja. Por um lado, a fé cristã, ao expressar-se dentro de uma determinada cultura, participa de seu destino, de suas glórias e misérias, do alcance expressivo e dos limites do instrumentário de que ela dispõe. Por outro lado, ao defrontar-se com outras culturas nas quais ainda não se objetivou, para se fazer, em sua missão, compreensível e para respeitar o bem que Deus mesmo propiciou dentro delas, é seu dever indeclinável elaborar um novo sincretismo, constituindo uma encarnação nova da mensagem cristã. Assim, o sincretismo aparece não apenas como inevitável, mas positivamente constitui a forma histórica e concreta como Deus atinge os homens e os salva. O problema não é se há ou não sincretismo na Igreja. O problema está no tipo de sincretismo que existe e qual deve ser buscado. Qual sincretismo é verdadeiro e traduz a identidade cristã, e qual a deteriora e a destrói. Trata-se, pois, de estabelecer critérios, por mais problemático que isso possa parecer.

4. Verdadeiros e falsos sincretismos

A determinação de critérios é condicionada ao lugar a partir de onde se vertebra uma práxis e se articula a prática teórica. Não há por isso uma instância neutra e extrínseca, mas toda ela é topicamente situada[27]. Isso não milita contra a possibilidade de uma elaboração de critérios; apenas dá consciência de seu relativo alcance. Iremos desenvolver aqui dois tipos de critérios: uns interiores ao próprio problema do sincretismo, e outros oriundos da própria autocompreensão da fé cristã.

a) Critérios intrínsecos ao próprio fenômeno do sincretismo

Estes critérios emergem do equilíbrio que deve ser mantido entre os elementos componentes do sincretismo. Como já consideramos, o sincretismo surge quando a fé se expressa em seu estatuto sociocultural, que é a religião. Esta nunca pode pretender um valor substantivo, mas somente adjetivo; não possui autonomia, porque é essencialmente funcionalidade. Aqui podem ocorrer dois desvios: o da religião sem fé ou da fé sem religião. Evidentemente, estes desvios nunca são totais, pois o *Idealtypus* pertence ao âmbito da utopia; na realidade, os elementos se apresentam interpermeados. Apesar disso, porém, deve-se manter tendencialmente a primazia substantiva da fé sobre o caráter adjetivo da religião. Este critério fundamental e universal (aplicável a qualquer expressão religiosa, pouco importa seu signo) nos adverte de possíveis e reais desvios.

A primeira patologia ocorre na religião sem fé. É a religião que se fecha sobre si mesma. No nível *sociológico*, aparece como crença na salvação automática pela simples observância dos ritos e normas e pela incorporação sociorreligiosa. O homem é demissionado da permanente conversão. No nível da percepção ou da *corporalidade*, os ritos e símbolos são vivenciados magicamente: basta a recitação exata e mecânica para produzirem infalivelmente seu efeito. Os símbolos não remetem mais ao Mistério, mas o substituem idolatricamente, esfacelando-o em muitos mistérios. No nível *psicológico*, a religião se vê instrumentalizada para compensar frustrações humanas e para gerar um falso sentimento de segurança. Ela se reduz a uma função psíquica e não se abre ao mistério de Deus. No nível *intelectual*, degenera em uma pretensa gnose, visando enquadrar o Mistério em fórmulas e dogmas, conservados em um purismo literalista. No nível ético, decai para um legalismo e farisaísmo, colocando a justificação no esforço exacerbado de produzir obras.

Em todas estas formas, a religião deixa de ser mediação para a fé; ela se apresenta como a estrutura final do homem religioso. Como não o leva à atmosfera da fé, da liberdade e do Mistério transcendente, age como elemento opressor da consciência.

Existe a patologia inversa: a fé pretende manter-se em tal purismo e em total abertura ao Mistério de Deus, que não vê mais nenhuma função para a religião. Considera-a como fator destruidor do Mistério, porque o objetiva. Entretanto, esta preocupação não protege o Mistério, antes atinge o homem, negando-lhe o seu enraizamento essencial no mundo e na corporalidade. Assim, uma negação da dimensão *sociológica* da religião (instituições, poderes etc.) reduz a fé a um individualismo inoperante e a uma privatização intimista. A destruição das manifestações *materiais* (ritos e símbolos) desemboca no agnosticismo e em um espírito iconoclasta. A rejeição de toda a dimensão *sentimental* presente na religião a torna abstrata e vazia, desumanizando o fiel. A negação da elaboração *doutrinal* da fé abre caminho para o descontrolado da vivência subjetiva, desgarrado das referências comunitárias, ficando o Mistério confiado ao gosto cambiante dos indivíduos. O desengajamento de um compromisso *ético* implicado na religião entrega a práxis humana à anomia e à irresponsabilidade social.

Nestes desvios, a fé não encontra sua adequada expressão; reclama para si um purismo impossível, como se o homem não fosse também corpo e mundo. O equilíbrio se encontra na tensão dialética entre a fé que alimenta a religião e a religião que expressa, concretiza e configura a densidade histórica de fé. A religião encontra seu sentido enquanto nunca se desliga da fé; a fé, por sua vez, enquanto rompe todas as malhas das objetivações, mantendo assim sua transcendência, mas possuindo sempre uma intencionalidade encarnatória.

Estes dois critérios universais nos advertem como tanto na Igreja quanto nos cultos afro-brasileiros apresentam-se não poucas patologias. A patologia, é escusado dizê-lo, nunca é só patologia; só tem sentido quando referida a uma normalidade.

b) *Critérios hauridos da autocompreensão cristã*

Aqui entram em questão critérios que são específicos do cristianismo e nascem da identidade cristã. Quando um sincretismo é verdadeiro ou falso para a fé cristã? Neste ponto, precisamos manter presente o que asseveramos acerca da simultaneidade de pecado-graça dentro da história da salvação. O que se aplica, também, ao sincretismo cristão. Nunca existiu e nunca haverá um sincretismo somente verdadeiro. Na presente situação decadente (infralapsárica), mescla-se o trigo com o joio. Por isso, a verdade do sincretismo cristão apresenta-se tendencial e não pode pretender mais do que isso. Consequentemente, deverá tolerar (supõe reconhecer) desvios que, em sua totalidade, são insuperáveis, mas que não cheguem a adulterar a identidade cristã a ponto de ela não ser mais discernível.

Quando nos referimos ao sincretismo cristão, entendemos aquele sincretismo feito a partir do núcleo essencial da fé cristã que se corporifica dentro dos quadros simbólicos de uma outra cultura. Isso supõe que a cultura seja convertida em seu núcleo a ponto de deixar de ser o que era e passe a ser expressão da fé cristã. Isso não se faz sem conversão. Caso contrário, a identidade cristã ter-se-á corrompido e sido absorvida pela identidade própria da cultura com a qual a fé entrou em contato.

Em razão disto, entende-se que, na atividade missionária, em um primeiro momento, a fé cristã se re-afirma em sua identidade, contradistinguindo-se de outras expressões religiosas. Proclama o Evangelho, convida à conversão. Uma vez operada a conversão, inicia-se o processo de sincretismo. Neste segundo momento, a identidade cristã, no dizer do Vaticano II, "toma emprestado dos costumes e tradições, do saber e da doutrina, das artes e sistemas dos povos tudo o que pode contribuir para glorificar o Criador, para ilustrar a graça do Salvador e para ordenar convenientemente a vida cristã" (*Ad Gentes* 22/941). Origina-se assim um verdadeiro sincretismo, tendo como núcleo substancial a identidade cristã.

Pode ocorrer o processo inverso: uma religião entrar em contato com o cristianismo e, ao invés de ser convertida, converter o cristianismo para dentro de sua própria identidade. Ela elabora um sincretismo, utilizando elementos da religião cristã. Não passa a ser cristã porque sincretizou dados cristãos. Continua pagã e articula um sincretismo pagão com conotações cristãs. Parece que algumas pesquisas têm revelado este fenômeno com a religião ioruba (candomblé ou nagô) no Brasil. Ela acomodou, assimilou e transformou características cristãs, conservando sua identidade ioruba. O cristianismo não converteu, foi convertido[28].

Isso não significa que a religião ioruba seja destituída de valor teológico. Significa apenas que ela deve ser interpretada não dentro de parâmetros intrassistêmicos do cristianismo, como se fora uma concretização do cristianismo, como o é, por exemplo, o catolicismo popular, mas no horizonte da história da salvação universal. A religião ioruba concretiza, ao seu modo, o oferecimento salvífico de Deus; não é ainda um cristianismo temático que a si mesmo se nomeia, mas, por causa do plano salvífico do Pai em Cristo, constitui um cristianismo anônimo. Embora tenha sincretizado dentro de seu sistema elementos cristãos, em seu núcleo, encontra-se ainda, teologicamente, no advento, na fase anterior ao evento cristão explícito.

Desta consideração se depreende que a Igreja se situa em uma postura missionária em face da religião ioruba; deverá proclamar a identidade da fé cristã e convocar para a conversão esta identidade. Uma vez realizada esta diligência, poderá sincretizar toda a riqueza ioruba compatível com a fé cristã. Importa agora detalhar melhor o que abarca a identidade cristã.

aa) *A identidade cristã* – Não existe uma identidade cristã quimicamente pura; ela se constitui sempre sincretizada. Daí ser difícil falar sobre ela colocando em parêntese sua objetivação histórica feita no marco da cultura ocidental greco-romano-germânica. A identidade cristã não é uma teoria, mas uma experiência, um caminho de vida. Esta experiência liga-se à experiência de Jesus de Nazaré vivo, morto e ressuscitado como nos vem sendo transmitida pelos testemunhos neotestamentários. Na vida deste homem fraco, a fé apostólica discerniu estar diante da total e definitiva autocomunicação de Deus (encarnação) assim como Ele mesmo é. E Deus se revelou no homem Jesus como sendo Pai, Filho e Espírito Santo[29]. Sendo

Deus totalmente presente em Jesus (Filho encarnado), então nele está a salvação plena do homem. Com efeito, por sua ressurreição se patentearam a realização da utopia do Reino de Deus e o desembocar feliz da vida, chamada para a Vida e não para a morte. Quem possui tal importância para o termo da história deverá ter tido também para o seu início. A criação (protologia) é de Deus, em vista deste fim bom (escatologia) na mediação de Jesus Cristo e de seu Espírito.

O absoluto Mistério consiste, pois, no Pai que enviou o Seu Filho para, na força do Espírito Santo, tudo plenificar, libertar e reconduzir a sua unidade. A paternidade universal implica a fraternidade universal. Tudo isso pode ser dito e acolhido, porque existe a mediação sacramental da comunidade de fé cristã, que se iniciou com a fé dos Apóstolos e se prolonga, como em uma corrente ininterrupta, até os dias de hoje, a Igreja. Entretanto, para participar desta salvação oferecida em Jesus Cristo, não basta se incorporar nesta comunidade eclesial; precisa-se viver a mesma experiência de Jesus Cristo de radical filiação e profunda fraternidade. É a ética do seguimento de Jesus Cristo que origina a comunidade e nos capacita a participarmos na salvação oferecida por Ele.

Esta experiência narrada praxisticamente constituiria a identidade cristã. Ela deve poder ser identificada em qualquer sincretismo religioso e cultural. Caso contrário, não nos é lícito falar em sincretismo essencialmente cristão.

bb) *Atitude católica: simpatia com o sincretismo aberto* – Como se comportou esta identidade cristã ao largo de sua experiência histórica? Sem pretendermos esmiuçá-lo historicamente, podemos dizer que o processo revela duas tendências básicas, em si óbvias: uma de forte simpatia; com facilidade se abre à riqueza religiosa que encontra, assimila-a, transforma-a ou, quando não, acomoda-a quase por justaposição, chegando a comprometer a identidade essencial da fé cristã. É a experiência do cristianismo de vertente católica. A outra tendência comporta-se criticamente, mais expande o próprio sistema do que se sincretiza com aquele com o qual entra em contato, depura, rejeita, mantém viva a exigência da pureza da fé. É o cristianismo de corte protestante.

Tanto uma como outra tendência se encontram no interior seja do catolicismo romano, seja do protestantismo; mas os acentos geraram estilos diferentes de se vivenciar a identidade cristã[30]. Ambos encontram respaldo na Bíblia e na Tradição. Por um lado se diz: "Eu vos anuncio aquilo que já adoram sem conhecer" (At 17,23);

"experimentai tudo e retende o que for bom" (1Ts 5,21). Por outro se tem presente também: "não creiais em qualquer espírito, mas examinai se os espíritos vêm de Deus" (1Jo 4,1); "permanecei naquilo *quod fuit ab initio*" (1Jo 1,1-4; 2,7.24; 2Jo 5) "porque há posições *qui solvit Christum*" (1Jo 4,1-6; 1Cor 12,3); "guarda o depósito; evita as discussões vazias da falsa gnose, porque alguns foram longe demais..." (1Tm 6,20-21; 1,3-4; 4,7; 2Tm 1,13-14; 4,2-4). Na tradição, testemunha-se a profunda condescendência (*sinkatábasis*) com as religiões existentes, assumindo tudo o que é possível delas, como a atitude do Papa Gregório, o Grande († 604), que ao enviar missionários para entre os saxões lhes recomenda: "Não se devem destruir os templos de cada povo, somente seus ídolos. Tome-se água benta; seja jogada sobre os ídolos, construam-se altares e aí se coloquem as relíquias. Estes templos tão bem construídos devem ser lugares de sacrifício não para os espíritos maus, mas para o verdadeiro Deus. O povo, vendo que seu templo não é destruído, se voltará com alegria para o conhecimento e a adoração do verdadeiro Deus"[31]. Outras vezes se verifica um puro processo de substituição: em vez de amuletos pagãos, usam-se cruzes de metal; no lugar de fórmulas com efeitos curativos, usam-se palavras e frases da Escritura[32], e assim por diante.

Mas há também a viva preocupação pelo verdadeiro sincretismo, excluindo toda sorte de magia, fetichismo e politeísmo. Assim, o sínodo de Ancira (314) ordena, no cânon 24, que adivinhos e outros que seguem costumes pagãos, hospedando mágicos em suas casas, estejam por cinco anos sujeitos ao cânon da excomunhão. O sínodo de Elvira (por volta de 312) determina, no cânon 6, que se alguém, mercê de artes mágicas que implicam idolatria, matar alguém, seja excluído da comunidade cristã por toda a vida. O sínodo de Laodiceia (segunda metade do século IV) manda, no cânon 36, que "os sacerdotes e demais clérigos não podem ser mágicos, feiticeiros, mânticos, astrólogos. Não podem fabricar amuletos de proteção, que mais são cadeias da alma do que proteção da vida. Demos ordens que aqueles que os trazem sejam expulsos da Igreja[33]." Em uma explicação do Credo entre os anos 360 e 400 se lê: "Não se permita a ninguém que busque, em caso de doença, de alguma dor ou preocupação, um feiticeiro ou a alguém que aplique filactérios. Não se faça jamais isso nem se permita que seja feito em outrem[34]."

Santo Agostinho distingue sempre, nesta temática do sincretismo, aquilo que a fé ensina e aquilo que a fé tolera[35]. E estabelece alguns critérios que são úteis ainda hoje:

"Todas estas coisas (costumes, ritos, fórmulas vindas do paganismo) que não encontram fundamento na Sagrada Escritura, nem nas resoluções dos sínodos dos bispos, nem ganharam autoridade mercê da Tradição de toda a Igreja, mas aparecem por aí conforme o lugar e o costume, numa pluriformidade de manifestações tal que não se consegue ver que objetivos perseguem, devem ser simplesmente abolidas, onde isso é possível. Embora não contradigam a fé, sobrecarregam a religião, que deve ser, segundo o desígnio de Deus, livre de sobrecargas escravizadoras e com formas cultuais simples e claras[36]."

Aqui se aduzem fundamentalmente os critérios da práxis cristã no comportamento sincretista. Em primeiro lugar, toma-se a própria Escritura como um critério. Ela já representa uma purificação dentro do próprio judaísmo e cristianismo primitivo, em face de formulações e práticas não muito adequadas ao Mistério de Deus e à dignidade do homem. Em segundo lugar, arrima-se na Tradição da Igreja universal, que também procedeu a uma triagem dos vários elementos e conservou o que melhor expressava a experiência cristã. Em terceiro lugar, as decisões dos sínodos episcopais, que por sua vez também, como se aduziu rapidamente antes, sempre procediam a um discernimento crítico no meio do emaranhado de objetivações elaboradas pelo Povo de Deus. Por fim se aduz um argumento da tradição profética e jesuânica em defesa da liberdade e espontaneidade do homem em face do universo cultual: não ser hipócrita como os fariseus (Mt 6,5) nem loquaz como os gentios em suas longas orações (Mt 6,7) nem criar fardos religiosos que ninguém pode carregar, com um sem-número de normas, leis e ritos (Mt 23,4.23). Sinteticamente, podemos dizer: tudo aquilo que ajuda a liberdade, o amor, a fé e a esperança teologais, isso representa um sincretismo verdadeiro e encarna na história a mensagem libertadora de Deus.

Como se depreende, tentamos falar da identidade cristã não em termos da universalização de um *conceito* de identidade, como se tem feito amiúde em uma certa época da teologia que identificava fé com doutrina. Um cristianismo doutrinário não tolera o sincretismo; dogmatiza o próprio sincretismo feito uma vez e recusa fazer novos ensaios. Logicamente, este tipo de compreensão deveria matar a História. Se a História continua, a identidade não pode ser pensada em termos de um conceito universal, mas em termos de uma experiência sempre de novo repetida e conservada, exprimindo-se, porém, de maneira diferente consoante os tempos, lugares, as classes sociais e as situações geopolíticas. A experiência cristã, porque se entende como católica, está aberta à universalidade; não escolhe a cultura na qual vai se encarnar; toda cultura é boa para dentro dela testemunhar a salvação conseguida para todos por Jesus Cristo. Daí a necessidade de haver um cristianismo ioruba, umbandista, ameríndio etc.

cc) *Dois critérios fundamentais: culto do Espírito e compromisso ético* – Queremos salientar dois critérios fundamentais, presentes nas Escrituras e assumidos também por Jesus Cristo. Além de conservar a identidade da experiência cristã, que no fundo é a experiência do Mistério absoluto que se comunicou em graça, amor e perdão ao homem na própria realidade do homem (encarnação), faz-se mister expressar isso nos parâmetros de um culto espiritual e num engajamento ético que testemunhe na vida a verdade da compreensão.

Culto espiritual: O que está em causa em toda religião é o encontro com Deus. Toda religião, seu universo simbólico, não visa a outra coisa senão levar o homem ao espaço do Divino e propiciar um encontro salvífico. A tradição bíblica chama a isso culto espiritual. Espiritual aqui não tem nada a ver com oposição à matéria; quer expressar o culto do coração, a consagração da pessoa toda. Deus não quer coisas do homem, sacrifícios, rezas, ritos, sacramentos. Ele quer o coração do homem, sua vida, um coração contrito, humilhado, aberto, serviçal, amoroso. A função da religião é criar tal atitude oblativa do homem e expressá-la, não substituí-la. Enquanto o homem busca cerimônias e ritos busca a si mesmo; não busca a Deus. Se primeiramente busca a Deus, então os ritos e as cerimônias logram significado como expressões desta busca e celebrações do encontro. A inflação do rito, da música, da dança, do envolvimento simbólico põe a religião sob o risco de bastar-se a si mesma e de perder a sua funcionalidade para a fé e a experiência. Os profetas e Cristo são contundentes na defesa da verdade da religião, que não reside na materialidade de suas expressões, mas na tradução da acolhida e da audiência do homem a Deus (cf. Mc 12,33; Mt 23,23-25; 15,1-23; 12,7; Jo 2,13-22; 4,21-24).

Compromisso ético: Verdadeiro culto e engajamento ético formam uma unidade. Com o mesmo movimento com que se dirige a Deus, deve o homem dirigir-se também ao outro. A causa de Deus implica a causa do homem e vice-versa. Os profetas, em especial, viram a implicação dos mandamentos da primeira tábua (com Deus) com os da segunda (com o próximo). A violação do direito sagrado do homem inclui a violação do direito sacrossanto de Deus. Está em comunhão com Deus quem vive o amor e pratica a justiça. Quem diz que ama a Deus e odeia a seu irmão é mentiroso (1Jo 4,20) e seu culto não passa de idolatria. Uma religião que convive com a miséria injusta e com o pisoteamento dos direitos humanos não pode mais expressar a fé verdadeira, não é mais a projeção de uma experiência de encontro com o Divino. Para ela, vale o ai de Jesus: "não se preocupa com o mais importante da Lei: a justiça, a misericórdia e a boa-fé" (Mt 23,23; cf. Mt 5,23-24; 9,13; 10,7; 21,12-13); nas palavras do profeta Miqueias: "Já te foi dito, ó homem, o que é bom, o que Deus reclama de ti: nada mais que cumprir a justiça, amar com ternura e caminhar humildemente com teu Deus" (6,8). O Deus de Jesus Cristo não demissiona o homem: fá-lo parceiro na construção de relações objetivas de justiça, fraternidade e amor entre os homens, porque é este o caminho seguro para aceder a Deus e a sua salvação.

Estes critérios, no horizonte da positividade cristã, ajudam a discernir o verdadeiro do falso sincretismo, seja no interior da própria Igreja, seja no encontro com outras formas culturais e religiosas. A fé verdadeira redime a religião e o sincretismo falso, fá-los também verdadeiros. Porque ela, a fé, exprime a dimensão de transcendência e universalidade e significa a acolhida do Deus vivo que interpela concretamente dentro da História, abre-se a Ele naquela concreção em que vem mediatizado. Assim, a fé pode elaborar um sincretismo que expressa este encontro com Deus.

Impõe-se hoje em dia cada vez mais a convicção de que o presente sincretismo cristão e católico se tornou incapaz de fazer justiça aos direitos de outra cultura e de responder adequadamente a exigências da alma negra. Asseverava com razão Frei Boaventura Kloppenburg: "Nem o catolicismo oficial de Roma, nem o protestantismo puro dos reformadores, nem o espiritismo ortodoxo de Allan Kardec parecem permitir suficiente vazão às necessidades religiosas de nossa gente. A umbanda dá a impressão de ser um protesto popular contra todas as formas religiosas importadas e insuficientemente adaptadas ao ambiente[37]." Daí se depreende que o futuro do cristianismo no Brasil está subordinado à sua maior ou menor capacidade de articular um novo sincretismo. Sua atual expressão cultural nos quadros da cultura greco-romano-germânica pertence a sua glória passada. E tudo indica que será definitivamente passada para a nova cultura que entre nós se esboça.

5. Uma pedagogia da condescendência

O novo sincretismo que postulamos não deverá ser feito com a renúncia da manutenção vigilante da identidade cristã. Não se trata de se adaptar de qualquer jeito. Impõe-se toda uma séria coragem missionária e evangelizadora que se oriente para a conversão a Jesus Cristo como o Deus comunicado definitivamente aos homens. Esta conversão só é possível se a fé cristã tiver a coragem de renunciar ao seu próprio sincretismo, com as glórias culturais e teológicas que acumulou, e se arriscar a um novo sincretismo, assumindo, assimilando, integrando, purificando os valores das religiões afro-brasileiras. Sem uma verdadeira experiência pascal, não nascerá uma nova Igreja, como não nasceu aquela primeira dos apóstolos. Tememos que falte, no atual momento da Igreja, a consciência clara desta urgência. É mais fácil expandir o sistema eclesial imperante do que deixar e propiciar que nasça um outro. Assim, a urgência não é atendida, apenas protelada.

Para que nasça, como para toda nova vida, faz-se mister ter condescendência. A condescendência (*katabasis*) era, na teologia antiga, exatamente o momento em que se operava o grandioso sincretismo cristão que herdamos, nos séculos IV e V, uma categoria teológica fundamental. Deus usou de infinita condescendência para com o homem, assumindo toda a sua realidade com suas irrevogáveis limitações e onerosas ambiguidades. Não apesar delas, mas dentro delas e por elas, redimiu-nos. A Igreja nascente se revestiu de corajosa condescendência para com os gregos, romanos e bárbaros com suas línguas, costumes, ritos e expressões religiosas. Não lhes exigia mais do que a fé em Jesus Cristo salvador. Cria que Ele iria conquistando os corações dos homens e de suas religiões até eles chegarem à plenitude da verdade, oculta na afirmação: Jesus Cristo é salvador.

Semelhante condescendência deverá a consciência cristã testemunhar nos dias de hoje. Antes tolerar mais do que condenar; antes incentivar a verdadeira experiência cristã do que zelar pelas suas formulações doutrinárias e litúrgicas. Confiar na experiência religiosa do homem brasileiro afro-brasileiro é entregar-se ao Espírito que é mais sábio que toda a prudência eclesial e que conhece melhor os caminhos verdadeiros que toda a diligência teológica pelo purismo de identidade cristã. Se a pastoral não se conjugar com a profecia, se o olhar contemplativo não se aliar com o senso de realidade, dificilmente a Igreja se armará da coragem necessária para o despojamento de si mesma e para a assunção de uma nova carne sagrada.

Assim como Deus assumiu o homem como o encontrou, assim deverá também a fé cristã buscar o homem lá onde ele se encontra e como se apresenta culturalmente. É a partir desta situação que deverá ordenar uma pedagogia para o crescimento e maturação da fé[38]. Esta, a fé, quanto mais profunda, mais se abre ao sincretismo verdadeiro no qual Deus e Jesus Cristo libertador não aparecem como Objeto de satisfação da carga pulsional do homem em busca de segurança e conforto, mas como Coração da vida e o Amor que tudo atrai e penetra.

Notas

1. Cf. alguns títulos principais: HOORNAERT, E., *Formação do catolicismo brasileiro 1550-1800*, Petrópolis, 1974, esp. p. 22-30: *Catolicismo e sincretismo*, e p. 137-40: *Verdadeiro e falso sincretismo*; KAMASTRA, *Synkretismus*, Leiden, 1970; PEEL, Syncretism and religious change, em *Comparative Studies in Society and History*, 10 (1967-1968), p. 121-41; THILS, G., *Syncrétisme ou catholicité?*, Lovaina, 1967; VISSER'T HOOFT, M., *Cristianismo e outras religiões*, Rio de Janeiro, 1968; Idem, *L'Église face au syncrétisme*, Genebra, 1963; BREEVELD, M. M., Uma revisão do conceito de sincretismo religioso e perspectivas de pesquisa, em *REB*, 35 (1975), p. 415-23; HERNEGGER, R., *Macht ohne Auftrag. Die Entstehung der Staats-und Volkskirche*, Olten/Friburgo na Br., 1963, esp. p. 340-57: *Zauber und Amulette*; STOCKMEIER, P., *Glaube und Religion in der fruhen Kirche*, Friburgo na Br., 1973, esp. p. 100-20: *Die Identifikation von Glaube und Religion im Spätantiken Christentum*; DÖLGER, F. J., Mysterienwesen und Urchristentum, em *Theologische Revue*, 15 (1916), p. 385-93; 433-8; *Antike und Christentum*, dicionário iniciado por Dölger e ainda em publicação (saíram 8 vol.); LATTE, K., *Die Religion der Römer und der Synkretismus der Kaiserzeit*, Tubinga, 1927; MARALDO, J. C., Synkretismus, em *Sacramentum Mundi*, IV (1969), p. 795-800; PETTAZONI, R., Sincretismo e conversione nella storia della religione, em *Bulletin du Comité International des Sciences Historiques*, Paris, 1933; DE LA BOULLAYE, E. P., Sincretismo, em *Enciclopedia cattolica*, XI, Roma, 1953, p. 662-82. Outra literatura será citada mais abaixo. Sincretismo significa fazer como os cretenses, que entre si divididos se uniam ao combater um inimigo comum (PLUTARCO, *De fraterno amore*). Na Reforma, o termo foi usado por Erasmo para significar a união dos reformadores protestantes com os humanistas. Escrevendo a Melanchton, dizia Erasmo: "Vós vedes com quanto ódio alguns conspiram contra as belas-letras; é justo que nós também sincretizemos (façamos como os cretenses) *aequum est nos quoque 'synkretizein'*" (MELANCHTON, *Corpus reformatorum*, I, 78 c.). No século XVII, tentou-se derivar a palavra "sincre-

tismo" de *syn-kerannymi*, palavra do grego arcaico para designar mesclar, misturar, harmonizando (doutrinas, filosofias etc.).
2. *L'Église face au syncrétisme*, op. cit., p. 12.
3. Cf. BOFF, L., Catolicismo popular: que é catolicismo, em *REB*, 36 (1976), p. 19-52.
4. STOCKMEIER, P., *Glaube und Religion in der fruhen Kirche*, Friburgo na Br., 1973.
5. *Formação do catolicismo brasileiro 1550-1800*, Petrópolis, 1974.
6. Cf. THILS, G., *Propos et problèmes de la théologie des religions non chrétiennes*, Tournai, 1956, com a bibliografia aí citada.
7. Cf. JUSTINO, II Apol. 8, 10, 13: PG 6, 380, 457, 460.
8. *Ad. Lucil. Epist.* XII, 10: XVI 6.
9. Idem, ibidem. Veja também CLEMENTE de Alexandria, *Protrept.* 6, 7; 8, 173; Santo AGOSTINHO, *De doctrina christ.* II, 18, 25, 40; PL 34, 49, 54, 63.
10. Uma exposição mais ampla se encontra em BOFF, L., *Die Kirche als Sakrament*, Paderborn, 1972, p. 63s, 87s.
11. AGOSTINHO, *Retractationes* I, 13.
12. ORÍGENES, *Contra Celsum* V, 44; VII, 63.
13. Cf. KLOPPENBURG, B., Ensaio de uma nova posição pastoral perante a Umbanda, em *REB*, 28 (1968), p. 404-17; nas páginas 406-7, comenta as principais passagens do Vaticano II sobre o valor teológico das religiões não cristãs.
14. En. *in Psalm.* 70, 2, I: PL 36, 891.
15. Cf. apresentação mais pormenorizada dessas duas categorias, em BOFF, L., *Die Kirche als Sakrament*, op. cit., p. 476-93.
16. Recomendamos o estudo de BOFF, Clodovis, A religião contra a fé?, em *Vozes*, 63 (1969), p. 100-16, que consideramos um dos mais lúcidos publicados nos últimos anos.
17. Cf. BOFF, L., *A graça libertadora no mundo*, Petrópolis, 1976, p. 56-62.
18. BOFF, Clodovis, A religião contra a fé?, art. cit., p. 103.
19. Idem, ibidem, p. 106.
20. KUNG, H., *A Igreja II*, Lisboa, 1970, p. 66-7.
21. Cf. outros textos: *Lumen Gentium* 13/35; 17/43; *Gaudium et Spes* 42/330; *Ad Gentes* 9/884; 18/920; 22/941; *Nostra Aetate* 2/1582.
22. Cf. o texto completo em *REB*, 27 (976-989).
23. N. 7.
24. N. 14.
25. N. 14.
26. KLOPPENBURG, B., Ensaio de uma nova posição etc., art. cit., *REB*, 28 (1968), p. 410: "O africano, quando se torna cristão, não se renega a si mesmo, mas retoma os antigos valores da tradição em espírito e em verdade. Nós, porém, porque éramos

europeus, ocidentais, da Igreja latina, do rito romano; nós que cantávamos ao som do órgão e rezávamos ajoelhados em santo silêncio; nós que éramos incapazes de imaginar uma dança sacra ao toque dos tambores; nós queríamos que o africano, só porque morava ao nosso lado, deixasse de ser africano, adotasse uma mentalidade europeia e ocidental, se integrasse na Igreja latina, rezasse pelo rito romano, cantasse ao som e ao ritmo solene do órgão, abandonasse o batuque, o ritmo, a dança, a oração movimentada. Era o etnocentrismo total e orgulhoso dos europeus e da Igreja que vinha da Europa. Mas o negro, quando se tornou livre, não mais aceitou nosso rito, não mais se comoveu com o nosso harmônio, não mais falou em nossos conceitos, voltou ao terreiro, ao tambor, ao ritmo de sua origem e aos mitos de sua linguagem. Da profundidade do seu ser, onde vivos e inquietos palpitavam os arquétipos religiosos das gerações anteriores, irrompeu a velha tradição religiosa da África Negra. E nasceu a Umbanda no Brasil..."

27. Cf. LIBÂNIO, J. B., Critérios de autenticidade do catolicismo, em *REB*, 36 (1976), p. 53-81.
28. Cf. KOCH-WESER, M. R. M., *Die Yoruba-Religion in Brasilien*, Bonn, 1976 (mimeo.), p. 275s; 368s.
29. Como se revelou a SS. Trindade na vida e obra de Jesus, cf. SCHIERSE, F. J., em *Mysterium Salutis II/I*, Petrópolis, 1972, p. 77-117.
30. BOFF, L., *Que é catolicismo?* op. cit., p. 40-6.
31. *Epist.* XI 76: PL 77, 1215.
32. Cf. HEFELE, C. J., *Conziliengeschichte* I, 770; HERNEGGER, R., *Macht ohne Auftrag*, op. cit., p. 345-56.
33. HERNEGGER, R., p. 345.
34. Citado por DÖLGER, F. J., *Antike und Christentum*, III (1932), p. 84.
35. *Contra Faustum*, 20, 21: *Epist.* 201, 3, 18.
36. Epist. 55, 19, 35; cf. *Epist.* 54, 11.
37. KLOPPENBURG, B., Ensaio de uma nova posição etc., op. cit., p. 404-5.
38. BOFF, Clodovis, Religião contra a fé?, op. cit., p. 112-4.

VIII.
CARACTERÍSTICAS DA IGREJA EM UMA SOCIEDADE DE CLASSES

Trata-se, nesta reflexão, de identificar as principais características da Igreja que se realiza na base. Intenciona-se mostrar a face nova da Igreja, que, por sua vez, desenha os novos traços do rosto de Cristo, porquanto a Igreja se propõe ser o sacramento de Cristo. Estas características se põem à mostra nas comunidades eclesiais de base, conforme os relatórios enviados por elas ao III Encontro Intereclesial em João Pessoa (Paraíba) em julho de 1978.

A preocupação pelas características da Igreja (na eclesiologia se fala em notas e em propriedades) é antiquíssima, atestada já em Santo Epifânio (315-403) e em São Cirilo de Jerusalém (313-386), que influenciaram na elaboração do Credo do I Concílio de Constantinopla (381)[1], ainda hoje rezado na Igreja. Neste credo se enumeram quatro notas (características) básicas da Igreja: "Creio na Igreja una, santa, católica e apostólica." Por estas características (notas) se queria oferecer os critérios para o discernimento da verdadeira Igreja de Cristo.

1. Que significa "características da Igreja" (notas, propriedades)

A vontade de estabelecer critérios da verdadeira Igreja nasce de um contexto de polêmicas e de uma verdadeira concorrência confessional: em que grupo se realiza a verdadeira Igreja de Cristo? Como discernir a verdadeira da falsa Igreja? Esta questão se tornou crucial no século XVI, nas controvérsias eclesiológicas com Huss e Lutero. Os teólogos, academicamente, distinguiam entre notas e propriedades[2]. As *notas*, como a própria palavra sugere (aquilo que faz notável, perceptível), seriam aquelas qualidades da Igreja que: a) fossem acessíveis a todos os espíritos (inclusive aos rudes); b) mais conhecidas que a própria Igreja e aptas para darem a conhecer a verdadeira Igreja; c) inseparáveis da verdadeira Igreja, a ponto de não se poderem encontrar fora dela (em seu conjunto). As *propriedades* seriam aquelas qualidades da Igreja que pertencem, indubitavelmente, a ela, mas que não nos permitem conhecer a verdadeira Igreja à primeira vista, o que vale também para aqueles que se encontram fora da Igreja. Assim, por exemplo, a qualidade de indefectibilidade, de necessária para a salvação etc. As notas seriam as quatro já referidas: unidade, santidade, catolicidade e apostolicidade. Posteriormente, a partir especialmente das polêmicas contra os hereges valdenses no século XIII (sob o Papa Inocêncio III: DS 792) e com toda a força nos eclesiólogos do final do século XIX (Passaglia, Mazzela, Perrone), acrescentou-se ainda uma quinta: a romanidade. A Igreja é una, santa, católica, apostólica, romana.

O resultado demonstrativo pelo caminho das notas (*per viam notarum*) foi quase nulo, pela dificuldade de se comprovar que elas se realizam exclusivamente na Igreja Católica romana[3]. Por fim, tudo se concentrava na nota mais discernível: na romanidade. Mas esta também não conseguia garantir, sozinha, a verdadeira Igreja, pois dava a impressão de se tratar de uma outra Igreja.

Nossa intenção, no tratamento desta questão das características da Igreja, não é de forma nenhuma polêmica; não visamos demonstrar que as comunidades de base compõem a verdadeira Igreja de Cristo, porque partimos da aceitação de que elas são, verdadeiramente, a Igreja de Cristo e dos Apóstolos realizada na base. Nem queremos fazer a distinção – de resto acadêmica e infrutífera – entre notas e propriedades. Falaremos, simplesmente, de características da Igreja, vale dizer, qualidades que revelam os traços da Igreja que nasce do povo pelo Espírito de Deus e lhe conferem concreção histórica no meio da realidade social. Situamo-nos na tradição dos primeiros elaboradores medievais do tratado sobre a Igreja, que falavam das *conditiones Ecclesiae*, condições concretas da Igreja. Para aquele que observa com olhos de fé e com simpatia este acontecimento eclesial (eclesiogênese), que traços relevantes são percebidos? Como as características das comunidades eclesiais de base nos traduzem as características de Jesus Cristo e de sua mensagem? Finalmente, é esta a função da Igreja: tornar visível e historificar o significado salvífico de Jesus Cristo e de sua missão, e, ao fazê-lo, fazer-se sacramento-sinal e sacramento-instrumento de libertação.

Antes de abordar esta questão, importa situar a Igreja dentro do mundo como ele se encontra socialmente organizado. Desde que tomamos consciência (a *Gaudium et Spes* canonizou esta postura) de que a Igreja está dentro do mundo e não o mundo dentro da Igreja, esta questão se tornou fundamental. Sua omissão – como ocorre em quase todos os livros de eclesiologia, também os recentes, como *A Igreja* de Hans Kung[4] –, impede que se entenda concretamente a Igreja e abre o passo para um idealismo, ocultador da complexa realidade eclesial. A pergunta que precisamos abordar, embora brevemente, é a seguinte: como entender a Igreja dentro de uma sociedade de classes? As características da Igreja dependem da forma como impostarmos este problema. Para a Igreja que nasce do povo, esta questão é ineludível. Não plantá-la é incapacitar-se de entender aquilo do que verdadeiramente se trata com as comunidades eclesiais de base.

2. As características de uma Igreja articulada com a classe hegemônica

Precisamos acertar com a embocadura certa do problema[5]. Na Igreja, detectamos duas dimensões, cada qual com uma natureza própria, mas mutuamente relacionadas: a Igreja enquanto campo religioso-eclesiástico (instituição), e a Igreja enquanto campo eclesial-sacramental (sacramento, sinal e instrumento de salvação). Por campo religioso-eclesiástico entendemos o complexo de instituições eclesiásticas e o conjunto dos atores religiosos em interação entre si e com as instituições[6]. Como são dimensões da mesma e única Igreja, cumpre articulá-las bem para evitar todo paralelismo real e linguístico. A afirmação básica consiste em sustentar que o campo eclesiástico é suporte do campo sacramental-eclesial; a instituição é o veículo para o sacramento; a visibilidade social da Igreja torna palpáveis a graça e o Reino de Deus.

Para o nosso interesse – identificar as características da Igreja –, entra em consideração o campo religioso-eclesiástico. Em que medida as características visíveis da Igreja revelam as características invisíveis da salvação do Evangelho e da pessoa de Jesus Cristo? Aqui já aparecem articuladas as duas dimensões. Detenhamo-nos na análise, sucinta, do campo religioso-eclesiástico.

O campo religioso-eclesiástico não é um conjunto dado e estruturado de práticas, atores, instituições e discursos referidos a Deus, a Cristo e à Igreja-sacramento. É o resultado de um processo de produção, o produto de um trabalho de estruturação que possui duas forças produtivas: a sociedade com o seu modo de produção determinado e a experiência cristã com seu conteúdo de revelação. Em outras palavras: a Igreja-instituição não nasce pronta do céu; é também fruto de uma determinada história e, ao mesmo tempo, produto da fé que assimila a seu modo as incidências da história. Vejamos, rapidamente, cada uma destas forças produtivas.

a) Campo religioso-eclesiástico e modo de produção da sociedade

A Igreja não opera em campo desocupado, mas em uma sociedade historicamente situada. Significa que, *nolens volens*, ela se encontra limitada e orientada pelo contexto social, com uma população e com recursos limitados e estruturados dentro de uma determinada forma. O campo religioso-eclesiástico é uma porção do campo social; este influi sobre aquele dialeticamente e não mecanicamente. Damos por aceito – sem podermos fundamentar e justificar a opção aqui, pois isso exigiria um tratamento específico – que o eixo organizador de uma sociedade reside no seu modo de produção peculiar. Por modo de produção entendemos a forma como uma determinada população se organiza em relação aos recursos materiais acessíveis a fim de elaborar os bens que permitem sua subsistência e reprodução, seja biológica, seja cultural. Esta atividade é infraestrutural, e sobre ela se constrói tudo o mais na sociedade; ela é *constante* porque atende a necessidades sempre presentes, é *universal* porque é comum a todas as sociedades e em todos os tempos, e é *fundamental* porque constitui condição de possibilidade, em última instância, de qualquer outra iniciativa. Também a Igreja é condicionada, limitada e orientada pelo modo de produção específico. Em outros termos, o modo de produção condiciona quais ações religioso-eclesiásticas são impossíveis, indesejáveis, toleráveis, aceitáveis, convenientes e primordiais, vale dizer, confere características próprias à Igreja[7]. Isso não significa que as ações religioso-eclesiásticas sejam meros produtos sociais sob o código religioso; elas possuem sua especificidade própria, mas ao expressar-se socialmente são atravessadas, limitadas e orientadas pelo modo de produção peculiar de um tipo determinado de sociedade.

Há vários modos de produção, alguns mais simétricos e outros mais assimétricos. Em nosso caso, no Ocidente e na América Latina, possuímos uma sociedade organizada por um *modo de produção dissimétrico*; é o modo capitalista, que se caracteriza pela apropriação privada dos meios de produção por parte de uma minoria permanente, pela distribuição desigual da capacidade de trabalho (há os que não exercem nenhuma função produtiva) e pela distribuição desigual dos produtos finais do trabalho. Este modo dissimétrico de produção origina uma sociedade de classes, com o poder dissimetricamente distribuído, com relações de dominação entre as classes e com interesses divergentes. Verifica-se uma notável desigualdade na alimentação, no vestuário, na moradia, nas condições sanitárias, no emprego, no lazer etc. Semelhante estrutura de classes limita e orienta, como se depreende, todas as atividades, independentemente das vontades das pessoas, inclusive a atividade religioso-eclesiástica. Os fiéis ocupam objetivamente distintos lugares sociais consoante sua situação de classe. Esta situação os leva a perceber a realidade de uma maneira correspondente à sua condição social, fá-los interpretar e viver a mensagem evangélica consoante sua função de classe, porque cada classe possui necessidades, interesses, hábitos, padrões de comportamento próprios etc. De uma classe a outra, variam as ações possíveis, ou impossíveis, toleráveis ou recomendáveis, necessárias ou urgentes. Não devemos, entretanto, imaginar que as ações de classe sejam mecânicas e estáticas. A classe se encontra, continuamente, em um processo de construção (ou desconstrução) conforme sua posição na divisão social do trabalho, a conjuntura concreta e a estratégia específica que ela se impõe. Como o modo de produção é assimétrico, também é assimétrica a dinâmica das classes, vale dizer, é conflitiva e desigual, com forças desiguais em luta (independentemente das vontades e como dinâmica inerente à posição objetiva que cada ator ocupa na estrutura de classes).

Em uma sociedade de classes, há sempre uma classe dominante (ou um bloco de classes), responsável pela gestão de toda a sociedade. Ela procura sempre consolidar, aprofundar e ampliar seu poder, persuadindo os próprios dominados a aceitar a dominação, conquistando-lhes um consenso ideológico[8]. Dessa forma, a classe logra, assim, a hegemonia, isto é, um consenso geral de seu domínio, criando, na linguagem de A. Gramsci, um bloco histórico[9]. Entretanto, a dominação jamais é completa; como ela é feita em um processo mais ou menos longo, sempre subsistem as resistências dos dominados e suas estratégias de sobrevivência e de reforço de seu poder sequestrado. Vigora um permanente conflito aberto ou latente, conforme as conjunturas históricas, entre dominados e dominadores. Esta resistência impõe às classes hegemônicas limites e orientações próprias, pois as classes subalternas podem se transformar em classes revolucionárias.

As classes dominantes, em sua estratégia hegemônica, procurarão incorporar a Igreja a serviço da ampliação, consolidação e legitimação de sua dominação, especialmente para conseguir a aceitação da hegemonia por todos os indivíduos e grupos sociais. O campo religioso-eclesiástico é fortemente pressionado a se organizar de tal forma que se ajuste aos interesses das classes hegemônicas mediante vários tipos de estratégias econômicas, jurídico-políticas, culturais e até repressivas. A Igreja desempenha, então, a função conservadora e legitimadora do bloco histórico imperante.

Entretanto, não é fatal que a Igreja se componha com o bloco histórico hegemônico. As classes subalternas solicitam, por sua vez, a Igreja em sua estratégia por mais poder e autonomia em face das dominações que sofrem. A Igreja pode secundar e justificar a ruptura do bloco histórico e prestar-se a um serviço revolucionário. Os fiéis estão presentes tanto de um lado quanto do outro; a Igreja é atravessada, inevitavelmente, pelos conflitos de classe e pode assumir tanto uma eventual função revolucionária quanto uma função fortalecedora do bloco hegemônico. Estas duas possibilidades não são objeto de golpes de vontade ou opções que alguém pode *ad libitum* tomar. Há que considerar o tipo de articulação que no processo histórico-social o campo religioso-eclesiástico estabeleceu com as várias classes. Pode ocorrer que, no processo referido, a Igreja lentamente tenha reproduzido em seu corpo a estrutura do bloco hegemônico. O campo religioso-eclesiástico pode também ter se estruturado de forma dissimétrica, espelhando assim o campo social hegemônico. Evidentemente, não se trata de uma reprodução mecânica, porque fica sempre preservada a *autonomia relativa* do campo religioso-eclesiástico. Em outras palavras, embora não seja totalmente determinado pelo campo social, tampouco é totalmente independente; a partir de sua especificidade irredutível (a experiência cristã, sua expressão objetiva em discursos e práticas, seu caráter institucional, pelo qual se reproduz, conserva, difunde, particularmente, mediante um corpo de peritos e hierarcas), ele *imediatamente* assimila e retrabalha as influências sociais.

Vejamos, rapidamente, como a Igreja se articulou, ora com o bloco hegemônico, ora com as classes subalternas. Um modo de produção dissimétrico que foi lentamente tomando conta de uma formação social, impondo-se um processo de expropriação dos meios de produção material e simbólica, acabou predominando também dentro da Igreja: criou-se, em um longo processo histórico que pode ser descrito[10], um modo dissimétrico de produção religiosa; verificou-se também, dizendo-o em uma linguagem analítica (sem querer conotar moralmente), um processo de expropriação dos meios de produção religiosa por parte do clero contra o povo cristão. Primitivamente, o povo cristão participava do poder da Igreja, nas decisões, na eleição de seus ministros; depois, começou a ser apenas consultado e, por fim, em termos de poder, totalmente marginalizado e expropriado de uma capacidade que detinha. Como havia uma divisão social do trabalho, introduziu-se também uma divisão eclesiástica do trabalho religioso. Criou-se um corpo de funcionários e peritos encarregados de atender ao interesse religioso de todos mediante a produção exclusiva por eles de bens simbólicos a serem consumidos pelo povo agora expropriado. Não queremos entrar nos conflitos internos do poder religioso (hierarquia-leigos, baixo clero-alto clero etc.), nem nas formas de consenso ideológico criado durante os séculos, a ponto de o corpo de funcionários eclesiásticos hoje (é linguagem analítica e não teológica) deter o monopólio do exercício legítimo do poder religioso[11]. Evidentemente, uma Igreja assim dissimetricamente estruturada se harmoniza bem com o campo social que possui o mesmo modo de produção dissimétrico. A Igreja, facilmente, aparecia como ideologia religiosa legitimadora da ordem imperante. Na América Latina até Medellín (1968), funcionou este tipo de articulação Igreja-sociedade civil-Estado[12], dando origem ao regime de cristandade.

Deixemos para depois a forma como a Igreja se articulou com as classes subalternas, pois aí já entraríamos nas comunidades eclesiais de base.

b) A experiência cristã com seu conteúdo de revelação

A outra força produtiva do campo religioso-eclesiástico reside na experiência cristã e seu conteúdo de revelação. Neste particular, não nos queremos deter, por se tratar de matéria amplamente conhecida. Queremos afirmar a irredutibilidade da experiência de fé cristã testemunhada e conservada pelos textos fundadores que são as Escrituras cristãs lidas e relidas ao largo da história (Tradição). Aí se narra a história de um Vivente no qual os Apóstolos decifraram o sentido terminal do homem e do mundo (salvação). As pilastras que sustentam a fé cristã e constituem fonte inspiradora para a Igreja são a gesta de Jesus morto e ressuscitado e sua mensagem de amor, de esperança, de fraternidade, de serviço entre os homens, de entrega confiante ao Pai. Tais conteúdos constituem a positividade da fé, não um *interpretandum*, mas critérios que julgam permanentemente a Igreja, suas práticas, seus discursos e seu modo de produção religiosa.

Como transparece, o campo religioso-eclesiástico encerra em si uma inegável contradição: por um lado se realiza historicamente nos quadros de um modo dissimétrico de produção simbólica, acolitando a sociedade capitalista; por outro, o ideário básico convoca para um modo de produção simétrico, participativo e fraterno. Porque a Igreja vive esta contradição, sempre é possível nela a irrupção do profeta e do espírito libertário que a faz se encaminhar na direção daqueles grupos que buscam relações mais justas na História e se organizam nos marcos de uma prática revolucionária. É o que ocorre presentemente com a Igreja nas bases.

c) Características da Igreja em um modo dissimétrico de produção religiosa

A Igreja na América Latina esteve presente no processo de consolidação do bloco hegemônico, atuando, tendencialmente, como agente conservador e legitimador; ela forma um campo religioso-eclesiástico policlassista, refletindo interiormente os conflitos que atravessam a tecedura social, mas formando o seu bloco hegemônico eclesiástico com o poder total nas mãos da relação Papa-bispos-sacerdotes. Neste modo de produção eclesiástica tão dissimétrico, aparecem algumas características correspondentes. Vejamos como se concretizam as quatro notas básicas (heurísticas) da Igreja: unidade, santidade, catolicidade e apostolicidade.

A *unidade* se apresentará monolítica como uniformidade de uma mesma doutrina, de um mesmo discurso, de uma mesma liturgia, de uma mesma ordenação eclesiástica (direito canônico), de uma mesma moral e, se possível, de uma mesma língua (latim). A unificação da ordem simbólica reproduz a coesão do bloco histórico-social, ocultando e transfigurando os conflitos sociais e intraeclesiásticos. A unidade da Igreja vem definida como comunhão do povo com a hierarquia, mas o inverso quase nunca é pronunciado: comunhão da hierarquia com o povo. O discurso será um discurso *unitário e ambíguo*: unitário, ocultando os conflitos que de si gerariam diversidade de discursos; ambíguo, atendendo às várias demandas e conservando, assim, o bloco coeso; o discurso parcializado introduziria a possibilidade de manifestação do conflito. Este discurso unitário e ambíguo geralmente se concentra em temas não conflitivos, privilegia a harmonia, nega explicitamente a existência ou a importância da divisão de classes ou nega a legitimidade das lutas dos dominados em busca de sua liberdade sequestrada, inflaciona-se com apelos ao sobrenatural e à observância moral. A unificação das classes dentro de uma mesma Igreja é meramente simbólica, com a função de favorecer sociopoliticamente as classes dominantes.

A *santidade* aparece como característica desta Igreja no modo dissimétrico de produção religiosa na medida em que o fiel nela se insere e cumpre fielmente o *ethos* do bloco histórico-religioso sob a hegemonia da hierarquia. As grandes virtudes do santo católico são a obediência, a submissão eclesiástica, a humildade, a referência total à Igreja (ser batizado ou religioso para servir à Igreja). Por isso, a quase totalidade dos santos modernos (nos quais se realizou plenamente o monopólio hierárquico) é constituída de santos do sistema, padres, bispos, religiosos; poucos são os leigos, e estes, capturados pelo poder hegemônico central (analiticamente falando). O profeta, o reformador que, em nome da positividade da fé, critica ou postula uma mobilização nas relações de poder na Igreja, está sujeito a toda sorte de violência simbólica (processo canônico, excomunhão) e jamais é caracterizador da santidade da Igreja.

A *apostolicidade*, em uma Igreja dissimetricamente estruturada, é apropriada por uma única classe (bispos, sucessores dos Apóstolos), não sendo considerada uma característica de toda a Igreja. A sucessão apostólica é cada vez mais reduzida à sucessão do poder apostólico e cada vez menos à doutrina apostólica, como era o sentido originário. Oculta-se o fato de que "o leigo, como o bispo, é um sucessor dos Apóstolos" (Paulo VI)[13].

A *catolicidade* se articula estreitamente com a unidade (uniformidade); privilegia-se o aspecto quantitativo: a mesma Igreja presente no mundo inteiro (*per totum orbem terrarum diffusa*). A catolicidade não vem definida por seus elementos concretos (encarnação nas várias culturas e Igrejas locais), mas por seus elementos abstratos (a mesma hierarquia, os mesmos sacramentos, a mesma teologia).

Agora caberia um ajuizamento teológico acerca desta estruturação dissimétrica da Igreja: até que ponto ela visibiliza e veicula a experiência relevante de Jesus Cristo e dos Apóstolos e serve de "cavalo" para os ideais de fraternidade, participação e comunhão presentes nas práticas e na mensagem de Jesus? Não podemos, por razões de brevidade, abordar esta questão. Apenas queremos destacar sua importância e dar conta do sentimento generalizado pelo nível de consciência difundido por todo o corpo eclesial de que mais e mais se percebe a contradição (para alguns quase insuportável) entre campo religioso-eclesiástico dissimetricamente estruturado e figura e mensagem de Cristo e dos Apóstolos; tudo conclama e convoca para uma reestruturação interna da Igreja, para que ela possa ser mais fiel às suas origens e possa desempenhar melhor sua missão específica que é de ordem teológica, mediante a criação de mediações de poder mais participadas, mais simétricas e por isso mais justas.

3. Características de uma Igreja articulada com as classes subalternas

A Igreja não desempenha, fatalmente, uma função conservadora (marxismo ortodoxo); por seu ideário e origens (a memória perigosa e subversiva de Jesus de Nazaré crucificado sob Pôncio Pilatos), ela é, antes, revolucionária. Mas isso depende de determinadas condições sociais e de sua própria situação interna. Dado algum grau de ruptura no bloco histórico, a Igreja pode ter certo desempenho perante as classes subalternas em suas lutas contra a dominação, especialmente perante aqueles grupos sociais que se orientam por uma visão religiosa do mundo, como é o caso de nosso povo latino-americano. Estes grupos tendem a criar uma *estratégia de libertação*, a começar pela elaboração de uma visão independente e alternativa do mundo em contraposição àquela das classes hegemônicas. Esta pré-condição é indispensável para criar as condições objetivas de transformação de sua existência subalterna.

É aqui que ganha relevância o campo religioso-eclesiástico. Se ele ajudar na elaboração de uma visão religiosa do mundo que se ajuste aos interesses libertários das classes subalternas, e oposta às classes dominantes, irá cumprir uma função revolucionária. O interesse religioso da base é autolegitimar sua busca de libertação e contralegitimar e desnaturalizar a dominação que sofre. O campo eclesiástico pode oferecer esta legitimação, dadas algumas condições concretas, internas e externas, seja porque compreende a justiça de suas lutas, seja porque as vê em conformidade com o ideário evangélico.

Geralmente, no modo de produção capitalista, não é a religião a instância reprodutora principal das relações sociais. Mas no caso da América Latina, por causa da cosmovisão religiosa predominante entre o povo, a Igreja desempenha uma relevante função reprodutora ou contestadora. Nos grupos subalternos predominantemente religiosos, a elaboração de uma visão cristã independente, alternativa e oposta à classe hegemônica, significa o deslanche de seu processo libertador que terá sucesso histórico à condição de se atingir um certo grau de consciência, organização e mobilização de classe. Teologicamente recaptura-se a figura histórica de Jesus de Nazaré, que privilegiava os pobres e os entendia como os primeiros destinatários e beneficiários do Reino de Deus; recupera-se o sentido originário de sua vida e morte como vida comprometida com a causa dos humilhados nos quais se frustrava a Causa de Deus, como morte causada por um conflito movido pelas classes dominantes da época. Nesta linha, reinterpretam-se os principais símbolos da fé e se desvelam as dimensões libertadoras, objetivamente, presentes neles, mas recalcadas por uma estruturação de dominação religiosa articulada com a classe hegemônica social.

Evidentemente, tal recuperação do sentido originário do cristianismo não se faz sem uma ruptura com tradições eclesiásticas hegemônicas. Cabe, normalmente, ao *intelectual orgânico religioso* processar uma nova costura nesta ruptura; por um lado, considerando sua vinculação com as classes subalternas, ele ajuda na percepção, sistematização e expressão dos seus grandes anelos libertários; por outro, assume-os dentro do projeto religioso (teológico) e mostra sua coerência com o ideário fundamental de Jesus e dos Apóstolos. Com base neste desbloqueio, frações importantes da instituição eclesiástica podem se aliar com as classes subalternas e possibilitar a emergência de uma Igreja popular com características populares.

Cremos que com as comunidades eclesiais de base ocorre, exatamente, semelhante fenômeno: trata-se de uma verdadeira eclesiogênese (gênese de uma nova Igreja, mas não diferente daquela dos Apóstolos e da Tradição) que se realiza nas bases da Igreja e nas bases da sociedade, vale dizer, nas classes subalternas, depotenciadas religiosamente (sem poder religioso) e socialmente (sem poder social). Analiticamente, importa captar bem a novidade: estas comunidades significam uma ruptura com o monopólio do poder social e religioso e a inauguração de um novo processo religioso e social de estruturação da Igreja e da sociedade[14], com uma divisão social diversa do trabalho e também uma divisão religiosa diferente do trabalho eclesiástico. Vejamos algumas características da Igreja na base. A nosso ver, a Igreja encarnada nas classes subalternas apresenta quinze características; São Belarmino, famoso eclesiólogo da Igreja encarnada na classe hegemônica, apresentava também quinze notas da Igreja (em 1591); a coincidência não deixa de conter o seu significado.

a) Igreja-Povo-de-Deus

Tomamos a categoria povo não no sentido de nação englobando indistintamente a todos e ocultando as dissimetrias internas, mas no sentido de povo-classe subalterna que se define por ser excluída da participação e reduzida a um processo de massificação (coisificação). Povo constitui uma categoria analítica e também uma categoria axiológica; analiticamente, define um grupo em contraposição a outro; axiologicamente, propõe um valor a ser vivido por todos. Em outros termos, todos são chamados a ser povo, e não apenas a classe subalterna; esta realiza o povo, na medida em que, pela mediação de comunidades[15], deixa de ser massa, elabora a consciência de si mesma, desenha um projeto histórico de justiça e participação para todos e não apenas para si mesma, e ensaia práticas que apontam para a realização aproximativa desta utopia. A estratégia libertária do povo se orienta pela superação da atual estrutura monopolística, seja do poder civil, seja do poder sagrado, na direção de uma sociedade o mais participativa possível. Este povo se torna Povo de Deus na medida em que, formando comunidades de batizados, de fé, esperança e amor, animados pela mensagem de absoluta fraternidade de Jesus Cristo propõe-se, historicamente, concretizar um povo de livres, fraternos e participantes. Esta realidade histórica não constitui apenas um produto de um processo social simétrico, mas, teologicamente, significa a antecipação e preparação do Reino de Deus e do Povo de Deus escatológico.

As comunidades de base formam este povo em marcha; sua existência lança um desafio à hierarquia que monopolizou em suas mãos todo o poder sagrado, para que ela se entenda como serviço e não como poder que se exerce a partir do próprio poder[16]; como mediação para a justiça, a fraternidade e a coordenação do povo, não permitindo que se criem estruturas monopolistas e marginalizados em seu seio. O fato de existir, por um lado, uma vasta rede de comunidades eclesiais de base e, por outro, uma estrutura paroquial e diocesana; por um lado, uma Igreja de leigos, e, por outro, uma Igreja dirigida exclusivamente por clérigos, revela-nos a tensão que existe e persiste dentro da Igreja; podem-se gerar relações mais equânimes, propiciando maior participação de todos na produção e benefício dos bens religiosos.

b) *Igreja de pobres e fracos (reduzidos a sub-homens)*

A grande, quase absoluta maioria dos membros das comunidades de base é constituída de pobres e fisicamente fracos pela dura expropriação de seu trabalho a que estão submetidos. Dispondo de parcos recursos, as comunidades organizam a força de trabalho de seus membros em mutirões e outras iniciativas comunitárias.

O fato de ser pobre e fraco não constitui apenas um dado sociológico; aos olhos da fé, constitui um acontecimento teológico; o pobre, evangelicamente, significa uma epifania do Senhor; sua existência é um desafio lançado a Deus mesmo, que resolveu, um dia, intervir para restabelecer a justiça, porque a pobreza exprime uma quebra da justiça, dado que ela não é gerada espontaneamente, mas por um modo de produção expropriador. São os pobres os naturais portadores da utopia do Reino de Deus; são eles que carregam a esperança, e a eles deve pertencer o futuro.

c) Igreja dos espoliados (feitos desumanizados)

A grande maioria das comunidades eclesiais de base – basta ler os relatórios – estão às voltas com problemas de terras das quais são expulsas ou ameaçadas de sê-lo, com questões de salários, trabalho, saúde, casa, escola, sindicato. Percebe-se sem dificuldade que o nosso tipo de sociedade em moldes capitalistas, dependente, associada, elitista não foi feito para esses despossuídos; nada funciona em função deles, nem as leis, nem os juízes, nem o aparato policial, nem os meios de comunicação. São, realmente, espoliadas; até há pouco, eram objeto da misericórdia da Igreja e da sociedade. Não contavam positivamente, constituindo apenas matéria de manobra política e número para engrossar as festas populares.

Agora se reúnem; formam comunidades, acumulam uma consciência crítica e transformadora em termos de Igreja e de sociedade; fazem-se sujeitos da história. A comunidade eclesial é princípio de descobrimento da dignidade inerente à pessoa humana, aviltada pelas classes dominantes (direitos dos pobres). Eles se descobrem sujeitos de direitos e deveres (cidadãos), imagens e semelhanças de Deus, filhos do Pai, templos do Espírito e destinados à total personalização na culminância da história, antecipando-a já agora por práticas libertárias.

As comunidades eclesiais de base constituem, a nosso ver, a forma adequada de Igreja para as vítimas da acumulação capitalista em contraposição à Igreja tradicional, hierarquizada, com suas associações clássicas (Apostolado, Vicentinos) e modernizantes (Cursilho, TLC, MFC, Renovação Carismática), mais adequada a uma sociedade de classes, integrada no projeto das classes hegemônicas.

d) Igreja de leigos

Leigo, em seu sentido originário grego, significa membro do Povo de Deus. Nesta acepção, também o padre, o bispo e o Papa são leigos. Entretanto, na divisão eclesiástica do trabalho, leigo é todo aquele que não participa do poder sagrado. Por causa disto, não era considerado portador de eclesialidade, no sentido de também produzir bens simbólicos e ser criador de comunidade eclesial; era um beneficiário daquilo que o corpo de funcionários sagrados produzia e um executor das decisões deles. Nas comunidades de base, constituídas quase exclusivamente por leigos, vê-se que eles são verdadeiros criadores de realidade eclesial, de testemunho comunitário, de organização e de responsabilidade missionária. Possuem a palavra, criam símbolos e ritos e reinventam a Igreja com os materiais das bases.

e) Igreja como koinonia *de poder*

A comunidade se considera a depositária do poder sagrado, e não apenas alguns dentro dela. Mostra-se não anárquica, no sentido de pretender prescindir de todo poder e organização, mas contrária ao princípio de monopolização do poder nas mãos de um corpo de especialistas, acima e fora da comunidade. Predomina a circulação dos papéis de coordenação e animação, sendo o poder função da comunidade e não de uma pessoa; o que se rejeita não é o poder em si, mas seu monopólio, que implica expropriação em função de uma elite. Não são poucas as comunidades que, por causa desta postura básica, mantêm uma suspeição contra todo vocabulário que denota autoritarismo e concentração de poder (dirigente, animador, chefe, coordenador).

f) Igreja, toda ela ministerial

As comunidades eclesiais de base, por seu caráter antes comunitário que societário, facilitam a circulação do poder. Os vários serviços não são prévios, como perpetuação de uma estrutura preexistente, mas numa resposta à necessidade que surge. Toda a comunidade é ministerial, não apenas alguns membros; supera-se, desta forma, o enrijecimento da divisão do trabalho religioso: hierarquia-direção, laicato-execução. Teologicamente falando, dir-se-á que, em primeiro plano, a Igreja é representante de Cristo, e os ministros, representantes da Igreja; são também representantes de Cristo na medida em que são Igrejas; assim, dever-se-á pensar o poder como depositado na comunidade inteira; a partir dela, ele se detalha em diferentes formas, consoante as necessidades o exigirem, até o supremo pontificado. Desta maneira, os serviços nunca estão acima e fora da Igreja, mas dentro dela, como expressão do sacramento da Igreja e em função de toda a comunidade eclesial.

g) Igreja de diáspora

As comunidades de base representam, em termos histórico-sociais, a primeira experiência bem-sucedida de Igreja fora dos quadros da cristandade e com raízes populares. A cristandade, conforme análises detalhadas recentes[17], significa uma articulação peculiar entre a Igreja e a sociedade civil mediante o Estado e as estruturas sociais e culturais hegemônicas de um país; a Igreja participa do bloco histórico e se compõe com as classes dominantes para poder exercer seu poder na sociedade civil. Este ensaio se esgotou historicamente pelas próprias mudanças dentro do bloco histórico submetido ao capitalismo transnacional, que gera dependência e subdesenvolvimento. A partir de 1960, apareceram as condições históricas para uma Igreja que nasce do povo, das classes dominadas. A oposição que se nota atualmente – convém compreender bem isto – não se estabelece entre uma Igreja oficial e uma Igreja popular, mas entre a cristandade (Igreja encarnada nas classes hegemônicas) e Igreja popular. Esta Igreja se articula com a Igreja hierárquica, mas estabelece um antagonismo ao projeto de uma nova cristandade, que tentaria, como se percebe no documento de consulta, preparatório para a III Conferência Episcopal Latino-Americana em Puebla, subordinar a ação pastoral da Igreja à sua articulação com as classes hegemônicas.

O que vemos realizado pelas comunidades de base é a Igreja dentro da sociedade (nas classes subalternas preferentemente), e não a sociedade dentro da Igreja; elas significam uma diáspora cristã disseminada dentro da tecedura social. Além de seu valor eclesiológico (teológico), elas adquirem um eminente valor político: ajudam a reconstituir celularmente a sociedade civil, continuamente rompida e atomizada pela divisão de classes e pelas investidas da classe hegemônica e antipopular. Elas geram uma mística de mútua ajuda, ensaiam concretamente uma práxis comunitária e solidária que antecipa e prepara uma nova forma de convívio social em contraposição à sociedade burguesa.

h) Igreja libertadora

Aqui nos reportamos ao que escrevemos linhas atrás quando discorremos sobre a articulação entre Igreja e classes subalternas; a comunidade cristã pode significar a porta de entrada (do ponto de vista do povo) para a política como engajamento e prática buscando o bem comum e a justiça social. O cristianismo é a religião do povo; a partir dela, tudo se entende e organiza; um cristianismo que se articula com as expectativas e demandas dos oprimidos emerge como libertário, e a comunidade eclesial de base, como libertadora. Percebe-se que, nas comunidades, o capital simbólico da fé constitui fonte, quase única, de motivações para o compromisso político; o Evangelho e a vida de Jesus levam à libertação das injustiças. Convém, entretanto, advertir que se trata apenas de um primeiro passo; depois dele virá o passo analítico, e então a política emerge como campo em sua autonomia relativa; a fé não fica demissionada; adquire sua verdadeira dimensão de mística de animação que aponta para uma libertação que transcende a história e permite vê-la já antecipada historicamente no processo libertador da sociedade, gestando formas menos iníquas de convivência.

i) Igreja que sacramentaliza as libertações concretas

A comunidade eclesial de base não celebra apenas a palavra de Deus, os sacramentos (quando pode tê-los), mas celebra, à luz da fé, a própria vida, as conquistas de todo o grupo e seus encontros. Sabe dramatizar seus problemas e suas soluções; liturgifica o popular e populariza o litúrgico; aprende a descobrir Deus na vida, nos acontecimentos, em suas lutas; recupera o que foi perdido em consequência da amnésia sacramental a que toda a Igreja fora reduzida mediante a limitação no Concílio de Trento de toda a estrutura sacramental aos sete sacramentos[18].

j) Igreja que prolonga a grande Tradição

Jesus, os Apóstolos e as primeiras comunidades cristãs eram gente do povo, pobres e membros de classes subjugadas. Nunca na Igreja se perdeu a memória das origens humildes; entretanto, com a construção de um regime de cristandade, estas origens humildes foram mitificadas; a mensagem libertadora de Jesus sofreu um sequestro por parte dos grupos dominantes, em função de seus interesses. As comunidades eclesiais de base se sentem em profunda sintonia com a Igreja dos Atos dos Apóstolos, com a Igreja dos mártires, com os movimentos proféticos que na Igreja sempre reassumiram a dimensão evangélica da pobreza, do serviço, da renúncia a toda pompa e dominação e da inserção entre os marginalizados. Esta Igreja do povo e dos pobres, que sempre existiu, mas cuja história quase nunca foi contada, prolonga-se para dentro da experiência das comunidades eclesiais de base de hoje. Elas não apenas reproduzem esquemas do passado, mas recriam outros em função dos apelos históricos. Esta Igreja na base é mais acontecimento de pessoas que se reúnem por causa da Palavra de Deus do que uma instituição com estruturas previamente estabelecidas (sacramentos, doutrinas, hierarquias); não que estas realidades lhe sejam indiferentes ou simplesmente inexistam; elas não constituem o eixo articulador da comunidade como tal; antes, são a Palavra de Deus ouvida e relida no contexto de seus problemas, a execução de tarefas comunitárias, a mútua ajuda e as celebrações estão na base destas comunidades.

l) Igreja em comunhão com a grande Igreja

Não devemos entender a Igreja na base como uma Igreja paralela àquela da grande instituição; o antagonismo, como já o acenamos, não se estabelece entre instituição e comunidade, mas entre cristandade (Igreja associada aos poderes hegemônicos da sociedade de classes) e Igreja popular (articulada com as bases). No Brasil e, de modo geral, na América Latina, percebe-se notável convergência entre a grande Igreja, estruturada como rede de serviços institucionais, e a Igreja, rede de comunidades de base. Esta recebe daquela o capital simbólico da fé, a ligação com a Tradição apostólica e a dimensão de universalidade. Aquela, a grande Igreja, recebe desta concreção local e pessoal a inserção no povo e a vinculação com as causas mais urgentes dos homens em termos de justiça, dignidade e participação. Uma está voltada para outra, em uma mútua aceitação; não são duas Igrejas, mas a mesma Igreja dos Pais da fé concretizada em estratos diferentes da sociedade, enfrentando problemas específicos. A base não mostra nenhuma alergia à presença dos sacerdotes e bispos em seu seio; antes, reclama-os, mas impõe-lhes um novo estilo no exercício de seu ministério de unidade e comunhão, mais simples, evangélico, funcional e articulado com a causa popular. Por causa das bases, toda a Igreja atualmente assumiu uma mais decidida opção pela libertação dos oprimidos, pela defesa dos direitos humanos, especialmente dos pobres, e por um processo de transformação global da sociedade rumo a formas mais socializadas.

m) Igreja que constrói a unidade a partir da missão libertadora

A tradição teológica entendeu a unidade da Igreja construída sobre três eixos: a mesma fé (*vinculum symbolicum*), os mesmos sacramentos (*vinculum liturgicum*) e o mesmo governo hierárquico (*vinculum sociale*). A Igreja latina enfatizou o governo hierárquico como o fundamental princípio de unidade: *unus grex sub uno pastore* (um povo só sob um pastor só; *unum corpus [populus] sub uno capite*). Chegou a uma elaboração exacerbada do poder centralizador (teoria da cefalização) a ponto de expropriar do povo cristão todas as formas de participação decisória. A Igreja oriental ortodoxa acentuou primordialmente o sacramento como princípio criador de unidade e de expressão de unidade, particularmente a eucaristia (*una eucharistia, unus grex*). Nas comunidades de base, a unidade se estrutura fundamentalmente a partir da missão. Certamente ela possui a mesma fé, recebe e administra os mesmos sacramentos e se encontra em comunhão com a grande Igreja estruturada hierarquicamente; mas esta unidade interior é criada e alimentada a partir de uma referência à exterioridade que é a missão.

O contexto conflitivo das bases configura muito concretamente a missão da Igreja: pensar e viver a fé de forma libertadora, comprometida com os humilhados, lutando por sua dignidade e ajudando a construir uma convivência mais conforme os critérios evangélicos. Esta opção se impõe de forma cada vez mais ineludível em todas as comunidades de base seja em meio rural seja em meio suburbano. As divisões não se produzem, normalmente, no nível da fé, dos sacramentos ou da direção, mas no nível do engajamento com a realidade. Poderíamos dizer que se constrói sobre esta opção: *una optio, unus grex* (uma opção, um povo).

n) Igreja com nova concreção de sua catolicidade

A unidade facilita o entendimento da universalidade. As comunidades de base apresentam uma nítida inscrição social de classe (pobres, explorados), mas ao mesmo tempo explicitam uma vocação universal: justiça para todos, direitos para todos e participação para todos. Os direitos de todos passam pela mediação dos direitos assegurados e recuperados dos pobres. As causas postuladas pelas comunidades são causas universais; e assim fazem na medida em que assumem a universalidade destas causas[19]; por isso, não são comunidades fechadas sobre seus interesses classistas; todos, de qualquer classe, que optarem pela justiça e se articularem com suas lutas encontrarão lugar em seu seio. Lutando pela libertação econômica, social e política que abre a perspectiva para uma libertação em plenitude no Reino de Deus, ela está a serviço de uma causa universal. O capitalismo, como sistema de convivência dissimétrica, apresenta-se como um empecilho à universalidade da Igreja, na medida em que realiza somente os interesses de uma classe. Uma sociedade democrática e socialista ofereceria melhores condições objetivas para uma expressão mais plena da catolicidade da Igreja. Em outros termos, no capitalismo a catolicidade da Igreja corre o risco de permanecer na pura intencionalidade, da utilização dos mesmos símbolos, mas com conteúdos diferentes consoante a situação de classe. Ricos e pobres comungam juntos na igreja, mas se excomungam mutuamente na fábrica. Se na fábrica houvesse comunhão, a comunhão eucarística expressaria não apenas a comunhão escatológica no termo da história, mas já agora a comunhão real da sociedade.

o) Igreja toda ela apostólica

Estamos habituados a entender a apostolicidade como característica dos bispos, sucessores dos Apóstolos. Esta redução do conceito apenas ao grupo dirigente mais alto dentro da Igreja é posterior. Originalmente, apóstolo era simplesmente o enviado, como se diz no NT até de Jesus (Hb 3,1). Muito provavelmente, o termo apóstolo não foi aplicado por Jesus aos Doze primeiros seguidores[20]. Ao serem enviados pelo mundo para continuar sua missão reveladora e anunciadora, os Doze passaram a ser apóstolos. Mas o denominativo não é exclusivo dos Doze, como se vê em Paulo, chamado também apóstolo de vocação tardia. Todo enviado – e cada batizado recebe a tarefa de anunciar e testemunhar a novidade de Deus em Jesus Cristo – é um apóstolo e prolonga o envio dos primeiros Doze apóstolos. Os Doze são ainda aqueles que deciframram o mistério de Jesus como Filho de Deus encarnado. Estamos ligados à fé apostólica e à sua doutrina conservadora nos textos fundadores e na memória viva das comunidades. Por causa desta sua função decifradora, os apóstolos se constituíram coordenadores de comunidades. Neste contexto, é voz corrente que todos os que exercem este serviço de coordenação e de unidade estão na sucessão apostólica. Por fim, menciona-se a tradição da *vida apostólica*, vida de seguimento de Jesus, participando de sua vida e compartilhando de seu destino.

O problema surgiu quando os Doze apóstolos foram, na reflexão canônico-teológica, considerados individualmente. Perdeu-se o sentido simbólico dos Doze para designar a comunidade messiânica (novo Israel) e sua colegialidade. Não é cada um dos Doze, individualmente, que é enviado; é o grupo, o colégio, a comunidade dos Doze, vale dizer, a primeira e minúscula *ecclesia* ao redor de Jesus. Portanto, a comunidade é que é apostólica, e não apenas alguns portadores de poder sagrado.

Neste sentido, a comunidade eclesial de base recupera o sentido primitivo de apostolicidade, na medida em que, enquanto comunidade, sente-se enviada, portadora da doutrina ortodoxa da fé e dos vários serviços que o Espírito faz suscitar nela, vivendo uma vida apostólica no seguimento de Jesus, de suas atitudes, de sua mensagem e da esperança do Reino que deixou depositada no coração dos fiéis. A sucessão apostólica não se reduz, portanto, à das funções hierárquicas, introduzindo, desde o começo, uma divisão entre os que têm e os que não têm na Igreja; esta divisão em serviços é posterior, à base de uma profunda fraternidade e igualdade: todos portadores da reta doutrina dos apóstolos e todos participantes dos três serviços básicos de Jesus Cristo: testemunhar, santificar e ser responsável pela unidade e funcionamento da comunidade. Nas comunidades de base, nota-se este equilíbrio entre os vários elementos, sem preconceito fixado contra uma divisão simétrica das várias funções e responsabilidades.

p) Igreja, realizadora de um novo estilo de santidade

O santo não é apenas o asceta, o fiel observante das disposições divinas e eclesiásticas, aquele que penetrou e internalizou o mistério sacrossanto de Deus e de sua aparição humana em Jesus Cristo. Tudo isto conserva um valor perene e jamais substituível. Entretanto, nas comunidades de base criou-se a situação para um outro tipo de santidade, aquela do militante. Mais que lutar contra as próprias paixões (é uma luta permanente), luta-se, politicamente, contra a expoliação e geração de mecanismos de acumulação excludente, no esforço de construir relações mais comunitárias e equilibradas. As novas virtudes se expressam pela solidariedade de classe, pela participação nas decisões comunitárias, na interajuda (mutirão), na crítica aos abusos do poder, no suportar difamações, perseguições por causa da justiça[21], cárceres injustos, destituição do trabalho, aversão à ganância, à acumulação privada sem responsabilidade social. As comunidades encontram marcos de referência em pessoas que sofreram com hombridade por causa de seu compromisso com a comunidade e com o Evangelho, muitas guardam os nomes de seus confessores e mártires, recordam-nos em suas celebrações e celebram suas vitórias.

4. Conclusão: a credibilidade da esperança cristã

Todos estes traços (poderíamos elencar outros) caracterizam a experiência eclesial nova que está se operando nas bases da Igreja e da sociedade. Cada um desses traços pode ser colocado em discussão, mas o conjunto converge para um sentido revelador de um espírito novo, de uma maior fidelidade às origens libertárias de mensagem evangélica e de fidelidade também ao destino transcendente da terra com suas buscas e ansiedades. A fé não aliena do mundo, nem cria uma comunidade apartada dos demais homens; é um fermento de esperança e de amor jamais vencidos, que apostam na força dos fracos e na infalibilidade da causa da justiça e da fraternidade. O interesse pelo céu não faz esquecer a terra; pelo contrário, o céu depende daquilo que fizermos na terra e com a terra. Uma Igreja assim comprometida com as causas dos espoliados deste século confere credibilidade àquilo que a fé proclama e a esperança promete; desvela um rosto de Cristo capaz ainda de fascinar espíritos atentos e insatisfeitos com a ordem deste mundo. As comunidades comprovam que se pode ser cristão sem ser conservador, que se pode ser homem de fé e ao mesmo tempo comprometido com o destino da sociedade, que se pode esperar contra a esperança e na eternidade sem perder os pés no chão firme e o empenho na luta por um amanhã melhor, ainda aqui dentro de nossa história.

Notas

1. CONGAR, Y., Breve histórico da problemática das notas, em *Mysterium Salutis* IV/3, Petrópolis, 1976, p. 6-9.
2. Para todo este problema, a obra básica continua ainda a de THILS, G., *Les notes de l'Église dans l'apologétique catholique depuis la Réforme*, Gembloux, 1937.
3. Cf. GRIVEC, F., De via empirica notarum Ecclesiae, em *Antonianum*, 36 (1961), p. 395-400.
4. KUNG, H., *A Igreja*, 2 vol., Lisboa, 1959. Esta obra, cheia de méritos por um lado, por aproveitar as pesquisas históricas e exegéticas para renovar a visão de Igreja, é por outro lado muito insuficiente em termos de relações Igreja/mundo: A Igreja é ainda estudada em si mesma como um subsistente em si, prescindindo de sua concepção dentro da história econômica, política, social da sociedade com seu peculiar modo de produção.
5. Para toda essa parte, somos devedores a BOFF, Clodovis, Igreja e política, em *Comunidade eclesial – comunidade política*, Petrópolis, 1978, p. 64-84; BOURDIEU, P., *A economia das trocas simbólicas*, São Paulo, 1974; e principalmente MADURO, Otto, *Campo religioso y conflictos sociales. Marco teórico para el análisis de sus interrelaciones em Latinoamérica. Travail de fin d'études*, Lovaina, 1978.
6. Cf. BOURDIEU, P., Gênese e estrutura de campo religioso, em *A economia*, op. cit., p. 27-78; MADURO, O., *Campo religioso*, op. cit., p. 47, 111, passim.
7. MADURO, O., p. 51-4; cf. TOURAINE, A., *Production de la société*, Paris, 1973, p. 145s.
8. Sobre este ponto, remeto às reflexões de HOORNAERT, E., em seu estudo em *REB*, (1978), p. 474-502: Comunidades de base: dez anos de experiência, esp. p. 475-9.
9. Cf. PORTELLI, H., *Gramsci y el bloque histórico*, México, 1977, p. 65-92.
10. Cf. FAIVRE, A., Naissance d'une hiérarchie: les premières étapes du cursus clérical, em *Theol. Hist.*, 40, Paris, 1977, resumido por E. Hoornaert no artigo antes referido;

cf. Macht, Dienst, Herrschaft, em *Kirche und Gesellschaft*, Vários A., org. por W. Weber, Friburgo na Brisgóvia, 1973; *Autorität*, Vários A., publ. por J. Turk, Mogúncia, 1973.

11. Para toda esta parte, cf. MADURO, O., *Campo religioso*, op. cit., p. 104-22.
12. Cf. o estudo de RICHARD, P., *Mort des chrétientés et naissance de l'Église. Analyse historique et interprétation théologique de l'Église en Amérique Latine*. Centre Lebret "Foi et Développement", Paris, nov. 1978 (mimeo.), especialmente as três primeiras partes.
13. GUITTON, J., *Diálogos con Pablo VI*, Madri, 1967, p. 392.
14. Analisar este fenômeno e justificar sua possibilidade teológico-dogmática foi o objeto do meu estudo *Eclesiogênese. As comunidades eclesiais de base reinventam a Igreja*, Petrópolis, 1977.
15. Cf. o trabalho em que, em termos de teologia católica, está mais bem articulada esta problemática: *Pueblo de Dios y comunidad liberadora. Perspectivas eclesiológicas desde las comunidades religiosas que caminan con el pueblo* (Documento 33 da CLAR – Equipe de teólogos), Bogotá, 1977.
16. SOBRINO, Jon, *Resurrección de una Iglesia popular*, San Salvador, 1978, p. 17s (mimeo.).
17. RICHARD, P., *Mort des chrétientés*, op. cit.: é a tese central do trabalho.
18. Cf. o nosso estudo *Minima Sacramentalia*, Petrópolis, 1976, onde tentamos fundamentar teologicamente o ensino sacramental da base.
19. Cf. com mais detalhe meu trabalho Missão universal e libertação concreta, em *A fé na periferia do mundo*, Petrópolis, 1978, p. 76-94.
20. DUPONT, J., *Le nom d'Apôtre a-t-il été donné aux Douze par Jésus?*, Lovaina, 1957; CONGAR, Y., A Igreja é apostólica, em *Mysterium Salutis* IV/3, p. 157-9; clássica e monumental é a obra de KLOSTERMANN, F., *Das christliche Apostolat*, Innsbruck, 1962, para o caso, p. 119-28.
21. Santo Agostinho via na perseguição por causa da justiça uma marca da verdadeira Igreja: *Epistula* 93, 8; 185, 9.

IX.
A COMUNIDADE ECLESIAL DE BASE: O MÍNIMO DO MÍNIMO*

* Este texto foi pensado e descrito em parceria com Frei Clodovis Boff.

As comunidades eclesiais de base, disseram-no os bispos em Puebla, constituem "motivo de alegria e de esperança" (nº 96; 262; 1.309), são verdadeiros "focos de evangelização e motores de libertação" (nº 96). Qual o mínimo de compreensão que precisamos ter para apreendermos este fenômeno tão promissor para o futuro da fé na história, especialmente entre os pobres? Pensamos que se fazem necessários cinco pontos:

1. As comunidades eclesiais de base: encontro do povo oprimido e crente

a) O espírito comunitário é uma tendência de toda a vida moderna: ao lado das grandes formações sociais, surgem por todo lado pequenos grupos que querem viver relações mais imediatas e fraternas. As comunidades eclesiais de base também são expressão deste espírito. Ao lado disto, existe o fato lamentável da crise da instituição eclesial pela falta de ministros ordenados no sacramento da ordem. Sem a presença deles, a comunidade fica entregue a si mesma, se desestrutura e pode desaparecer. O surgimento das comunidades de base representa uma saída para esta crise. O leigo assume a tarefa de levar avante o Evangelho e manter viva a fé. O importante é que são geralmente os pobres, ao mesmo tempo oprimidos e crentes, os membros das comunidades eclesiais de base. Eles constituem a base da sociedade (classes populares) e da Igreja (leigos).

b) A comunidade eclesial de base geralmente é constituída por 15-20 famílias. Uma ou duas vezes por semana, elas se reúnem para ouvir a palavra de Deus, pôr em comum seus problemas e resolvê-los sob a inspiração do Evangelho. Fazem os comentários bíblicos, inventam suas orações e decidem comunitariamente, sob a coordenação de alguém, as tarefas que devem executar. Depois de séculos de silêncio, o Povo de Deus toma a palavra; não é só um freguês de sua paróquia; é portador de valores eclesiológicos; re-inventa, concretamente, a Igreja de Deus no seu sentido histórico real. Certamente, a Igreja é dom de Cristo que recebemos agradecidos; por outro lado, é também resposta humana cheia de fé. Por isso, cunhou-se a expressão que, bem compreendida, é também verdadeira e ortodoxa: a Igreja que nasce da fé do Povo de Deus ou, mais simplesmente, a Igreja que nasce do povo crente e oprimido pelo Espírito de Deus. Antes, o povo se encontrava, no interior de nossos países latino-americanos, uma ou duas vezes no ano, quando o padre vinha batizar, fazer os casamentos e anunciar o Evangelho. Sentia-se Igreja só nestes momentos. Agora sempre que se encontra, semanalmente ou com mais frequência, sente-se a comunidade dos fiéis, na qual está presente Jesus Cristo ressuscitado. É a realização do mistério da Igreja universal nas bases, nesta concretização humilde e pequena de homens, mulheres e crianças, geralmente muito pobres, mas cheios de fé, esperança, amor e comunhão com todos os demais cristãos. A comunidade eclesial de base concretiza a verdadeira Igreja de Jesus Cristo.

c) Atualmente, notamos o seguinte quadro: por um lado, existe a Igreja-grande – instituição que está aí com sua diocese e bispo correspondente, com suas paróquias e seus ministros sagrados, suas capelas filiais etc.; por outro, uma vasta rede de comunidades eclesiais de base, que somente no Brasil se contam por volta de 70 mil, abrangendo cerca de 4 milhões de cristãos que vivem sua fé nestas comunidades. O importante é constatar a convergência que vigora entre estas duas expressões da única Igreja de Cristo e dos Apóstolos. A Igreja-grande-instituição apoia e quer as comunidades de base; nelas, ela entra nos meios populares, se faz bem concreta participando da paixão dolorosa e também das esperanças do povo. As comunidades eclesiais, por sua vez, desejam a Igreja-grande-instituição e estar em comunhão com ela; querem em seu seio o bispo, o padre e os religiosos.

Assim, as comunidades entram em contato com a grande tradição apostólica, garantem sua catolicidade e firmam a unidade da Igreja.

d) Na medida em que se abre ao povo, a Igreja se faz mais e mais Povo de Deus; na medida em que se reúnem em nome de Cristo e na escuta de sua Palavra de salvação e libertação, o povo, especialmente os pobres e oprimidos de nossa sociedade, constitui concretamente, no nível da história, a Igreja de Jesus Cristo. Não existe, portanto, um conflito entre a cúpula da Igreja e as bases, ou entre a instituição eclesial e as comunidades eclesiais. Não existe porque vigora uma convergência de ambos os pólos; não existe porque grande parte da instituição eclesial aderiu às comunidades, desde cardeais, bispos e párocos. A real tensão existente é entre uma Igreja (a instituição e as comunidades) que optou pelo povo, pelos pobres e por sua libertação, e grupos da mesma Igreja (bispos, padres e leigos) que não fizeram esta opção ou não a concretizaram ou persistem em manter apenas o caráter estritamente sacramental e devocional da fé.

As comunidades eclesiais de base significam uma bênção de Deus para nossa história e constituem a resposta que a fé eclesial dá aos desafios do povo oprimido e crente.

2. As comunidades eclesiais de base nascem da Palavra de Deus

a) Costuma-se dizer que o Evangelho é a "carteira de identidade" das CEBs. De fato, aí o Evangelho é ouvido, partilhado e crido. E é à sua luz que os participantes refletem os problemas da vida. Esse é justamente um traço típico das CEBs: para elas, o Evangelho é sempre confrontado com a vida, com a situação. Não é apenas um livro maravilhoso e consolador. É isso, mas é também e sobretudo luz, fermento. Nesses meios pobres, o Evangelho aparece tal como ele é de fato: boa nova, mensagem de esperança, de promessa e alegria.

b) A relação entre Evangelho e Vida comporta um processo lento e difícil. Inicialmente, a Palavra leva a um interesse pelos problemas do grupo reunido: uma doença, desemprego etc. Com o tempo, o grupo se abre para a problemática social do meio ambiente, com a rua ou o bairro. São problemas de água, luz, esgoto, ruas, posto médico, escolas etc. Já em uma fase mais evoluída, o grupo se posiciona politicamente ante o sistema social. Questiona-se, então, o modo vigente de organização social. E a ação correspondente a esse nível de consciência é a participação nos instrumentos de luta do povo: sindicatos, movimentos populares variados, partido etc.

c) Para o povo das bases, a fé constitui a grande porta de entrada para a problemática social. Seu compromisso social deriva de sua visão de fé. E não é que a fé tenha mudado. É que no confronto com os fatos da vida ela se revigora, se desdobra e se mostra tal como é: fermento de libertação.

d) A partilha do Evangelho nas CEBs se faz na maior liberdade. Todos podem falar. Todos são convidados a dar sua palavra sobre o Evangelho, a dar sua opinião com respeito a um fato ou situação referida. Surpreendentemente, a exegese popular se aproxima muito da exegese antiga dos padres. É uma exegese que vai além das palavras e que apreende o sentido vivencial (ou espiritual) do texto. O texto evangélico serve de inspiração para a reflexão da vida, que é o lugar onde ressoa a Palavra de Deus.

e) Sem dúvida, nos grupos estão presentes animadores. Existem igualmente encontros ou cursos de capacitações destes para sua tarefa. Mas dá-se prioridade absoluta às comunidades: às suas necessidades e à sua iniciativa.

f) A Palavra evangélica realiza sempre uma demarcação na caminhada de uma pessoa. Isso faz com que ela diga: "No tempo em que eu não conhecia ainda a luz do Evangelho... Mas depois que vim a conhecer Jesus Cristo...", "Depois que entrei na caminhada do Evangelho...". Nas CEBs, o Evangelho se mostra uma palavra transformadora.

3. As comunidades eclesiais de base: maneira nova de ser Igreja

a) A comunidade eclesial de base não é apenas um meio de evangelização em meios populares. É muito mais; é uma maneira nova de ser Igreja e de concretizar o mistério da salvação vivido comunitariamente. A Igreja não é somente a instituição: as Sagradas Escrituras, a Hierarquia, a estrutura sacramental, a lei canônica, as normas litúrgicas, a doutrina ortodoxa e os imperativos morais – tudo isso possui valor perene e obrigatório. A Igreja é também *acontecimento*. Ela emerge, nasce e se re-inventa sempre que homens se reúnem para ouvir a Palavra de Deus, crer nela e juntos se proporem seguir Jesus Cristo impulsionados pelo Espírito. E isso ocorre exatamente com as comunidades de base. Muitas vezes, o grupo se reúne debaixo de uma grande árvore que todos conhecem. Semanalmente se encontram aí, lêem os textos sagrados, compartem os comentários, rezam, falam da vida e decidem as tarefas comuns. Aí se realiza, como acontecimento, a Igreja de Jesus e do Espírito Santo.

b) A característica principal desta maneira de ser Igreja reside na comunidade e na fraternidade. Todos são efetivamente irmãos, todos participam, todos assumem seus serviços. Este é o primeiro momento. Depois vem a incipiente estrutura de condução e coordenação. Se todos são, fundamentalmente, iguais, nem todos fazem todas as coisas. Assim, existem os coordenadores, muitas vezes mulheres, que são responsáveis pela ordem, pela presidência das celebrações e pelo aspecto sacramental da comunidade. Sabemos que, nos primeiros séculos, a Igreja se entendia principalmente como *communitas fidelium*, comunidade de fiéis, com muita participação do povo em todas as coisas. Depois do ano 1000, mais e mais se foi impondo uma Igreja hierárquica. O poder sagrado foi considerado o elemento estruturador, e não tanto a comunidade (*koinonia*). Tal forma de organizar a Igreja representava certamente uma necessidade histórica, mas não facilitava a participação responsável de todos. Com a comunidade de base, abre-se a possibilidade de maior participação e equilíbrio entre as várias funções eclesiais. Os leigos redescobrem sua importância; eles também são sucessores dos Apóstolos, na medida em que são herdeiros da doutrina apostólica, corresponsáveis também eles pela unidade da fé e da comunidade. Evidentemente, isso não significa que os bispos percam sua função, insubstituível. Importa compreender que a apostolicidade não é característica de alguns membros da Igreja (Papa e bispos), mas de toda a Igreja; e esta apostolicidade é diferentemente participada no seio da Igreja. Nas comunidades eclesiais, os leigos redescobrem seu sentido apostólico e missionário. Não é raro que uma comunidade funde outras comunidades e as acompanhe em seu crescimento.

c) A forma comunitária de viver a fé permite a emergência de muitos ministérios leigos. O povo os chama simplesmente de serviços – efetivamente, o sentido que Paulo dava aos carismas. Todos os serviços são entendidos como dons do Espírito Santo. Há aqueles que têm o dom de visitar e consolar os doentes. Estes recebem o encargo de recolher as informações e visitá-los. Outros alfabetizam, outros conscientizam sobre os direitos humanos, as leis trabalhistas, outros preparam as crianças para os sacramentos, outros cuidam dos problemas familiares etc. Todas estas funções são respeitadas, incentivadas e coordenadas pelo responsável, para que tudo cresça em função de toda a comunidade. A Igreja, mais que a organização, é um organismo vivo que se recria, alimenta e renova a partir de suas bases.

4. As comunidades eclesiais de base: sinal e instrumento de libertação

a) As CEBs não são e nem podem ser guetos ou seitas. São comunidades abertas ao mundo, à sociedade. A leitura e partilha do Evangelho que se praticam dentro delas levam-nas a se orientar para a atuação social. Traz-se para dentro das CEBs toda a problemática que aflige o povo: desemprego, baixos salários, péssimas condições de trabalho, falta de condução e outros serviços básicos.

b) Então, questionam-se no grupo as causas e as consequências de toda essa problemática. A CEB tem uma inegável função crítica, desmistificadora. Aprende-se aí a viver na verdade. Impossível continuar escondendo a verdadeira realidade social. Aí chamam-se as coisas por seus nomes. Exploração é exploração. Tortura é tortura. Ditadura é ditadura. Nesse sentido, as comunidades têm-se apropriado dos instrumentos de análise que até há pouco tempo eram monopólio de grupos e grupelhos de iluminados: acadêmicos ou militantes. A grande Igreja institucional exerceu uma diaconia de maior qualidade, conscientizando o povo de seus direitos e denunciando as injustiças.

c) Por outro lado, nas CEBs ensaia-se um novo tipo de sociedade. É a partir do seu interior que se procura superar as relações injustas que predominam na grande sociedade. Como? Através da participação direta de todos os membros, da partilha da responsabilidade, da direção e das decisões, através do respeito pelos mais fracos, através do exercício do poder como serviço.

d) As CEBs são comunidades atuantes socialmente. Em certos lugares, são o único canal de expressão e mobilização popular. Organizam abaixo-assinados, trabalhos conjuntos ("mutirões"), roças comunitárias, caixas comunitárias, iniciativas de resistência à expulsão das terras etc. Às vezes, dão origem a movimentos populares autônomos, como o Movimento contra a Carestia, sindicatos de agricultores, frentes populares partidárias etc. E quando já existem outros movimentos populares, não procuram fazer-lhes concorrência. Articulam-se com eles, fornecem membros e lideranças, apoio e crítica. Não passa pela cabeça de nenhuma CEB qualquer organização de movimentos sociais confessionais. A questão não está aí. Está na formação ou fortalecimento do movimento popular (sindicato, partido etc.).

e) Por isso, também, as CEBs são comunidades às vezes reprimidas, perseguidas, que contam com seus santos e mártires. Mas não parece que a repressão tenha feito diminuir a força das CEBs. Ao contrário. Do sofrimento aceito conscientemente, as CEBs saíram mais consolidadas e corajosas.

5. As comunidades eclesiais de base: celebração de fé e de vida

a) A fé cristã, como foi mostrado, não se consome nem se exaure totalmente em sua dimensão de compromisso e de libertação. Ela possui seu momento de celebração daquela libertação que Deus em Jesus Cristo realizou por nós; celebra-se sua presença entre nós pela Palavra e pelos sacramentos, e todos se confortam com as promessas que ele nos deixou. Nas comunidades eclesiais de base, encontramos muito desenvolvida a dimensão de celebração. As proporções de suas misérias e a gravidade de suas lutas não conseguem tirar o sentido da festa, que é o lugar onde o povo respira e se sente livre e feliz.

b) Nas comunidades, e já em toda nossa pastoral, existe uma grande valorização da religiosidade popular: às devoções aos santos do povo, às procissões, às romarias e outras festas típicas. Estas expressões não são decadência do catolicismo oficial, ortodoxo, culto. É a forma como o povo, dentro de suas categorias, assimilou a mensagem de Jesus. O povo não se rege tanto pela lógica do conceito e da razão analítica, mas principalmente pela lógica do inconsciente e do simbólico. Ela é tão digna quanto a outra expressão da fé. Foi através desta religiosidade popular que Deus visitou os seus pobres. Foi mediante suas rezas, seus santos, suas festas à Virgem e aos vários mistérios de Cristo que o povo pôde resistir a tantos séculos de opressão político-econômica e de marginalização eclesial. Foi no interior de sua religiosidade que ele pôde refazer o sentido da vida, manter viva a fé e alimentar a confiança em uma sociedade que lhe negava direito, dignidade e participação. Tudo isto está levando a Igreja a reinterpretar sua tradicional prática pastoral de pouco apreço às manifestações religiosas do povo.

c) As comunidades eclesiais de base não se limitam a fortalecer a religiosidade do povo, o que já seria muito; ali é onde se dá a criatividade da fé viva que encontra sua expressão adequada. Na comunidade, realiza-se a unidade entre fé e vida. Por isso, também, celebra-se a presença de Deus dentro da vida. Nas longas orações comunitárias, reza-se e lembram-se todos os problemas, as opressões, os opressores, as dificuldades, mas também as conquistas, os resultados alcançados e os projetos em curso. Quando, depois de muitas lutas, chega o centro de saúde para o bairro, ou a escola, ou o ônibus, a comunidade celebra em suas reuniões tais acontecimentos. Eles são veículos dos bens do Reino de Deus, são parábolas da graça libertadora no mundo. Celebram-se não apenas os sacramentos, mas também a dimensão sacramental da vida, pois ela é sempre pervadida pela graça de Deus. O povo possui este fino sentido pela dimensão religiosa que permeia todas as instâncias da vida humana. Ela nunca é totalmente profana e fechada a Deus.

d) Na comunidade, abre-se espaço para a criatividade litúrgica. Evidentemente, o povo aprecia a liturgia canônica e oficial; mas também cria ritos, encena a Palavra de Deus com grande espontaneidade, sabe organizar grandes celebrações, usando a Bíblia e os objetos significativos da região, ou as comidas típicas. É nestes momentos que a fé ganha sua melhor expressão. Um povo que sabe celebrar é um povo resgatável; nem tudo está oprimido nele; é um povo em marcha para sua libertação.

X.
AS ECLESIOLOGIAS SUBJACENTES ÀS COMUNIDADES ECLESIAIS DE BASE

No Brasil, já se organizaram quatro encontros nacionais de comunidades eclesiais de base: em Vitória (ES) em 1975, novamente em Vitória em 1976, em João Pessoa (PB) em 1978 e por fim em 1981 em Itaici (SP).

1. Eclesiogênese: nasce a Igreja da fé do povo

A impressão primeira que se tem é que alguma coisa nova, do Espírito, está em ação neste fenômeno no qual o povo crente e pobre se organiza para viver comunitariamente sua fé. Não se repete um passado, nem se reforma uma estrutura presente; abre-se um futuro novo, ainda não ensaiado nos últimos séculos de predomínio clerical. Trata-se de uma verdadeira eclesiogênese, vale dizer, da gênese de uma Igreja que nasce da fé do povo.

Um fato inusitado, de grandeza verdadeiramente teológica, ocorre nestes encontros. A Igreja está aí representada com seus bispos, confessores, profetas, mártires (muitos passaram pelo processo de torturas por causa de sua fé), doutores, virgens e representantes do Povão de Deus. Parece que se atualiza a história dos primórdios, com a mística que a caracterizava. Discutem-se os passos da caminhada, à luz da fé e da atuação do Espírito aí presente. Isto não impede que haja ardor nos debates nem se dispense do trabalho árduo de busca dos melhores caminhos. Estes encontros nacionais bem se situam na tradição dos sínodos da Igreja antiga, de Cartago, de Toledo, do Arausicano e outros tantos que marcaram indelevelmente o ulterior desenvolvimento doutrinário e disciplinar da Igreja.

No final, todas as conclusões dão mostra da consciência da importância espiritual e teológica deste evento do Espírito. Vigora a mesma mentalidade apostólica: "Coube a nós e ao Espírito Santo ponderar e decidir o seguinte..."; ou: "Em obediência ao Evangelho e fiéis aos clamores do povo sofrido...".

Nestes encontros, o teólogo mais escuta e aprende do que fala e ensina. E é bom que assim seja. A prática normalmente precede à sistematização teórica. Esta é sempre realidade-reflexo. Realidade-fonte é a experiência refletida da comunidade. Se a teologia não escutar e aprender, temo que ela antes obscureça do que ilumine os caminhos da nova Igreja, nascida da velha. É nesta perspectiva que apresento algumas pistas de reflexão sobre as eclesiologias subjacentes às CEBs.

Quase todas as comunidades já fizeram ou estão fazendo a seguinte caminhada, descrita, resumidamente, neste gráfico:

Crítica ➡ **Busca** ➡ **Tema-reflexão** ➡ **Práxis**

1. Igreja dos padres: clericalismo.
Igreja do povo;
não para o povo,
mas com o povo.
Igreja Povo de Deus.
Diálogo aberto, igualdade, ouvir o povo, participação. Padre se modifica. Concílio Vaticano II.
2. Igreja impositiva;
anônima, não
pergunta, não
informa;
Instituição:
obedecer às leis.
Fraternidade, diálogo, serviços, relações horizontais, corresponsabilidade.
Igreja comunhão, Comunidade de fé e amor; Sacramento-sinal.
O povo se modifica: se comunica, se exprime na liturgia, assume serviços. Comunidade não de obediência, mas de amor. Círculos bíblicos.
3. Alienação:
Igreja, só ritos e sacramentos;
aliada aos ricos e desencarnada.
Busca-se o pobre; Igreja encarnada detecta injustiças, defende os explorados, toma consciência dos direitos humanos.
Igreja profética; libertadora,

comunidade abraâmica;
sacramento-instrumento de libertação.
Engajamento social, círculos de conscientização e reflexão dos direitos humanos; formação de CEB e agremiações de defesa dos direitos humanos e interesses do povo.
Medellín/Puebla

2. Problemas específicos de cada tipo de Igreja

Nesta caminhada, percorreram-se e ainda se estão percorrendo todas estas etapas. Não é, assim, que uma sucede à outra, e a superada deixa de existir. Não. É um processo vital. Por isso, um tipo entra dentro do outro. Todos coexistem e devem coexistir. Os tipos aparecem não por exclusão, mas por acentuação. Acentua-se mais uma linha e uma perspectiva de Igreja, perspectiva que melhor responde aos desafios da situação. Então, ao redor desta perspectiva se enucleiam os demais valores e tendências.

a) Problemas em torno do tema-reflexão: Igreja-Povo-de-Deus

Logo após o Concílio, descobriu-se o tema da Igreja-Povo-de-Deus. Houve grande modificação. Não tanto da parte do povo. Este se admirava que a Igreja chegasse a descobrir tão tarde o óbvio ululante para quem lê a mensagem de Cristo. Mas a modificação se processou do lado do padre. Este não se sentia mais distanciado do povo, com sua formação elitista, seus privilégios de estado. O padre se encarnou; mergulhou dentro do povo. Esse processo se fez sob o signo da secularização. O padre abandonou quase todos os signos sagrados de que era investido: batina, clausura para os padres religiosos, liturgia em latim e moradias fechadas ao povo etc. Passada esta experiência, hoje questiona-se se o padre não foi longe demais. O povo, como atestam os relatórios aqui e acolá, não é tão secularizado.

Ele valoriza a religiosidade popular própria. Antes, o padre despira a si mesmo e as Igrejas. Conscientizara o povo; destruíra bastante a religiosidade popular. O povo se retraiu, mas não se entregou. Sentiu-se agredido. Hoje, começa-se a revalorizar os signos populares. O sagrado não é mais tabu, mas aceito como uma forma, ao lado da secularização legítima, pela qual Deus se faz presente de forma explícita. Mas os verdadeiros problemas não estão neste nível.

O verdadeiro problema está nas implicações teológicas presentes na afirmação fundamental: A Igreja é Povo de Deus. Ressaltamos algumas:

Existe uma igualdade fundamental na Igreja. Todos são Povo-de-Deus. Todos participam de Cristo, diretamente, sem mediações. Por isso, todos participam do serviço de ensinar, santificar e organizar a comunidade. Todos são enviados à missão, não só alguns; todos são responsáveis pela unidade da comunidade; todos devem se santificar.

Se todos são iguais, nem todos fazem todas as coisas. Cada um se dedica à atividade para a qual esteja mais habilitado, na construção da mesma comunidade. Assim, surgem os vários ofícios, serviços que respondem a necessidades concretas que se manifestam na comunidade. Há um ofício especial: dar unidade a todos os serviços para que tudo cresça na harmonia: é a função do presbítero para a comunidade local, e a do bispo para a comunidade regional. O específico deles não é consagrar, mas ser unidade, no culto, na organização, na transmissão da fé.

A concepção Igreja-Povo-de-Deus inverte a relação quanto aos ministérios. Supõe uma troca de eclesiologia. A eclesiologia clássica, que ainda vigora na cabeça de muitos, é uma Hierarquiologia, vale dizer, uma Igreja que só considera a Hierarquia. Em um gráfico, a diferença é a seguinte:

DEUS

CRISTO

APÓSTOLOS

BISPOS

PADRES

FIÉIS

Nesta concepção, o fiel não tem nada. Apenas o direito de receber.
Os bispos e os padres receberam tudo: é um verdadeiro capitalismo.
Eles produzem os valores
religiosos e o Povo consome. Estilo monárquico e piramidal.

CRISTO-ESPÍRITO SANTO

COMUNIDADE-POVO DE DEUS

BISPO　　　　　PADRE　　　　　COORDENADOR

Todos os serviços ao Povo de Deus, dentro do Povo de Deus, em favor do Povo de Deus.
Os serviços são posteriores. A comunidade é anterior. Estilo fraternal e comunitário.
Flexível; conforme as necessidades surgem os serviços.

Quem optou pela Igreja-Povo-de-Deus (cf. Concílio, *Lumen Gentium*, cap. II sobre o Povo de Deus vem antes do capítulo que trata da Hierarquia prenunciando um sentido novo à compreensão dos ministérios) deve levar seu compromisso até o fim. Fazer uma Igreja viva, com serviços flexíveis, funcionais, sem privilégios teológicos. Essa compreensão facilita entender teologicamente, como manifestação do Ressuscitado, os vários serviços que se fazem dentro da comunidade. São verdadeiros ministérios: cuidar dos doentes, ajudar na explicação da Sagrada Escritura nos círculos bíblicos, conscientizar acerca dos direitos humanos, presidir a comunidade etc.

Importa ter a coragem de criar e deixar crescer uma Igreja popular, uma Igreja do povo, com os valores do povo, em termos de linguagem, expressão litúrgica, religiosidade popular etc. Até há pouco, a Igreja não era do povo, mas dos padres para o povo.

b) Problemas em torno do tema-reflexão: Igreja-comunidade e sinal de libertação

A Igreja como comunidade deu oportunidade a uma nova experiência da vida da fé; participação não só litúrgica, mas nas decisões, no compromisso de manter e fazer crescer a Igreja, ser missionário etc.

Houve uma positiva descentralização; as comunidades de base são mais do que simples capelas. Possuem sua autonomia, seus valores próprios.

Liturgia é expressão da fé, e não realização de um rito sagrado.

A Palavra não é mais propriedade privada do padre. O povo participa.

Dízimo exprime o compromisso pela comunidade.

Primeiro, vivência do Sacramento Fontal, que é a Igreja como condição para receber os sacramentos. Estes são concretizações do Sacramento Fontal (Igreja) para as situações concretas da vida (figura da mão [Igreja] que possui sete dedos [sacramentos]). Não dá para querer os dedos sem querer e implicar a mão.

Formação de uma liderança estável, seja mediante um conselho, seja por um monitor formado para garantir a unidade e harmonia da comunidade.

Na concepção de Igreja-comunidade, devem ser conscientizados alguns perigos e alguns limites:

Qual o sentido desta comunidade de fé? É importante que a comunidade aprofunde, em termos de vivência e de uma práxis nova do relacionamento comunitário, valores imprescindíveis do cristianismo: fraternismo, ajuda mútua, solidariedade, participação em todas as coisas da comunidade, circulação de informações, decisões amadurecidas nas bases...

É importante que se crie uma mística da fé, da adesão a Jesus Cristo, que se faz presente na comunidade, ao Espírito Santo presente nos vários serviços (carismas, na linguagem paulina). Que se criem persuasões de fé profundas e inabaláveis, capazes de suportar dificuldades e perseguições. Sem esta mística, criada na comunidade, o fiel não terá forças para suportar confrontamentos, perseguições, quem sabe até prisões por causa de seu engajamento, fundamentado na fé.

Esta mística é imprescindível. É uma etapa que não pode ser queimada, nem substituída por um engajamento social, pelos direitos humanos. Deve estar sempre presente, para alimentar a fé, criar forças, tornar presente Jesus Cristo ressuscitado.

O perigo está em uma totalização *ad intra* para dentro; pode estar no sentido de pensar que cristianismo reside fundamentalmente no aspecto comunitário, de liturgia, de participação familiar e íntima.

Se ficar só no aspecto comunitário religioso, o grupo acaba duplicando ações que também são feitas pela sociedade e pelo Estado: ajuda mútua, criação de escolas, postos de saúde. São coisas importantes, quando não se as tem. Mas não pode ficar só nisso.

A comunidade está inserida no mundo. Não é um mundozinho fechado com sua liturgia, onde todos participam bem, com sua ação social, onde todos se conhecem. Ela está inserida em um mundo aberto, onde há conflitos, luta de classes, exploração, onde se usa a religião para acalmar os ânimos, para que tudo possa correr como sempre correu, isto é, os poderosos por cima, explorando, o povo por baixo, sofrendo.

É possível uma libertação intrassistêmica: remanejam-se posições, gente sofre menos, há progresso, porque se fazem obras de assistência necessárias, mas não se estouram os limites do cercado que oprime e prende todo mundo. Um homem pode conseguir sua liberdade dentro de uma prisão: aceita seus limites e se vira até viver mais ou menos; faz progressos, mas sempre dentro da prisão. O problema é que, entusiasmado com os progressos que faz dentro da prisão, acaba esquecendo a prisão; defende sua situação, esquecido de que defende a prisão que lhe tirou a liberdade e o mantém preso. O problema é conscientizar a prisão; fazer com que não haja mais homens aí dentro, criar condições para que todos sejam livres. Não basta fazer progressos dentro da prisão; há que sair daí em um longo processo em que ela é desmontada e transformada totalmente, de forma a não ser mais prisão.

Tal libertação como processo exige uma análise mais detalhada da sociedade, como funciona a produção da riqueza, como ela é distribuída, como cada um se situa dentro da relação capital-trabalho-participação. A comunidade que despertou para isso já se conscientiza dos direitos humanos violados, da pobreza estrutural, das injustiças sociais, que são fruto, não da má vontade do patrão, mas da organização de todo um sistema que geralmente é apresentado como bom, cristão, democrático etc. A fé cristã desperta para a macrocaridade, para a justiça social, para o significado verdadeiro da libertação global de Jesus Cristo, que exige uma transformação não só da pessoa, mas também das estruturas.

c) *Problemas em torno do tema-reflexão: Igreja profética e instrumento de libertação*

Nesta concepção, a comunidade de fé e de base já se conscientizou de sua missão dentro do mundo. Não basta se preocupar apenas com os problemas internos da comunidade, se lá fora, no grande mundo, campeiam a miséria, a exploração. Ela começa a analisar mais detidamente os mecanismos da opressão. Vê isso não apenas como um dado sociológico. Interpreta-o como pecado social, como injustiça que ofende a Deus e ao irmão. Jesus Cristo quer a libertação também destas situações, para uma sociedade mais livre, fraterna e cheia da graça divina.

O grupo de reflexão e a comunidade não podem:

- restringir-se ao que é *especificamente cristão*, como a reflexão sobre a fé, a caridade, a graça, o pecado, o matrimônio, os sacramentos, o mistério de Jesus Cristo. Estes assuntos são imprescindíveis, mas não bastam;
- limitar-se a viver e a aprofundar os *problemas comunitários*: ajuda mútua, higiene, participação nas tarefas comunitárias, litúrgicas etc. Seria recair em uma totalização intrassistêmica e eclesial.

O grupo deve chegar a refletir e a tomar posição em face dos *problemas sociais e estruturais* que afetam profundamente a situação da comunidade, como: justiça, exploração, pobreza, marginalização, participação, liberdade de palavra, de atos e de opções. Esta temática morde a realidade em seu ponto nevrálgico. Aí pode começar uma transformação que melhore não apenas a comunidade, mas o mundo que nos cerca, e prepare uma transformação maior.

Aqui surgem problemas específicos. Deve-se refletir sobre os meios que possibilitam à fé e ao amor cristãos uma eficácia transformadora. Não é suficiente a persuasão. Faz-se mister uma práxis nova e libertadora.

Faz-se necessário, no nível da compreensão do povo, uma análise científica da realidade. Científico, aqui, não significa usar palavras técnicas e fazer pesquisas detalhadas, mas, tão somente, identificar o que está atrás dos fenômenos. Exemplo: está aí uma favela e há pobreza. Fazer uma análise científica desse fenômeno é descobrir qual a causa objetiva que gera esta pobreza. Não é preguiça, nem falta de oportunidade, mas apenas uma forma de os homens distribuírem entre si o lucro do trabalho. Todos trabalham, mas alguns tomam para si a grande fatia do trabalho de todos, porque possuem o capital. Compram o trabalho, geram marginalidade, e esta produz pobreza. O pobre é um empobrecido, um subproduto da sociedade capitalista. Conhecer cientificamente é levar a comunidade a entender os mecanismos da sociedade em que vive: como funciona o Estado, que não está aí para dar a todo mundo oportunidades de trabalho, mas para defender os interesses dos que possuem os meios de produção, os ricos etc. Assim, os meios de comunicação, a polícia, o direito, os sindicatos, os partidos – tudo isso permite ao povo ser crítico...

Em face da organização e do império do sistema estabelecido, que tudo determina e controla, surge no povo o sentimento de *impotência*: não dá para sair. Contra isso, há de se criar uma grande esperança e uma profunda fé em que a justiça, a participação etc. têm mais futuro do que a exploração. Daí a importância de, nos círculos, não se ficar apenas nestes problemas sociais; sem um aprofundamento de fé, esperança, confiança, paciência, o povo ou desespera ou parte para a violência e o terror. O terror é um ato de desespero e de mágoa incontida, fruto de uma sede insaciável de justiça, mas sem senso histórico, sem paciência, sem senso de oportunidade. Devemos evitar o sentimento de impotência, porque isso arrasa a pessoa. Conscientização que deixa impressão de impotência é irresponsável e acaba esvaziando as Igrejas e fazendo sair os fiéis engajados de nossas fileiras.

Importa mostrar que a libertação é fruto de uma longa marcha. Há etapas a serem percorridas e que não podem ser queimadas; deve-se começar com uma práxis já na comunidade, uma práxis que liberte. A comunidade deve ser ela mesma não opressora, símbolo de liberdade de palavra, de atos, de participação. Caso contrário, como poderá ser sinal e instrumento de libertação?

Essa práxis nova leva a modificar as atitudes, e não apenas as ideias, das pessoas. Essas atitudes podem gerar perseguição. As forças de repressão logo as difamam como subversivas. O sistema as acusa, muitos fiéis, padres e bispos da Igreja da Tradição também acham que são subversivas, que vão longe demais, e acabam fazendo o jogo do sistema, sem querer e sem saber. Como reagir em face da possível repressão? Deve-se ter uma profunda mística de fé e de imitação de Jesus Cristo e dos apóstolos. Deve-se criar na comunidade um sentimento de solidariedade; se alguém vai preso, os outros cuidam da família, providenciam recursos jurídicos, acompanham e fortalecem o preso com visitas, cuidados... Como se fazia na Igreja primitiva.

Como sobreviver em um mundo que não veremos transformado? Combinando o compromisso de libertação com a prudência, o risco medido com a audácia inócua. Agindo sem provocar, desnecessariamente, as forças de repressão. Criando uma mística de martírio que aceite, como normal para quem segue, de fato, Jesus Cristo, a perseguição, a difamação, a prisão e até, quem sabe, a própria morte. Isso não é fácil. Exige muita convicção e força para viver marginalizado sem ser marginalizado, rejeitado e ao mesmo tempo sentindo profundamente os problemas reais que fazem este mundo infeliz e explorado.

XI.
É JUSTIFICADA A DISTINÇÃO ENTRE IGREJA DOCENTE E IGREJA DISCENTE? ENTRE IGREJA QUE FALA E IGREJA QUE ESCUTA?

O tema é muito complexo e exigiria, para estarmos à altura da consciência crítica atual, uma abordagem sociológica, psicossocial e ideológica, além daquela especificamente teológica. A razão reside no fato de que, em nome da distinção entre uma Igreja que fala e ensina, e uma Igreja que escuta e obedece, e em nome da verdade, da qual apenas um corpo de sacerdotes se presume depositário, cometeram-se violências e praticou-se a dominação de uns cristãos por outros cristãos. A verdade é para libertar, e não para oprimir (cf. Jo 8,32); por isso, para salvaguardar a sanidade desta distinção contra a vigência de patologias presentes em certas práticas da Igreja, faz-se urgente estar atento às várias mediações que sustentam tal sanidade. Nada mais visamos senão apresentar algumas teses acerca do tema em questão.

PRIMEIRA TESE:
Toda a Igreja (*communitas fidelium*) constitui a *Ecclesia discens*.

Há um só Deus, uma só revelação, uma só gesta libertadora do Pai no Cristo pelo Espírito, uma só vida eterna e uma só escatologia. Em face deste evento salvífico, a única atitude religiosamente responsável é a fé. A fé é a resposta dos homens às *magnalia Dei*; consiste em dizer, no sentido bíblico, sim e amém à iniciativa divina. A fé supõe silêncio, escuta e adesão. A Igreja nasce desta resposta de fé; ela constitui a comunidade dos que deram uma res-posta à pro-posta de

Deus. Portanto, toda a Igreja é *Ecclesia discens*: aluna do *unus Magister*, Jesus Cristo (Mt 23,8; cf. 10,24; 13,13), e discípula "do Espírito da verdade que ensinará toda a verdade" (Jo 16,13) e que faz com que da parte de Deus "não necessitemos de ninguém para nos ensinar" (1Jo 2,27). Se alguém na Igreja (Papa ou bispos) não se entender, antes de qualquer possível divisão de tarefas, como membro da Igreja *discens*, deixa de ser membro sacramental da *communitas fidelium*, porque perdeu aquela substância que constitui teologicamente a Igreja: a fé. A distinção entre *Ecclesia docens* e *Ecclesia discens* só é válida (se for válida) com a condição de privilegiarmos o pólo do *discens* (Igreja, ouvinte da Palavra) em relação àquele do *docens* (Igreja, testemunha dos eventos salvíficos). A razão básica o expressamos na grande doxologia da missa, o Glória: "Só tu és o Santo, só tu o Senhor, só tu o Altíssimo, Jesus Cristo". Neste louvor estão implicados o "só tu és o Mestre" e todos nós os discípulos que ainda hoje ouvimos o chamado: "vem e segue-me" (Mc 10,21). O Espírito ainda continua "a nos anunciar as coisas futuras" (Jo 16,13) e a "nos ensinar tudo" (Jo 14, 26).

SEGUNDA TESE:
Toda a Igreja (*communitas fidelium*)
constitui a *Ecclesia docens*.

A missão primordial da comunidade de fé é fazer com que também outros digam sim e amém a Deus. É a missão de fazer discípulos (Mt 28,19). O primeiro sermão de Pedro nos Atos nos mostra a prática docente daquele que escutou e aceitou os gestos salvadores de Deus: "Ouvi com atenção... escutai estas palavras... Este Jesus, Deus o ressuscitou e disso nós somos testemunhas" (At 2,14.22.32). É a fé que fala e testemunha depois de ter ouvido e aceitado. E fala para que o outro também "viva em comunhão conosco" (1Jo 1,4) e passe a engrossar a comunidade dos que crêem. Pela fé expressa pelo batismo, todos estão mergulhados no mistério de Cristo e são feitos portadores do Espírito (cf. Rm 8,9.23; 1Cor 3,16.19), todos são enviados a testemunhar. Portanto, todos constituem a *Ecclesia docens*, daqueles que anunciam aos homens o que Deus fez em benefício de todos.

TERCEIRA TESE:
Docens e *discens* são duas funções e não frações na Igreja.

Na comunidade que nasce da fé, há o momento de ouvir e o momento de falar, tempo de aprender da revelação e tempo de testemunhar sobre a revelação. *Docens* e *discens* constituem duas determinações da única e mesma comunidade; são dois adjetivos que qualificam duas práticas da comunidade inteira; não são dois substantivos que introduzem uma dicotomia na comunidade. *Discens* e *docens* emergem como duas funções da única e mesma Igreja, e não como duas frações da Igreja ou dentro da Igreja.

Há um mútuo aprendizado na Igreja; existe o momento em que a Hierarquia deve ouvir, escutar as Escrituras, estar atenta aos sinais dos tempos, prestar atenção ao clamor dos pobres que sobe aos céus e discernir qual é a vontade de Deus para todos; há o momento em que o leigo tem que falar e testemunhar a verdade do Evangelho dentro do sistema social em que vive, mesmo quando se faz merecedor da bem-aventurança das perseguições. Então a Hierarquia se sente membro da *Ecclesia discens*, e o leigo, membro da *Ecclesia docens*. Cada qual é mestre e discípulo um do outro, e todos, seguidores do Evangelho. Na coexistência e simultaneidade das duas funções, deve-se entender o apelo de Jesus para que ninguém se deixe chamar de mestre, pai ou diretor espiritual, pois todos somos irmãos (cf. Mt 23,8-10).

QUARTA TESE:
A distinção entre *Ecclesia docens* e *Ecclesia discens* só é teologicamente válida quando previamente se tiver assumido e ultrapassado a reflexão socioanalítica acerca da divisão religiosa do trabalho.

Apesar da igualdade básica de todos na Igreja, pois todos são irmãos e discípulos, não obstante a simultaneidade do *discens* e do *docens*, existe na Igreja uma instância que assume de forma especial a função de ensinar. Neste momento, não se trata mais de testemunhar e ensinar em um sentido geral, mas em um sentido particular, como se diz tecnicamente, de forma oficial e autêntica. Temos, portanto, a ver com o *poder* de ensinar, do qual o Papa e os bispos se sentem particularmente investidos. Juntamente com o poder, aparece também a Hierarquia do poder. Como se chegou a esta especialização?

A manualística teológica e especialmente a canonística afirmam que a Igreja de Cristo é por instituição divina essencialmente hierárquica. "Isto significa", aclara-nos Salaverri, "que nela existe, por vontade de seu divino fundador, uma discriminação pela qual umas pessoas hão de ser chamadas a exercer os poderes essenciais, com exclusão dos demais, segundo a lei estabelecida pelo próprio Cristo"[1]. Cristo, argumenta-se, é Messias-mestre, dotado de todo poder. Ele transmitiu todo este poder aos Apóstolos (Mt 28,18-20) de tal forma que "quem vos ouve a mim ouve e quem vos rejeita a mim rejeita" (cf. Lc 10,16). Encontramo-nos ante uma visão epifânica de Igreja: ela sai toda estruturada diretamente da vontade de seu fundador.

Há que se observar que esta interpretação se baseia em uma leitura literal dos textos como se encontram codificados, sem atender às etapas de seu surgimento e às teologias refletidas em suas várias camadas. Ademais, quem faz tais afirmações são os próprios interessados (Hierarquia); em um nível crítico, o discurso do ator é considerado um discurso ideológico. Por isso, para garantir a validade do magistério autêntico importa ultrapassar uma visão epifânica do surgimento da Igreja e chegar a uma concepção teológica que toma em conta as várias mediações presentes na afirmação de fé: Jesus fundou a Igreja.

Em primeiro lugar, importa incorporar os resultados histórico-críticos da exegese. Aí se nos diz que a Igreja de forma alguma ocupa o centro das preocupações de Jesus; os elementos jesuânicos concernentes à estruturação da comunidade são extremamente parcos[2]. Isto não significa que a afirmação de que Jesus é o fundamento da Igreja careça de sentido. Mas ela não pode ser ingênua e desconsiderar as contribuições da exegese crítica.

Em segundo lugar, há que considerar os conhecimentos sociorreligiosos acerca do surgimento das Hierarquias[3] e da divisão religiosa do trabalho[4]. As grandes religiões, como o cristianismo, estão associadas ao aparecimento das cidades, que introduziu a separação entre a cidade e o campo, e a primeira divisão social do trabalho entre aquele manual e aquele outro intelectual. Foi mérito de Max Weber ter mostrado que a urbanização contribuiu para a "racionalização" da religião, quer dizer, propiciou o surgimento de um corpo de peritos encarregados da preservação, codificação e exegese oficial e autêntica do capital religioso comum a todos os fiéis. Assim, afloram uma *Ecclesia docens* e uma *Ecclesia discens*. Nas palavras de Bourdieu: "O corpo de sacerdotes tem a ver diretamente com a racionalização da religião e deriva o princípio de sua legitimidade de uma teologia erigida em dogma cuja validade e perpetuação ele garante[5]". Do seio de uma comunidade de iguais, destaca-se a Hierarquia com uma diaconia para todos: produzir e reproduzir uma visão global e coerente da fé cristã.

Para a nossa *episteme* moderna, uma reflexão teológica que não leva em conta estes dados corre o risco de exercer um papel objetivamente ideológico e mistificar fenômenos que podem ser clarificados por razões historicamente identificáveis. Em outras palavras, mesmo que Cristo nada tivesse dito sobre o poder de ensinar autenticamente, ainda assim haveria na Igreja uma tal instância magisterial. Teologicamente, devemos então dizer: a vontade fundadora de Cristo não dispensa, antes inclui, o mecanismo normal pelo qual uma comunidade religiosa garante a fidelidade à sua identidade originária mediante um corpo de peritos em comunhão com todos os fiéis. Émile Durkheim mostrou que a divisão do trabalho não necessariamente leva à substancialização das funções, mas pode manter uma solidariedade interna com a base comum[6], prestando-lhe um serviço útil e necessário de preservação, codificação, ampliação e esclarecimento. Desta forma, a distinção entre *Ecclesia docens* e *Ecclesia discens* se justifica, desde que conserve sua funcionalidade com a comunidade de irmãos. Trata-se de uma distinção dentro da comunidade, e não de uma instância fora e acima dela.

São Mateus expressa bem esta dialética: por um lado, o poder de ligar e desligar está em toda a comunidade (Mt 18,18): por outro, está particularmente no princípio de sua unidade, isto é, em Pedro (Mt 16,19). Na eclesiologia primitiva se dizia: a *potestas sacra* foi dada *generaliter* à *ecclesia* (*universitas fidelium*) e *specialiter* aos bispos e presbíteros[7]. O sujeito portador é, portanto, a comunidade no interior da qual emerge a função magisterial como seu órgão de expressão.

QUINTA TESE:
A compreensão dicotômica da *Ecclesia docens* e *Ecclesia discens* resulta de uma visão patológica da realidade da Igreja.

Toda sanidade pode, historicamente, apresentar patologias. Isto ocorreu com o tema em questão. Houve épocas, especialmente a partir da reforma gregoriana, em que a Igreja era sobretudo o clero. A partir daí, a *Ecclesia docens* tende a constituir um estado sociológico à parte. A constituição de um corpo de peritos dicotomizado da comunidade vem acompanhada de um processo de expropriação objetiva do poder religioso dos demais membros, que passam a ser meramente leigos, destituídos de força produtora de bens simbólicos, relegados a simples espectadores da vida da Igreja. A separação rígida entre clérigos e leigos é enfatizada por Gregório XVI (1831-1846): "Ninguém pode desconhecer que a Igreja é uma sociedade desigual, na qual Deus destinou a uns como governantes, a outros como servidores. Estes são os leigos, aqueles são os clérigos." Pio X é ainda mais rígido: "Somente o colégio dos pastores tem o direito e a autoridade de dirigir e governar. A massa não tem direito nenhum a não ser o de deixar-se governar qual rebanho obediente que segue seu Pastor"[8].

Paulo Freire mostrou o caráter patológico deste tipo de relação que desumaniza um polo e o outro[9]. De um lado se encontra a *Ecclesia docens* que tudo sabe e tudo interpreta; do outro, o leigo, que nada sabe, nada produz e tudo recebe, a *Ecclesia discens*. A Hierarquia não aprende nada em contato com os leigos; estes não têm espaço eclesial para mostrar sua riqueza. Nega-se, assim, a vocação ontológica de cada homem e sobretudo do cristão, que é ser participante e não mero espectador da história da salvação. A educação da fé não é libertadora de um e de outro, mas massificadora.

O Vaticano II, em bom tempo, equilibrou a perspectiva, recuperando a sanidade teológica ameaçada. A Igreja é fundamentalmente Povo de Deus; todos participam do múnus magisterial de Cristo, também os leigos (*Lumen Gentium* 35); a Hierarquia, no interior deste povo, goza de um múnus oficial, mas sempre como serviço a toda a comunidade cristã (*Lumen Gentium* 25).

SEXTA TESE:
A inter-ação dialética como sanidade da distinção entre *Ecclesia docens* e *Ecclesia discens*.

Todo poder, para ser legítimo e salvaguardar sua função evangélica, precisa conhecer seus limites. Caso contrário, cai na tentação de todo poder, que é a absolutização. Esta significa pura e simples opressão sobre os demais. Na história da Igreja, a má articulação dos pólos do *discens* e do *docens*, em benefício quase sempre do *docens* (Hierarquia), levou a situações de autoritarismo inaceitáveis à luz de critérios evangélicos (Lc 22,25-28). O caminho era de uma mão só, que ia da Hierarquia que ensina para o povo que apenas ouvia. Importa criar um caminho de duas mãos: do *discens* para o *docens*, e do *docens* para o *discens*. Para isso, cumpre observar as seguintes regras:

a) *Diálogo franco de ambas as partes*: todos devem ouvir, especialmente aqueles que têm de falar autenticamente (Hierarquia), e todos devem ter espaço garantido para falar; deve haver troca de saberes, ninguém querendo dominar ninguém, mas atentos uns aos outros, porque o Espírito está em todos.

b) *Atitude de mútua crítica* como forma de impedir a absolutização-dominação e como "único modo pelo qual o homem realiza sua vocação natural de integrar-se, superando a atitude de ajustamento ou acomodação"[10], discernindo nos sinais dos tempos a vontade concreta para a Igreja.

c) *Um polo de referência fora de nós*: a Igreja não existe para si mesma, mas em função do mundo que deve ser missionado e salvo. Tanto a *Ecclesia docens* quanto a *discens* devem manter sempre esta referência ao mundo e, também, ao Espírito que engloba tanto a Igreja quanto o mundo. É nesta inter-ação vertical e horizontal que se garante uma sã e válida relação entre o falar autêntico e o ouvir obediente dentro da única e mesma Igreja.

Notas

1. Salaverri, J., La potestad de Magisterio Eclesiástico y asentimiento que le es debido, em *Estudios Eclesiásticos*, 29 (1955), p. 155-95, aqui, p. 174; Id., *Sacrae Theologiae Summa* I, 3 De Ecclesia (1952), p. 117-41.
2. Cf. Boff, L., *Église en genèse*, Paris, 1978, p. 64-88; Kung, H., *Die Kirche*, Friburgo-Basileia-Viena, 1967, p. 70-99.
3. Cf. Dombois, H., *Hierarchie. Grund und Grenze einer umstrittenen Struktur*, Friburgo-Basileia-Viena, 1971, esp. p. 11-22.
4. Cf. Weber, M., *Wirtschaft und Gesellschaft*, Colônia-Berlim, 1964, Bd. I, p. 124s, 688s; Bourdieu, P., Genèse et structure du champ religieux, em *Revue Française de Sociologie*, 12 (1971), p. 295-334; o estudo mais sério nos parece ser aquele de Maduro, Otto, *Religión y lucha de clases*, Caracas, 1979, p. 125-62.
5. *A economia das trocas simbólicas*, São Paulo, 1974, p. 38.
6. *De la division du travail social*, trad. brasileira, em *Os Pensadores*, São Paulo, 1978, esp. p. 59-70.
7. Cf. Congar, Y., *L'ecclésiologie du haut Moyen-Âge*, Paris, 1968, com abundante documentação, p. 92-8.
8. Cf. Schmaus, M., *Der Glaube der Kirche*, Bd. II, Munique, 1970, p. 102.
9. *Pedagogia do oprimido*, Rio de Janeiro, 1975, p. 63s; Id., *Educação como prática de liberdade*, Rio de Janeiro, 1974, p. 85-99.
10. Freire, P., *Educação como prática de liberdade*, op. cit., p. 44.

XII.
UMA VISÃO ALTERNATIVA: A IGREJA SACRAMENTO DO ESPÍRITO SANTO

Há uma evidência indiscutível na teologia da Igreja latina de que toda a concepção e descrição da Igreja se deva orientar pela Cristologia. O próprio Novo Testamento o sugere claramente quando fala da Igreja como corpo de Cristo ou quando o próprio Ressuscitado diz a Saulo: "Eu sou Jesus a quem tu persegues" (At 9,5; cf. Jo 17,18; 20,21). A própria Igreja sempre se entendeu como a continuadora de Cristo e de sua causa. O Concílio Vaticano I ensinava e nisso resumia a doutrina comum da tradição: "O Pastor eterno e o bispo de nossas almas, querendo perenizar a obra salvífica da redenção, decretou edificar a santa Igreja" (DS 3.050). O Vaticano II completa, pregando que "para levar a efeito obra tão importante Cristo está sempre presente em sua Igreja, sobretudo nas ações litúrgicas" (SC nº 7/529).

A ligação entre Cristo e a Igreja é tão profunda, que Pio XII, em sua encíclica sobre o Corpo Místico de Cristo (1943), podia afirmar: quem vê a Igreja vê a Cristo, a Igreja é o próprio Cristo. Evidentemente, tais expressões não devem ser tomadas ao pé da letra[1]. A Igreja não se encontra hipostaticamente unida ao Verbo, como o era a humanidade de Jesus. Ela é simultaneamente justa e pecadora, e sempre sujeita à conversão e à reforma.

1. A encarnação, modelo da Igreja?

As expressões "a Igreja é o Cristo continuado, ela forma com Cristo como que uma única pessoa etc." querem ressaltar a continuidade de funções. Assim como Cristo conseguiu a salvação para todos os homens, deve a Igreja prolongar tal missão através dos séculos. Ela possui a mesma missão de Cristo. Apesar disso, devemos sustentar que a teologia tradicional da Igreja latina tomou Jesus Cristo como modelo para compreender a Igreja. Ambos possuem elementos paralelos: em Cristo, há uma natureza humana e divina; semelhantemente na Igreja: ela é humana e divina. Contudo, houve uma limitação inicial na compreensão de Cristo e da Igreja. Compreendeu-se Cristo quase exclusivamente a partir de sua encarnação e de sua situação carnal, com corpo, alma e divindade. O corpo físico de Cristo serviu de modelo comparativo à Igreja, corpo místico de Cristo. Como o corpo possui vários membros e várias funções, assim também na Igreja existem muitos membros com funções diversificadas. À luz disso, os documentos oficiais do Magistério, como a encíclica *Satis Cognitum* de Leão XIII (1896) e *Mystici Corporis Christi* de Pio XII (1943), deduziam a visibilidade, a unidade e pluralidade da e na Igreja.

Como o corpo humano é uma grandeza bem definida e limitada, e não pode ser senão isso, também a Igreja, corpo de Cristo, vem dotada de características bem definidas e limitadas. Surge então um conceito de Igreja que define exatamente quem são seus membros (um membro é ou não é; não existem membros pela metade), quais são seus limites e como devem ser as instituições da Igreja de modo que ela possa manter-se unida e fortemente presente no mundo. Tal conceito de Igreja é uma consequência lógica do modelo assumido: o corpo físico de Cristo. Contudo – e aqui se inscreve a difícil problemática teológica –, essa cristologia e eclesiologia apresentam-se, por sua raiz, deficitárias e estreitas. Não tomam em conta o fato decisivo que se passou em Jesus Cristo: sua ressurreição. Pela ressurreição, o corpo de Cristo não foi apenas reanimado. Foi absolutamente realizado e liberto de toda a sorte de limitações espaço-temporais. Não é mais simplesmente um corpo carnal, isto é, um corpo submetido à condição terrestre, preso aos condicionamentos de espaço e tempo, às necessidades de comer e beber, aos limites de comunicação por palavras e gestos, sempre ambíguos. A ressurreição transformou o corpo carnal de Jesus em corpo espiritual (cf. 1Cor 15,44s.)[2]. Corpo espiritual é a realidade nova do Jesus ressuscitado, agora totalmente livre das limitações da existência terrestre e entronizado na eternidade e no ilimitado da vida divina, do espaço e do tempo. Pela ressurreição, caiu o encapsulamento em que era mantido o Jesus carnal, relacionado a uma porção somente do espaço e do tempo, e se inaugurou uma relação global com toda a realidade. O Ressuscitado tornou-se o Cristo cósmico do qual falam as Epístolas aos Efésios e Colossenses, São João no seu prólogo e a Epístola aos Hebreus (1,2.10-13; 2,8-9)³. Daí se segue que o corpo de Cristo ressuscitado e pneumático (espiritual) não pode ser considerado uma grandeza fisicamente definida a partir da qual podemos traçar os limites do da Igreja, corpo de Cristo. Por isso, a expressão "Igreja corpo de Cristo" deve ser cuidadosamente definida. Como veremos mais adiante, quando São Paulo usa esta expressão, não tem em mente o corpo físico de Cristo, mas seu corpo pneumático e ressuscitado. Ele chega a identificar – e isso será explicado mais adequadamente a seguir – o Ressuscitado com o Espírito (2Cor 3,17). Disso, tiramos a seguinte conclusão, importante para nossas reflexões: a Igreja deve ser pensada não tanto a partir do Jesus carnal, mas principalmente a partir do Cristo ressuscitado, identificado com o Espírito. A Igreja não tem somente uma origem cristológica, mas também de modo particular, uma origem pneumatológica (*Pneuma* = Espírito). Enquanto ela se origina do Espírito Santo, que é o Espírito de Cristo, possui uma dimensão dinâmica e funcional; ela define-se em termos de energia, carisma e construção do mundo, porque o "Espírito sopra onde quer" (Jo 3,7) e "onde está o Espírito do Senhor, aí reina liberdade" (2Cor 3,17). A origem cristológica e pneumática da Igreja merece um aprofundamento maior.

2. A Igreja fundada por Cristo e pelos Apóstolos, movidos pelo Espírito

A doutrina comum afirma que Cristo fundou a Igreja. Tal verdade pertence ao acervo inalienável de toda a fé cristã e eclesial. Contudo, devemos estabelecer o modo concreto como Cristo quis e fundou sua Igreja. Nem todos os elementos institucionais da Igreja remontam a Jesus. Se repararmos bem, e isso o tem demonstrado a exegese mais séria e exigente, Jesus não pregou a Igreja, mas o Reino de Deus[4], com uma total e global reviravolta dos fundamentos deste velho mundo, agora, pela intervenção divina, a ser transformado em novo com a superação do pecado, das doenças, do ódio e de todas as alienações que martirizam a vida humana e o cosmo. Na pregação e na realização deste Reino, Cristo introduziu realidades que mais tarde iriam constituir o fundamento da Igreja: a constituição dos Doze (Mc 3,13-19 par); a instituição do batismo e da ceia eucarística. Mas esses elementos não constituem ainda toda a realidade da Igreja. Igreja mesmo só existe sob a condição de o Reino de Deus não ter sido aceito pelos judeus e de Jesus ter sido rejeitado pelo povo. Se o Reino pregado por Cristo se tivesse realizado (e não o foi por culpa e endurecimento dos judeus), não haveria lugar para a Igreja. Ela possui essencialmente uma função de substitutivo do Reino e deve, teologicamente, definir-se como o instrumento para a realização plena do Reino e como seu sinal de realização real, mas ainda imperfeita deste mesmo Reino no mundo. Ademais, a Igreja só existe sob a condição de que o fim do mundo não esteja iminente, mas que haja história da fé e da aceitação de Jesus e de sua mensagem. A escatologia (a doutrina do fim derradeiro do homem e do mundo) se transformou assim no tratado teológico sobre os Novíssimos: morte, juízo, inferno, paraíso. No início, os Doze e os discípulos esperavam ainda pela irrupção próxima do Reino de Deus, com a vinda gloriosa e definitiva do Filho do Homem (Jesus ressuscitado). Tentavam converter o povo, pregando-lhe a mesma mensagem de Jesus: o Reino e sua proximidade. Contudo, o endurecimento do povo, o martírio de Tiago, a prisão e fuga de Pedro os induziram a não mais esperar como iminente a irrupção do Reino e a se dirigir aos pagãos. Ao se decidirem a partir para a missão, os Doze deram, movidos pelo Espírito Santo (cf. At 15,28), um passo decisivo. Assumiram os elementos introduzidos pelo Jesus histórico (a mensagem, os Doze, o batismo, a eucaristia etc.) e fundaram a Igreja concreta. Em seus elementos essenciais, ela foi pré-formada por Cristo. Contudo, em sua figura concreta e histórica, ela se apoia não somente sobre as palavras do Jesus histórico, mas também sobre a decisão dos Apóstolos, inspirados pelo Espírito Santo. A Tradição sempre creu que a Igreja nasceu no dia de Pentecostes. Na verdade, ela possui um fundamento cristológico e outro pneumático. Esta constatação é de extrema importância, pois por aí se evidencia que o elemento pneumático e carismático na Igreja possui, desde o início, um caráter institucional. A Igreja-instituição não se baseia, como comumente se diz, na encarnação do Verbo, mas na fé no poder dos Apóstolos, inspirados pelo Espírito Santo, que os fez transpor a escatologia para o tempo da Igreja e traduzir a doutrina sobre o Reino de Deus na doutrina sobre a Igreja. Essencialmente à Igreja pertencem o poder de decisão e o dogma. Ela mesma, em sua concreção histórica, surgiu de uma decisão dos Apóstolos, iluminados pelo Espírito Santo. Se a Igreja nasceu de uma decisão, então ela continuará a viver se os cristãos e os homens de fé no Cristo ressuscitado e no seu Espírito continuamente renovarem essa decisão e encarnarem a Igreja nas situações novas que se lhes antolharem, seja na cultura grega, seja na cultura medieval, seja na cultura técnica de hoje. A Igreja não é uma grandeza completamente estabelecida e definida, mas sempre aberta a novos encontros situacionais e culturais, e dentro destas realidades deve se encarnar e anunciar, numa linguagem compreensível, a mensagem libertadora de Cristo.

Não poderemos retroceder para aquém dos dois fundamentos originários da Igreja, de Cristo e do Espírito Santo, e descobrir uma unidade fontal da Igreja? Cremos que tal unidade fontal pode ser desvelada tanto bíblica quanto dogmaticamente.

3. A unidade originária entre o elemento cristológico e pneumático na Igreja

Existe uma unidade originária entre cristologia (Cristo) e pneumatologia (Espírito Santo). Isso, queremos mostrar primeiramente a partir de uma reflexão neotestamentária. Essa reflexão pode ser resumida em duas proposições: o Jesus carnal (sárquico: de *sarx* = carne) era já a presença do Espírito Santo no mundo; o Espírito Santo na Igreja é já a presença do Cristo pneumático (ressuscitado) no mundo. A essas duas proposições está latente uma outra, de ordem trinitária, que pode ser assim formulada: o Espírito Santo procede do *Pai* e do *Filho*, dogma definido pelo Concílio de Constantinopla (381). Com isso se quer dizer que o Espírito Santo, por sua origem, tem algo do Filho e não só do Pai. Essa afirmação bastante abstrata contém razões que depois se tornarão mais claras. Passemos agora a fundamentar essas três proposições[5].

a) O Jesus carnal já era a presença do Espírito Santo no mundo

Tal concepção é a da teologia de São Lucas. Para ele, Jesus não é um pneumático que tem passageiramente o Espírito. Mas é o Senhor que o possui permanentemente e é seu portador continuamente (Lc 4,1.14.18; At 10,38). Ele "não é levado pelo Espírito", mas segue o seu caminho "no Espírito" (Lc 4,14 contrariamente Mc 1,27). Desde seu primeiro momento, Jesus é obra do Espírito e é por ele ungido (Lc 1,35; 4,18-21; At 4,27; cf. Mt 1,18; Hb 1,9; 2Cor 1,21; 1Jo 2,22)[6]. Lucas não conhece um crescimento do Espírito em Jesus como em João Batista. Jesus o possui plenamente. Apenas as manifestações do Espírito são cada vez mais claras até sua visibilidade corporal (Lc 3,22; At 2,3-6; 4,31). Os milagres não são para Lucas, como para Marcos e Mateus, sinais do Espírito de Deus, mas sinais do poder do próprio Jesus, cheio do Espírito Santo (Lc 5,17; 6,19). Por isso é que um teólogo inglês podia com razão dizer: "Jesus não tinha o Espírito. Ele era o Espírito. O que Moisés tinha, ele era. Paulo identificava Cristo com o Espírito (2Cor 3,17). Jesus mesmo era o grande Sacramento e o Sinal eficaz da vida divina e do Espírito. Não era um profeta que em nome do Espírito falava, mas o próprio Espírito em forma humana"[7]. Para o Antigo Testamento, bem como para Mateus e Marcos, o Espírito é o vigor de Deus que invade uma pessoa e lhe dá forças que em si jamais teria. Para a teologia de São Lucas, Jesus desde sempre possui a plenitude das forças do Espírito, e o que faz é por força própria. Através de Jesus Cristo, o Espírito é comunicado à comunidade (Lc 24,49; At 2,33). Foi ele que instituiu a Igreja missionária (At 15,28), constituiu as funções (At 20,28), por ele se estabeleceram decretos canônicos (At 15,28) e tarefas eram distribuídas (At 6,6; 13,2). Quem o engana, peca contra ele, é também por ele julgado (At 5). O Espírito é a característica para o tempo da Igreja. Os muitos prodígios e êxtases nos Atos dos Apóstolos servem ao objetivo de mostrar que a Igreja está cheia do Espírito de Cristo e que é o órgão da atuação do Ressuscitado.

b) O Espírito Santo na Igreja é já a presença do Cristo ressuscitado

Esta constitui uma tese fundamental da teologia paulina. Com isso, aprofunda-se mais a intuição de São Lucas exposta linhas atrás. A vida dos cristãos é uma vida segundo o Espírito que não nos permite nosso enquadramento nas coordenadas deste mundo (cf. Rm 12,2). É viver já na nova realidade trazida pela ressurreição de Jesus, realidade essa que inaugura o novo céu e a nova terra e faz de cada fiel uma nova criatura (1Cor 5,17). Para Paulo, o Senhor ressuscitado é identificado com o Espírito (2Cor 3,17: ideias paralelas Rm 1,1-5; 1Cor 15,45; 6,17; Rm 8,9-11): "O Senhor é Espírito. E onde está o Espírito do Senhor, aí há liberdade". Este texto foi por gerações um quebra-cabeça teológico e exegético dos mais difíceis[8]. A exegese recente desvenda um sentido extremamente rico para nossas reflexões eclesiológicas[9]. São Paulo não intenciona aqui identificar duas grandezas pessoais: o Filho e o Espírito Santo. São Paulo não tinha ainda explicitamente elaborada, como nós a temos, a teologia da SS. Trindade. Com a expressão "o Senhor é Espírito" (2Cor 3,17), Paulo está interessado em determinar o *modo de existência* do Senhor ressuscitado[10]. Como vive agora o Cristo ressuscitado? Para Paulo é claro: o Ressuscitado vive agora na forma de Espírito[11]. A ressurreição fez dele, de terreno e carnal, espírito vivificante (1Cor 15,45). Viver no Espírito ou também em Cristo é sempre contraposto ao viver na carne, segundo a carne ou no corpo de carne. Viver na carne (*kata sarka* em grego) é viver na limitação, no fechamento, na tribulação, na fraqueza e na tentação. Jesus de Nazaré viveu segundo a carne, com todos os pejorativos que essa palavra encerra para a mentalidade judaica. Contudo, esse modo de existir carnal foi pela ressurreição totalmente modificado. Agora, ele vive segundo o Espírito (*en pneumati* em grego, ocorrendo 19 vezes em São Paulo) ou em um corpo de glória ou ainda num corpo espiritual (1Cor 15,44). Viver segundo o Espírito ou com um corpo espiritual não é viver sem o corpo, mas só no espírito; é viver com corpo e alma, porém totalmente repleto de Deus; é ser homem completo, mas agora em uma forma que não conhece mais limitações, fraquezas, tribulações e ameaça de morte. É ser dotado de uma corporalidade para a qual o espaço, o tempo e o mundo não são mais limites, mas pura comunicabilidade, abertura e comunhão com Deus e com toda a realidade. O Espírito vem sempre de Deus (1Cor 2,12). Por isso, esse modo de existir é sempre determinado a partir de Deus. Jesus Cristo ressuscitado existe agora na forma de Espírito; por isso, o Senhor é Espírito, e "quem se achega ao Senhor faz-se um só Espírito com ele" (1Cor 6,17). O Espírito, poderíamos dizer com A. Deissmann, constitui a matéria do corpo ressuscitado do Senhor (cf. 1Cor 15,35s.)[12]. Daí que podemos concluir: a presença do Ressuscitado na Igreja é já presença nela do Espírito Santo. Essa presença não é mais limitada por nada, mas enche tudo e está em todas as coisas, da mesma forma como o Espírito que tudo repleta estava pairando sobre o caos primitivo, presidiu o ato criador de Deus, age nas plantas, nos animais, fala pelos profetas, suscita os heróis e faz crescer e fermentar a vida. Jesus ressuscitado assumiu esta forma de existência.

c) Uma Pessoa em duas Pessoas

Esta unidade primordial entre o Senhor ressuscitado e o Espírito Santo encontra seu derradeiro fundamento na realidade intratrinitária. O Espírito é aspirado (se origina) do Pai e do Filho, como de um princípio único (DS 704). Por isso, o Espírito Santo é uma Pessoa em duas Pessoas, na unidade da mesma natureza. Desta forma, ele é, na expressão de Santo Tomás de Aquino, o nexo comum de ambos[13] ou o beijo de ambos. Se o Filho for enviado, como o foi para a consumação e libertação dos homens e do cosmo, segue-se que o Espírito Santo também é enviado juntamente. Alguns teólogos, como Scheeben[14] e modernamente H. Muhlen[15], chegam a falar em uma espécie de encarnação do Espírito Santo. Assim como no processo trinitário, ele é uma Pessoa em duas Pessoas; semelhantemente, na economia da salvação, ele é uma Pessoa em muitas pessoas, isto é, em todos os agraciados, especialmente em todos os cristãos. Como na Trindade, ele constitui a união do Pai e do Filho, assim, na criação, ele é o princípio de união, de comunhão e de reconciliação de tudo com tudo e com Deus. Bem o exprimia o grande teólogo Carl Feuerer por volta de 1939: "Ele faz da Igreja o Sacramento das relações intratrinitárias e dos grandes mistérios. O que sucede na vida intratrinitária encontra eco na vida íntima da Igreja. Nas profundezas da Igreja se tornam visíveis as missões intradivinas"[16]. Isto posto, podemos refletir em que sentido a Igreja é o Sacramento do Espírito Santo, que é o Espírito de Cristo.

4. A Igreja, Sacramento do Espírito Santo

As reflexões precedentes nos indicam o caminho no qual devemos pensar a realidade da Igreja. A Igreja deve ser pensada não a partir do Jesus carnal, mas a partir do Cristo ressuscitado, existindo agora na forma de Espírito. A Igreja, pois, deve ser compreendida a partir do Espírito Santo, contudo não tanto como terceira Pessoa da SS. Trindade, mas como a força e o modo de atuação mediante o qual o Senhor permanece presente na História e continua sua obra de inauguração de um novo mundo[17]. A Igreja é o sacramento, sinal e instrumento do Cristo vivo agora e ressuscitado, isto é, do Espírito[18].

a) O simbolismo nos milagres de Pentecostes: o Espírito está na Igreja

São Lucas, no relato de Pentecostes (At 2,1-13), quer mostrar como a Igreja surgiu e como ela está prenhe das forças do Espírito de Cristo. Nesse dia se patenteia aos olhos de todos a nova atuação e presença de Cristo no mundo através de seu Espírito. Que significa, concretamente, para a Igreja, a presença atuante do Espírito de Cristo? Para São Lucas, nos Atos, e para toda a Igreja primitiva, era evidente: significa a inauguração do tempo da plenitude, em que os homens já podem se considerar irmanados e redimidos, aguardando apenas a consumação final. Mas já vivem agora das realidades definitivas, manifestadas pela ressurreição. O modo como é expressa tal verdade prende-se ao simbolismo judaico da época que precisamos decodificar[19]. Assim, era crença da época que nos tempos derradeiros (de plenitude alcançada) o Espírito seria derramado por sobre toda a carne e todos profetizariam. Lucas mostra isso concretamente, narrando como o Espírito no dia de Pentecostes desceu por sobre os Apóstolos e por sobre todos os que estavam aí reunidos com eles em oração (At 2,1-4). Com isso, ele quer comunicar a verdade: com Jesus ressuscitado e com a Igreja, os homens entraram na última fase da revelação. Não precisamos esperar por mais nada de substancial vindo da parte de Deus. Deus nos disse em Jesus o Sim e o Amém definitivo e já nos salvou (cf. 2Cor 1,20). Era também crença da época que no final dos tempos a confusão das línguas, criada pelo orgulho dos homens (torre de Babel, Gn 11), iria ser abolida e superada. Seria um sinal de reconciliação e comunhão fraterna de todos com todos. As línguas não serão mais motivo de separação e incompreensões, mas de encontro e união. Ao narrar o fato de Pentecostes, São Lucas faz o Espírito descer em forma de línguas de fogo. Todos os presentes, árabes, judeus, romanos etc., entendem em sua própria língua a mensagem de Pedro.

Assim, ele quer ensinar: a mensagem da Igreja é destinada a reconstituir a primitiva unidade do gênero humano e a mútua concórdia entre os homens. Nela reina o *shalom* de Deus, isto é, a paz, a amizade, o espírito fraterno de compreensão e de humanidade. Bem dizia o Vaticano II que a Igreja é o "sacramento visível da unidade salvífica", a "célula indestrutível da unidade entre os homens" (*LG* nº 9). E há mais. São Lucas está interessado em ressaltar o caráter universal da Igreja. Ela foi enviada para falar todas as línguas e crescerá até poder exprimir-se em todos os idiomas. Por isso, ele faz questão de enumerar doze povos diversos que ouvem em suas próprias línguas a mesma novidade de Cristo. Segundo a compreensão oriental, conhecida por Lucas e por seus ouvintes, cada povo estava consagrado a uma figura do zodíaco. Os povos citados por ele (At 2,9-11), partos, medos, elamitas etc., correspondem exatamente, até segunda ordem, às figuras do zodíaco. Com isso, entendeu transmitir-nos a verdade de que a Igreja tem uma dimensão cósmica, destina-se a todos os povos da terra, e sua missão, como a de Cristo, é de caráter universal. O relato de Pentecostes acerca da descida estrepitosa do Espírito Santo está carregado de intenções teológicas, expressas numa linguagem simbólica, conhecida de seus leitores. Para compreendê-la, precisamos decodificá-la e colher a mensagem fundamental: agora, a Igreja é o sacramento do Espírito Santo, que é o Espírito de Cristo e o próprio Cristo ressuscitado agindo no mundo. Pelo Espírito, a Igreja surgiu no mundo para levá-lo à sua última perfeição em Deus. Com Santo Irineu, podemos dizer: "Onde está a Igreja, aí está o Espírito de Deus, e onde está o Espírito de Deus aí está a Igreja e toda a graça"[20]. A Igreja vive do Espírito. Daí que não é sem sentido o texto do pai-nosso na variante do texto de Cesareia, contido no código D, onde, em vez de se dizer: "venha a nós o vosso Reino" reza-se: "venha sobre nós o vosso Espírito e purifique-nos" (cf. as variantes ao texto de Lc 11,2). Este texto é considerado por bons exegetas[21] como o mais antigo do Evangelho de São Lucas e que bem expressa a compreensão teológica que São Lucas tinha da Igreja e de sua relação com o Espírito Santo.

b) A Igreja, corpo do Cristo ressuscitado: sua dimensão cósmica

O caráter pneumático da Igreja transparece melhor se analisarmos a expressão "a Igreja, corpo de Cristo". O que se quer dizer com isso? Como já referimos antes, essa expressão nos trará confusões teológicas se tomarmos o termo corpo em um sentido carnal, e não pneumático. Como já refletimos suficientemente, pela ressurreição Cristo foi feito de carnal, espiritual (cf. 1Cor 15,45), isto é, seu modo de existir em corpo, alma e divindade não é mais limitado a um determinado lugar e a um determinado tempo, mas agora, como Espírito, está livre de todas essas coordenadas terrestres e adquire realmente dimensões cósmicas, aberto à totalidade da realidade. Seu corpo é um "corpo espiritual" (1Cor 15,44). Como tal, está presente em todas as coisas. Ele é "tudo em todas as coisas" (Cl 3,11), e nada do que existe é alheio à sua presença. Como dizia um texto antigo, onde o Ressuscitado falava: "levantai a pedra e eu estou debaixo dela, rachai a lenha e eu estou dentro dela. Eu estarei convosco todos os dias até a consumação dos tempos"[22]. Com isso, Cristo ressuscitado derrubou todas as barreiras que separavam os homens (Ef 2,15-18); aboliu a separação entre as raças, as religiões, o sagrado e o profano. Nada é mais limite à sua inefável e pneumática comunicação. Onde aparece semelhante realidade de Cristo? Para Paulo, a Igreja local constitui o lugar da manifestação social do Cristo ressuscitado, especialmente quando é celebrada a ceia eucarística. É comendo do corpo do Senhor ressuscitado que o Povo de Deus reunido se torna também corpo de Cristo: "num mesmo Espírito somos todos batizados num só corpo... e a todos nos foi dado beber de um só Espírito" (1Cor 12,13). Se porém o Cristo pneumático (ressuscitado) não conhece mais limitações e limites estanques, então Seu corpo, que é a Igreja, não pode também se encapsular dentro dos limites de sua dogmática, de seus ritos, de sua liturgia e de seu direito canônico. A Igreja possui as mesmas dimensões do Cristo ressuscitado. E essas dimensões são cósmicas. Suas funções e mistérios, suas estruturas e serviços, que existem e precisam existir, devem contudo manter-se sempre abertos ao Espírito que sopra onde quer e que é uma permanente força dinâmica no mundo. Todos os homens agraciados e que estão com o Espírito Santo deveriam, por isso mesmo, sentir-se membros da Igreja e encontrar um lugar para si dentro de suas estruturas visíveis. Ninguém está fora da Igreja, porque não existe mais um "fora", porque ninguém está fora da realidade de Deus e do Cristo ressuscitado. O homem pode contudo se negar à abertura; pode subjetivamente recusar-se a aceitar semelhante realidade. Mas nem por isso deixará de estar dentro. Por isso, pode sempre se converter e aderir à salvação, já conquistada para ele como chance.

c) *O Espírito Santo e as estruturas: sinal ou contra-sinal?*

Acabamos de considerar o fato de que o elemento pneumático pertence à própria estrutura institucional da Igreja. Foi por uma moção do Espírito Santo (Cristo ressuscitado) que os Apóstolos decidiram ir para a missão e em concreto dar forma histórica à Igreja, assumindo elementos e realidades que o Jesus carnal havia introduzido. A Igreja deve repetir continuamente essa decisão apostólica e, diante de novas situações, encontrar aquelas expressões e instituições que realmente comuniquem adequadamente sua mensagem e realizem para os homens a salvação de Cristo. E aqui surge a pergunta: as decisões da Igreja, tomadas no passado, possuem uma grandeza absoluta, de forma que se tornam intocáveis mesmo quando se mostram disfuncionais? Se repararmos bem nos escritos do Novo Testamento, vemos como foi grande a liberdade dos Apóstolos e discípulos em introduzir instituições novas, traduzir a mensagem de Cristo para outras linguagens e filosofias[23]. Eles tinham sempre em mente não tanto olhar para o passado e repetir o que Cristo fez e disse, mas olhar o presente e deixar-se inspirar pelo Espírito e pelo Ressuscitado e tomar decisões que mais se prestassem ao serviço da salvação e da comunicação da causa de Cristo. Nesse sentido, São João e São Paulo devem ser considerados os príncipes da liberdade cristã. Não pregaram a mensagem de Cristo dentro da roupagem linguística e cultural utilizada por Cristo, representada pelo mundo e pela visão apocalíptica do judaísmo tardio. Mas tiveram a coragem de traduzir a mensagem de Cristo para a mentalidade do mundo grego. Por exemplo: sabemos que o conteúdo essencial da pregação de Cristo se concentrou na pregação da vinda do Reino de Deus. São João, que escreve o seu Evangelho por volta dos anos 90 da era cristã e tendo como ouvintes muitos gregos e outros imbuídos de mentalidade gnóstica, não anuncia mais a mensagem de Cristo em termos de Reino dos Céus. Mas traduz de forma excelente o conteúdo desta mensagem em termos existenciais como Sentido (Logos, Verbo), pão, vida, água viva, caminho, verdade, porta etc. Da mesma forma, São Paulo traduz o conceito fundamental de seguir a Cristo por estar-em Cristo etc. Eles não caíram em um fixismo doutrinário, alegando que tais e tais palavras foram pronunciadas pela boca do Verbo da Vida, mas, na fidelidade fundamental ao espírito de Cristo e de sua mensagem, traduziram-nas em conceitos e em expressões que seus ouvintes podiam compreender, compreendendo aderir e aderindo se converter à fé em Jesus Cristo salvador. Coisa semelhante poderíamos dizer quanto às instituições eclesiásticas. Somente se estiverem abertas a um contínuo aperfeiçoamento, reforma e adaptação, elas são serviços do Espírito na Igreja e no mundo. Caso contrário, substantivam-se e correm o risco de se tornarem redutos de conservadorismo e instrumentos de poder opressor do desenvolvimento libertador da graça e da fé. Todas as instituições e linguagens teológicas dentro da Igreja podem e devem ser sacramentos (sinais e instrumentos) a serviço do Espírito, pelos quais o Ressuscitado hoje atua e se faz presente na visibilidade histórica dos homens. Se se enrijecerem demais, se se hipostasiarem sacrossantamente e se se recusarem à funcionalidade da fé e da graça, podem tornar-se contra-sinais do Reino e da presença do Senhor vivo no mundo. Elas devem ser como a taça. Sua alegria é servir o vinho precioso do Espírito e não substituí-lo, recolhê-lo na humildade de um sinal humano para que ele esteja presente e possa ser tragado.

Notas

1. Cf. CONGAR, Y., Dogme christologique et Ecclésiologie, em *Sainte Église*, Paris, 1964, p. 69-104; BANDERA, A., Analogía de la Iglesia con el misterio de la Encarnación, em *Teología Espiritual*, 8 (1964), p. 44-91; ANCEL, A., Estructura teándrica de la Iglesia. História y significado eclesiológico del número 8 de *Lumen Gentium*, em *Estudios Eclesiásticos*, 42 (1967), p. 39-72.
2. Cf. MEHL-KOENNLEIN, Herrade, *L'homme selon l'apôtre Paul* (*Cahiers théologiques*, 28). Neuchâtel-Paris, 1951, p. 31-7; SPICQ, C., *Dieu et l'homme selon le Nouveau Testament*, Paris, 1961, p. 158-61.
3. Cf. um aprofundamento maior de tais afirmações em BOFF, L., *O Evangelho do Cristo Cósmico*, Petrópolis, 1970.
4. Quem valorizou eclesiologicamente tais perspectivas foram especialmente os católicos PETERSON, E., Die Kirche, em *Theologische Traktate*, Munique, 1951, p. 409-24, e RATZINGER, J., Zeichen unter den Völkern, em *Wahrheit und Zeugnis* (publ. por M. Schmaus e A. Läpple), Dusseldorf, 1964, p. 456-66; Kirche (sistematicamente) no *LThK VI*, p. 173-83; Menschheit und Staatenbau in der Sicht der fruhen Kirche, em *Studium Generale*, 14 (1961), p. 664-82; Das Geschick Jesu und die Kirche, em *Theologische Brennpunkte*, 2, Bergen-Enkheim, 1965, p. 7-18; *Das neue Volk Gottes. Entwurfe zur Ekklesiologie*, Dusseldorf, 1970; *Introdução ao cristianismo*, São Paulo, 1971, p. 283-9; e o nosso próprio trabalho, BOFF, L., *Die Kirche als Sakrament im Horizont der Welterfahrung*, Paderborn, 1972.
5. Cf. a principal literatura por nós consultada: HERMANN, L., *Kyrios und Pneuma*, Munique, 1961; Idem, Espírito Santo, em *Dicionário de Teologia*, 2, São Paulo, 1971, p. 92-8; MAERTENS, Th., *Der Geist des Herrn erfullt den Erdkreis*, Dusseldorf, 1959; MUHLEN, E., *Der Geist als Person*, Munster, 1963; Idem, *Una mystica Persona*, Munique-Paderborn-Viena, 1964; Idem, Die Kirche als die geschichtliche Erscheinung des ubergeschichtlichen Geistes Christi, em *Theologie und Glaube*, 55 (1965), p. 270-89;

KÄSEMANN-SCHMIDT-PRENTER, Geist, em *RGG*, II (1958), p. 1.272-86; CONGAR, J. M., L'Esprit dans l'Église, em *Lumière et Vie*, 10 (1953), p. 51-74; BARDY, E., *Le Saint-Esprit en nous et dans l'Église d'après le Nouveau Testament*, Albi, 1950; WENDLAND, H. D., Das Wirken des Heiligen Geistes in den Gläubigen bei Paulus, em *Theologische Literaturzeitung*, 77 (1952), p. 457-70; STIRNIMANN, H., Die Kirche und der Geist Christi, em *Divus Thomas*, 31 (1953), p. 5-17; RAHNER, K., *Das Dynamische in der Kirche* (QD 5), Friburgo, 1958; VOLK, H., Das Wirken des Heiligen Geistes in den Gläubigen, em *Catholica*, 3 (1952), p. 13-35.

6. Cf. SHWEIZER, E., Pneuma, em *ThWNT, VI* (1959), p. 402.
7. TYRRELL, G., *Das Christentum am Scheideweg* (publ. por F. Heiler), Munique, 1959, p. 177.
8. Cf. PRUMM, K., Die katholische Auslegung von 2Kor 3, 17 in den letzten vier Jahrzehnten nach ihren Hauptrichtungen, em *Biblica*, 31 (1950), p. 315-45; 459-82; 32 (1951), p. 1-24.
9. HERMANN, L., *Kyrios und Pneuma*, cit. na nota 5; Schweizer, E., Muhlen, Käsemann e outros já citados.
10. Cf. SCHWEIZER, E., *Pneuma*, op. cit., p. 416.
11. Cf. DEISSMANN, A., *Die neutestamentliche Formel "in Christo Jesu"*, Marburgo, 1892, p. 84-90.
12. Idem, p. 89-90.
13. *Contra error. Graec.* c. 9.
14. *Dogmatik III*, § 276, n° 1.612.
15. MUHLEN, H., *Una mystica Persona*, op. cit., p. 242s; Idem, *Die Kirche als die geschichtliche Erscheinung des ubergeschichtlichen Geistes Christi*, op. cit., p. 278.
16. *Unsere Kirche im Kommen*, Friburgo, 1939, p. 184.
17. Cf. VALESKE, U., *Votum Ecclesiae*, Munique, 1962, p. 163; WIKENHAUSER, A., Die Kirche als der mystiche Leib Christi nach dem Apostel Paulus, Munster, 1937, p. 119s.
18. Cf. ALFARO, J., Cristo, Sacramento de Dios Padre; La Iglesia, Sacramento de Cristo Glorificado, em *Gregorianum*, 48 (1967), p. 5-27; SCHILLEBEECKX, E., *Cristo, sacramento do encontro com Deus*, Petrópolis, 1967, p. 53-91.
19. Cf. CERFAUX, L., Le symbolisme attaché au miracle des langues, em *EphThL*, 13 (1936), p. 258s; DAVIES, J. G., Pentecost and glossolalia, em *JThSt*, 3 (1952), p. 228s; WEINSTOCK, S., Zum Pfingstwunder Act 2, 9-11, em *Journal of Roman Studies*, 39 (1948), p. 43-6; BOFF, L., Simbolismo no milagre de Pentecostes, em *Vozes*, 64 (1970), p. 325-6.
20. *Adv. Haer.* III, 38, 1.

21. Cf. SCHWEIZER, E., *Pneuma*, op. cit., p. 407, com a bibliografia aí citada; cf. também STIRNIMANN, H., Die Kirche und der Geist Christi, em *Divus Thomas*, 31 (1953), p. 9, 13.
22. JEREMIAS, J., *Unbekannte Jesusworte*, Gutersloh, 1953, p. 101-4.
23. Cf. o importante livro de HASENHUTTL, G., *Charisma, Ordnungsprinzip der Kirche*, Friburgo, 1969; cf. um bom resumo em *REB*, 30 (1970), p. 743-6.

XIII.
UMA ESTRUTURAÇÃO ALTERNATIVA: O CARISMA COMO PRINCÍPIO DE ORGANIZAÇÃO

Entender a Igreja como Sacramento do Espírito Santo implica colocar a ressurreição, os elementos de criatividade, de sintonia com a história como prioritários, acima daqueles institucionais, na compreensão da natureza e da missão da Igreja. A centração cristológica no horizonte do mistério da encarnação levou a Igreja latina a um endurecimento institucional excessivo[1]; como instituição quase bimilenar, não destila jovialidade nem gera alegria, mas respeitabilidade e sentimento de peso. Tal perfil não é indiferente à teologia e ao Evangelho. O Evangelho não se resume em um conteúdo; é também um estilo que mostra a alegria da boa nova, o alívio de uma grande libertação. A instituição dificilmente traduz tais características. E contudo são elas frutos do Espírito. É este Espírito que está na raiz de todas as grandes obras: na ordem da criação (Gn 1,1), na criação do povo de Israel, no surgimento dos profetas, na concepção de Jesus, na sua experiência vocacional por ocasião do batismo, na irrupção sobre os Apóstolos em Pentecostes, em sua decisão de ir aos gentios (At 15,28) e assim dar início concreto à Igreja, na epiclese da eucaristia que transforma o pão e o vinho no corpo e sangue do Senhor.

Da Igreja, só podemos falar, teologicamente, a partir da ressurreição e de Pentecostes. Ela é um acontecimento do Espírito, Espírito que primeiro ressuscitou Jesus dentre os mortos, transformando-lhe a existência de carnal para pneumática, e depois desceu sobre os Doze para fazê-los Apóstolos, fundadores de comunidades eclesiais. O Espírito anima uma forma específica de organização[2].

1. À Igreja toda, povo de Deus, são dados o Espírito e os carismas

Ekklesia-ecclesia-Igreja significa em grego profano a reunião dos cidadãos (homens livres), convocados por um arauto com o fim de se discutirem em praça pública as questões da comunidade. *Ekklesia* significava, também, o evento e o momento da reunião que, de si, não implicava continuidade. Em sentido teológico, podemos dizer que a Igreja é o encontro da comunidade dos fiéis, encontro provocado por Cristo e pelo Espírito para celebrar, aprofundar sua fé e discutir seus problemas à luz do Evangelho. Igreja, neste sentido primitivo, é mais *acontecimento* que pode ocorrer debaixo de uma mangueira, na casa de um coordenador ou mesmo dentro do edifício da Igreja, do que a *instituição* com todos os seus bens, serviços, leis, doutrinas e ministérios, com continuidade histórica.

A coesão e a continuidade organizada dos fiéis podem melhor exprimir-se pela categoria Povo de Deus. Todo povo tem sua história e sua gesta, uma consciência de seus valores e idiossincrasias, um projeto histórico ao redor do qual todos se congregam e um poder de organização. A Igreja, como Povo de Deus, possui tudo isto, mas em uma perspectiva religiosa, sobrenatural e transcendente. Todos pertencem ao povo, anteriormente a qualquer distinção interna; assim, em um primeiro momento, todos no Povo de Deus são iguais, cidadãos do Reino. A missão não é confiada a alguns, mas a todos; portadores do poder sagrado são inicialmente todos, e só secundariamente os ministros sacros. Todos são enviados para anunciar a boa nova acerca do futuro bom da História e do sentido do mundo já garantido e antecipado pela ressurreição que historifica a verdade da utopia de Jesus sobre o Reino.

Segundo 1Pd 2,5-10, a Igreja toda é uma nação escolhida, uma residência régia (*basileion*), uma comunidade sacerdotal (*hieráteuma*), uma nação santa, um povo apropriado por Deus para apregoar a gesta salvadora em benefício da humanidade (cf. Ap 1,6; 5,10). Portanto, consoante esta visão, o portador histórico da causa de Jesus e de seu Espírito é todo o povo. Certamente, trata-se de um povo organizado, mas as instâncias de organização só se justificam como serviço em benefício de todos e não como expropriação daquele sagrado poder de Cristo do qual todos os membros são herdeiros e depositários. A distinção entre leigos e corpo hierárquico, entre Igreja discente e Igreja docente só se justifica, como vimos em um outro capítulo, quando se salvaguarda a funcionalidade interna dos pólos e se evita toda a mentalidade ontocrática e classista. Daí dever-se dizer que a colegialidade, tão acentuada pelo Vaticano II, não concerne apenas aos bispos e aos presbíteros, mas envolve também os leigos. Assim como a apostolicidade, a colegialidade constitui uma nota de toda a Igreja, e não apenas de alguns de seus membros.

Importa reter esta concepção fundamental: existe uma igualdade básica na Igreja: "todos somos irmãos" (Mt 23,8), todos somos filhos, todos estamos mergulhados no Cristo ressuscitado e todos somos ungidos pelo santo Pneuma. Esta ideia nos aproxima daquela democrática, com a diferença de que o poder eclesial é entendido como derivação e participação do poder do Espírito e do Ressuscitado, atuantes na comunidade, e não simplesmente do povo, entendido profanamente.

A presença do Espírito se mostra por uma vasta "pluralidade de dons" ou "carismas" (1Cor 12,5). Na linguagem paulina, eles significam simplesmente serviços, elencados em grande quantidade pelo Apóstolo (1Cor 12,8-10; Rm 12,6-7; Ef 4,11-12)[3]. Se repararmos na diversidade dos dons-serviços, percebemos que alguns atendem às necessidades conjunturais da comunidade, como o serviço da misericórdia (Rm 12,8), ou da exortação (Rm 12,8), das curas e dos milagres (1Cor 12,9), e outros às necessidades estruturais como, ensinar, dirigir, discernir os espíritos (1Cor 12,10; Ef 4,11; Rm 12,8), que continuamente exigem ser atendidas.

Aqui se delineia um modelo alternativo de organização comunitária, diverso daquele que se acena nas epístolas católicas e se explicita claramente em Santo Inácio de Antioquia, onde tudo gira ao redor da tríade bispo-presbítero-diácono. Para este modelo, os três são portadores privilegiados do Espírito e sobre eles se constrói a comunidade, estabelecendo-se, de saída, uma divisão entre os membros que deixam de ser iguais. Concretamente, foi este modelo que fez história, não tanto por razões de ordem teológica, mas por razões de ordem extrateológica, pois se adequava mais pacificamente a formas autoritárias de poder, próprias do mundo antigo e, posteriormente, feudal. Mas é importante que conscientizemos o fato de que, nos primórdios, ensaiou-se outro modelo de comunidade, mais fraterno, circular e participado por todos. Este ensaio de outrora sempre ficou na memória da Igreja; movimentos carismáticos, grupos de forte evangelismo religioso, utopistas sempre de novo tentaram atualizá-lo. Ele nunca deixou de alimentar o onírico cristão e jamais deixou de ser ensaiado pela via da vida religiosa. Hoje, dada a efervescência das comunidades de base, onde o povo expressa e realiza sua vontade de participação, quando hierarcas reencontram o caminho do povo e se despojam das titulaturas de seu cargo eclesiástico, e num momento histórico no qual se faz sentir uma vontade geral de comunhão e de igualdade, este modelo ganha inusitada chance histórica. É a razão do nosso interesse e de nossas reflexões.

2. O que é mesmo um carisma?

Com uma exceção apenas (1Pd 4,10), unicamente Paulo e os escritos chamados paulinos empregam a palavra carisma[4]. A palavra é rara na literatura profana e também vétero-testamentária, onde ocorre duas vezes, ainda assim em variantes. Deriva-se de *charis* ou *chairein*, palavras geradoras da compreensão teológica do Antigo e Novo Testamento, significando a gratuidade, a benevolência e o dom de Deus que se abre e entrega ao homem. Foi mérito de Paulo haver introduzido este vocábulo – carisma – em um contexto de organização da comunidade. Isto supõe uma profunda experiência mística do *Christus praesens* e do *Pneuma* como realidades vivas e atuantes nas iniciativas das pessoas e na comunhão dos fiéis, empenhados em viver o *ethos* novo inaugurado pelo Evangelho.

Não obstante, a realidade carismática se encontra bem atestada no AT[5]. Há forças e serviços do Espírito que são exercidos em favor do povo como movimento de libertação, assim nos Juízes, particularmente em Sansão (Jz 13,25). Os reis são ungidos e investidos de forças especiais em favor de seu povo (1Sm 11,6). Nos profetas, o Espírito irrompe avassaladoramente. Para o profeta Joel (cap. 3), característica dos fins dos tempos é a efusão do Espírito sobre todo o povo. Esta realidade pneumática não está ausente no paganismo, como se depreende pela atividade mântica, pelos oráculos e pelo testemunho da inspiração. Cabe, entretanto, observar que tal atividade do Espírito nunca teve como lugar de irrupção e atuação o Estado, uma ordem estabelecida ou a totalidade do povo. A realidade do Espírito é algo que se inscreve no âmbito da criatividade, do não convencional, da irrupção do novo, no nível individual.

Em Paulo, topamos com um dado surpreendente: o carisma constitui o fator estruturante da comunidade. A justificativa teológica para Paulo reside na crença de que, com o aparecimento da Igreja, irromperam os fins dos tempos. Por isso, eclodiu também, com toda a sua pujança, a plenitude do Espírito. Nesta leitura, o carisma não se inscreve mais no âmbito do extraordinário e inusitado, mas constitui o registro comum da estruturação comunitária. Assim, o carisma significa simplesmente a função concreta que cada qual desempenha dentro da comunidade a bem de todos (cf. 1Cor 12,7; Rm 12,4; Ef 4,7).

Paulo detalha este modelo dizendo que a Igreja é um corpo com muitos membros, todos vivificados pelo mesmo Espírito e cada qual com sua função. Não existe nenhum membro não carismático, vale dizer, ocioso, sem ocupar um determinado lugar na comunidade: "cada membro está a serviço do outro membro" (Rm 12,5). Todos gozam de igual dignidade; não cabem privilégios que desestruturam a unidade do todo: "o olho não pode dizer à mão: não preciso de ti; nem tampouco a cabeça aos pés: não necessito de vós" (1Cor 12,21). A regra de ouro que salvaguarda a sanidade do modelo, sua circularidade fraterna, foi assim formulada por Paulo: "todos os membros tenham igual solicitude uns com os outros" (1Cor 12,25).

Quão diferente é este estilo de vivência cristã daquele em que a Hierarquia acumula todo o poder sagrado e todos os meios de produção religiosa em suas mãos e praticamente dita ao leigo: "tu, escuta, obedece, não perguntes e faze". É a completa dominação da cabeça sobre os pés, as mãos e até sobre o coração. A Hierarquia se julga o único carisma fundacional, acumulando todos os demais, esquecendo que a Igreja, família de Deus, é construída sobre o alicerce dos Apóstolos e também dos profetas (Ef 2,20) e dos doutores (Ef 4,11; 1Cor 12,28). A Hierarquia é um estado carismático na Igreja que não pode recalcar, como às vezes ocorre, outros carismas que o Espírito suscita na comunidade. Alguns carismas podem ser até incômodos para um hierarca de espírito militarizado, que confunde a unidade do Povo de Deus com a disciplina de um exército, expulsa de sua diocese os presbíteros que não falam pelo seu catecismo, cassa a palavra a teólogos, à mínima suspeita, funda institutos filosófico-teológicos alternativos para repetir apenas a doutrina dos Concílios, por desprezo à reflexão teológica que aceita os desafios do tempo e por pusilanimidade, mostrando-se não apenas pouco inteligente, mas até inimigo da inteligência. Trata da diocese como se fora um feudo, considerando-se o único responsável por tudo, como se não houvesse Espírito na Igreja.

A consequência pastoral se traduz na rigidez e na falta de alegria evangélica; a cara do hierarca é geralmente tão triste como se ele fosse ao próprio enterro, grave como se ele carregasse sozinho a salvação do mundo inteiro. Ele empobrece, por seu espírito capitalístico de tudo acumular, a toda a Igreja, afogando possíveis carismas e dando origem ao medo e à multidão de medíocres de espírito subserviente, prontos a atender qualquer aceno de seu patrão eclesiástico.

Bem diversa é a Igreja onde o Espírito não é afogado; medram os vários carismas, aflora a criatividade que devolve o caráter de boa nova à mensagem de Jesus, pessoas se sentem efetivamente membros e não meros fregueses de suas comunidades, propicia-se espaço para a realização religiosa de todos com suas várias capacidades (carismas) postas a serviço de todos e do Evangelho.

Como se depreende, tanto o rotineiro quanto o extraordinário vêm recobertos pela categoria de carisma. Na Igreja, tanto um quanto o outro têm direito de cidadania. Verdadeiro carisma aflora lá, quando homens colocam o que são, o que têm e o que podem a serviço de Deus e dos irmãos. Referem ao Espírito seus dotes e os fazem frutificar como os talentos evangélicos.

Uma forma de organização assim da comunidade eclesial só consegue guardar seu alto fator de integração e evitar as formas de dominação ou impedir que espíritos pouco evangélicos se apropriem privadamente do poder sagrado, se colocar como eixo de tudo o amor. Paulo bem o entendeu. Após enumerar os carismas e serviços mais excelsos, arremata, dizendo: importa buscar um caminho mais excelente ainda (1Cor 12,31). E faz então a apologia do amor, com as características das virtudes necessárias para o cotidiano da convivência fraterna: paciência, benevolência, superação da inveja, da soberba, da ambição, da irritação, da suspeita malévola, da busca de si mesmo e de seus interesses (cf. 1Cor 14,4-8; 14,1). Este amor assim concreto e simples é o carisma dos carismas, o serviço de todos os serviços que se pode prestar a alguém: "o amor nunca há de acabar" (1Cor 14,1).

Que é, pois, um carisma? O carisma é uma manifestação da presença do Espírito nos membros da comunidade, fazendo com que tudo o que são e fazem seja feito e ordenado em benefício de todos. Kung assim define o carisma: "É o chamamento que Deus dirige a cada um para um determinado serviço na comunidade, tornando-o apto para esse mesmo serviço"[6]. Outro grande especialista no campo assim o circunscreve: "Carisma consiste no chamamento concreto recebido através do evento salvífico, exercido na comunidade, constituindo esta comunidade, permanentemente construindo-a e servindo os homens no amor[7]".

3. A simultaneidade dos carismas

Do que refletimos até aqui, deve ter ficado claro que os carismas, tanto os ordinários quanto os extraordinários, vêm de Deus e do Espírito. Devem, para permanecerem carismas, ser sempre referidos ao Espírito e não simplesmente à vontade de autoafirmação e devem se ordenar não ao próprio interesse, mas ao interesse comunitário. Carisma é serviço. É função. O Espírito dá seus dons a cada um, conforme Ele quiser (1Cor 12,11). Daí não devemos pensar que haja só uma determinada espécie de carisma, como aquele que advém por causa de um sacramento (cf. 2Tm 1,6: "o que está em ti pela imposição de minhas mãos"). O carisma não está preso a uma institucionalização de ordem sacramental. Paulo, que fala dos carismas, não menciona os carismas vinculados à Ordem. Ele afirma, com razão: "Porque no Espírito fostes enriquecidos em todas as coisas... de maneira que nada falta em graça alguma a vós" (1Cor 1,5.7); "em tudo abundais" (2Cor 8,7) e "Deus é poderoso para fazer abundar em vós todos os bens, para que tenhais sempre em todas as coisas tudo o que é suficiente" (2Cor 9,8).

Isso significa que há uma simultaneidade de carismas. Cada qual, em seu lugar, em sua função e na sua capacidade, sirva aos outros. Qualquer intervenção no carisma do outro é uma intervenção na unidade da Igreja. Isso vale tanto para os que falam em línguas, os sábios, quanto para os que governam. Cada um em seu campo, servindo a todos e aberto a tudo. Embora haja simultaneidade dos carismas, existe evidentemente uma hierarquia entre eles, conforme as necessidades da Igreja. Há carismas mais urgentes. Contudo, isso não funda o direito de o carisma mais importante, na situação concreta, recalcar o outro carisma ou impedir seu exercício. Mesmo o menor dos carismas pertence à estrutura da Igreja e emana do mesmo Espírito que faz brotar um outro mais urgente.

4. Cada um é portador de um ou mais carismas

Na Igreja não há membros passivos, alguns comandando e outros comandados. Cada qual, dentro do corpo, exerce alguma função. Por isso, todo cristão é um carismático. Paulo o diz: "Cada um tem de Deus o seu próprio carisma, um dum modo, outro de outro" (1Cor 7,7); "A cada um é dada a manifestação do Espírito para utilidade comum" (1Cor 12,7). São Pedro o confirma, da mesma forma: "Cada um, segundo o carisma que recebeu, comunique-o aos outros como bons dispenseiros da multiforme graça de Deus" (1Pd 4,10). Os Atos falam que o Espírito "se difunde sobre todo o ser" (2,17).

Daí se segue, novamente, que os carismas não são reservados a certo número de pessoas, como, por exemplo, aos presbíteros, aos bispos etc. Ninguém deve pretender possuir todos os carismas: "São porventura todos apóstolos? todos profetas? todos doutores?..." (1Cor 12,29). Cada cristão é assim convidado a ver suas funções, suas profissões, suas habilidades não apenas de modo superficial, mas de modo profundo, como dons recebidos dos quais não é dono, mas que devem ser exercidos na construção da comunidade.

5. O carisma como estrutura da comunidade

Se carisma significa o modo concreto como o Espírito e o Ressuscitado se fazem presentes no mundo, então devemos dizer que o carisma pertence à estrutura da Igreja. Sem ele, ela não se constitui como realidade religiosa e teológica. O carisma não foi um privilégio dos primeiros tempos da Igreja. É a situação permanente da Igreja como comunidade com diversas funções e serviços. O carisma não exclui o elemento hierárquico (veremos isso ainda em pormenor), antes o inclui. O carisma é mais fundamental que o elemento institucional. O carisma é a força pneumática (*dynamis tou Theou*) que instaura as instituições e as mantém vivas. Nelas se articula. Por isso, o princípio de estruturação na Igreja não são as instituições, nem a hierarquia, mas o carisma que está na raiz de toda instituição e de toda hierarquização. Não há uma classe de governantes e outra de governados. Mas há um grupo de fé. Tanto o que governa como o que é governado devem crer. A fé ou o carisma da fé é o *prius natura* e o dado comum, no qual todos comungam e possuem uma fundamental igualdade fraterna.

Não há Igreja sem o carisma, isto é, sem a presença do Espírito e do Ressuscitado se manifestando concretamente nos membros e em suas funções. Por isso, não se pode imaginar uma Igreja privada de carismas. Seria supor uma Igreja sem a graça e a salvação, sem o Ressuscitado e, por isso, sem vida. Seria um museu de mortos, uma arqueologia agonizante de recordações mortas de um passado vivo, mas sempre passado.

Bem o assevera um especialista: "A estrutura fundamental carismática da Igreja significa que cada qual possui o seu lugar na comunidade, no qual foi constituído por seu carisma; significa ainda que ele, nesse seu lugar, co-constitui a Igreja. Perdendo ele seu lugar ou seu lugar lhe sendo tirado, então a comunidade não apenas é afetada com um prejuízo moral, mas atacada em sua essência e até pervertida"[8].

Se houver repressão de um sobre o outro, vontade de poder, então passa a funcionar o espírito "humano" em vez do Espírito de Cristo. Sufoca-se a liberdade para a qual Cristo nos chamou e vocacionou (Gl 5,1s). Recaímos no regime do legalismo, do farisaísmo e do judaísmo decadente. Por isso, é severa a admoestação de Paulo: "Não afogueis o Espírito" (1Ts 5,19).

A permanente tentação da Igreja e de seus membros é o poder de uns sobre outros. De um carisma prevalecer sobre outro carisma e até de reduzi-lo ao silêncio. Então não entra mais a escuta, mas a fala imperiosa, e os imperativos da lei se fazem repressores. Então corre-se o risco dia-bólico de se transformar a Igreja não em uma comunidade dos que creem, isto é, dos que ouvem a Palavra de Deus, do Espírito e do Ressuscitado, mas em uma comunidade que ouve apenas dogmas, leis, ritos, prescrições canônicas, exortações edificantes. Mas não a palavra libertadora do Espírito.

Que seria da Igreja se nela não houvesse os consoladores, os animadores, os que infundem esperança e jovialidade? Seria uma Igreja de tristes e de lamurientos. Poderá haver ordem, disciplina e obediência. Mas isso podemos encontrar também, e muito melhor, num exército. E a Igreja não é um exército, nem se reúne para estudar e aprender a matar no ataque e na defesa. Mas para aprender a amar os homens e a Deus. Isso exige outros carismas que os da ordem e disciplina. O inverso, também, é verdadeiro: que seria de uma Igreja onde houvesse carismas múltiplos, mas não houvesse uma ordem neles, para que todos construíssem o mesmo corpo? Se não houvesse alguém que cuidasse para evitar que todos os carismas fossem exercidos em benefício próprio ou de um grupo, formando uma *ecclesiola* dentro da *Ecclesia*, *ecclesiola* esta presidida até por um cardeal-arcebispo, mas em benefício de todos?

Todos os carismas são constitutivos da Igreja e não apenas alguns deles, como aqueles da ordem e da unidade, do ensino ortodoxo e da presidência do culto sagrado. Por isso, o carisma da corresponsabilidade, da crítica construtiva, do saber científico e técnico, da poesia, da música, da oratória, da teologia, da organização devem, entre tantos outros, ter seu lugar não ameaçado no corpo eclesial. Não podem meramente ser tolerados ou moralmente reconhecidos. Devem ser vistos como constitutivos (da ordem da natureza e da essência) e não apenas integrantes da vida da Igreja da qual Cristo e o Espírito são os Senhores. São eles que, mediante os serviços e carismas dos vários membros da comunidade, se anunciam e atuam. Uma mentalidade dada ao poder e vítima de uma compreensão autoritária da vida da Igreja não pode entender este modo mais místico e espiritual do mistério eclesial.

Esta visão permite julgar o caráter evangélico do exercício de mando no interior da Igreja. Não basta o apelo de que se trata de um carisma permanente e de ter sido investido dele por força da ordenação pelo sacramento da Ordem. Importa ver a forma como é exercido, porque há formas que são dominação, estigmatizadas por Cristo como algo dos senhores deste mundo (Mt 20,25) e que, em nome do Espírito e da liberdade para a qual Cristo nos chamou, devem ser criticadas e, em casos extremos, não atendidas, porque "importa obedecer mais a Deus do que aos homens" (At 5,29; 4,19). O fato de haver estruturas de poder na Igreja não significa que se viole a natureza carismática essencial. O poder pode ser um carisma, desde que se faça serviço aos irmãos e instrumento de construção da justiça da comunidade.

Essas reflexões suscitam um problema que não se pode eludir: quando sabemos que o carisma é carisma? Existem critérios de discernimento?

6. Os critérios de verdade nos carismas. Quando sabemos que o carisma é carisma?

Critério é a norma pela qual normamos algo e discernimos se um fenômeno vem do poder de Deus ou se pode ser explicado apenas pelo que está à mão e pelas circunstâncias ambientais[9].

Quanto ao carisma, podemos dizer: se o fenômeno vem de Deus e é, pelo agraciado, sempre reconduzido a Deus, então podemos estar diante de um carisma. Que venha de Deus, é difícil de determinar. A melhor forma de saber se vem de Deus é saber se é, pelo carismático, sempre referido a Deus. Contudo, há aqui um problema: nem sempre a referência a Deus atinge a Deus. O homem pode, como no caso de muitos fenômenos espíritas, tudo referir a Deus sem que se possa saber se não passa de uma falsa interpretação. Pode ser fruto do interesse e do poder, agindo de forma inconsciente. A pessoa é então enganada pela sua estrutura inconsciente, embora seu consciente refira a Deus. Daí, então, entra o outro critério, que é o do serviço comunitário, desinteressado e superador do egoísmo.

O que unifica a comunidade carismática é o Espírito, do qual tudo vem e para o qual tudo é referido (cf. 1Cor 12,4; Ef 4,4; Rm 12,6). Se alguém, com seu carisma, desune, desagrega, cria atmosfera de divisão e ódio, então deixa de ser carisma e transforma-se em uma curiosidade de espiritualistas. Sem essa referência convergente e unificadora, os carismas agem de forma destruidora na comunidade. São como cogumelos que crescem do húmus, mas destroem a vida. Por isso, Paulo condena o desejo desordenado pelos carismas (1Cor 13,2). O que faz do carisma um carisma é sua ligação com o Espírito, que é Espírito de unidade e não de divisão. O carisma escapa então da manipulação do homem. É sempre graça. É sempre dom gratuito. O homem está na situação de quem recebe e só legitima o uso do dom quando o reconhece como recebido e enviado.

a) Carisma e talentos humanos

Há uma relação muito estreita entre carisma e talentos humanos. Receber ou não talentos não está no âmbito do poder do homem. O talento é graça. O homem pode ser responsável ou irresponsável em face dos talentos recebidos (Mt 25,14s.). O talento é bem usado, humaniza se for continuamente vivido no horizonte da gratuidade. É graça e atinge sua verdade se é reconhecido como dom, diante do qual somos responsáveis. A partir do momento em que se independentiza de sua fonte, vive no olvido de sua origem graciosa, o talento recebido permanece, mas é desenvolvido e vivido de forma desumanizadora: como autopromoção, como meio de subjugação de outros e instrumento de vencer concorrentes. Com isso, não deixa de ter sua origem graciosa. Mas se perverte porque se esquece da fonte que o alimenta continuamente.

O carisma é esse mesmo talento (pode ser, mesmo quando é ordinário), mas em uma permanente memória de sua origem de Deus, de ser sempre recebido. Por isso, talento e carisma, dotes naturais e graça não se opõem: trata-se da mesma realidade, só que vivida no homem por formas diferentes. Um é vivido como dom de Deus e se chama carisma; o outro, como construção sua, como instrumento de domínio sobre outros e, então, chama-se dote meramente natural. Evidentemente, esta última interpretação não muda a estrutura do talento, mas muda a estrutura do homem, que assim vive em uma falsa consciência.

b) *O carisma é para a construção da comunidade*

Não é suficiente que o carisma provenha do Espírito; isto garante sua dimensão vertical. Ele vem de Deus para os homens; destina-se à edificação da comunidade; representa sua dimensão horizontal. Se houver alguma ruptura neste cruzamento de linhas, desaparece também o carisma. Paulo toma como exemplo um carisma de ordem inusitada e extraordinária: falar em línguas diferentes. Aquele que fala em línguas só é verdadeiramente carismático se seu falar for compreensível aos outros. Caso contrário, é problema para analistas ou é autopromoção, à custa da crendice dos outros (cf. 1Cor 14,2): "Tu darás muito bem graças, porém o outro não se edifica... porque não sabe o que dizes" (1Cor 14,17). Paulo é taxativo: "Prefiro na Igreja falar dez palavras com sentido que instruam os outros a dizer dez mil palavras em línguas" (1Cor 14,19) que ninguém entende. Aqui se condena toda mistificação, autoilusão inconsciente, pietismo e sobrenaturalismo, em nome do serviço e utilidade para os outros.

A comunidade de Corinto, pervadida de misticismo e efervescência espiritualista, teve que ouvir de Paulo uma admoestação de valor permanente e atual:

"Tudo me é permitido, mas nem tudo me aproveita; tudo é lícito, mas nem tudo edifica" (1Cor 10,23). Novamente, estamos ante o critério básico, simples, natural do serviço, da descentração do próprio eu, do desinteresse pessoal em função dos outros. Não necessitamos de muita sutileza teológica, sofisticação argumentativa, nem recursos a muitas autoridades para saber se um dom, serviço ou trabalho vem ou não de Deus. Basta olharmos sua funcionalidade e utilidade para a comunidade. Deve haver proveito e edificação e não apenas bondade e pureza de intenções. Pode haver dons que são efetivamente dons, mas que sobrepassam as necessidades e demandas da comunidade. Então, que este dom-carisma-serviço se retenha e aguarde seu *kairós*.

A norma *normans* é esta: "Que ninguém procure o seu proveito, mas sim o dos outros" (1Cor 10,24). A partir daqui, podemos observar que a rígida estruturação hierárquica da Igreja dá proveito e vantagens de toda ordem (religiosa, meritocrática, financeira, social, tráfico de influências, privilégios públicos) a seus portadores. Afloram o carreirismo, as subserviências que ele implica, as declarações diplomáticas, o não comprometimento, a ocultação da verdade, a renúncia e a morte de todo espírito profético com a *parrhesia* que tanto marcava os Apóstolos. Arquétipos do poder, da ascensão social via caminho religioso, ganham livre curso. Então, em vez de termos na Igreja pastores que edificam sua comunidade, temos medíocres espíritos desfibrados, preocupados mais com a própria imagem do que com a verdade do Evangelho, faltos de amor aos homens e aos pobres, pelos quais Cristo tudo arriscou.

Precisamos dizê-lo com todas as palavras: quando o carisma não se conserva como carisma, entra a concupiscência, que é vontade de poder e de ter; ela vem do pecado (Jo 8,44) e leva ao pecado (Rm 1,24). Ela destrói a comunidade, às vezes por pura vaidade e mandonismo de seu pároco ou bispo. Paulo mostra a equivalência *sub contrario* das obras da carne e das obras do Espírito, das práticas da concupiscência e das práticas pneumáticas (cf. Gl 5,16-25).

Pode ocorrer que toda uma comunidade se veja pervadida por "ódios, discórdias, rixas, dissensões, divisões e invejas" (Gl 5,20). Aí se impõe o imperativo da ordem e da disciplina, que também são carismas (sempre que conservem sua funcionalidade). Isso não limita os carismas, mas lhes circunscreve o âmbito de valência, no interior da comunidade e em função dela.

7. O carisma da unidade entre os carismas: o coordenador, o presbítero, o bispo e o Papa

Em toda comunidade, é fundamental o problema da coesão interna e da unidade, particularmente quando despontam fatores de desagregação. Há um carisma, um entre outros, mas de importância capital, que é aquele responsável pela harmonia entre os vários e múltiplos carismas. Este carisma é próprio dos que ocupam as instâncias de direção da comunidade. Comumente chamamos a isso Hierarquia.

O Novo Testamento não conhece uma expressão para o que hoje entendemos por função hierárquica. O termo mais próximo, segundo o renomado exegeta alemão Ernst Käsemann, é este mesmo: carisma[10]. Para entender o carisma de ordenação na comunidade, precisamos abstrair os modelos historicamente conhecidos, seja no nível profano (monárquico, feudal, democrático), seja no nível eclesiástico (tipo de bispo, de papa, de pároco), especialmente este último, já que ele recebeu historicamente fortíssima carga de autossacralização. O NT evita tanto uma nomenclatura profana quanto uma nomenclatura sagrada. Seculariza totalmente a nomenclatura, para não haver nenhuma contaminação de dominação (poder profano) ou de magnificação e privilégio (poder sagrado). Utiliza, para escândalo de nossos ouvidos acostumados a titulaturas bizantinas, termos que significam meras funções profanas e serviços: *diakonia* e *oikonomia*, serviço e direção da casa. Como já se disse, no NT não existem, propriamente, ministérios, mas ministros. Em relação aos ministros, responsáveis pela condução da comunidade, refere-se simplesmente "carisma de direção, presidência, assistência e governo" (1Cor 12,28; 1Ts 5,12; Rm 12,8; 1Cor 16,16). Fala-se também dos *episkopoi* (bispos) e *diakonoi* (diáconos: Fl 1,1). Bispo e diácono, contrariamente à nossa compreensão hodierna, não têm nada a ver com o sacramento ou com o culto. Ao bispo, em sua acepção direta e simples, cabe vigiar, controlar, para que tudo funcione a contento. Diácono é um servente ou um assistente, cargos secundários. Presbítero provém de outra tradição, aquela judaica: era o grupo dos mais veneráveis e velhos da comunidade que assumiam a função de assistência e de organização.

Como se depreende, o sentido dominante não se liga ao sacro, mas ao serviço de vigilância e de condução, de assistência.

Função específica da Hierarquia (dos que ocupam cargos de direção) não é pois acumular, mas integrar, propiciar a unidade, a harmonia entre os vários serviços, sem que um atropele, afogue o outro, ou a ele se sobreponha. A partir desta função, descarta-se a subordinação imediata de todos aos hierarcas; não é para subordinar que estão aí, mas para alimentar exatamente o espírito contrário, de fraternidade e unidade ao redor de um serviço (Hierarquia) suscitado pelo Espírito para manter a circularidade e impedir as divisões e sobreposições. Este carisma de unidade, como se vê, implica outros carismas, como aquele do diálogo, da paciência, da escuta, da serenidade, do conhecimento do coração dos homens e de seus mecanismos de poder e autoafirmação. Esta função hierárquica é desempenhada ou pelo coordenador da comunidade de base, ou pelo presbítero na paróquia, ou pelo bispo em sua diocese ou pelo Papa na Igreja universal, que é a comunhão de todas as Igrejas entre si.

Por causa do carisma da unidade, são eles que presidem as celebrações da comunidade, os primeiros responsáveis pela doutrina ortodoxa e pela ordenação da caridade. Em razão da reta ordem e do funcionamento do todo, compete particularmente a eles discernir os espíritos e zelar para que os carismas guardem sua natureza de carismas na medida em que são serviços para o bem da comunidade (*Lumen Gentium* 12; *Apostolicam Actuositatem* 1.339).

Este modelo de organização pode hoje informar toda uma vivência de Evangelho realizada em pequenos grupos, constituindo mais e mais uma vasta rede de comunidades, envolvendo cristãos, religiosos, sacerdotes e bispos. Há chance de que a Igreja que nasce da fé do povo pelo Espírito de Deus possa atualizar esta forma ideada por São Paulo. Pelo menos, poderá ser um espírito que, na força do Espírito, revitalizará as instituições tradicionais e hierárquicas da Igreja. E a história da salvação nos mostra que onde o Espírito está em ação podemos contar com o Inesperado e o Novo ainda não acontecido.

Notas

1. Cf. CONGAR, Y., Pneumatologie ou Christomonisme dans la tradition latine, em *Ecclesia a Spiritu Sancto edocta*, Gembloux, 1970, p. 41-63.
2. Veja a principal bibliografia: HASENHUTTL, G., *Charisma, Ordnungsprinzip der Kirche*, Friburgo, 1969; RATZINGER, J., Das geistliche Amt und die Einheit der Kirche, em *Das neue Volk Gottes*, Dusseldorf, 1969, p. 105-20; KASPER, W., Kollegiale Strukturen in der Kirche, em *Glaube und Geschichte*, Mogúncia, 1970, p. 355-70; Id., Espírito, Cristo, Igreja, em *A experiência do Espírito Santo*, Petrópolis, p. 72-90; GOITIA, J., *La fuerza del Espíritu, Pneuma-Dynamis*, Bilbao, 1974; MOLTMANN, J., *La Iglesia, fuerza del Espíritu*, Salamanca, 1978; CONGAR, Y., *Je crois en l'Esprit Saint*, vol. 2, Paris, 1979; ROBINSON, H. W., *Christian experience of the Holy Spirit*, Londres, 1962, p. 123-39; MUHLEN, H., *Una mystica persona*, Paderborn, 1968; KUNG, H., A estrutura carismática da Igreja, em *Concilium*, 1 (1965), p. 31-46; VOIGT, S., A vida religiosa como carisma, em *Grande Sinal*, 26 (1972), p. 323-37.
3. Veja a análise minuciosa de cada um dos carismas elencados por Paulo na obra de HASENHUTTL, *Charisma*, op. cit., p. 129-232.
4. Cf. WENNEMER, K., Die charismatische Begabung der Kirche nach dem hl. Paulus, em *Scholastik*, 34 (1959), p. 503-25.
5. Cf. HAYA-PRATS, G., *L'Esprit force de l'Église*, Paris, 1975; HASENHUTTL, G., *Charisma*, op. cit., p. 108-12.
6. KUNG, H., *A estrutura carismática*, op. cit., p. 44.
7. HASENHUTTL, op. cit., p. 238.
8. HASENHUTTL, op. cit., p. 235.
9. Cf. HASENHUTTL, op. cit., p. 113-29; KUNG, H., *A Igreja*, vol. 2, Lisboa, 1970, p. 260-2.
10. KÄSEMANN, E., *Exegetische Versuche und Besinnungen*, vol. 1, Göttingen, 1960, p. 109; cf. também KASPER, W., *Glaube und Geschichte*, op. cit., p. 362-5.

Apêndice

O PROCESSO DOUTRINÁRIO
A *IGREJA: CARISMA E PODER*

Documento 1

Carta do Sr. Cardeal Joseph Ratzinger incriminando pontos do livro *Igreja: carisma e poder*

Sacra Congregatio pro Doctrina Fidei
Prot. N° 2012/67

00193 Romae, 15 de maio de 1984
Piazza del S. Uffizio 11

Reverendo Padre,
no dia 12 de fevereiro de 1982, o Sr. tomou a iniciativa de enviar a esta Congregação a sua resposta à Comissão Arquidiocesana para a Doutrina da Fé do Rio de Janeiro, a qual havia criticado o seu livro *Igreja: carisma e poder*. O Sr. declarava, então, que aquela crítica continha graves erros de leitura e de interpretação que o Sr. não podia aceitar.

Esta Congregação, por sua parte, quis estudar o livro em seus aspectos doutrinais e pastorais e deseja agora lhe expor as conclusões a que chegou.

Não é intenção deste Dicastério desconhecer as suas boas intenções. Querer ir ao encontro dos pobres, promover a justiça e a fraternidade com uma maior participação de todos nas responsabilidades quer na sociedade civil, quer no âmbito da Igreja, é uma aspiração legítima e evangélica da qual o seu livro quisera ser um testemunho. Quando porém se trata de expor uma tal aspiração em escritos teológicos destinados a ter influência doutrinal e pastoral na vida da Igreja, não bastam as boas intenções. Para responder realmente, no conteúdo do pensamento e das eventuais propostas, às verdadeiras exigências dessas intenções, é preciso além do mais acolher a advertência do Santo Padre: "Os teólogos e exegetas, conscientes da influência que suas investigações e afirmações exercem no ensinamento da catequese, têm o dever de estar muito atentos para evitar que sejam consideradas verdades certas asserções que não passam de opiniões ou discussões de especialistas" (João Paulo II, Disc. de Inauguração da Conf. de Puebla); eles devem antes "permanecer em estreita união com a missão de ensinar da qual a responsável é a Igreja" (Enc. "Redemptor hominis" nº 19).

Como acontece em outras suas obras, também em *Igreja: carisma e poder* não se nega o que há de positivo. O que causa preocupação é o fato de que nesta obra se encontrem misturadas não poucas posições menos dignas de aceitação. Sem querer passá-las todas pelo crivo limitamo-nos a mencionar algumas mais significativas, após ter feito algumas observações preliminares gerais.

I

Antes de mais nada três observações de caráter geral e metodológico relativas ao conteúdo do volume em sua totalidade.

1/ A primeira refere-se ao fato de que nele, querendo vir ao encontro dos problemas da América Latina e em particular do Brasil, não se preste maior confiança à sã doutrina da Igreja e do Magistério com um estudo direto e levado até o fundo, preferindo ao contrário com frequência recorrer a uma certa corrente teológica infelizmente discutível e mais própria de outros contextos (Hasenhutl, *Carisma, Ordnungsprinzip der Kirche*; Hans Kung, Ernst Käsemann etc.).

2/ A segunda observação geral concerne à linguagem usada. Falta às vezes a devida serenidade e moderação, fruto da caridade, da justiça e do respeito pelas pessoas e instituições da Igreja. O tom usado é pelo contrário polêmico, difamatório, até mesmo panfletário, absolutamente impróprio para um teólogo (cf. por ex. pp. 73ss, 97ss, 255-257). Além disso falta com maior frequência a precisão teológica: os termos usados adquirem um sentido ambíguo, por exemplo, quando se trata do "sincretismo" (cf. pp. 157ss). Quem quer edificar a Igreja e consolidar a sua comunhão interna deve utilizar uma linguagem ao mesmo tempo serena e moderada, como também mais coerente com o uso próprio do Magistério.

3/ O material empregado nesse ensaio é muito variado: histórico, filosófico, político e sociológico. O uso das ciências humanas na teologia, em linha de princípio, é legítimo. Essas ciências porém devem ser comprovadas criticamente (não simples ideologias) e, sobretudo, devem ser iluminadas e dirigidas pela luz da fé, que é a *ratio formalis* da teologia. Perguntamo-nos: o discurso contido nessas páginas é guiado pela fé ou por princípios de natureza ideológica (de certa inspiração neomarxista)? O trabalho teológico possui suas próprias fontes e exigências que no livro não são devidamente aplicadas. O conteúdo é com frequência apresentado não tanto à luz da Revelação, da Tradição e do Magistério, mas do primado da práxis; procura como finalidade não a escatologia cristã, mas uma certa qual utopia revolucionária alheia à Igreja.

II

Passando agora dessas observações gerais ao conteúdo doutrinal, a "Eclesiologia militante" propugnada nesse volume está fortemente condicionada pelo método supramencionado. Sem pretender efetuar uma análise detalhada de todas as questões, salientamos as três opções eclesiológicas que parecem mais decisivas: 1) a estrutura da Igreja; 2) a concepção do dogma e da revelação; 3) o exercício do poder sacro.

1/ O Sr. afirma que Jesus não determinou a estrutura da Igreja; esta seria mais exatamente o resultado de uma necessidade sociológica inevitável. O modelo estrutural da Igreja Católica não seria o único possível e não deveria ter a pretensão de se identificar exclusivamente com a Igreja de Cristo, porque esta pode subsistir também em outras Igrejas cristãs (cf. pp. 79, 134 etc.). Daí deriva a concepção relativizante do catolicismo frente ao protestantismo. Tratando-se de duas "mediações" imperfeitas do Evangelho, uma não deve excluir a outra, mas devem ser concebidas antes como acentuações ou estilos diversos de viver a totalidade do cristianismo (cf. p. 141). Teria sido portanto um erro histórico a exclusão do protestantismo, porque junto se excluía também a possibilidade da crítica verdadeira na Igreja e o catolicismo podia se transformar em uma ideologia reacionária, violenta, repressiva, chegando à pretensão de ser infalível, afastando-se assim do Evangelho (cf. p. 149).

É possível que o Sr. julgue exagerada e unilateral esta interpretação do seu pensamento. Perguntamo-nos todavia: se não é esta a justa interpretação, qual a razão de um ataque tão desapiedado e radical contra o modelo institucional da Igreja Católica? Qual o sentido desse zelo em querer reduzir suas estruturas a caricaturas inaceitáveis? O novo modelo alternativo da Igreja que o Sr. defende prevê as mesmas estruturas tão contestadas?

Em sua interpretação relativizante da Igreja Católica, base de sua crítica radical da figura histórica desta nossa Igreja, o Sr. se apela ao Concílio, apresentando-se como intérprete do pensamento conciliar. Contudo, a interpretação da Constit. Dogm. "Lumen Gentium" nº 8 proposta pelo Sr. não só é evidentemente falsa, mas está em aberto contraste com as verdadeiras intenções do texto, como se pode ver nas fontes publicadas da mencionada Constituição (cf. também o Decreto "Unitatis Redintegratio" nn. 3-4). A autêntica doutrina da Igreja a propósito foi precisada na Declaração "Mysterium Ecclesiae" onde podemos recolher as seguintes afirmações: "uma só é a Igreja que Nosso Senhor confiou ao cuidado pastoral de Pedro"; "esta Igreja de Cristo, constituída e ordenada neste mundo como sociedade, subsiste na Igreja Católica"; "somente através da Igreja Católica de Cristo, que é o auxílio geral da salvação, pode ser conseguida toda a plenitude dos meios de salvação"; "aos fiéis, portanto, não é lícito pensar que a Igreja de Cristo nada mais seja do que uma certa soma das Igrejas e das comunidades eclesiais, nem se pode afirmar que a Igreja de Cristo hoje não subsiste realmente em nenhum lugar, de modo que esta deva ser considerada como uma simples meta à qual devem tender todas as igrejas e comunidades" (cf. AAS LXV 1973, pp. 306-307). Estas explicações oferecidas pela Congregação para a Doutrina da Fé em 1973 contêm já uma resposta às posições que o Sr. defende.

2/ "Na estrutura patológica de fundo do catolicismo romano", o Sr. ressalta de modo particular o "dogmatismo" das verdades e a compreensão "doutrinária" da revelação, que não raramente têm conduzido e continuam conduzindo até hoje à violação dos direitos dos fiéis (cf. pp. 6lss, 81-82, etc.).

Diante de um tal "dogmatismo", o Sr. propõe uma nova concepção do dogma. "A afirmação dogmática é legítima e também necessária em razão de ameaças de heresia e de perversão da experiência cristã. Mas em sua formulação ela é uma chave decifradora, válida para um determinado tempo e circunstâncias. Quando se olvida esta instância temporal e histórica e se pretende, em sua formulação, fazer valê-la para todos os tempos e de forma exclusiva, então se transforma em empecilho para as necessárias e novas encarnações do cristianismo" (cf. p. 136-137; cf. também o contexto).

Seria igualmente necessária, no seu parecer, uma nova compreensão da revelação e da fé. "Deus, primeiramente, não revelou proposições verdadeiras sobre si mesmo, o homem e a salvação. Ele se revelou a si mesmo, em seu mistério, em sua vida e em seus desígnios. A fé, em seu sentido primigênio, consiste na adesão total ao Deus vivo e não simplesmente na aceitação de um credo de proposições. A doutrina tem sua função, mas num momento derivado. Na formulação das doutrinas acerca da revelação e da salvação entram variantes que são culturais e que, portanto, estão do lado do homem. As doutrinas variam, como se pode notar na própria Bíblia; mas todas elas vêm assim articuladas que deixam reconhecer a presença da salvação e do Deus vivo" (cf. p. 86; cf. também o contexto).

Que dizer de uma tal relativização das fórmulas dogmáticas e de uma tal compreensão "pré-doutrinal" da revelação e da fé? Estas certamente deixariam o campo livre para novas encarnações e novas inculturações do cristianismo, especialmente se se aceitasse a especial pneumatologia, discutível ela também, das pp. 237ss. Mas com que garantia? Qual poderia ser o critério para discernir a legitimidade de tais encarnações e inculturações? Se uma fórmula dogmática nas novas culturas do amanhã já não é mais válida, como poderá ser válida hoje diante de tantas e tão diferentes culturas do mundo? É verdade que Deus, radicalmente, não nos revelou proposições, mas a si mesmo vivo e salvador, mas o Deus da revelação bíblica já não seria reconhecível sem enunciados doutrinais. A fé da Igreja, ainda que não ligada a uma determinada sistematização teológica, se exprime em um conjunto orgânico de enunciados normativos. É verdade que as formulações dogmáticas respondem a problemas de um momento histórico determinado e são propostas com um vocabulário tomado da cultura da época; todavia, sem comprometer-se com a cultura do tempo e devendo ser sempre interpretadas com referência à revelação, permanecem sempre verdadeiras.

A posição justa em relação à Palavra de Deus contida na revelação e conservada como "depositum fidei" pela Igreja, nos foi indicada pela Constituição dogmática "Dei Verbum" do Concílio Vaticano II. Tratando do Magistério diz: *Quod quidem Magisterium non supra verbum Dei est, sed eidem ministrat, docens nonnisi quod traditum est; quatenus illud, ex divino mandato et Spiritu Sancto assistente, pie audit, sancte custodit et fideliter exponit, ac ea omnia ex hoc uno fidei deposito haurit quae tanquam divinitus revelata credenda proponit* (nº 10). Tratando por sua vez dos teólogos afirma: *...operam dent oportet, ut sub vigilantia Sacri Magisterii, aptis subsidiis divinas Litteras ita investigent et proponant ut quam plurimi divini verbi administri possint plebi Dei Scripturarum pabulum fructuose suppeditare...* (nº 23).

O *depositum fidei*, para poder continuar realizando sua função de sal da terra que não perde seu sabor, deve ser fielmente conservado em sua pureza, sem deslisar, como gostaria o Sr. em direção a um processo único e dialético da história (cf. p. 130) ou em direção ao primado da práxis (cf. pp. 73-74).

3/ Uma outra "grave patologia" da qual, a seu parecer, a Igreja romana deveria libertar-se é constituída pelo exercício hegemônico do poder sacro que, além de fazer dela uma sociedade assimétrica, teria sido deformado em si mesmo.

Dando como provado que o eixo organizador de uma sociedade coincide com seu modo específico de produção e aplicando esse princípio à Igreja, o Sr. afirma que houve um processo histórico de expropriação dos meios de produção religiosa por parte do clero contra o povo cristão, o qual portanto se viu expropriado de sua capacidade de decidir, de ensinar etc. (cf. pp. 204s, 231s, 255s). Uma vez deslocado, o poder sacro foi também gravemente deformado, caindo nos mesmos defeitos do poder profano: "O exercício do poder na Igreja seguiu os critérios do poder pagão em termos de dominação, centralização, marginalização, triunfalismo, *hybris* humana sob capa sagrada" (pg. 106; cf. também pp. 96, 99-102 etc.).

Para remediar tais inconvenientes, o Sr. propõe um novo modelo de igreja onde o poder seja concebido sem privilégios teológicos, como puro serviço articulado segundo as necessidades do povo, da comunidade. Trata-se de "fazer uma Igreja viva, com serviços flexíveis, funcionais, sem privilégios teológicos" (p. 223; cf. p. 106ss. etc.).

Uma tal posição suscita sérias reservas doutrinais e pastorais. Do ponto de vista teológico, não tem sentido introduzir na sociedade eclesial os meios de produção como eixo organizador. Por acaso não possui a Igreja de Cristo uma organização original própria, independente dos meios de produção? Um tal princípio é estranho à teologia. Por outro lado, "dato non concesso" que o exercício do poder na história da Igreja possa ter sido tão negativo, com que objetivo se acentua um panorama tão deprimente? Como deveria ser o exercício do poder no novo modelo de igreja? deveriam exercer tal poder? O que se deve entender por serviços flexíveis, funcionais, sem privilégios teológicos? A doutrina tradicional da Igreja a este respeito, claramente confirmada também no Concílio Vaticano II, supõe, entre outras coisas, duas verdades fundamentais: 1) a constituição da Igreja por instituição divina é hierárquica; 2) existe na Igreja um ministério hierárquico ligado essencialmente e exclusivamente ao sacramento da Ordem.

Sobre este pondo, já em tempos passados esta Congregação teve ocasião de discutir com o Sr. acerca da necessidade da ordenação sacerdotal para a válida celebração da Santa Missa. Mesmo no último estudo esclarecedor publicado (cf. a revista "Sal Terrae maio 1982, pp. 400-401), o Sr. continua sustentando que tal necessidade deve ser entendida "no sentido canônico" ou enquanto ministro "ordinário", como se o próprio poder de consagrar a Eucaristia pertencesse radicalmente a todos os fiéis. Ora, nesta questão é preciso evitar os graves desvios denunciados no recente documento desta Congregação: "Carta aos bispos da Igreja Católica sobre algumas questões concernentes o ministro da Eucaristia" (cf. AAS LXXV, 1983, pp. 1001-1009).

"A eclesiologia militante" de Igreja: carisma e poder se demonstra frágil e inconsistente na medida mesmo em que é intolerante e incompreensiva em relação à Igreja institucional. Os virulentos ataques aos condicionamentos históricos indicam a medida dos novos condicionamentos aos quais se quer submeter. As acusações de antievangelismo lançadas contra a Igreja do passado constituem uma prova do risco das novas encarnações antievangélicas.

A Igreja de Cristo deve ser edificada na pureza da fé (cf. João Paulo II, Disc. de Inauguração da Conf. de Puebla); mas esta pureza da fé exige que a Igreja se liberte não somente dos inimigos do passado, mas sobretudo dos atuais, como de um certo socialismo utópico que não pode ser identificado com o Evangelho.

Esta Congregação convida-o a acolher estas observações feitas com espírito fraterno e oferece-lhe a possibilidade de um colóquio no correr dos meses junho ou julho próximos. Em vista da influência que o livro em questão tem exercido sobre os fiéis, esta carta será publicada, levando em conta, se for o caso, a posição que o Sr. eventualmente resolver tomar.

Na espera de uma sua benévola e pronta resposta, confirmo-me com sentimentos de religioso obséquio

Joseph Card. Ratzinger

Documento 2

Esclarecimento de Leonardo Boff às preocupações da Congregação para a Doutrina da Fé acerca do livro *Igreja: carisma e poder* (1981)

Subsídios para o colóquio de 7 de setembro de 1984 junto às instâncias doutrinárias da Santa Sé.

I. Introdução

Com data de 15 de maio de 1984, o Sr. Prefeito da Congregação para a Doutrina da Fé, Joseph Card. Ratzinger, enviava-me uma carta de seis páginas contendo preocupações daquela Congregação com respeito a "não poucas posições menos dignas de aceitação" contidas no meu livro *Igreja: carisma e poder*. Antes de entrar nos esclarecimentos concernentes às questões suscitadas, parece-me de bom alvitre apresentar, rapidamente, o livro e o contexto vital em que ele foi elaborado.

1. Que contém o livro Igreja: carisma e poder

Não se trata de um livro unitário; como o subtítulo o indica, encerra "ensaios de eclesiologia militante" (13), escritos nos últimos doze anos, em ocasiões diferentes e atendendo a destinatários distintos. Há escritos para cristãos das comunidades de base; há textos elaborados para o leitor europeu; há outros, fruto de conferências em congressos de teologia; há outros ainda apresentados como reflexões em cima de práticas concretas das comunidades cristãs de base. Expliquemos cada um dos treze capítulos:

O primeiro, *Práticas pastorais e modelos de Igreja*, foi escrito para a revista francesa *Lumière et Vie* (nº 150, 1980, 47-62); pretendia fornecer, nos limites de um pequeno artigo, as tendências das práticas eclesiais e do pensamento teológico a elas ligado, tendo em vista um leitor europeu.

O segundo, *Práticas teológicas e incidências pastorais*, foi um texto preparado para um estudo da Assembleia Geral dos Bispos em Itaici (São Paulo), em fevereiro de 1981. Tratava-se de apresentar, sucintamente, as principais tendências da teologia atual, com suas incidências na vida pastoral. Como sumariar (sem simplificar demasiadamente e evitar a caricatura deformante) as intuições de tantas tendências teológicas hoje vigentes?

O terceiro capítulo, *A Igreja e a luta pela justiça e pelo direito dos pobres*, foi uma conferência pública em Petrópolis por ocasião da fundação do Grupo Ação, Justiça e Paz. O texto foi publicado na revista da Conferência dos Religiosos do Brasil (CRB), *Convergência* (nº 135, 1980, 422-434).

O quarto, *A questão da violação dos direitos humanos dentro da Igreja*, recolhe um trabalho apresentado na VI Semana Teológica de Petrópolis, em fevereiro de 1977, cujo tema geral era Direitos Humanos e Evangelização. Foi publicado na *Revista Eclesiástica Brasileira* (*REB*, nº 145, 1977, 143-159).

O quinto capítulo, *O poder e a instituição na Igreja podem se converter?*, foi uma conferência proferida em Porto Alegre (RS), no contexto do tema do Sínodo de 1974 sobre a Evangelização do mundo contemporâneo. Era ainda inédito.

O sexto capítulo, *O catolicismo romano: estrutura, sanidade, patologias*, constitui um trabalho apresentado na V Semana Teológica de Petrópolis, em fevereiro de 1976, e publicado na *REB* (nº 141, 1976, 19-52), posteriormente exposto em um encontro teológico-pastoral no CEIAL de Verona, em maio de 1978, e publicado no livro *Religiosità popolare e cammino di liberazione* (a cura di L. Sartori, EDB, Bologna 1978, 113-166).

O sétimo, *Em favor do sincretismo: a produção da catolicidade do catolicismo*, reproduz um trabalho lido em um congresso interdisciplinar, sob os auspícios de Dom Avelar Brandão Card. Vilela, na Bahia, em outubro de 1976, e publicado na *Revista de Cultura Vozes* (nº 71, 1977, 53-68).

O oitavo capítulo, *Características da Igreja numa sociedade de classes*, recolhe uma reflexão escrita para o III Encontro Intereclesial Nacional das Comunidades Eclesiais de Base em João Pessoa (PB), em julho de 1978, e publicada na revista *SEDOC* (nº 118, 1979, 824-842).

O nono, *A comunidade eclesial de base: o mínimo do mínimo*, foi preparado para ser apresentado no Katholikentag de 1980 na Alemanha e lançado em alemão pela Missionszentrale der Franziskaner (Bonn, 1980) e em português pela *Convergência* (nº 140, 1981, 78-83).

O décimo capítulo, *As eclesiologias subjacentes às comunidades eclesiais de base*, foi elaborado para o I Encontro Intereclesial Nacional das CEBs em Vitória, celebrado em janeiro de 1975, e publicado na revista *SEDOC* (nº 81, 1975, 1.191-1.197).

O undécimo, *É justificada a distinção entre Igreja docente e Igreja discente?*, apareceu na revista internacional *Concilium* (nº 168, 1981, 69-75).

O décimo segundo capítulo, *Uma visão alternativa: a Igreja, sacramento do Espírito Santo*, constitui o XI capítulo de minha tese doutoral em alemão, *Die Kirche als Sakrament in Horizont der Welterfahrung* (Paderborn, 1972, 361-375).

O último, *Uma estrutura alternativa: o carisma como princípio de organização*, foi elaborado para um encontro sobre os ministérios na diocese de Nova Iguaçu (RJ) em junho de 1979. Era ainda inédito.

Como se depreende, esta coletânea de ensaios não forma um todo orgânico, constituindo um livro. Cada capítulo possui sua autonomia (à exceção dos últimos dois) e não aborda os temas sob os principais aspectos, apenas aqueles que cabiam no âmbito de uma conferência de uma hora, ao lado de outras, tratando outros ângulos da questão. Esta observação é importante, porque a carta do Sr. Card. J. Ratzinger considera o livro como um todo sistemático; o prefácio chama a atenção do leitor para o caráter não sistemático da reflexão (p. 17), e eu prometo, em parceria com Frei Clodovis Boff, assumir tal desempenho sistemático.

2. *O contexto vital de* Igreja: carisma e poder

Um texto não possui apenas seu contexto literário; possui, principalmente, um contexto vital (*Sitz im Leben*). A teologia constitui um momento da vida da fé, momento pensante, crítico e metódico. No Brasil, como de resto no pensamento teológico latino-americano, nos acostumamos a teologizar a partir e no interior da vida concreta da Igreja, em grupos de reflexão, em reuniões de planejamento e revisão, em cursos de renovação teológico-pastoral com padres, bispos, agentes de pastoral e leigos. A eclesialidade de nossa teologia constitui o seu melhor apanágio. Minha produção se situa neste contexto eclesial, jamais posto em questão por mim; antes, pelo contrário, em diversos lugares de meu livro, enfatizo-o explicitamente.

Dois grandes desafios, um *social* e outro *eclesial*, ocupam e preocupam a Igreja no Brasil. O desafio social se caracteriza pela crise geral de que o povo pobre e cristão padece: 12 milhões de desempregados; 35 milhões de analfabetos; 22 milhões de crianças sem educação primária; 25 milhões de menores abandonados (mais que toda a população da América Central); 51% da população de 120 milhões de habitantes abaixo de 18 anos de idade. Junto a estes dados frios se encontra o espectro da fome, da opressão sistemática, da violação permanente dos direitos fundamentais da pessoa humana. A Igreja está presente de forma capilar no tecido social do povo brasileiro. Como deverá ser sua evangelização para que traga a boa nova de libertação integral de Jesus Cristo que se mostra também como solidariedade entre os homens para superar a injustiça social e chegar a um convívio minimamente humano?

O desafio eclesial não é menor. Desde os primórdios da nacionalidade, a Igreja está presente. Mas nunca teve quadros suficientes para atender às demandas religiosas do povo; houve uma endêmica carência de ministros ordenados, de religiosos e agentes de pastoral. No meio do povo, grassam as seitas, movimentos pentecostais, as religiões afro-brasileiras e, ultimamente, as novas Igrejas vindas dos Estados Unidos com apoio de segmentos do governo.

Em face de tais desafios, a Igreja precisa mostrar coragem e criatividade; caso contrário, deixará, nos próximos cinquenta anos, de ser a religião prevalente da alma brasileira. Temos um patrimônio inestimável a resguardar. Não podemos apenas conservar o que foi construído pelos nossos pais na fé; para estarmos à altura dos desafios que se nos antolham, precisamos criar novas formas de presença da Igreja na sociedade, particularmente nos meios pobres; urge descobrir novas formas de evangelização, em que o povo evangelize o próprio povo, onde possam emergir novos ministérios que traduzam a consciência da missão e da corresponsabilidade eclesial.

Em face do *desafio social*, a Igreja elaborou sua opção preferencial pelos pobres, contra a sua pobreza e em favor da justiça social. O pobre aqui não se identifica simplesmente com o proletário de Marx, como alguns querem erroneamente ver. O proletariado é pequeno entre nós; o que existem são as camadas populares, o bloco histórico e social dos marginalizados no campo e na cidade, os subempregados, os 10 milhões de boias-frias (trabalhadores sazonais da colheita do café, do corte da cana-de-açúcar etc.), enfim, os dois terços dos brasileiros que são carentes. A partir dos pobres, a Igreja vê com cada vez mais clareza que a sociedade deve mudar estruturalmente. Ela não possui projetos concretos de ordem política e econômica. Apenas postula mais participação do povo nas decisões nacionais; apoia os movimentos populares que defendem a causa da justiça no trabalho e favorece as organizações que lutam por uma sociedade nem rica nem pobre, mas justa e fraterna. A Igreja tem, indiscutivelmente, como o asseverou João Paulo II em sua peregrinação ao Brasil em 1980, uma missão social. Não se trata, nem de longe, de promover uma sociedade de corte marxista-leninista ou coisa que o valha, mas uma sociedade mais democrática, em que o povo, e não apenas as classes beneficiadas do sistema socioeconômico, possa ser sujeito de seu destino histórico.

Em face do *desafio eclesial*, a Igreja procurou nos últimos trinta anos abrir-se mais e mais à participação do povo. As duas palavras-chaves, "comunhão" e "participação", antes de serem assumidas por Puebla, foram aqui propostas e vividas. Comunhão com Deus e participação na vida da Igreja. Em função disto, surgiram as 150.000 comunidades eclesiais de base (segundo a estatística recente do Ibase, Rio de Janeiro), milhares de círculos bíblicos e outras formas de vivência da fé em pequenos grupos. Aí, o próprio povo cristão assumiu as principais tarefas da evangelização mediante os novos ministérios, sempre em comunhão com os seus pastores. Assistimos a esta convergência maravilhosa entre as comunidades que desejam a presença dos padres e dos bispos em seu seio e os bispos e os padres que incentivam e apoiam as comunidades eclesiais de base. Não tivemos até hoje, graças a Deus, conflitos maiores entre estas duas expressões da eclesialidade da mesma e única Igreja. Esta comunhão da Hierarquia com o povo e do povo com a Hierarquia impediu que houvesse fraturas no mesmo corpo eclesial. Não há, em princípio, um enfrentamento entre hierarquia e laicato ou o surgimento de um foco de poder paralelo, fora dos laços da comunhão e da participação.

O que existe, e é forçoso reconhecer, são pessoas que, no âmbito social e eclesial, não querem mudar. Não aceitam que da pobreza social se derive uma alternativa ao sistema que continuamente produz pobreza; que daí se possa fazer uma crítica estrutural à sociedade vigente, que é capitalista e elitista. Há aqueles que querem desvincular os pobres de suas organizações populares, de suas comunidades eclesiais de base, de reflexão teológica feita a partir de suas angústias e esperanças; querem enquadrar os pobres dentro do sistema social e dentro da pastoral tradicional da Igreja, na qual havia insuficiente participação do povo. Os pobres propiciam mudanças na sociedade e, também, na Igreja. A opção pelos pobres fez com que bispos se fizessem mais simples, mais próximos das lutas do povo e mais evangélicos; que os religiosos e religiosas se deslocassem do centro em direção à periferia; que a teologia não fosse apenas uma atividade educativa para os candidatos ao sacerdócio, mas um momento de iluminação e de crítica à caminhada dos cristãos, elaborada junto com as comunidades. A acusação frequente de que alguns setores da teologia usam a análise marxista tem por efeito deslegitimar a eclesialidade da teologia e aproximá-la dos elementos inaceitáveis para a fé, da luta de classes, da redução ao político. Na verdade, o problema não reside na utilização ou não de algumas categorias da tradição marxista, na perspectiva de decifração dos mecanismos geradores de pobreza do povo; o que não se quer é a mudança necessária da sociedade para que o povo possa ter mais vida; todos os que buscam esta mudança são difamados como marxistas e depravadores da fé cristã. O que não se quer é a liberdade do povo, o avanço para formas mais dignas de relação social e de participação social e política.

Com tristeza, constatamos que há pessoas (até entre os bispos) que dão ouvidos a este tipo de crítica. Em vez de se preocupar com os pobres de suas dioceses, em defender os direitos tantas vezes vilipendiados, em permitir que participem na vida da Igreja mediante organizações eclesiais, fecham-se sobre si mesmos, em uma pastoral meramente sacramental e com um discurso exclusivamente religioso, sem articulação com o social, onde há também graça e pecado, obediência a Deus ou negação de seu Reino.

Em razão de tais fatos, que existem também em nossa Igreja, embora não sejam determinantes nem definam a linha principal da pastoral da Igreja, fiz críticas às violações de direitos humanos e a abusos de poder por parte dos portadores do poder sagrado. Estas críticas se situam dentro da caminhada da Igreja que eu assumo e dentro da qual vivo minha própria fé. Diante dos grandes desafios sociais e pastorais que exigem criatividade, podem dar-se enrijecimentos institucionais, doutrinários e litúrgicos. A teologia precisa assumir estes obstáculos e mostrar que podem ser superados dentro de um equilíbrio eclesiológico entre o elemento institucional (poder) e o elemento pneumático (carisma). Não só Cristo constituiu a Igreja; o Espírito Santo é coinstituinte; os carismas não configuram irrupções esporádicas na comunidade, mas significam princípios estruturantes da Igreja, de forma permanente e orgânica. A eclesiologia se renova quando enfrenta novas situações, como estas que vivemos em nosso país. Procurei, de forma responsável, desempenhar-me desta tarefa. Às vezes, não é apenas o teólogo que raciocina, mas também o "profeta", que, dada a gravidade dos reptos que vivemos, denuncia situações e comportamentos menos adequados, principalmente quando a causa dos pobres não ocupa aquela importância que lhe confere o evangelho e que as opções de nossa Igreja definiram. A linguagem profética, como veremos mais adiante, não possui aquela "sensatez" do teólogo tranquilo, mas será sempre incômoda e, por isso, sujeita à incompreensão e até à perseguição. Mas ela possui seu lugar e seu direito dentro da Igreja, como o mostraram os profetas e o próprio Jesus Cristo. Com isto, não quero resguardar-me de eventuais excessos nos quais possa ter incorrido. Mas eles devem ser entendidos dentro de minha atuação diuturna no trabalho positivo dentro da Igreja.

Não cabe "gloriar-me segundo a carne", como em um "acesso de loucura" (2Cor 11,17-18) e narrar meu trabalho pela Igreja, no serviço da reflexão às comunidades, em retiros espirituais, em cursos de aprofundamento, em encontros com bispos. "Digo-o em loucura" (2Cor 11,21), os padecimentos das longas viagens, as preocupações em fazer-me compreensível pelos mais humildes, subindo e descendo rios amazônicos, uma vez com risco de vida, vezes sem conta difamado publicamente, ameaçado de prisão e tortura pela polícia política, noites indormidas e canseiras sem fim. Pudera eu dizer, como Paulo, que "de muito boa mente me gastei e desgastei até me esgotar pelas (vossas) almas" (2Cor 12,15)! Esta vida na Igreja não me exime de pecados e de erros pelos quais devo pedir a Deus e aos irmãos perdão e correção. Esta eclesialidade viva me é mais importante que a eclesiologia escrita que produzi. E se bem observo, andando pelas Igrejas, particularmente as mais pobres, e se o senso da fé não pode enganar-se, constato o testemunho quase unânime de tantos que afirmam ter minha produção oral e escrita fortalecido a adesão à Igreja, o amor ao Evangelho e a consciência da responsabilidade cristã dentro da sociedade.

3. A acolhida de Igreja: carisma e poder

O livro foi acolhido, normalmente, pelos leitores e pela crítica teológica, sendo publicado em junho de 1981 pela Editora Vozes. Somente conheceu uma nova edição pela espalhafatosa polêmica que lhe moveu o então Frei Boaventura Kloppenburg no diário mais prestigioso do Rio de Janeiro, na edição de domingo de 27 de junho de 1982, sob o título "A eclesiologia militante de Leonardo Boff": *Jornal do Brasil*. O mesmo artigo saiu publicado no número 2 da revista *Communio* (1982, 126-147). O A. monta nove teses nas quais distorce as intenções e textos de meu livro para provocar uma condenação. Faz-me afirmar coisas que nunca afirmei, como: "tudo na Igreja teve origem humana" (*Communio*, p. 128); diz ainda que eu oponho "frequentemente à Igreja-instituição ou à Igreja-hierarquia a Igreja-comunidade ou a Igreja-Povo de Deus, como se esta fosse outra, diferente, sem instituição, sem poder, sem hierarquia e mesmo sem dogmas e sem direito canônico" (op. cit., p. 134), quando na verdade, nos vários lugares de meu livro, afirmo o contrário e com insistência (p. ex. p. 187-188 de *Igreja: carisma e poder*).

Mais grave foi a publicação da Comissão Arquidiocesana para a Doutrina da Fé do Rio de Janeiro, utilizando, sem consentimento prévio do autor, uma recensão de Urbano Zilles (Porto Alegre), dada a lume no *Boletim da Revista do Clero* (fevereiro de 1982, 26-30). Aí, entre outras, fazia-se a seguinte afirmação, totalmente inaceitável, porque inverídica: o autor "parte do pressuposto de que a Igreja institucional, que aí existe, nada tem a ver com o Evangelho; nela, tudo é mentira e ilusão; deve ser desmascarada e desmistificada" (*Boletim*, op. cit. 27). Admira-me, ainda hoje, como uma tal instância oficial, a recém-criada Comissão Arquidiocesana para a Doutrina da Fé, mostrasse tão pouca seriedade e publicasse difamações sem fundamento contra um teólogo ativo dentro da Igreja, nas assessorias a bispos e nos encontros de aprofundamento teológico-pastoral.

No *Jornal do Brasil* de 27 de julho de 1982, eu respondia às acusações de B. Kloppenburg; fazia o mesmo no *Boletim da Revista do Clero* de abril, 1982, p. 27-29, com referência às acusações da Comissão Arquidiocesana; na *Revista Eclesiástica Brasileira*, de junho de 1982, p. 227-245, respondia, mais detalhadamente, a B. Kloppenburg. Comuniquei estas respostas à Congregação para a Doutrina da Fé, em Roma. Mons. J. Hamer, em carta de 25 de junho, acusa o recebimento do envio de minhas observações enviadas àquela Congregação (por carta ao Card. J. Ratzinger, em 7 de maio de 1982) dizendo: "*serán estudiadas cuando nos llegue el prometido comentario amplio sobre la misma materia que usted tiene intención de publicar en la revista* REB". Quando finalmente envio àquela Congregação o referido estudo, responde-me o Cardeal J. Ratzinger, a 9 de setembro de 1982, que o seu convite para que eu respondesse a B. Kloppenburg, constante da carta de 14 de abril de 1982, devia ser endereçado à Congregação romana e não tornado público pela *REB*. Na verdade, a carta de S. Eminência de 14 de abril, 1982, não fazia qualquer referência a uma resposta *privada* àquela Congregação; pedia apenas que "manifestasse meu parecer também sobre o estudo" de Kloppenburg.

No número de junho de 1982 da revista *Grande Sinal*, publico, também, uma resposta ao teólogo beneditino Estêvão Bettencourt sobre suas observações, bem como as *Aclarações acerca de alguns temas de teologia*, a pedido da Congregação para a Doutrina da Fé.

Devo ainda recordar que todo este material foi enviado por mim à Congregação romana; não para que ela fizesse, a meu pedido e solicitação, uma análise de meu livro *Igreja: carisma e poder*, mas para informação daquela última instância, já que eu estava sendo condenado em uma instância afim, mas inferior, na Comissão Arquidiocesana para a Doutrina da Fé do Rio de Janeiro. Isto foi expresso claramente nas duas cartas que enviei a Roma, em 12 de fevereiro de 1982 e em 7 de maio de 1982.

Se agora a Congregação para a Doutrina da Fé submete meu livro à análise e me convoca a Roma para um colóquio no dia 7 de setembro, o faz por sua própria iniciativa. Constato, também, que minhas respostas, seja à Comissão do Rio de Janeiro, seja a B. Kloppenburg, parece, lamentavelmente, não terem sido tomadas em consideração pela Congregação para a Doutrina da Fé em Roma.

4. Minha atitude fundamental em face do colóquio em Roma

O convite ao colóquio na Sagrada Congregação para a Doutrina é acolhido por mim como uma oportunidade de esclarecimento de minhas afirmações em *Igreja: carisma e poder*. Estarei aberto a ouvir, aprender, esclarecer e, eventualmente, a corrigir erros, se for o caso. Finalmente, aquela alta instância pontifícia exerce seus múnus que eu reconheço em benefício da fé do Povo de Deus. A verdade, disto estou certo, prevalecerá, porque ela está acima de tudo o que há na terra, pois seu lugar é junto de Deus.

Permito-me fazer as seguintes observações à carta de seis páginas de 15 de maio de 1983, subscrita pelo Sr. Cardeal Joseph Ratzinger, com todo o respeito que lhe devo:

- O texto do Sr. Cardeal toma a coletânea de ensaios como um todo, um livro que tivesse um único fio condutor. Na verdade, cada ensaio vale por si mesmo e deveria ser analisado na lógica interna; a desconsideração desta realidade prejudica os juízos globais feitos sobre o conjunto dos ensaios.
- Caberia maior atenção aos contextos de cada texto citado e criticado; muitas observações se esclarecem dentro do contexto e da tônica de todos, que é de amor e empenho pela Igreja.
- Eu teria esperado maior atenção na citação dos textos; há imprecisões e até erros de citação, o que, lamentavelmente, vem em desdouro a esta alta e última instância doutrinária da Igreja. Ela deve ser preservada, para que possa exercer com inteireza sua árdua missão.

Refletindo com mais distância acerca das observações feitas pelo Sr. Cardeal, percebo que a questão do poder e do abuso histórico deste poder na Igreja pode ser abordada sob diferentes ângulos. Na preocupação de alargar o horizonte eclesiológico para avaliar com mais justeza a imensa vitalidade eclesial das comunidades de base, com seus ministros, serviços e funções, fiz críticas à rigidez de certas atitudes e cristalizações institucionais. Aduzi fatos históricos e procurei pensar a partir deles, desvelando também o que poderia não estar aparente. Estimo que se pode criticar a teologia, mas não se podem negar fatos históricos. Eles constituem sempre um desafio para o pensamento, impedindo que uma mentalidade triunfalista predomine na contemplação da realidade complexa da Igreja. Confessar que ela é *semper reformanda* implica admitir que nela nem tudo está correto e conforme ao Evangelho. Por isso, cabe a profecia dentro e fora da Igreja, com a condição de confessar que ela também é e continua sendo santa pela santidade de Cristo, da graça, dos seus santos e de suas instituições divinas. Uma Igreja que, hoje, pelos seus Papas, por tantas conferências episcopais, por profetas de ressonância mundial como D. Hélder Câmara e o Cardeal D. Paulo Evaristo Arns, tornou-se um sinal levantado entre as nações em defesa dos condenados da terra e na promoção dos direitos da pessoa humana, particularmente dos pobres, deve testemunhar verdadeiramente que respeita em seu seio as pessoas humanas e seus direitos; se ela cobra dos Estados autoritários liberdade e participação do povo, deve ela mesma permitir participação maior aos seus membros na vida e nas decisões pastorais que afetam, principalmente, os leigos e tornar-se mais fraterna, simples e evangélica. Na crise de uma moral política, tão carente nos dias de hoje, emerge a Igreja como a mais alta instância moral, com credibilidade para propor comportamentos mais solidários em nível internacional e mais participação de todos nos destinos comuns da humanidade. Muitas de minhas críticas a comportamentos institucionais pressupõem esta profunda convicção da grandeza da missão que a Igreja deve hoje desempenhar para além de seus próprios limites confessionais.

Por outro lado, não basta a crítica histórica. Há de se considerar, também, a fé dos simples. Eles, apesar das limitações e erros das instituições eclesiásticas, vêem nestas os canais pelos quais nos chega a mensagem libertadora de Jesus. Elas possuem uma alta significação simbólica; vêm carregadas de numinosidade sagrada que os ajuda a entrar em contato com a Tradição e os valores cristãos. Esta dimensão poderia ter sido mais bem explorada por mim, como o fiz na minha tese doutoral sobre a Igreja como Sacramento.

Há ainda um outro ponto sobre o qual o texto do Sr. Cardeal me ajudou a pensar: o equilíbrio que deve ser mantido entre o elemento cristológico e o pneumatológico na compreensão da Igreja. Vigora amplamente um certo cristomonismo na eclesiologia latina, como é reconhecido pelos teólogos. Em outras palavras, o elemento cristológico ligado às instituições que se derivam de Jesus e de sua prática determinou profundamente a visão latina do mistério da Igreja. Os ortodoxos guardaram a memória de Pentecostes e da importância do Espírito na constituição da Igreja; além de instituição, ela é também acontecimento do Espírito, que irrompe onde quer. Há o poder e o carisma. Eu, desde os meus estudos acadêmicos, procurei preencher em minha reflexão eclesiológica a lacuna pneumatológica com uma preocupação constante pela importância do Espírito na Igreja. No Brasil, com a necessidade de enfrentar pastoralmente tantas limitações institucionais da Igreja, via no elemento carismático e criativo um campo aberto da atuação do Espírito. Nisto tudo fui ajudado, forçoso é reconhecê-lo, pelos estudos de E. Peterson e do teólogo J. Ratzinger, que neste campo trouxeram contribuições extremamente válidas para nossa situação. Talvez, relendo meus textos, *devesse mostrar mais claramente a ligação que há entre o cristológico e o pneumático na Igreja*. Nos meus escritos, isso aparece até no título: "A unidade originária entre o elemento cristológico e pneumático na Igreja" (*Igreja: carisma e poder*, p. 241-244). O Pe. Congar, no seu último livro, *La parole et le soufle* (Desclée, 1983), aprecia positivamente, mas também com reservas, esta minha insistência no elemento carismático (128-130). Estimo que ela poderia ser mais bem enfatizada, para tirar dúvidas e equívocos, especialmente de leitores habituados ao discurso latino sobre a Igreja.

Por outra parte, devo enfatizar um fato inédito que pode passar despercebido a um teólogo tão atento quanto Congar ou qualquer outro: a Igreja na América Latina e, especificamente, no Brasil enfrenta um desafio teológico de grandeza histórica inusitada. Existem no continente raças-testemunho com suas grandes culturas (incas, maias, aimarás etc.), raças de emigrantes europeus, índios primitivos, milhões de negros e de mulatos. O Brasil é, depois da Nigéria, a maior nação negra do mundo, com cerca de 40 milhões de negros. A fé cristã assumiu poucos elementos da cultura afro-brasileira e ameríndia. Hoje, os negros conhecem uma imensa vitalidade religiosa e cultural. Querem ser cristãos dentro do modo de sentir a vida e o mundo próprios deles. Há a chance de o Evangelho encarnar-se de tal forma que surja um modelo característico de catolicismo latino-afro-indígena. Tal aventura histórica do Evangelho enriqueceria o mistério da Igreja de Cristo. Assim como, providencialmente, os judeus, os gregos, os romanos e os germânicos constituíram o catolicismo ocidental como resultado do encontro do Evangelho com suas culturas, assim, semelhantemente, entrevemos a possibilidade de um ensaio da mensagem de Jesus com os elementos estruturantes de origem divina fermentando a história sofrida de nossos povos.

Não é sem razão que insisto no elemento carismático e no valor positivo de um sincretismo, não vulgar (como é o sentido comum), mas como um processo orgânico de assimilação, por parte da identidade cristã, dos elementos das culturas ainda não assumidas (*Igreja: carisma e poder*, 160-161). O Espírito nos abriria a mente para novas perspectivas, nos daria a coragem para ousar um passo à frente e nos conferiria a *parrhesia* apostólica necessária para enfrentar os obstáculos inevitáveis. Valem aqui as palavras inspiradas de João: "Muitas coisas não as podeis entender agora; quando vier o Espírito da verdade, Ele vos ensinará toda a verdade" (Jo 16,13). Não foi mostrada ainda, historicamente, toda a profundidade da verdade de Jesus, na qual que o Espírito nos introduzirá (Jo 14,26). Devemos estar abertos, porque o Espírito poderá irromper dentro de nossa realidade eclesial afro-latino-americana.

5. *Ressonâncias inevitáveis do colóquio em Roma*

A convocação para Roma possui várias significações. A significação imediata dada pela Congregação para a Doutrina da Fé é analisar pontos do livro *Igreja: carisma e poder*. Este colóquio já vem, no meu modo de ver, prejudicado pelo fato de a carta de 15 de maio, em tom crítico e, em algumas partes, condenatório, ter de ser publicada. Parece que o colóquio não poderá modificar em sentido positivo esta decisão, previamente tomada. Penso que todos ganharíamos se o colóquio fosse aberto, franco e livre de obstáculos de ambas as partes. Os homens de hoje cresceram na consciência do direito das pessoas. Para alguns, tais atitudes, como aquela anunciada pelo Sr. Cardeal Ratzinger, tornam-se incompreensíveis e propiciam um ambiente de suspeita de que a Igreja não cresceu suficientemente ainda na linha do espírito da *Dignitatis humanae* do Vaticano II e do documento do III Sínodo dos Bispos (1971) sobre a *Justiça no mundo*.

Há um sentido que não pode ser controlado nem por mim nem pela Congregação Romana: como é recebida esta notícia pelos membros das comunidades eclesiais de base, pelos cristãos militantes nos movimentos de Igreja e pela opinião pública. Aí surgem conexões inevitáveis. Alguns dirão: as pessoas que, com seu pensamento teológico, se comprometem com a libertação dos oprimidos, se incorporam à caminhada dos humildes e servos sofredores da história são facilmente vítimas da desconfiança das instâncias doutrinárias, das autoridades maiores da Igreja e daqueles que zelam pela ortodoxia; repetirão, lamentavelmente: uma vez mais, "a Igreja" se posiciona do lado dos poderosos e contra os pobres. São os poderosos que fazem permanentes críticas à Igreja nas bases e aos teólogos que pensam a partir da vida eclesial do povo que busca, à luz de sua fé, liberdade e pão. Agora se estabelecem, mesmo que de forma involuntária, conexões de ordem estrutural, alcançando o mesmo objetivo que é limitar e colocar sob suspeita uma caminhada de Igreja, difícil e carregada de maledicências, e o pensamento que daí se deriva.

Temo que esta medida da Congregação para a Doutrina da Fé produza este efeito, certamente não desejado, mas inevitável: reforçar os inimigos de nossa Igreja, das comunidades cristãs e dos movimentos populares. Os pobres, já penalizados por tantas opressões e que aprenderam a ter na Igreja um aliado na "nobre luta por sua justiça" (João Paulo II), poderão sentir-se, infelizmente, de novo abandonados. É intolerável para uma consciência cristã sofrer a mágoa dos humilhados e ofendidos; mas podemos nos alegrar no Senhor e no espírito das bem-aventuranças com as incompreensões e maledicências dos poderosos. Que nosso colóquio possa desfazer este equívoco público e danoso para a evangelização de toda a Igreja. Sinais deste mal-estar já se fizeram sentir em meu país no meio dos cristãos militantes e mais ativos da Igreja.

II. Observações sobre a introdução da carta do Sr. Cardeal Ratzinger

Feita esta longa introdução, necessária para contextualizar a minha resposta, passo a comentar os vários pontos da carta do Sr. Cardeal Joseph Ratzinger. Comecemos pela introdução.

Acolho como pertinente a observação de que o teólogo deve deixar claro o que é verdade de fé, doutrina do Magistério e proposta teológica. Como já manifestei em carta àquele Dicastério, em 28 de dezembro de 1978, tenho procurado observar esta exigência.

Com referência às duas citações do Papa, devo observar o seguinte: a indicação da fonte da primeira é errada, e a segunda é incompleta. No discurso de inauguração da Conferência de Puebla, proferido pelo Papa João Paulo II, a 28 de janeiro de 1979, como é aduzido pelo Cardeal Ratzinger, não se encontra a referida citação. Seu lugar se situa na Exortação Apostólica *Cathechesi Tradendae* de 16 de outubro de 1979 (cap. VIII, 61). A segunda citação, colhida da *Redemptor Hominis* (n° 19, 85), é incompleta; omite uma palavra não sem importância: "cada um deve ter consciência de permanecer em íntima união com aquela missão de ensinar a *verdade* (palavra omitida), de que é responsável a Igreja".

Ademais, a posição do Papa é mais equilibrada do que esta apresentada por apenas duas passagens. Com efeito, João Paulo II não apenas enfatiza "uma estreita colaboração da teologia com o Magistério" (*Redemptor Hominis*, 19, 85), mas também reconhece que "a fidelidade ao testemunho da fé e do magistério eclesiástico não aparta o teólogo de seu trabalho e não tira a este nada da sua *inalienável autonomia*", como o disse aos teólogos alemães em Altötting a 18 de novembro de 1980. Acrescenta ainda o Papa: "Magistério e teologia têm cada qual o seu papel diferente. É por isso também que *não podem se reduzir um ao outro*. Todavia, servem ambos ao mesmo todo" (*L'Osservatore Romano*, ed. port. 7/12/1980, p. 17). João Paulo II incentiva outrossim à criatividade, pois "o conhecimento científico, nomeadamente teológico, precisa de coragem para ousar"; "o teólogo deve tentar novas propostas para a compreensão da fé, mas não passam elas de ofertas a toda a Igreja". Ele encoraja, assim, os teólogos: "sede inventivos na fé, a fim de que todos juntos possamos levar, com uma nova linguagem, Cristo e a sua Igreja a tantas pessoas que não partilham mais a vida eclesial" (ibid.).

Estas palavras do Papa são providenciais para nós teólogos latino-americanos, pois em nosso continente a Igreja enfrenta desafios históricos novos, para os quais não se pode contentar com acolher e apenas explicar a doutrina tradicional; como disse a Comissão dos Bispos no Sínodo de 1967: "deve-se assegurar aos teólogos a justa liberdade de se lançarem em *pistas novas* e de aperfeiçoarem as aquisições antigas" (*Relatio Comissio synodalis, pars secunda*, nº 4: de *theologorum opera et responsabilitate*).

Sem a teologia, o Magistério certamente conservaria íntegro e intacto o depósito da fé; mas dificilmente daria sozinho as razões de nossa esperança e formularia as respostas necessárias aos problemas urgentes que sempre emergem em cada geração. Já o Vaticano I enfatizou esta colaboração dos teólogos ao Magistério, inclusive infalível, do Papa (Mansi, 52, 1.213).

Na América Latina, compreendemos aquilo que nossos bispos em Puebla nos ensinaram: que não cumprimos a missão evangelizadora "sem um esforço permanente para conhecer a realidade e adaptar a mensagem cristã ao homem de hoje de forma dinâmica, atraente e convincente" (Puebla, 85). Dentro do equilíbrio pedido pelo Papa, e na perspectiva de Puebla, que procura articular o discurso da fé com o discurso do mundo, particularmente aquele dos pobres, tenho tentado pautar minha produção teológica.

III. Resposta aos conteúdos da carta do Sr. Cardeal Ratzinger

1. Resposta às observações de caráter geral e metodológico: nº 1

Diz o texto da carta do Sr. Cardeal J. Ratzinger:

1. "Querendo vir ao encontro dos problemas da América Latina e em particular do Brasil, não se preste maior confiança à sã doutrina da Igreja e do Magistério com um estudo direto e levado até o fundo, preferindo ao contrário com frequência recorrer a uma certa corrente teológica infeliz-

mente discutível e mais própria de outros contextos" (Hasenhutl, *Carisma, Ordnungsprinzip der Kirche*: Hans Kung, Ernst Käsemann etc.).

O Magistério é, seguramente, um lugar teológico, mas não é nem o único nem o mais importante. A sã teologia se constrói, como uma mesa, sobre quatro pés: a Escritura, a Tradição, o Magistério e a razão teológica. Apesar da disparidade dos treze artigos que compõem *Igreja: carisma e poder* (desde CEBs até bispos perfazem os destinatários), há, nas citações que faço, uma notável predominância da Sagrada Escritura, "alma da sagrada Teologia" (*Dei Verbum*, 24).

Citam-se 228 textos escriturísticos; fala-se (sem aduzir textos) 120 vezes em Evangelho; 20 vezes em Sagrada Escritura; 45 vezes em Antigo e Novo Testamento. Disto, resulta a centralidade da referência bíblica, com 413 referências.

Os dois últimos capítulos sobre o caráter pneumático da Igreja são praticamente elaborados sobre as referências bíblicas dos textos concernentes ao tema.

Além disso, há uma presença significativa dos Padres. São citados 49 vezes: Agostinho, preferencialmente (13 vezes), e seguidamente outros, como Inácio de Antioquia, Leão Magno, Clemente Romano etc.

Vamos ao Magistério, pois este constitui o *punctum dolens* das observações do Sr. Cardeal. Os Papas recentes são citados 52 vezes, tendo-se em conta que mais da metade (7) dos estudos foram publicados antes da eleição de João Paulo II. O Vaticano II é citado 79 vezes; Puebla 78; o Magistério, 56, sem especificação dos textos, em um sentido positivo. Inúmeras são as referências à Conferência Nacional dos Bispos. O capítulo III (A Igreja e a luta pela justiça e pelo direito dos pobres, 49-65) foi totalmente elaborado com base nos documentos oficiais do Magistério, como a *Octogesima Adveniens*, a *Evangelii Nuntiandi*, a *Redemptor Hominis*, a *Justiça no Mundo*, a *Lumen Gentium*, a *Evangelica Testificatio*, o Documento de Puebla e documentos da CNBB. Estimo que pelo menos neste capítulo houve "um estudo direto e levado até o fundo" do Magistério e da sã doutrina da Igreja.

Como observei na introdução, sigo o ritual metodológico a que nossas Conferências Episcopais, o Documento de Puebla e os teólogos se habituaram: parto de questões da vida da Igreja. A partir daí se solicitam as luzes da exegese, da história da Igreja, do Magistério, da boa literatura teológica acessível a quem faz teologia em um país pobre como o Brasil.

Não corresponde à análise das citações que faço a constatação feita pelo Sr. Cardeal de que prefiro uma certa corrente teológica infelizmente discutível. Faço nos rodapés 402 citações; aí se fazem representar as mais diferentes correntes do passado e do presente: Padres da Igreja, teólogos medievais, neoescolásticos, representantes da teologia moderna, como Congar, de Lubac, Rahner e J. Ratzinger, bem como teólogos latino-americanos.

Citam-se como indicações de minha tendenciosidade os nomes de Hasenhuttl, Kung e Käsemann. Analisemos *sine ira et studio* o que cito deles.

Primeiramente, importa corrigir dois erros de transcrição: Hasenhuttl se escreve com dois "t"; o título correto de seu livro é *Charisma* e não Carisma. Ele é católico e ordinário de dogmática na Universidade de Saarbrucken. Estudou em Tubingen quando J. Ratzinger era aí professor da mesma matéria. O livro *Charisma, Ordnungsprinzip der Kirche* (Herder, Freiburg-Basel-Wien, 1969) é um estudo histórico-dogmático sobre o carisma como princípio de ordenação da vida da comunidade. O próprio J. Ratzinger acompanhou, certamente, a elaboração do livro, pois o autor, no prefácio, agradece-lhe "as múltiplas e enriquecedoras sugestões" (*fur ihre* [junto com P. Stockmeier] *zahlreichen weiterfuhrenden Ratschläge*).

O livro deve ser considerado bom, pois foi acolhido na coleção dirigida por J. Ratzinger e H. Kung – *Ökumenische Forschungen* –, na editora Herder (*Ekklesiologische Abteilung*, Band V: *Charisma*). O livro é importante para todos quantos querem escrever sobre o tema tão atual dos carismas. É importante também para o nosso contexto – contrariamente ao que diz a carta do Sr. Cardeal: "próprio de outros contextos" –, pois os reptos sociais e pastorais que a consciência cristã identifica nos convocam para a criatividade, a fim de podermos não apenas expandir, mas manter o atual estado da Igreja.

Gotthold Hasenhuttl mostra em seu livro que a *Ordnung* (ordenação) não é na Igreja uma organização jurídica exterior, mas um princípio que faz da Igreja um organismo (*organicam ut aiunt*, como escrevia Pio XII). O autor não ignora os ministros instituídos (carismas permanentes) e mostra a importância dos carismas pessoais e comunitários para a construção viva e concreta da Igreja. Tais perspectivas me parecem relevantes para a nossa situação de uma Igreja que nasce da fé do povo nas bases, como o reflito nos dois últimos capítulos de *Igreja: carisma e poder*, onde cito, a propósito, Hasenhuttl cerca de 8 vezes.

A Kung, cito ao todo 7 vezes. Seria estranho publicar um livro sobre temas eclesiológicos, como é o meu, sem conhecer a obra fundamental para a eclesiologia pós-conciliar *A Igreja* de Hans Kung. O próprio J. Ratzinger, em seu livro *Das neue Volk Gottes*, Dusseldorf, 1969, cita Kung mais vezes que eu: ao todo, 11 vezes. Nas 7 vezes em que cito Kung, estão incluídos dois artigos: A estrutura carismática da Igreja (*Concilium*, nº 1, 1965, 31-46) e outro sobre a questão abordada por mim acerca do que é catolicismo (Der Fruhkatholizismus im Neuen Testament als kontroverstheologisches Problem, em E. Käsemann, *Das neue Testament als Kanon*, Göttingen, 1970). Como se depreende, nada cito de Kung que tenha caído sob as condenações da Congregação para a Doutrina da Fé, além de uma entrevista em *Herderkorrespondenz* (27, 1973).

Käsemann, cito 6 vezes, da coletânea por ele organizada, com vários autores, *Das neue Testament als Kanon* (op. cit.), a seus artigos reunidos em *Exegetische Versuche und Besinnungen*, Bd. I, Göttingen, 1960. A qualidade exegética de Käsemann é tão universalmente reconhecida, que me parece ridículo um teólogo menor e periférico como eu acrescentar-lhe qualquer reparo.

Concluindo esta parte, julgo que concedi ao Magistério o lugar que lhe compete dentro do discurso global da teologia, considerando a diversidade dos temas que abordei no livro *Igreja: carisma e poder*. Em uma eclesiologia que tende a identificar Igreja com Hierarquia, há o risco de se inflacionar o ensinamento do Magistério em detrimento dos outros lugares teológicos. Evidentemente, as formulações do Magistério são importantes e até podem ser normativas. Mas, como diziam os mestres da Gregoriana Z. *Alszeghy* e M. *Flick*: "sozinhas estas formulações não bastam para dar início ao trabalho teológico e tampouco constituem a sua base última. As fórmulas do Magistério não oferecem uma pista de decolagem adequada à pesquisa teológica... As fórmulas propostas com autoridade geralmente emergem de determinadas situações históricas, concentrando a atenção sobre aspectos polêmicos, inevitavelmente unilaterais" (*Como se faz teologia*, São Paulo, 1979, p. 41).

2. Resposta às observações de caráter geral e metodológico: nº 2

Reza assim o segundo ponto da carta do Sr. Cardeal Ratzinger:

"A segunda observação geral concerne à linguagem usada. Falta, às vezes, a devida serenidade e moderação, fruto da caridade, da justiça e do respeito pelas pessoas e instituições da Igreja. O tom usado é pelo contrário polêmico, difamatório, até mesmo panfletário, absolutamente impróprio para um teólogo (cf. por exemplo p. 73s, 97s, 255-257). Além disso, falta com maior frequência a precisão teológica: os termos usados adquirem um sentido ambíguo, por exemplo, quando se trata do 'sincretismo' (cf. p. 157s). Quem quer edificar a Igreja e consolidar a sua comunhão interna deve utilizar uma linguagem ao mesmo tempo serena e moderada, como também mais coerente com o uso próprio do Magistério."

Neste tópico, criticam-se duas faltas: de moderação na linguagem e de precisão teológica. Abordemos separadamente as questões:

a) Falta de moderação na linguagem e a tradição profética

A linguagem depende dos gêneros literários empregados; os gêneros, por sua vez, dependem dos assuntos abordados, como aliás já observava Aristóteles. A teologia conhece várias linguagens, e os teólogos (eu incluído) usamos, ontem e hoje, vários gêneros literários. Há a linguagem narrativa, reflexiva, científico-técnica, pastoral e também aquela profética. O teólogo pode, conforme as circunstâncias, fazer-se pastor (como a maioria dos Antigos que eram bispos e teólogos), poeta (Santo Tomás), místico (São Boaventura) e profeta (São João Crisóstomo e Santo Antônio de Lisboa).

No meu livro, critico situações deploráveis na Igreja de ontem e de hoje. Antes de mais nada, importa aceitar o fato: existem pecadores na Igreja. Não quero entrar na discussão acerca do modo como devemos entender tal realidade negativa na comunidade cristã, se existe uma *Ecclesia peccatrix* ou se ela é santa, embora formada de pecadores (as teorias de C. Journet, Y. Congar, K. Rahner, H. Urs von Balthasar e outros).

Quero apenas recordar que existe uma longa tradição teológica que se refere à Igreja como *casta meretrix*, objeto de um erudito estudo de von Balthasar (*Sponsa Verbi*, Einsiedeln, 21971, 203-305). O *habitus meretricius* da Igreja foi tão duramente criticado por padres como Ambrósio, Agostinho, Jerônimo, Bernardo, e teólogos como o grande bispo Wilhelm von Auvergne, que minhas expressões parecem até demasiadamente moderadas. Eu jamais cheguei a expressões como as de São Pedro Damião, que chama o Papa Gregório VII de *Sanctus Satanas* (cf. D. Romag, *Compêndio da História da Igreja*, vol. II, Petrópolis, 1950, p. 112). H. Riedlinger recolheu incontáveis textos neste campo (cf. *Die Makellosigkeit der Kirche in den lateinischen Hoheliedskommentaren des Mittelalters*, Munster, 1958).

Nas páginas citadas, faço críticas ao autoritarismo que persiste em determinadas pessoas colocadas em poder na Igreja, à insuficiente liberdade de informação e expressão em alguns setores da Igreja, a algumas proceduras da Sagrada Congregação para a Doutrina da Fé no seu legítimo múnus de promover e defender a fé do Povo de Deus. Considerando a crescente consciência dos direitos humanos e do senso jurídico dos homens de hoje, aquela Congregação poderia ainda aperfeiçoar, inclusive no meu caso, as maneiras de proceder. Digo-o com sinceridade e humildade, porque não me agrada ouvir as críticas que vêm de irmãos de fé e de amigos de caminhada, que, apesar de não serem cristãos, admiram o empenho da Igreja e do Papa pela justiça no mundo. Critico fortemente o culto à personalidade que alguns setores da Igreja alimentam em relação a autoridades eclesiásticas, a ponto de um autor recente escrever este evidente erro teológico: "De fato, o Papa é Deus sobre a terra... Jesus colocou o Papa no mesmo nível de Deus" (*Igreja: carisma e poder*, p. 98).

Diante de tais situações, a teologia deve fazer-se profecia e denunciar e anunciar. Eu exerci tal gênero nos casos referidos, embora não me julgue profeta e sim escriba (que deve ouvir sempre as críticas de Jesus contra os escribas). Evidentemente, este gênero não se expressa por uma linguagem "serena e moderada"; ela é denunciatória e, por sua natureza, polêmica.

Sirvam-nos, de exemplo, neste campo, os *profetas*, que, segundo Max Weber, foram os primeiros panfletários da história. Assim, Isaías chama de prostituta a um dos símbolos mais significativos do Antigo Testamento, *Jerusalém*, porque se tornara infiel a Deus (cf. Is 1,21). O mesmo fará Ezequiel, dizendo estas rudes palavras: "Os amantes de Jerusalém possuem membros sexuais semelhantes aos dos jumentos e cujo orgasmo é como o dos garanhões em cio" (Ez 23,20). Amós tacha de "vacas de Basan" (4,1) as finas damas da Samaria. Estes exemplos poder-se-iam multiplicar, tirados das várias tradições do Antigo Testamento.

O profeta *Jesus de Nazaré* usou de termos pesados com os fariseus; chamou-os de sepulcros caiados, serpentes, raça de víboras, homicidas, filhos da prostituição e do diabo (cf. Mt 23,13-38; Jo 8,42-44). Denominou a Judas diabo (Jo 6,70). A Pedro, por causa de sua profissão de fé, qualificou de "pedra", e por causa de sua pouca fé, desqualificou-o como "satanás" (Mt 16,23).

Paulo, em um momento de fúria com os Gálatas, exclama: "oxalá sejam castrados todos os que vos inquietam!" (Gl 5,12)

Certamente, não consideramos "difamatórios, e até mesmo panfletários, absolutamente impróprios" tais textos, vindos de autores inspirados, profetas, do próprio Filho de Deus, seus Apóstolos; por isso, devemos compreender e tolerar expressões provindas de um teólogo menor e pecador que jamais deixou de amar a Igreja, a qual, mesmo com suas rugas e desalinho, não deixa de ser minha Mãe na fé.

Da *tradição teológica*, atenho-me apenas a um confrade medieval, o doce e profético Santo Antônio de Lisboa (1195-1231). Em seus sermões, ele faz uma vigorosa crítica religiosa à religião e aos costumes dos prelados de seu tempo. Consideremos apenas alguns textos:

Os vigias da Igreja (bispos) são "cachorros sem nenhuma vergonha, porque sua frente se fez cara de meretriz e por isso não querem criar vergonha" (*sunt canes, impudentissimi, quia frons meretricis facta est eis; et ideo nolunt erubescere*). "Este é seu caminho, tenebroso e resvaladiço, desde o primeiro até o último, desde o senhor porco até o porquinho" (*haec est via illorum tenebrosa et lubrica a summo usque ad novissimum, a domino porco usque ad porcellum*: S. Antonii Patavini, *Sermones dominicales et in solemnitatibus*, 2 vol., Padova, 1895, aqui no Quarto Domingo depois de Pentecostes, p. 278).

De outra vez, ele chama os prelados de "macacos no telhado, presidindo o Povo de Deus" (*simia in tecto, praesidens Dei Populo*: Nono Domingo depois de Pentecostes, op. cit., 348). E continua: "o prelado da Igreja é um escravo que pretende reinar, príncipe iníquo, leão que ruge, urso faminto de rapina que espolia o povo pobre" (op. cit., 348). Em uma outra ocasião, diz, enfaticamente: "O verdadeiro José é Jesus Cristo, que é vendido pelos negociantes, por Arcebispos e Bispos e demais prelados da Igreja. Correm e recorrem, compram e vendem e revendem a verdade com mentiras e oprimem a justiça com simonias. São comerciantes os abades e priores hipócritas e os falsos religiosos que vendem no foro da vaidade mundana mercadorias falsas de inepta santidade sob pretexto de religião, pelo dinheiro e louvor humano" (Décimo Domingo depois de Pentecostes, op. cit., 392). Por fim, na festa de São Pedro ergue a voz e grita: "Veja que Cristo disse três vezes: apascenta e nenhuma vez tosquia e ordenha... Ai daquele que não apascenta nenhuma vez, mas tosquia e ordenha três ou mais vezes... O pastor que abandona o rebanho que lhe foi confiado é um ídolo na Igreja, porque é um dragão ao lado da arca do Senhor que não possui mais que a aparência e não a verdade... Que tem a ver a Igreja de Cristo com este ídolo podre?" (op. cit., vol. II, 918).

Estamos certos de que Santo Antônio não quer difamar pessoas e instituições da Igreja. É o pregador da Igreja, feito doutor, que se faz profeta e usa o gênero próprio dos profetas. Eles não são cômodos a ninguém, muito menos às instituições, por mais sacrossantas que se apresentem.

Existe o lugar da *profecia dentro da Igreja*, especialmente em face de abusos que escandalizam os pobres e desacreditam a mensagem de Jesus. Os fatos que apontei em meu livro (p. 73 e 255-257) podem ser comprovados, não são projeções da fantasia maledicente.

Dizia com razão, a seu tempo teólogo na Alemanha, J. Ratzinger: "O sentido da profecia reside, na verdade, menos em algumas predições do que no protesto profético: no protesto contra a autossatisfação das instituições, autossatisfação que substitui a moral pelo rito e a conversão pelas cerimônias" (Freimut und Gehorsam, em *Das neue Volk Gottes*, op. cit., 250-251). Na pregação do diácono Estêvão nos Atos dos Apóstolos (7,1-53), continua J. Ratzinger, "mostra-se que Deus, ao longo de toda a história, estava, não ao lado da instituição, mas ao lado dos sofredores e perseguidos... Jesus é a plenitude dos profetas não propriamente porque algumas previsões se realizaram nele, mas principalmente porque ele viveu e sofreu até o fim a linha profética do Espírito, a linha do Não à automagnificação das instituições sacerdotais" (op. cit., 251).

Ratzinger critica com ênfase a separação purista que fizemos com referência à figura de Pedro: antes da Páscoa, o traidor; depois de Pentecostes, o fiel. Pedro continua vivendo esta tensão do antes e do depois; ele continua sendo as duas coisas: a pedra e o escândalo, o homem que professa a fé cristã (Jo 6, 68s) e aquele que por medo dos judeus nega a liberdade cristã (Gl 2,1s.). Pergunta o teólogo, hoje cardeal: "Não aconteceu, ao longo de toda a história da Igreja, que o Papa, simultaneamente, foi o sucessor de Pedro, 'Pedra' e 'escândalo', pedra de Deus e pedra de escândalo?" (op. cit., 259).

Fique, entretanto, claro que, se por um lado reconhecemos a Igreja como Jerusalém e Babilônia, estando nela simultaneamente o Cristo e o Anti-Cristo, não renunciamos jamais à verdade do credo que nos manda professor ser ela *santa*, da santidade de Jesus Cristo, de seu Espírito, de todos os seus santos e santas, de seus sacramentos e Magistério solene, infalível. É sim uma santidade frágil, e sempre perfectível. Com Santo Tomás, pensamos que a Igreja "é somente na pátria eterna, sem ruga e sem mácula, não enquanto está a caminho, agora, para lá; caso contrário, nos enganamos a nós mesmos dizendo que não temos pecado" (1Jo 1,8: S. Theol. 3 q. 8, a.3. ad 2).

Esta perspectiva foi sempre salvaguardada por mim em todos os lugares em que faço críticas a situações lamentáveis na Igreja. Ao falar da violação dos direitos humanos, como questão, dentro da Igreja, deixo claro: "Nossa intenção não é denegrir a Igreja dentro da qual nos situamos com um trabalho que supõe uma adesão explícita ao seu valor sacramental... A credibilidade de seu anúncio dos direitos humanos e da denúncia de suas violações depende do respeito que a Igreja mesma realiza no interior de sua própria realidade" (*Igreja: carisma e poder*, p. 69). Noutro lugar, repito: "só um amor concreto e evangélico, e por isso mesmo crítico e livre, pode acolher a Igreja em suas limitações e erros, porque somente amando-a é que nos convertemos a nós mesmos e começa a aparecer a fascinante beleza da Esposa de Cristo e da Mãe de todos os homens" (op. cit., 109).

Com isso, penso ter mostrado que minha linguagem não é inusitada; em seu gênero, situa-se dentro de uma larga tradição teológica que se alegrava com o brilho da santidade da Igreja; sem triunfalismo e com suficiente crítica para apontar as sombras e pecados que, reconhecidos, ganham o perdão de Deus, o teólogo, como os demais cristãos, exerce a profecia dentro da comunidade; e a ama assim como ela é, negra e formosa.

b) A "falta de precisão da linguagem" e a inadequação de todo discurso sobre a verdade divina

O segundo ponto incriminado reside na falta de precisão teológica; como exemplo, refere-se o sentido ambíguo de "sincre-tismo".

Antes de mais nada, admito que há falta de precisão teológica em toda a minha produção; isso – quero crer –, não por displicência de minha parte, mas pela própria inadequação estatutária (Congar) de todas as formulações humanas (também aquelas inspiradas das Escrituras) sobre o mistério de Deus. Elas possuem um valor próprio, verdadeiro, analógico, mas sempre aproximativo, pois o mistério é sempre inesgotável. Em razão disto, poder-se-á e dever-se-á sempre dizer que qualquer produção deve sofrer a crítica de "falta de precisão teológica". A *Humani Generis*, que tanto enfatizou o valor das fórmulas, reconhece que elas podem ser aperfeiçoadas (*perfici*: AAS 42, 1950, 566), quer dizer, podem ganhar mais precisão.

O exemplo apresentado do sincretismo parece-me mal escolhido. Aí, faço um esforço consciente de precisão terminológica e bem detalhada. Parto reconhecendo a complexidade do fenômeno e a ambiguidade do termo, citando o Vaticano II, que adverte "contra toda espécie de sincretismo e de falso particularismo" (*Ad Gentes*, 22/942: *Igreja: carisma e poder*, p. 158). Mostro as várias tendências da pesquisa e a tentativa de recuperação do sentido positivo, operada nos últimos anos pela história do cristianismo, pela sociologia religiosa e pela antropologia cultural (cf. bibliografia citada à p. 182).

Em seguida, para efeito de clareza e superação das ambiguidades, apresento as várias definições, com suas explicações e insuficiências: sincretismo como adição, como acomodação, como mistura, como concordismo, como tradução, como refundição (p. 158-161). Assumo apenas este último sentido: "Trata-se de um processo largo de produção religiosa, quase imperceptível. A religião se abre às diferentes expressões religiosas, assimila-as, reinterpreta-as, refunde-as a partir dos critérios de sua própria identidade" (*Igreja: carisma e poder*, p. 160).

É este último conceito positivo que assumo; tento mostrar, pela história do cristianismo antigo, com citações de Orígenes, Justino, Agostinho, Gregório, o Grande, e outros, como a fé cristã, sem perder sua identidade, assumiu de forma enriquecedora elementos religiosos de outros.

Decididamente, não vejo como, depois de todas as explicações, possam permanecer ambiguidades. A história dos dogmas está cheia de exemplos de palavras que tiveram significações ambíguas, embora todos procurassem expressar a mesma verdade de fé. Assim, a palavra *transsubstantiatio*. Segundo Y. Congar, Santo Tomás não a conhece, nem o missal do tempo, embora o Concílio do Latrão (1215) a empregue oficialmente. Os termos comuns eram *transformativo* e *conversio*. Assim, poderíamos aduzir palavras-chaves da teologia, como dogma, hipóstase, *ius divinum*, *anathema sit*, *fides et mores* etc.

Por que estou interessado em valorizar positivamente o sincretismo? Já o acenei no começo desta minha defesa: o catolicismo romano está em contato com a impressionante vitalidade das religiões afro-brasileiras e com outras expressões da religiosidade popular que assimilam elementos da tradição cristã e vice-versa. Como avaliar pastoralmente esta questão? Precisa-se de certa abertura teológica para que não se perca a oportunidade de uma possível expressão do Evangelho que enriqueça o catolicismo latino-americano de coloração africana e ameríndia.

Poder-se-ia objetar: por que não utilizei o termo inculturação? Evitei este termo porque ele coloca o acento sobre a cultura. A fé assume, também, códigos culturais. Mas eu quis ser fiel ao fenômeno que estamos enfrentando no Brasil: se estão assimilando elementos religiosos de uma outra cultura e não simplesmente seus códigos seculares. Então a expressão sincretismo parecia-me útil, desde que depurada de suas ambiguidades históricas e hoje em curso de superação.

3. Resposta às questões de caráter geral e metodológico: nº 3

> "O material empregado nesse ensaio é muito variado: histórico, filosófico, político e sociológico. O uso das ciências humanas na teologia, em linha de princípio, é legítimo. Essas ciências, porém, devem ser comprovadas criticamente (não simples ideologias) e, sobretudo, devem ser iluminadas e dirigidas pela luz da fé, que é a *ratio formalis* da teologia. Perguntemo-nos: o discurso contido nessas páginas é guiado pela fé ou por princípios de natureza ideológica (de certa inspiração neomarxista)? O trabalho teológico possui suas próprias fontes e exigências, que no livro não são devidamente aplicadas. O conteúdo é com frequência apresentado não tanto à luz da Revelação, da Tradição e do Magistério, mas do primado da práxis; procura como finalidade não a escatologia cristã, mas uma certa qual utopia revolucionária alheia à Igreja."

O objeto da teologia se resume a Deus e o Deus revelado; mas não só; também todas as coisas, enquanto contempladas à luz de Deus. É o que ensinavam Santo Tomás de Aquino na *Suma teológica* e toda a tradição teológica (cf. S. Theol. p. I, q. 1, a 7). Isto quer dizer que cabe também à teologia falar de história, de política, de economia, de sociologia e do que quer que seja, conquanto que fale à luz de Deus. Penso ter guardado esta pertinência teológica com muita consciência.

No meu estudo "Como fazer teologia a partir do cativeiro e da libertação", digo, claramente: "A teologia da libertação parte decididamente da fé. Esta é a sua palavra primeira; no ato de captar a realidade em sua iniquidade e na opção pelas maiorias humilhadas se faz presente o horizonte da fé no qual o cristão vitalmente se movimenta" (cf. *Teologia do cativeiro e da libertação*, Petrópolis, 31980, 30, 32). Entretanto, não basta à teologia guardar sua *ratio formalis*. Quando, por exemplo, ela pensa realidades complexas e "seculares" (a sociedade, os mecanismos do empobrecimento, as organizações populares, a política do trabalho, a função do Estado etc.), precisa conhecer analítica e criticamente tais realidades. Caso contrário, permanece numa visão ideológica, empírica, ingênua, utópica ou jornalística que irá prejudicar seu juízo teológico posterior. Esta operação intelectual prévia (que para o cristão se dá sempre dentro do horizonte da fé viva) serve de base para um discurso teológico que se quer sério. Isto não significa que o teólogo politiza e sociologiza a fé. Apenas garante a seriedade de seu discurso, exigido pela própria natureza intrínseca da teologia e pelos próprios cristãos conscientes.

Uma vez decifradas tais realidades com os instrumentos da análise crítica (portanto não ideológica), o teólogo passa a lê-las na perspectiva da fé, da Tradição, do Magistério e da razão teológica. Assim, faz teologia do político, teologia do processo de libertação, teologia do fenômeno socíorreligioso do sincretismo.

A tradição teológica mostra que os teólogos, em todos os tempos, operaram esta articulação. No próprio elemento da teologia, encontramos as razões para o necessário conhecimento das ciências. Santo Tomás diz com acerto na *Summa contra Gentiles*: "Conhecer a natureza das coisas ajuda a destruir os erros acerca de Deus. É falsa a opinião daqueles que diziam não importar nada à verdade da fé a ideia que alguém tem sobre as criaturas, conquanto que se pense corretamente acerca de

Deus... pois um erro sobre as criaturas redunda numa ideia falsa de Deus" (I, 2, c. 3). A sociedade, a política e a economia não deixam de ser, em última instância, criaturas de Deus. Se quisermos falar na perspectiva de Deus sobre tais realidades, precisamos conhecer sua natureza e os mecanismos de seu funcionamento. Só então o discurso teológico terá seriedade e não referirá apenas lugares-comuns, fruto de um conhecimento superficial, quando não ideológico.

No capítulo "Características da Igreja em uma sociedade de classes", do livro *Igreja: carisma e poder* (p. 185-208), deixo explícita esta perspectiva: na mesma e única Igreja, há duas dimensões, uma institucional e outra sacramental. Não são duas coisas, mas duas óticas distintas de ver a mesma coisa, uma como realidade concreta e histórica (instituição), e outra como realidade teológica e salvífica (sacramento). Na minha análise, detenho-me na primeira significação (instituição), porque a outra (sacramento) é pressuposta como aceita e conhecida pelos fiéis. Ora, esta instituição que é a Igreja se insere dentro de um todo maior que é, no nosso caso, uma sociedade capitalista e de classes. Que incidência produz tal fato na Igreja? Que características assume a Igreja quando, a partir de sua identidade teológica e divina, deve encarnar-se dentro de tais limitações? O interesse de tal análise não é apenas científico, mas teológico, pois, como escrevo naquele capítulo, "a instituição é o veículo para o sacramento; a visibilidade social da Igreja torna palpáveis a graça e o Reino de Deus" (p. 188). Penso que esta perspectiva encontra sua legitimação teológica na *Lumen Gentium* (nº 8 e todo o capítulo segundo sobre o Povo de Deus). Penso, respondendo à questão formulada pela carta do Sr. Cardeal Ratzinger, que o meu discurso foi guiado pela fé e respeitou as exigências do trabalho teológico.

Diz-se também na carta que o conteúdo é apresentado preferentemente à luz do primado da práxis. Por práxis, entendo normalmente, no livro *Igreja: carisma e poder*, a vida concreta da Igreja com seus problemas, testemunhos e buscas, como aliás os bispos em Puebla apresentaram, em seu primeiro capítulo do documento final, a situação pastoral do continente. Trata-se, antes de mais nada, de ver a realidade, vê-la em plenitude, dentro do horizonte maior da fé, pois Deus a habita, como já asseveramos anteriormente. Em seguida, importa interpretá-la à luz da Revelação, da Tradição, do Magistério e da reflexão teológica. Não fazia assim

Jesus Cristo? Não é isso que manifestam suas parábolas? Ele conhece a mulher que faz o pão, como pode ser um administrador corrupto e como se semeiam as sementes. A partir desta realidade humana, conhecida vitalmente, Ele fala do Pai, do Reino e da conversão.

Em meus trabalhos, sigo normalmente este procedimento metodológico, como já foi amplamente assimilado nos documentos de nossa Conferência Nacional de Bispos e na pedagogia popular, no seio das comunidades eclesiais de base.

Por que ter um preconceito contra o "primado da práxis"? A práxis, teologicamente, vem carregada das mais altas significações. É por ela que seremos julgados, como diz o Senhor (Mt 7,21; 25,31-46). A salvação passa mais pelo *fazer* e menos pelo *dizer*. Por que não valorizar teologicamente aquilo que é mais decisivo em termos de salvação e perdição? Não se faz teologia por amor estético, mas para produzir um amor eficaz, lúcido e inteligente.

A afirmação de que "procuro como finalidade não a escatologia cristã, mas uma certa qual utopia revolucionária alheia à Igreja", considero improcedente e também incompreensível. Que postulo eu no livro *Igreja: carisma e poder*? Nenhum projeto revolucionário, mas aquilo que se propõe no Evangelho em termos de relações sociais justas e um uso servicial do poder: que todos sejam irmãos (Mt 23, 8), que o poder seja exercido como serviço (Lc 22,27), que não falte o diálogo nos conflitos dentro da Igreja (Mt 5,23; 18,15-17) e que haja um compromisso efetivo para com os pobres, como o fez e o quis Jesus Cristo. Se isto existisse em nossa sociedade brasileira, onde grassa um capitalismo dos mais selvagens do mundo, com todas as sequelas que penalizam o povo, estaríamos vivendo uma verdadeira revolução. Um correto conceito de escatologia cristã (sobre isso tenho escrito um livro inteiro, *Vida para além da morte*, Petrópolis, 91983) implica que os bens do Reino se antecipem e já agora encontrem certa realização histórica.

IV. Resposta às questões referentes à estrutura da Igreja: nº 1

Respondidas as questões concernentes ao método, passo a explicar as objeções suscitadas pela carta do Sr. Cardeal J. Ratzinger que dizem respeito ao conteúdo doutrinal. Abordo, em separado, cada uma das questões: a estrutura da Igreja; a concepção do dogma e da revelação; o exercício do poder sacro.

"O senhor afirma que Jesus não determinou a estrutura da Igreja; esta seria mais exatamente o resultado de uma necessidade sociológica inevitável. O modelo estrutural da Igreja Católica não seria o único possível e não deveria ter a pretensão de se identificar exclusivamente com a Igreja de Cristo, porque esta pode subsistir também em outras Igrejas cristãs (cf. p. 134 etc.). Daí deriva a concepção relativizante do catolicismo frente ao protestantismo. Tratando-se de duas 'mediações' imperfeitas do Evangelho, uma não deve excluir a outra, mas devem ser concebidas antes como acentuações ou estilos diversos de viver a totalidade do cristianismo (cf. p. 141). Teria sido portanto um erro histórico a exclusão do protestantismo, porque junto se excluía também a possibilidade da crítica verdadeira na Igreja, e o catolicismo podia se transformar numa ideologia reacionária, violenta, repressiva, chegando à pretensão de ser infalível, afastando-se assim do Evangelho (cf. p. 149). É possível que o senhor julgue exagerada e unilateral esta interpretação do seu pensamento. Perguntamo-nos todavia: se não é esta a justa interpretação, qual a razão de um ataque tão desapiedado e radical contra o modelo institucional da Igreja católica? qual o sentido desse zelo em querer reduzir suas estruturas a caricaturas inaceitáveis? o novo modelo alternativo da Igreja que o senhor defende prevê as mesmas estruturas tão contestadas? Em sua interpretação relativizante da Igreja católica, base de sua crítica radical da figura histórica desta nossa Igreja, o senhor apela ao Concílio, apresentando-se como intérprete do pensamento conciliar. Contudo, a interpretação da Constituição Dogmática *Lumen Gentium* nº 8 proposta pelo senhor não só é evidentemente falsa, mas está em aberto contraste com as verdadeiras intenções do texto, como se pode ver nas fontes publicadas da mencionada Constituição (cf. também o Decreto *Unitatis Redintegratio* nº 3-4). A autêntica doutrina da Igreja, a propósito, foi precisada na Declaração *Mysterium Ecclesiae*, onde podemos recolher as seguintes afirmações: 'uma só é a Igreja que Nosso Senhor confiou ao cuidado pastoral de Pedro';

'esta Igreja de Cristo, constituída e ordenada neste mundo como sociedade, subsiste na Igreja Católica'; 'somente através da Igreja Católica de Cristo, que é o auxílio geral da salvação, pode ser conseguida toda a plenitude dos meios de salvação'; 'aos fiéis portanto não é lícito pensar que a Igreja de Cristo nada mais seja do que certa soma das Igrejas e das comunidades eclesiais, nem se pode afirmar que a Igreja de Cristo hoje não subsiste realmente em nenhum lugar, de modo que esta deva ser considerada como uma simples meta à qual devem tender todas as igrejas e comunidades' (cf. AAS LXV 1973, p. 306-307). Estas explicações oferecidas pela Congregação para a Doutrina da Fé em 1973 contêm já uma resposta às posições que o senhor defende."

Respondo a este longo tópico com três partes.

1. Jesus e as estruturas concretas da Igreja

Não afirmo que Jesus "não determinou a estrutura da Igreja; esta seria mais exatamente o resultado de uma necessidade sociológica inevitável". Não se cita nenhuma página de referência. Possivelmente houve alguma confusão com a posição de Rudolph Sohm que eu critico (p. 125-126: "O catolicismo surgiu e devia surgir por uma necessidade férrea": *Igreja: carisma e poder*, 125). Minha posição é a que transcrevo: "A doutrina comum afirma que Jesus fundou a Igreja. Tal verdade pertence ao acervo *inalienável* de toda a fé cristã e eclesial. Contudo, devemos estabelecer o modo concreto como Cristo quis e fundou sua Igreja. Nem todos os elementos institucionais da Igreja remontam a Jesus... Cristo introduziu realidades que mais tarde iriam constituir o fundamento da Igreja: a constituição dos Doze; a instituição do batismo e da ceia eucarística. Mas esses elementos não constituem ainda toda a realidade da Igreja" (*Igreja: carisma e poder*, p. 239-240). A seguir, falo da missão, da entrada dos gentios, da decisão dos Apóstolos de não obrigar as leis judaicas etc. A Igreja concreta e histórica não nasceu, com todos estes elementos, diretamente do Jesus histórico. A teologia sempre insistiu na importância de Pentecostes para a constituição da Igreja. Um teólogo moderado e eclesial como M. Schmaus podia escrever em seu manual *A fé da Igreja*, mandado traduzir por Boaventura Kloppenburg: "É certo não ter havido Igreja alguma nos dias da vida terrena de Jesus. Esta somente se formou e imediatamente em virtude da experiência da Páscoa e da vinda do Espírito, por parte dos discípulos. Jesus, durante a sua vida terrena, preparou a Igreja por sua existência, palavras e ações, mas não a *constituiu*" (vol. 4, Petrópolis, 1978, p. 26).

Quando discuto a problemática do *Fruhkatholizismus* (o surgimento do catolicismo com estruturas religiosas, dogmáticas, litúrgicas, canônicas) em diálogo com a corrente protestante, aí retomo a questão em termos históricos: até que ponto estas determinações, assim historicamente definidas, estariam nas cogitações de Jesus? Evidentemente, podemos supor que ninguém ousará dizer que Jesus, em tempo de sua vida terrestre, quis cardeais, cúrias diocesanas, conselhos pastorais, códigos canônicos com especificações como processos matrimoniais, processos para a instauração e destituição de párocos, como encontramos no novo Código de Direito Canônico. É este o sentido das páginas 132-133 do meu livro. Não se nega a vontade de Jesus de que houvesse discípulos seus que levassem sua causa avante, a partir de um núcleo fundamental, de mensagem, de estruturas, de pessoas (os Doze e Pedro).

2. A Igreja de Cristo, a Igreja católica e as Igrejas cristãs

Cabe refletir, também, sobre a outra afirmação: "O modelo estrutural da Igreja católica não seria o único possível". Ora, por modelo entendemos a forma histórica pela qual os elementos estruturantes da Igreja ganham um perfil próprio, distinto de outros. Os elementos estruturantes, entre outros, são: a doutrina, o culto, a ação no mundo, a missão universal e o governo que confere organicidade, unidade e animação a todos os elementos. Ora, estes elementos estruturantes são organizados de uma forma na Igreja Católica latina, e de outra na Igreja Católica ortodoxa. Mesmo dentro da Igreja Católica latina, houve vários perfis de Igreja consoante os séculos de vivência cristã. Um é o perfil da Igreja do Norte da África, com São Cipriano e Santo Agostinho; outro é o perfil da Igreja no tempo dos carolíngios; ainda distinto é o perfil da Igreja no tempo feudal, com Inocêncio III e São Francisco de Assis; e por fim distinto é o perfil da Igreja que saiu do Vaticano

II, Medellín e Puebla. Este pluralismo de formas de expressão cultural mostra a riqueza da unidade da fé e da mesma e única Igreja de Cristo.

A outra parte da afirmação merece também uma reflexão: "(O modelo estrutural da Igreja) não deveria ter a pretensão de se identificar *exclusivamente* com a Igreja de Cristo, porque esta pode subsistir também em outras Igrejas cristãs". Em conexão com esta questão se me faz a seguinte crítica: "a interpretação da Const. Dogm. *Lumen Gentium* nº 8 proposta pelo senhor não só é evidentemente falsa, mas está em aberto contraste com as verdadeiras intenções do texto, como se pode ver nas fontes publicadas da mencionada constituição (cf. também o Decreto *Unitatis Redintegratio* nº 3-4)". Depois, faz-se apelo à *Mysterium Ecclesiae*, que é composta de textos do Vaticano II, tornando a visão mais orgânica.

Sobre isto, devo dizer que minha posição não é falsa; ela coincide perfeitamente com a *Lumen Gentium* nº 8 e com a *Mysterium Ecclesiae*. Já na minha tese doutoral *Die Kirche als Sakrament*, de 1972, dediquei ao tema um capítulo inteiro (p. 413-426). Nem a *Lumen Gentium* nº 8 nem a *Mysterium Ecclesiae* identificam pura e simplesmente a Igreja de Cristo com a Igreja Católica, pois os textos nunca dizem *est* (é), mas *subsistit in* (subsiste, ganha realização concreta). Por isso, eu digo que a identificação não é exclusiva. As Atas publicadas sobre a discussão deste famoso número 8 explicam exatamente as razões, o porquê da substituição do *est* pelo *subsistit in*. No esquema da Igreja de 1963, havia esta identificação: "*Haec igitur Ecclesia... in hoc mundo ut societas constituta et ordinata, est Ecclesia catholica...*" Já o esquema de 1964, depois de longas discussões na Comissão Teológica, substituiu o *est* por *subsistit in*, dando a seguinte razão: "*loco est... dicitur subsistit in ut expressio melius concordet cum affirmatione de elementis ecclesialibus quae alibi adsunt*" (cf. Typis Polyglotis Vaticanis, 1964; veja também os textos publicados em *Scholastik* 40, 1965, 352-388). Tudo isto se encontra no meu livro *Igreja: carisma e poder*, p. 134 e nota 42 da p. 154.

O Decreto *Unitatis Redintegratio* explica onde se encontram estes elementos eclesiais, fora do âmbito institucional da Igreja romano-católica: "Alguns e até muitos e exímios elementos ou bens com os quais em conjunto a própria Igreja é edificada e vivificada *podem existir fora do âmbito* da Igreja Católica" (nº 3/761). Em razão destes elementos, o Concílio fala de Igrejas (*Unitatis Redintegratio*, nº 3/763; 764 etc.). A Igreja Católica possui "a *plenitude* dos meios de salvação";

mas há meios que se encontram também fora dela; por isso, com razão, diz o *Unitatis Redintegratio* que os membros das Igrejas, embora sem a plenitude, "estão constituídos numa certa comunhão, embora não perfeita, com a Igreja católica" (nº 3/760).

A unidade entre a Igreja de Cristo e a Igreja Católica não é mecânica e estática. A Igreja de Cristo *se realiza* na Igreja Católica numa forma que corresponde à realidade constitutivamente dinâmica do ser sacramental da Igreja. A Igreja Católica, em sua institucionalidade visível, não é senhora e absorvedora de todo o "mistério" da Igreja única de Cristo. É uma realização de serviço humilde, "santa e sempre na necessidade de purificar-se" (*Lumen Gentium*, nº 8/22), não possuindo adequadamente o mistério, mas sendo por ele possuída.

É neste contexto que digo no meu livro *Igreja: carisma e poder*: "A Igreja Católica, apostólica, romana é por um lado a Igreja de Cristo, e, por outro, não. É a *Igreja de Cristo* porque nesta mediação concreta ela aparece no mundo. Mas também não o é porque não pode pretender se identificar *exclusivamente* com a Igreja de Cristo, já que esta pode subsistir também em outras Igrejas cristãs" (p. 134). O trecho citado pela carta do Sr. Cardeal J. Ratzinger *omitiu* a primeira parte de minha frase. Assim, criou-se uma distorção do meu pensamento. Repito: não digo que "a Igreja de Cristo não subsiste em nenhum lugar". Ela *subsiste* na Igreja Católica; está aí, mas na forma concreta de sombra e de fidelidade (*Lumen Gentium*, nº 8/23). Por falta de unidade no conjunto do fenômeno cristão, podemos sustentar que todos estamos necessitados de conversão, pois a separação da plena comunhão da Igreja católica ocorreu "algumas vezes não sem culpa dos homens de ambas as partes" (*Unitatis Redintegratio*, nº 3/760); diante do Evangelho que é Jesus em pessoa, testemunhado por quatro escritos evangélicos, somos mediações imperfeitas. Se não fosse assim, a Igreja não necessitaria de conversão ao Evangelho cada dia, cada manhã e cada noite.

Penso que estes esclarecimentos deixaram clara minha posição em conformidade com a doutrina oficial da Igreja.

3. *A questão do protestantismo*

Nesta parte, a carta do Sr. Cardeal embaralha as questões, impedindo a captação do sentido de minha exposição. Trata-se da famosa controvérsia confessional, surgida depois da Reforma: que é o catolicismo? Para os protestantes, catolicismo é sinônimo de decadência do Evangelho. *Fruhkatholizismus* é a expressão que se cunhou para marcar a diferença entre o tempo do Evangelho e o tempo da organização eclesiástica, origem do catolicismo romano.

A discussão hermenêutica dos últimos anos levou ao aprofundamento da questão no sentido de mostrar que o Evangelho puro e o cristianismo genuíno nunca existiram sem mediações culturais, doutrinárias e linguísticas. Nesta linha, eu afirmo: "A concretização do cristianismo na história se chama catolicismo e Igreja" (*Igreja: carisma e poder*, p. 132). O cristianismo se identifica *nas* mediações históricas, mas não se identifica *com* as mediações históricas; quer dizer: ele ganha concreção pelo processo de encarnação, mas nenhuma concreção exaure o cristianismo (cf. *Humani Generis*, AAS 42, 1950, 568).

Minha afirmação de base consiste no seguinte: ser católico implica uma dupla atitude, uma *afirmativa*, pela qual se assume a história na forma do dogma, do direito, da disciplina litúrgica; e outra *negativa*, pela qual não se identifica o mistério (e a fé) com nenhuma destas expressões, de forma completa e plena (cf. p. 138). Ambas as atitudes devem coexistir e compor a existência católica. A palavra da Tradição que recolhe estas duas perspectivas é *sacramentum*: uma realidade visível que contém uma realidade invisível. O mistério se dá no sacramento, mas também o ultrapassa. Há no sacramento uma identidade e uma não identidade.

Historicamente, constatamos duas acentuações que derivam da dialética do próprio sacramento; uma acentua mais o lado invisível do sacramento visível, e outra o lado visível do sacramento invisível (*res sacramenti*). O ideal é que ambas as dimensões sejam mantidas e vividas em uma mútua implicação (pericórese ou dialética).

Historicamente, encontramos o catolicismo romano e o protestantismo como expressões sociológicas da fé cristã. Não cabe, para efeito do problema que analisamos, discutir quem é o portador da verdade de Jesus. Ambos são fatos históricos. Sociologicamente, cada qual mostra acentuações ou estilos diversos de viver a totalidade do cristianismo. Parece-me que o catolicismo se distingue por afirmar corajosamente a identidade sacramental, e o protestantismo, a não identidade sacramental. O catolicismo acentua a encarnação, a penetração nas várias culturas, o estabelecimento de uma *ordo* religiosa. O protestantismo enfatiza a distância da cultura, a pureza do Evangelho, a transcendência da revelação em face de qualquer expressão teológica (cf. a teologia de Karl Barth). Evidentemente, nem o catolicismo nem o protestantismo excluem os dois pólos; ambos querem manter a identidade e a não identidade sacramental. Mas cada qual acentua polos diversos, dando origem a estilos distintos de viver a fé cristã.

Com isso, não quero relativizar o catolicismo. É totalmente outra questão perguntar-se sobre a legitimidade teológica ou não do protestantismo. Eu não abordo este problema. Por isso, quando falo de "acentuações e daí de estilos de viver a totalidade do cristianismo" (p. 141), não me situo no campo dogmático, mas no campo *meramente histórico*. Como falei de dois estilos, comparando catolicismo e protestantismo, poderia também falar de dois ou mais estilos de viver a fé cristã dentro do próprio catolicismo. Assim como vive um estilo próprio e com acentos específicos um monge católico no deserto, como o Pe. Charles de Foucauld, assim também terá seu estilo próprio um bispo na selva amazônica, como D. Moacyr Grecchi, o mesmo acontecendo com outro bispo católico na cidade industrial de São Bernardo, como D. Cláudio Hummes. Embora os estilos sejam diferentes, cada qual procura ouvir a totalidade do Evangelho e abraçar a totalidade do cristianismo.

Cada uma das expressões, seja católica, seja protestante, pode apresentar deformações, chamadas por mim de patologias. Tudo o que é são pode ficar doente. O protestantismo corre o risco de alienar-se da História; o catolicismo, de perder-se dentro da História. A tentação dos católicos reside no fato de não serem suficientemente críticos em face das encarnações culturais que assumiram. Os protestantes, nossos irmãos, poderão ajudar-nos nesta tarefa de distanciamento crítico e de liberdade de umas mediações para inserir-nos em outras mediações mais adequadas ao Evangelho no tempo. É em um contexto assim que afirmo que "foi um erro histórico a exclusão do protestantismo, porque não se excluiu apenas Lutero, mas também a possibilidade da crítica verdadeira, da contestação do sistema em nome do Evangelho (*Igreja: carisma e poder*, p. 149).

Assim como a fé pode deformar-se em fideísmo, o natural em naturalismo, assim também o católico pode degenerar no catolicístico, cujas formas históricas foram descritas, finamente, por A. Görres e B. Welte (Pathologie des katholischen Christentums, em *Handbuch der Pastoraltheologie* II/1, Freiburg, 1966, 277-343, e B. Welte, Wesen und Unwesen der Religion, em *Auf der Spur des Ewigen*, Freiburg, 1965, 279-296).

A carta do Sr. Cardeal transcreve de forma errada uma citação minha a este respeito, ocasionando um desvio de sentido grave: "o *catolicismo* podia se transformar numa ideologia reacionária, violenta... etc.". Meu texto, em vez de catolicismo, diz *catolicístico*. Vejamos o texto completo: "o *catolicístico* pode se transformar numa ideologia total, reacionária, violenta, repressiva e um dia invocada por conhecidos regimes totalitários instalados em vários países da América Latina. Nada mais longe e alheio ao espírito evangélico do que a pretensão do sistema catolicístico de infalibilidade ilimitada" (e não como o texto da carta diz: "a pretensão de ser infalível", pois existe, e eu admito, o dogma da infalibilidade) (*Igreja: carisma e poder*, p. 149).

Penso que, infelizmente, a carta do Sr. Cardeal expôs meu pensamento, como ele mesmo suspeita, de forma "exagerada e unilateral". Penso também que estes esclarecimentos puseram em melhor luz minha posição exarada no livro *Igreja: carisma e poder*, onde digo que o "catolicístico pertence também à história do catolicismo, e como tal deverá ser assumido pelos católicos...; tais manifestações patológicas são manifestações de um princípio verdadeiro, patologias que não logram deglutir a força positiva da identidade do catolicismo" (p. 146).

Por fim, permanece a questão dogmática sobre a natureza do catolicismo, que é de não ser uma expressão particular, mas aquele sistema aberto a todas as experiências legítimas da fé, inclusive àquelas que sociólogos e historiadores poderiam designar como a forma protestante do cristianismo. O assim chamado "princípio protestante" de P. Tillich pertenceria à essência do autêntico catolicismo.

V. Resposta às questões sobre a concepção do dogma e da revelação: nº 2

Eis o texto da carta do Sr. Cardeal J. Ratzinger:

> "'Na estrutura patológica de fundo do catolicismo romano', o senhor ressalta de modo particular o 'dogmatismo' das verdades e a compreensão 'doutrinária' da revelação, que não raramente têm conduzido e continuam conduzindo até hoje à violação dos direitos dos fiéis (cf. p. 61s, 81-82, etc.).

Diante de um tal 'dogmatismo', o senhor propõe uma nova concepção do dogma. 'A afirmação dogmática é legítima e também necessária em razão de ameaças de heresia e de perversão da experiência cristã. Mas em sua formulação ela é uma chave decifradora, válida para um determinado tempo e circunstâncias. Quando se olvida esta instância temporal e histórica e se pretende, em sua formulação, fazê-la valer para todos os tempos e de forma exclusiva, então se transforma em empecilho para as necessárias e novas encarnações do cristianismo' (cf. p. 136-137; cf. também o contexto)."

1. O dogma e suas formulações

O que expusemos no ponto anterior sobre as distorções possíveis dentro do catolicismo, que daí aparece como catolicístico, introduz-nos na resposta às questões levantadas com referência ao dogma e à revelação. O dogma representa algo de verdadeiro e de são para a fé; jamais coloquei em dúvida este fato. O dogmatismo configura, sem dúvida, uma patologia. Dogmatismo constitui uma atitude rígida na pessoa, impedindo-a de ver as dimensões maiores do mistério divino que transcendem as expressões dogmáticas. A revelação é um acontecimento salvífico, pois Deus se entrega, Ele próprio, à pessoa humana; é profundamente libertadora. A revelação divina, como veremos logo a seguir, é traduzida por doutrinas e formulações de verdades. Entretanto, a revelação divina não se confunde com a formulação humana de verdades. Esta identificação conduz a uma mentalidade doutrinária que procura inculcar em todo mundo verdades, quando a vida humana vive não só de verdades felizmente encontradas, mas também de buscas, de formulações de hipóteses e de insinuações. Não deve valer menos para a teologia o que vale para as Escrituras. Como declarou a *Comissão Bíblica* de 1915: "Tudo o que o hagiógrafo afirma, enuncia e insinua deve ser tido como afirmado, enunciado e insinuado pelo Espírito Santo" (EnB 433). O Pe. P. Benoît faz o seguinte comentário, que se estende também à teologia: "Na Bíblia, existe, ao lado da afirmação categórica, a proposição de uma probabilidade, de uma possibilidade, de uma simples conjetura ou mesmo de uma dúvida" (L'inspiration, em *Initiation Biblique*, Tournai, 1954, 37: *Igreja: carisma e poder*, p. 89, nota 16).

Tais atitudes dogmatistas e doutrinalistas facilmente levam à violação de direitos dos fiéis a expressões pluralistas de sua fé, no quadro aceito dos dogmas e das expressões da revelação (cf. 61s; 80-83).

Para fazer frente a tais exacerbações, não proponho "uma nova concepção do dogma", como o texto assinala. Devo dizer que não escrevi nenhum tratado sobre o tema, para que se pudesse fazer sobre ele uma afirmação tão apodítica; abordo o tema, *en passant*, em uma meia página (136-137). Ademais, minha compreensão não é nova; é aquela comum que se encontra nos manuais. Veja-se, por exemplo, aquele do P. Y. Congar, *La foi et la théologie* (Desclée, 1962), particularmente o capítulo *Le dogme et les formules dogmatiques*, p. 54-71.

De saída, como mostra o texto transcrito na carta do Sr. Cardeal, considero a afirmação dogmática não só legítima, mas também necessária (p. 136 e alhures). Vamos ser simples: de que finalmente se trata então? Onde está o problema? Na relação entre o dogma (verdade) e suas formulações (expressões linguísticas). Nisso, sou claro e não vejo como se possa objetar contra tal afirmação: "A obrigatoriedade do dogma está ligada à verdade enunciada, e não à exclusividade do modo de enunciação" (p. 137). Uma coisa é a verdade, que é divina, outra coisa é sua expressão linguística, que é humana. Há aí uma analogia com o dogma cristológico, com a consciência de que o Verbo (no caso, a verdade divina) ultrapassa infinitamente a humanidade (no caso, as expressões de linguagem). As expressões humanas da verdade divina estão ligadas a um tempo e a um espaço sempre cambiantes. Por isso, sabiamente, ensinava Santo Tomás: "*Actus credentis non terminatur ad enuntiabile* (a fórmula) *sed ad rem* (verdade divina: *Quaest. disp. De Veritate*, q. 14, a. 8, ad 5).

A verdade de Deus é universal; nossa linguagem expressiva (chave decifradora) é particular. Quando a Igreja missiona em culturas distintas daquelas nas quais se formulou a fé, deverá fazer um esforço de tradução para que os homens captem a verdade de Deus em suas próprias línguas, como o evento de Pentecostes bem o mostra: "ouvimos falar *em nossas próprias línguas* as grandezas de Deus" (At 2,12). Em toda e qualquer tradução, é necessário conservar o *sentido* que a Igreja sempre quis dar e transmitir em suas formulações. Aliás, é isso que nos ensina o Vaticano I: "*Sacrorum dogmatum is* sensus *est perpetuo retinendus, quem semel declaravit sancta mater Ecclesia*" (DS 3.020; cf. 3.043). As palavras e as expressões podem, ao longo da história da Igreja, mudar, desde que se conserve e se transmita o mesmo sentido.

A história dos dogmas é rica em exemplos nos quais se vê a trajetória até tumultuosa de algumas expressões fundamentais da teologia até serem fixadas no sentido preciso que a Igreja lhes quis conferir. Tomemos, a título de ilustração, o termo decisivo *omoúsios* (a mesma natureza divina de Jesus e do Pai e do Espírito). Primeiramente, o termo foi reivindicado por Dionísio de Alexandria (ano 260); a propósito de Paulo de Samósata, o termo foi condenado pelo Concílio de Antioquia (ano 269); Niceia (ano 325) o oficializou e ele foi propagado ardorosamente por Santo Atanásio; para este santo, contudo, mais importante que o termo *omoúsios* era o *sentido* que se lhe dava (a divindade verdadeira de Jesus); caso se salvaguardasse este sentido, não fechava questão sobre o termo. Assim é que Atanásio escreve ao grupo de Basílio de Ancira, que rejeitava o *omoúsios*, mas aceitava o sentido da divindade de Jesus, com as seguintes palavras: "Aqueles que aceitam tudo o que foi escrito em Niceia, apesar dos escrúpulos acerca do termo *omoúsios*, não devem ser tratados como inimigos... eu discuto com eles como um irmão discute com os demais irmãos que *pensam a mesma coisa* que nós, embora divirjam sobre as palavras" (*De synodis*, 41: PG 26, 785). Por outro lado, Santo Hilário ataca os hereges que usam o termo *omoúsios*, mas lhe dão *outro sentido*, o que vem mostrar que mais importante que o termo é a verdade pensada (cf. *Contra Auxentium*: PL 10, 613). O mesmo se poderia dizer dos termos *hypóstasis*, *ousía* e *prósopon*, como, aliás, são discutidos em uma carta de São Jerônimo ao Papa Dâmaso (Ep. 15: PL 22, 356-357).

Concluindo: em termos de evangelização, não devemos ser rígidos nas formulações; devemos propiciar que o mesmo sentido da fé possa, sem empecilhos, encarnar-se em outras culturas e até em outras camadas sociais (meios populares etc.).

2. A revelação de Deus e as doutrinas sobre Deus

Continua a Carta do Sr. Cardeal:

> "Seria igualmente necessária, no seu parecer, uma nova compreensão da revelação e da fé. 'Deus, primeiramente, não revelou proposições verdadeiras sobre si mesmo, o homem e a salvação. Ele se revelou a si mesmo, em seu mistério, em sua vida e em seus desígnios. A fé, em seu sentido primigênio,

consiste na adesão total ao Deus vivo e não simplesmente na aceitação de um credo de proposições. A doutrina tem sua função, mas num momento derivado. Na formulação das doutrinas acerca da revelação e da salvação, entram variantes que são culturais e que, portanto, estão do lado do homem. As doutrinas variam, como se pode notar na própria Bíblia; mas todas elas vêm de tal modo articuladas que deixam reconhecer a presença da salvação e do Deus vivo' (cf. 86; cf. também o contexto).

Que dizer de uma tal relativização das fórmulas dogmáticas e de uma tal compreensão 'pré-doutrinal' da revelação e da fé? Estas certamente deixariam o campo livre para novas encarnações e novas inculturações do cristianismo, especialmente se se aceitasse a especial pneumatologia, discutível ela também, das p. 237s. Mas com que garantia? Qual poderia ser o critério para discernir a legitimidade de tais encarnações e inculturações? Se uma fórmula dogmática nas novas culturas do amanhã já não é mais válida, como poderá ser válida hoje diante de tantas e tão diferentes culturas do mundo? É verdade que Deus, radicalmente, não nos revelou proposições, e sim a si mesmo vivo e salvador, mas o Deus da revelação bíblica já não seria reconhecível sem enunciados doutrinais. A fé da Igreja, ainda que não ligada a uma determinada sistematização teológica, exprime-se num conjunto orgânico de enunciados normativos. É verdade que as formulações dogmáticas respondem a problemas de um momento histórico determinado e são propostas com um vocabulário tomado da cultura da época; todavia, sem comprometer-se com a cultura do tempo e devendo ser sempre interpretadas com referência à revelação, permanecem verdadeiras.

A posição justa em relação à Palavra de Deus, contida na revelação e conservada como *depositum fidei* pela Igreja, nos foi indicada pela Constituição dogmática 'Dei Verbum' do Concílio Vaticano II".

(Aqui se cita o nº 10 e em seguida, com referência aos teólogos, o nº 23). Termina o texto:

"*O depositum fidei*, para poder continuar realizando sua função de sal da terra que não perde seu sabor, deve ser fielmente conservado em sua pureza, sem deslizar, como gostaria o senhor, em direção a um processo único e dialético da história (cf. p. 130) ou em direção ao primado da práxis (cf. p. 73-74)."

Minhas afirmações são tão comuns à teologia e ao próprio Magistério do Vaticano I e II, que me causa admiração o fato de constituírem objeto de crítica e de perguntas alarmadas, como se não houvesse o Espírito Santo na Igreja e uma especial assistência ao Magistério para acompanhar os processos, certamente dificultosos, de penetração do Evangelho nas culturas do mundo! Se Deus acompanhou a passagem do judaísmo bíblico (mundo de Jesus e dos Apóstolos) para o mundo greco-romano e depois para o mundo germânico e moderno, como não haveria de acompanhar a trajetória da fé na Ásia, onde vive mais da metade da humanidade, na África, onde ainda hoje sofre o Servo sofredor, e na América Latina oprimida, buscando sua libertação integral? Não basta zelarmos por nosso tesouro, mas importa mantermos sempre uma perspectiva missionária e universalista! Caso contrário, damos a impressão de que não cremos na força intrínseca do Evangelho e na presença do próprio Deus no coração de todos os homens e de suas culturas, crendo muito mais em nossos critérios e medrosas iniciativas.

Absolutamente, não se trata de "uma nova compreensão da revelação e da fé". Também não sustento "uma tal compreensão pré-doutrinal da revelação". Afirmo sim que "a doutrina tem sua função, mas num momento derivado" (*Igreja: carisma e poder*, p. 86). Por que "num momento derivado"? Porque se faz mister distinguir entre o Deus que se revela (*Deus revelans*) e as formas pelas quais os homens captam esta revelação de Deus ou as formas que Deus mesmo usa para se fazer acolher pelos destinatários. Deus não se exaure em seu mistério quando usa palavras, fatos, pessoas para se comunicar. Bem dizia o Vaticano II: "Deus, revelando-se a si mesmo ao seu povo... falou de acordo com a cultura própria de diversas épocas" (*Gaudium et Spes*, 58/389).

A própria carta do Sr. Cardeal me dá razão quando diz, como eu havia dito antes: "É verdade que Deus, radicalmente, não nos revelou proposições, mas a si mesmo, vivo e salvador". Ora, é exatamente tal coisa que nos ensina o Vaticano I: "*attamen placuisse... se ipsum revelare ac aeterna voluntatis suae decreta humano generi*" (DS 3.004). O Vaticano II retoma a mesma perspectiva: "Pela revelação divina, quis Deus *manifestar-se e comunicar-se a si mesmo* e aos decretos eternos de sua vontade acerca da salvação dos homens" (*Dei Verbum*, nº 6/167).

No seguimento destes dois Concílios, enfatizo a revelação como ato ativo de Deus: Ele mesmo se comunicando a si mesmo, em um primeiro e fundamental sentido; depois, em um sentido derivado, emergem as doutrinas sobre a revelação de Deus e sobre as realidades que ele nos desvelou (decreta). Para ressaltar esta diferença, o próprio Vaticano II, na elaboração do texto da *Dei Verbum* citado, modificou a redação inicial, que dizia: "*Divina revelatione manifestantur ea quae etc.*" Ela ficou assim: "*Divina revelatione Deus seipsum etc.*" (para esta questão, veja-se Henri de Lubac, *La révélation divine. Commentaire du préambule et du Chapitre I de la Constitution Dei Verbum du Concile Vatican II*, Paris, 31983, p. 129).

Evidentemente, a revelação de Deus mesmo é sempre captada dentro de um certo quadro conceptual próprio do ouvinte; quando escrita, a revelação se comunica pelo texto canônico. Mas Deus revelante é mais que o texto inspirado e canônico. Este será Escritura Sagrada mediante a qual nos encontramos com o Deus vivo e libertador. Por isso, em um outro lugar do meu livro digo, com referência à mensagem de Jesus e ao texto que a encerra: "A mensagem historicamente está ligada ao texto. Este funciona como chave decifradora da mensagem. Sem o texto-testemunho, perderíamos o acesso histórico à mensagem e ao Jesus que viveu entre nós. Daí, a fé, que se constitui como força histórica, está ligada a estes primeiros textos" (p. 136). Portanto, não sustento, como se alega injustificadamente, uma concepção pré-doutrinal da revelação.

O próprio texto do Sr. Cardeal me dá de novo razão quando reconhece: "É verdade que as formulações dogmáticas respondem a problemas de um momento histórico determinado e são propostas com um vocabulário tomado da cultura da época." Que sentido possui então a crítica à minha posição, se há um acordo entre a minha concepção e aquela expressa pela carta do Sr. Cardeal?

Naturalmente, enquanto permanecer a referência à cultura, compreensível aos homens que a vivem, as verdades "permanecem sempre verdadeiras". Mudando a cultura, não muda a verdade; mudam, isto sim, as formulações culturais adequadas que devem expressar a mesma verdade e o mesmo sentido conferido pela Igreja, como vimos dizendo.

3. *O sentido dinâmico do* depositum fidei

Reconheço e assumo plenamente os termos do nº 10 da *Dei Verbum* e o nº 23 com referência aos teólogos. O Papa João Paulo II, falando aos teólogos em

Salamanca, explicou o sentido dinâmico deste depósito: "O teólogo não pode limitar-se a guardar o tesouro doutrinal herdado do passado, mas deve buscar uma compreensão da fé que torne possível a acolhida no modo de pensar e de falar do nosso tempo. O critério que deve guiar a reflexão teológica é a busca de uma compreensão renovada da mensagem cristã na dialética de renovação na continuidade e vice-versa" (*SEDOC*, 15, 1983, 653 ou *L'Oss. Rom.*, ed. port. 7/11/1982; cf. também Discurso aos Bispos da Bélgica, 10/9/1982).

Comentando a *Dei Verbum* em um contexto do nosso tema, escreveu este grande teólogo que hoje é cardeal, Henri de Lubac, e que, a seu tempo, conheceu dificuldades com o ex-Santo Ofício: "A Tradição não deve ser compreendida exclusivamente como um depósito acumulado do passado, conservado como uma solitária contemplação intemporal da verdade revelada; isto nos instalaria em uma falsa eternidade, e os grandes contemplativos da tradição cristã, que foram frequentemente grandes homens de ação, nos fornecem bem um outro exemplo. A Tradição deve ser posta em relação constante (e por assim dizer) com os acontecimentos do mundo, com as diversas culturas dos povos onde a Igreja se implanta no curso dos séculos. É, por isso, que refletir no Cristo, ou, como se diz, 'fazer teologia', não é exclusivamente 'organizar as verdades', reduzi-las a um sistema ou tirar sempre conclusões novas a partir de 'premissas reveladas'; é ainda e muito mais 'verificar a força explicativa' das verdades da fé no interior do contexto movediço do mundo. É procurar compreender *este mundo*, isto é, compreender o homem, sua natureza, seu destino, sua história, nas mais variadas situações, à luz destas mesmas verdades" (*La révélation divine*, op. cit., p. 100).

Portanto, não basta "conservar fielmente o depósito em sua pureza", como diz o texto; ele deve se abrir ao mundo para poder dar frutos e mostrar-se de fato sal da terra. O sal só realiza sua natureza de salgar e dar sabor se penetrar nos alimentos humanos distintos dele.

O que se me atribui à página 130 sobre "o processo único e dialético da história" não tem nada a ver com o sentido da dialética que aí exponho: a coexistência dentro do catolicismo no aspecto de encarnação e de transcendência. Chamo a atenção para o fato de que o Papa, no texto citado, usou a palavra *dialética* sem carregá-la de preconceitos e sem suscitar fantasmas amedrontadores. Da mesma forma, nas páginas aduzidas 73-74, não se diz sequer uma palavra sobre "o primado da práxis". Naquelas páginas, critica-se uma compreensão da revelação que a reduz a doutrinas reveladas e encobre o principal, o Deus revelante, como o sublinharam os concílios e vem de ser exposto.

VI. Os eventuais abusos do poder sagrado na Igreja e o Ideal evangélico: nº 3

Eis o que reza o terceiro ponto da carta do Sr. Cardeal Ratzinger:

> "Uma outra 'grave patologia', da qual, a seu parecer, a Igreja Romana deveria libertar-se é constituída pelo exercício hegemônico do poder sacro, que, além de fazer dela uma sociedade assimétrica, teria sido deformado em si mesmo. Dado como provado que o eixo organizador de uma sociedade coincide com seu modo específico de produção e aplicando esse princípio à Igreja, o senhor afirma que houve um processo histórico de expropriação dos meios de produção religiosa por parte do clero contra o povo cristão, o qual portanto se viu expropriado de sua capacidade de decidir, de ensinar etc. (cf. p. 204s, 231s, 255s). Uma vez deslocado, o poder sacro foi também gravemente deformado, caindo nos mesmos defeitos do poder profano: 'O exercício do poder na Igreja seguiu os critérios do poder pagão em termos de dominação, centralização, marginalização, triunfalismo, *hybris* humana sob capa sagrada' (p. 106; cf. tb. p. 96, 99-102 etc.). Para remediar tais inconvenientes, o senhor propõe um novo modelo de Igreja, onde o poder seja concebido sem privilégios teológicos, como puro serviço articulado segundo as necessidades do povo, da comunidade. Trata-se de 'fazer uma Igreja viva, com serviços flexíveis, funcionais, sem privilégios teológicos' (p. 223; cf. p. 106s etc.). Uma tal posição suscita sérias reservas doutrinais e pastorais."

Com referência a esta última parte – o exercício do poder sacro na Igreja –, entram particularmente em questão os capítulos V: "O poder e a instituição na Igreja podem se converter?"; o VIII: "Características da Igreja em uma sociedade de classes"; IX: É justificada a distinção entre Igreja docente e Igreja discente?"; e os dois últimos, sobre a Igreja e o Espírito Santo.

1. A situação da Igreja no Brasil e os desafios para a instituição da Igreja

Para compreendê-los, faz-se mister situá-los dentro das condições da Igreja do Brasil no interior da qual elaboro minhas reflexões. Como adverti no início, estamos passando por grave crise institucional, pela falta sentida e sofrida de sacerdotes. As estatísticas dão 1,3 sacerdote para cada 10 mil fiéis. O povo é religioso e pede insistentemente a presença da Igreja. Esta situação de carência permite a penetração de centenas de denominações cristãs, seitas, religiões orientais e a difusão cada vez mais acelerada das religiões afro-brasileiras. Dentro de sessenta anos, a continuar a atual situação, dizem-nos os analistas, o catolicismo não será, no nível do povo, a religião hegemônica. É um tremendo desafio pastoral que uma teologia atenta não pode deixar de colocar na sua agenda de reflexão. A estrutura tradicional da Igreja, demasiadamente montada sobre a figura do padre ordenado e celibatário, cria obstáculos a mais no esforço de superar o imobilismo institucional. Por outra parte, a Igreja no Brasil encontrou uma saída promissora: os milhares de comunidades eclesiais de base. Aí, o povo lê a Palavra, celebra, organiza a caridade, permitindo o surgimento de novos ministérios leigos. Como já dissemos, os bispos apoiam as comunidades eclesiais e elas acolhem os bispos, em uma convergência admirável em nosso país. Aí se pode ver que a fé vivida em comunidade pode permitir o surgimento de novas estruturas de funcionamento, sem romper com a Tradição e os elementos clássicos da estrutura da Igreja Universal.

É neste contexto de busca, de alargamento das possibilidades eclesiológicas, que se situa minha produção. Cito uma frase de Rahner: "Face à nova situação, a Igreja deve ir com coragem para o novo e para o ainda não experimentado até o extremo limite, até lá, de onde, para uma doutrina e consciência cristãs, clara e indiscutivelmente, não se pode ir além. Na vida prática da Igreja, hoje, o único tuciorismo permitido é o tuciorismo da ousadia... O seguro hoje não é mais o passado, mas o futuro" (*Handbuch der Pastoraltheologie II/1*, Freiburg, 1966, 275-276).

Evidentemente, não tenho levado a tais extremos minhas postulações; mas os avanços que sugiro situam-se dentro desta urgência pastoral. Devemos fazer na América Latina e no Brasil uma teologia da urgência. Caso contrário, vamos perder a corrida. Seremos suplantados pela enorme vitalidade religiosa do povo capturada por outros grupos que não são da Igreja Católica, enraizada profundamente na alma do povo. Cabe também recordar que, pelo ano 2000, viverá mais da metade dos católicos de todo o mundo na América Latina. Dentro dessa preocupação, o Cardeal Aloísio Lorscheider apresentou o relatório aos Padres Sinodais em 1974, em Roma (Panorama da Igreja Universal a partir de 1971), onde dizia: "Examina-se a atual estrutura eclesiástica e se pergunta até que ponto ela poderia e deveria ser outra em nossos dias?" (citado em *Igreja: carisma e poder*, p. 107).

Em função de criar mais espaço interno da Igreja para as modificações necessárias, exigidas pelos desafios pastorais, analiso a forma e o exercício do poder na história da Igreja. Não há nenhuma intenção espúria de difamar, mas de ver a Igreja mais aberta, mais católica, para que possa ser a Igreja da maioria do povo brasileiro.

2. *A legitimidade de categorias socioanalíticas aplicadas à instituição da Igreja*

É importante também, antes de responder às questões concretas, garantir a legitimidade da aplicação de categorias históricas e sociorreligiosas na análise da Igreja-instituição. A Igreja é, também, uma sociedade provida de órgãos hierárquicos, uma assembleia visível (*LG* nº 8), portanto uma realidade histórica, embora nunca seja só isso, mas também o sacramento da salvação universal, formando "uma só realidade complexa em que coexistem (*coalescit*) o elemento divino e o humano" (*LG* nº 8). O elemento humano, como no ministério de Jesus, possui sua *relativa* autonomia (*verus homo*). Por isso, pode-se fazer um discurso sobre a Igreja como instituição histórica e social, sabendo-se, na fé, que essa instituição constitui, aos olhos da fé, a sacramentalidade teológica da Igreja. A essa realidade histórico-religioso-social, podemos aplicar os instrumentos analíticos elaborados pelas ciências do social e específicos para o campo religioso. É verdade que essa ciência possui curta tradição, mas nem por isso deixa de ter sua seriedade. Mostra-se útil para entender os condicionamentos históricos da instituição-Igreja, as formas do poder e os modos de seu exercício. Reconheço que não é frequente o uso dessa mediação sócio-analítico-religiosa nas eclesiologias modernas, nem naquela de

Hans Kung. Tenho consciência de que nós, teólogos da América Latina, estamos inovando neste sentido. Tenho-me servido dos estudos mais sérios neste campo: de Pierre Bourdieu, *A economia das trocas simbólicas*, São Paulo, 1974, esp. o capítulo: Gênese e estrutura do campo religioso (p. 27-78), bem como de Otto Maduro, *Campo religioso y conflictos sociales. Marco teórico para el análisis de sus interrelaciones en Latinoamérica*, Caracas, 1978; C. A. de Medina e Pedro A. Ribeiro de Oliveira, *Autoridade e participação. Estudo sociológico da Igreja Católica*, Petrópolis, 1973. A utilização das ciências do homem e do social, respeitando a epistemologia própria das ciências, é reconhecida oficialmente pelo Magistério (*Octogesima Adveniens* nº 38-40; João Paulo II, Discurso na Pontifícia Universidade de Salamanca, cf. *SEDOC*, jan./fev. 1983, 652-656).

É dentro deste novo horizonte epistemológico que se devem entender as expressões técnicas utilizadas por mim, como "capital simbólico, meios de produção religiosa, modo de produção dissimétrico de produção religiosa, processo de expropriação dos meios de produção religiosa" (cf. por ex. p. 190-191). Observo que tais expressões não possuem uma conotação moral, mas meramente analítica. Sobre isso, chamo explicitamente a atenção do leitor nas páginas 191, 232 *et passim*. Ademais, a teologia historicamente sempre se mostrou aberta a assumir novas categorias vindas dos distintos campos do saber, desde que *não desnaturem a identidade da fé*. Hoje, as ciências do social constituem um desafio que deve ser assumido com coragem e prudência, pois nos são úteis e nos permitem entender melhor a institucionalidade da Igreja. Elas são especialmente úteis porque mostram também as relações de mútua influência que vigoram entre a Igreja e a sociedade. Há formas de exercício de poder na Igreja que são tributárias da sua encarnação no mundo feudal, outras de sua presença dentro de uma sociedade moderna e finalmente nas camadas populares. Nem tudo é estabelecido divinamente, nem poderia sê-lo, desde que a encarnação constitui, além de um fato histórico-salvífico, uma lei de presença do divino no humano e do humano no divino (transparência).

A carta do Sr. Cardeal diz que

> "Do ponto de vista teológico, não tem sentido introduzir na sociedade eclesial os meios de produção como eixo organizador."

Sim, do ponto de vista teológico, mas não em uma perspectiva socioanalítica, que é a nossa naquele texto e contexto.

A carta a seguir coloca esta pergunta:

"Por acaso não possui a Igreja de Cristo uma organização original própria, independente dos meios de produção?"

O fato de a Igreja possuir uma organização própria não a livra de possuir meios de produção, pois a Igreja, enquanto sociedade visível, composta de homens e mulheres, tem que comer, possuir seus edifícios, organizar seus dicastérios, promover missões, garantir o pão e o vinho para a celebração da Eucaristia. Ora, para isso tudo ela possui meios de produção de vida e de reprodução desta vida e até obras financeiras, como o Instituto per le Opere di Religione (IOR). Se o Verbo encarnado estava inserido no meio de produção do seu tempo, como não o estará a Igreja? Por isso, tal princípio não é estranho à teologia; talvez a expressão nova tirada da sociologia religiosa moderna cause estranheza a ouvidos acostumados apenas a um tipo de linguagem.

3. *A perda progressiva do poder de decisão dos leigos na história da Igreja*

Estabelecidas estas observações iniciais, passo a responder às questões suscitadas:
"O processo histórico de expropriação dos meios de produção religiosa por parte do clero contra o povo cristão, o qual portanto se viu expropriado de sua capacidade de decidir, de ensinar etc." Trata-se de um *fato histórico*: basta conhecer um pouco a história das instituições eclesiásticas. Os fatos se mostram, pouco importa se nos agradam ou não. Assim, houve efetivamente uma perda de atuação do povo nos processos de tomada de decisão dentro da Igreja. Tomemos como exemplo a participação, outrora, na eleição do bispo.

São Clemente Romano, em sua Carta (44, 3), diz que os presbíteros foram instituídos pelos Apóstolos e por homens ilustres "com a aprovação de *toda a comunidade*". A *Traditio Apostolica* de Hipólito (215) diz: "*Episcopus ordinatur electus ab omni populo*" (nº 2). As *Constituições Apostólicas* prescrevem que "para bispo seja sagrado um totalmente irrepreensível e que seja eleito por todo o povo" (VIII, 4, 2: Funk I, 473). Para Cipriano, uma eleição sem o *sufragium populi* é ilegítima (Epist. 67, 5: CSEL 3, 2, 739). O Concílio de Reims em 1049, presidido por Leão IX, estipula no cânon 1: "Que ninguém seja promovido ao governo eclesiástico sem ser eleito pelo clero e pelo povo."

Por causa da arbitrariedade de príncipes que praticavam simonia, lentamente os leigos foram sendo afastados da eleição dos bispos. Cabe-lhes apenas o consentimento. Assim, em 1140, o Decreto de Graciano, quando aborda a questão, diz, em uma fórmula inicial: "A eleição pertence aos clérigos, o consentimento ao povo" (Dist. 62 e 63). Passados 800 anos, diz o cânon 329 §2 do Código de 1917: "O Pontífice Romano nomeia livremente os bispos". Em 1983, no novo Código de D. Canônico, cânon 377, assim se dispõe:

"O Sumo Pontífice nomeia os bispos livremente ou confirma os que foram legitimamente eleitos." Só no processo prévio de indagações, "se for oportuno", é permitido consultar "individualmente e em segredo" também "leigos eminentes em sabedoria" (c. 377 §3).

Como se depreende dos fatos, os leigos perderam o poder eclesial, o poder de ajudar nas decisões de escolha de seus pastores. Houve épocas em que se perdeu a memória desta depotenciação dos leigos. E podemos então ler frases como esta de Pio X, na Encíclica *Vehementer* (de 11/2/1911): "Somente o colégio dos pastores tem o direito e a autoridade de dirigir e governar. A massa não tem direito nenhum, a não ser o de deixar-se governar qual rebanho obediente que segue seu pastor" (cf. *Igreja: carisma e poder*, p. 234). Ora, esta teologia não é mais representada pelo Vaticano II, como se vê na *Lumen Gentium* (33-36), onde os leigos também participam, a seu modo, nos três múnus de Jesus Cristo e da Igreja: celebrar, ensinar e reger.

4. Os abusos do poder sagrado e a indefectibilidade da Igreja

Diz ainda a Carta do Sr. Cardeal Ratzinger:

"*Dato non concesso* que o exercício do poder na história da Igreja possa ter sido tão negativo, com que objetivo se acentua um panorama tão deprimente? Como deveria ser o exercício do poder no novo modelo de igreja?

Deveriam exercer tal poder? O que se deve entender por serviços flexíveis, funcionais, sem privilégios teológicos? A doutrina tradicional da Igreja a este respeito, claramente confirmada também no Concílio Vaticano II, supõe, entre outras coisas, duas verdades fundamentais: 1) a constituição da Igreja por instituição divina é hierárquica; 2) existe na Igreja um ministério hierárquico ligado essencialmente e exclusivamente ao sacramento da ordem."

Outra questão ainda é aquela do exercício do poder na Igreja. Aí se cita uma frase que é minha, mas que não representa a visão mais complexa e completa de minha posição: "O exercício do poder na Igreja seguiu os critérios do poder pagão em termos de dominação, centralização, marginalização, triunfalismo, *hybris* humana sob capa sagrada" (p. 106, cf. tb. 96, 99-102 etc.).

Penso que é um problema objetivo a forma do exercício do poder na Igreja, quer no passado, quer no presente. O exemplo de Jesus é orientador: ele foi servo sofredor e despojado de toda pompa e aparato exterior. Os poderes do seu tempo o crucificaram; ele não usou o poder-dominação para fazer valer sua mensagem nem para impô-la aos outros; muito menos para se defender e sobreviver (cf. p. 110-113). Sofremos ainda hoje com o mau exemplo de prelados autoritários; eles, com seu mandonismo, fazem sofrer de forma excessiva os fiéis. Isto pertence à situação decadente que pervade também a Igreja. Tal fato não constitui nenhum motivo para desprezarmos a Igreja e o ministério pastoral, mas para exercermos a profecia dentro dela e sabermos também sofrer por ela. Deve sempre valer o que ensinou Paulo: "Não temos poder contra a verdade, mas unicamente pela verdade" (2Cor 13,8). Cada país poderia, em sua história e até em seu presente, apresentar dolorosos exemplos de líderes comunitários autoritários, párocos dominadores e bispos centralizadores. No meu texto, na perspectiva que apresentei antes, procuro fazer um "pequeno balanço" (p. 105) sobre o caminho histórico da Igreja-instituição-poder, que sucedeu à Igreja dos mártires, portanto, após a viragem constantiniana, quando ela se tornou, como religião oficial, uma força histórica. Minha atitude é crítica: dadas a atitude de Jesus, os valores evangélicos e o exemplo dos Apóstolos, poder-se-ia esperar um exercício distinto de poder, mais serviçal, menos aparatoso e mais gerador de fraternidade. Na verdade, o exercício do poder, na Igreja, seguiu, em muitíssimos casos, o curso comum e até pagão do poder.

O texto do Sr. Cardeal Ratzinger me faz a seguinte pergunta: "*Dato non concesso* que o exercício do poder na história da Igreja possa ter sido tão negativo, com que objetivo se acentua um panorama tão deprimente?"

Usando as palavras do meu livro em juízo: "Se reconhecemos o passado pouco animador da Igreja-instituição às voltas com o exercício do poder, isso *não significa rejeição da Igreja-instituição*, realidade concreta que explicita o mistério cristão e prega, apesar de todas as contradições intra-sistêmicas, Jesus Cristo Libertador. Todo cristão deve assumir esse passado, que não pode ser desconhecido nem recalcado... porque é o *nosso* passado, enquanto somos membros do Povo de Deus dentro do qual se situa a Igreja hierárquica" (p. 108). Portanto, esse passado não é apenas dos bispos, é também nosso, de cristãos, presbíteros e leigos. Completo, ainda, o pensamento: "Só um amor concreto e evangélico, e por isso mesmo crítico e livre, pode acolher a Igreja em suas limitações e erros, porque somente amando-a é que nos convertemos a nós mesmos e começa a aparecer a fascinante beleza da Esposa de Cristo e da Mãe de todos os homens" (p. 109).

Se eu tivesse tido a intenção de infamar a Igreja pelo gosto de infamar, teria mil outras formas de fazê-lo. Creio que devemos aceitar, com humildade e autocrítica, o *fato* de que houve efetivamente escândalos no exercício do poder na Igreja, até na mais alta cúpula, envolvendo vários Papas ao longo da história.

Relembro apenas alguns *fatos*: poderia tê-los citado, mas não o fiz exatamente para não escandalizar os fiéis. Não seria invenção, mas narração daquilo que está nos manuais de História. Tomemos aquele do piedoso Daniel-Rops, *A Igreja dos tempos bárbaros* (*H. da Igreja de Cristo* II, Porto, 1960). No capítulo "São Pedro e os tiranos de Roma" (p. 617-624), ele nos diz: "Em nenhuma época, o Papado se mostrou tão fraco e tão desigual na sua missão... Seria nosso desejo lançar sobre o espetáculo dessas desordens o manto dos filhos de Noé" (p. 617). O que se sabe do Papa João XII (955-964), sagrado com dezoito anos, e da forma como exerceu o Pontificado, é pior que o exercício pagão do poder. Segundo Rops, "estava metido em todas as intrigas...; a respeito dele se contam – talvez com certo exagero, mas sem dúvida com algum fundo de verdade – as piores histórias de orgiásticos banquetes nos quais, segundo se conta, os convivas faziam brindes a Lúcifer" (p. 618). Bento IX (1033-1045) foi sagrado Papa com doze anos, "já cheio de vícios, e tantos escândalos praticou que o povo romano acabou por se indignar e correr com ele" (p. 619). Entretanto, nada ultrapassa em vergonha para a Igreja o abuso inominável de poder que o Papa Estêvão VI (896-897) praticou com o cadáver do Papa Formoso (891-896): "O cadáver do velho Papa foi tirado do túmulo, sentado sobre uma cadeira e julgado por uma assembleia sinodal, presidida pelo novo Papa, Estêvão VI, que o odiava. Todo o seu passado foi desenterrado com ele; foram evocadas todas as suas aventuras e intrigas, e denunciaram-se, também, todas as suas faltas ao direito canônico. Um clérigo, aterrorizado, respondia em vez do defunto e confessava os seus 'crimes'. Seguiu-se uma abominável cerimônia em que o morto foi privado da sua dignidade e despojado das vestes pontifícias a que aderiam as carnes putrificadas. Tiraram-lhe o próprio cilício que tinha consigo e depois cortaram-lhe os dedos da mão direita – aqueles dedos indignos que tinham abençoado o povo. E, para terminar, o cadáver foi entregue à populaça, que o lançou ao rio" (p. 548-549).

Tais e semelhantes crimes, em Papas mundanos, que se repetiriam, embora em menor escala, na Renascença, não depõem em favor do exercício do poder segundo os ditames do Evangelho, de um mínimo de humanidade e do senso comum. Há panoramas deprimentes na história dos papas, dos bispos, da hierarquia e também dos leigos. A carta do Sr. Cardeal Ratzinger me critica por apenas insinuar fatos de prepotência e *hybris* humana, sem concretizá-los; caso quisesse fazê-lo, poderia tê-lo feito dentro da objetividade da história eclesiástica. A vontade de autoafirmação da Igreja e da hierarquia não deve recalcar o sentido da autocrítica, de conversão e do humilde reconhecimento de erros e pecados históricos cometidos por aqueles que nos deveriam representar a figura do Servo sofredor, o humilde e pobre Jesus de Nazaré.

Minha exposição, no livro *Igreja: carisma e poder*, não se detém, morbidamente, nesta crítica. Ela é aduzida na perspectiva pastoral e evangélica de conversão e da necessária abertura de todos, para que haja mais florescimento dos bens do Reino, da participação e da comunhão entre todos. Uma grande parte destina-se a expor "o sentido evangélico da autoridade" (p. 109-113), que é vivido na Igreja que nasce da fé do povo simples, concretizada nas comunidades eclesiais de base. Aí há pastores excelentes, sacerdotes inseridos nos meios pobres, religiosos e religiosas que uniram seu destino ao destino dos últimos da terra, os irmãos menores do Senhor (cf. Mt 25,40). Aí mostro como já se vive um poder-serviço, em que os portadores do poder sagrado na Igreja o exercem como verdadeiro serviço, dando possibilidade de participação aos outros; em vez de tudo acumular em suas mãos, reforçam o poder do próprio povo cristão, para que este participe e seja membro vivo e ativo da comunidade. Digo mais: "O Papado, o episcopado, o presbiterato não perderão sua função; ganharão outras funções, talvez mais puras e próximas do ideal evangélico de fortalecer os irmãos na fé..." (p. 115). Concluo, reconhecendo que "os últimos Papas da Igreja, fundamentalmente, situam-se dentro destes marcos ideais" (p. 116).

É isto que quero alcançar quando digo que importa "fazer uma Igreja viva, com serviços flexíveis, funcionais, sem privilégios teológicos". Há os ministérios oficiais que nos vêm pelo sacramento da Ordem, mas há também, de fato, os ministérios exercidos por leigos, nas multiformes expressões comunitárias, como preparar crianças para a Primeira Comunhão, as liturgias e as celebrações, visitar os velhos e doentes, administrar o batismo e assistir ao matrimônio, animar os grupos bíblicos, coordenar os centros de defesa dos direitos humanos etc. Todas essas funções (carismas), que o Espírito faz surgir na comunidade, mostram a vitalidade, a flexibilidade dos serviços, a participação de todos, sem privilégios teológicos de uns em detrimento do valor também teológico dos outros.

Em nenhum lugar do meu livro, nego a constituição hierárquica da Igreja, por instituição divina. Entretanto, a hierarquia, na história, inflacionou-se a ponto de na Igreja latina, atualmente, os leigos terem de se empenhar para conseguir o seu lugar. A formulação de um teólogo eminente, como Salaverri, citado por mim à p. 232-236, reproduz mal a perspectiva querida por Jesus em uma comunidade de irmãos (cf. Mt 23, 8) em que todos fossem filhos do mesmo Pai do céu: "Na Igreja, existe, por vontade de seu divino fundador, uma discriminação pela qual umas pessoas hão de ser chamadas a exercer os poderes essenciais, com exclusão dos demais, segundo a lei estabelecida pelo próprio Cristo." O mesmo efeito é produzido pela afirmação do Papa Gregório XVI (1831-1846): "Ninguém pode desconhecer que a Igreja é uma sociedade desigual, na qual Deus destinou a uns como governantes, a outros como servidores. Estes são os leigos, aqueles são os clérigos" (p. 234). As palavras "discriminação", "exclusão", "desigualdade", "governantes" – de um lado – e "servidores" – do outro lado – dificilmente recebem o aval do Evangelho. Não foi assim que agiu e falou Jesus Cristo. Há hierarquia na Igreja, não como entre os grandes senhores e poderosos deste mundo (cf. Lc 22,25), mas na forma de hierodulia, quer dizer, do sagrado serviço, sem criar discriminações e separações, e sim poder para unir a comunidade, animá-la para a missão e fazê-la seguidora mais fiel do Servo dos servos, Jesus Cristo.

5. O leigo e a celebração da Ceia do Senhor

Por fim, a carta do Sr. Cardeal retoma uma *quaestio disputata* formulada por mim, há anos, em razão da prática das comunidades eclesiais de base; sofrendo com a carência do sacerdote sempre tão desejado, algumas delas, em alguns momentos, particularmente na Quinta-Feira Santa, ritualizam e celebram a Ceia do Senhor, presidida pelo coordenador leigo, reconhecido pela Igreja local. Coloca-se a questão à teologia: que valor possui tal celebração? É apenas uma paraliturgia? Certamente o é; mas poderia significar algo mais? Aí, avento a hipótese, e assim é apresentada (*Eclesiogênese*, Petrópolis, 1977, p. 79), de que o coordenador leigo dentro do *supplet Ecclesia* (*oeconomia*) agiria como ministro extraordinário, sem com isso invalidar a necessidade da ordenação sacerdotal, nem constituir um novo ministério presbiterial ao arrepio daquele existente na Igreja (op. cit., 80-81). Devo enfatizar que nunca afirmei, como pressupõe a carta do Sr. Cardeal, que não há "necessidade da ordenação sacerdotal para a válida celebração da Santa Missa". Na minha *quaestio disputata*, não falo de Missa, mas de *Ceia do Senhor*, pois Missa é uma realidade sacramental, teologicamente bem definida e oficial para toda a Igreja.

Nas minhas "Aclarações acerca de alguns temas de teologia" (*Grande Sinal*, junho 1982, 368-369, ou *Sal Terrae*, maio 1982, 400-401), procurei deixar mais clara minha posição. Vejo que ela suscitou escrúpulos, seja expressos na carta de Mons. J. Hamer de 25 de junho de 1982, seja agora na carta do Sr. Cardeal J. Ratzinger.

Na verdade, minhas formulações são claras. Transcrevo-as e depois torno a clarificá-las: "A Igreja ensina que toda a comunidade eclesial é sujeito ativo da ação eucarística. Não contradiz esta tese a afirmação solene da mesma Igreja segundo a qual *somente* o sacerdote validamente ordenado ou o bispo têm o poder de consagrar (DS 1.739s; 1.752; 1.771). Isto significa: somente o sacerdote oficial, dentro da Ordo da Igreja, pode, como ministro ordinário, pronunciar eficazmente aquelas palavras em virtude das quais se tornam presentes a vítima eucarística, o corpo e o sangue de Jesus" (*Grande Sinal*, op. cit., 369; *Sal Terrae*, 401).

No final, retomo a título de conclusão: "De todas as formas, devemos reconhecer que *não há celebração eucarística* propriamente dita no sentido canônico como o entende a Igreja Católica quando o celebrante não é ministro ordinário validamente ordenado com o sacramento da Ordem" (ibid.).

Chamo a atenção para as negativas exclusivas que, em boa lógica menor, não permitem alternativas: "somente" (duas vezes) e "não há celebração...".

Os acréscimos que fiz "como ministro ordinário" eram para reforçar ainda mais a afirmação anterior: "*somente* o sacerdote validamente ordenado", "*somente* o sacerdote oficial". Caso tivesse omitido o "como ministro ordinário", nada mudaria o sentido. Como me foi solicitado por esta Congregação em carta de 26/6/1982: então que se omita de vez, para efeitos de clareza.

O segundo acréscimo "no sentido canônico como o entende a Igreja Católica" quer novamente sublinhar a doutrina oficial; não quer subtrair nada a ela, como aliás fica claro na própria formulação quando lida sem escrúpulos e demasiadas desconfianças. É no sentido do que se diz no Lateranense IV: "sacerdos, *qui rite fuerit ordinatus*" (DS 802; também DS 794). Aqui, cânon significa: a norma e a determinação da Igreja Católica. Eliminando este acréscimo, nada se modifica no sentido de toda a frase. Que seja, portanto, eliminado!

Por fim, estou convencido do caráter fragmentário de meus "ensaios de eclesiologia militante"; não possuem eles a consistência de um tratado sistemático em eclesiologia, que, um dia, pretendo ainda elaborar.

Depois de haver justificado o direito da profecia dentro da Igreja e o seu exercício por santos e teólogos de qualidade incomensuravelmente maior que a minha, estimo que não fui mais virulento e intolerante que um Orígenes, um São Bernardo, um Pedro Damião e um Santo Antônio de Lisboa.

Comungo da convicção de que "a Igreja de Cristo deve ser edificada na pureza da fé". Penso, entretanto, que o cristão possui não apenas o direito de receber a doutrina pura, mas também o de recebê-la dentro de uma codificação atual que a torne compreensível para ele. Este imperativo de "adaptar o Evangelho, enquanto possível, à capacidade de todos... deve permanecer como a *lei de toda a evangelização*", recomenda-nos o Vaticano II (*Gaudium et Spes*, nº 44/340). Lamentavelmente, na carta subscrita pelo Sr. Cardeal, não identifico nenhum aceno nesta direção, nem muita compreensão para aqueles que, como eu, com os riscos inerentes a esta tarefa, assumem semelhante recomendação. A libertação dos "inimigos do passado, mas sobretudo dos atuais" não substitui esta missão nem constitui a melhor forma de cumpri-la.

Nem no livro em questão, nem em qualquer outro, postulo "um certo socialismo utópico", muito menos "identificado com o Evangelho", como se me imputa. Quero deixar claro que não posso aceitar esta suspeita injustificada, como se incorresse em um primitivismo teológico destituído de qualquer vigilância epistemológica.

VII. Conclusão: à Verdade e a Deus a última palavra

Ao concluir minhas respostas, desejo manifestar meu reconhecimento pela legitimidade da instância doutrinária da Igreja na promoção e guarda da mensagem revelada de Deus, que procedeu, em sua função, à análise do meu livro. A mim, coube o esforço de dissipar dúvidas, corrigir eventuais erros e conscientizar desafios históricos que perpassam nossa Igreja, que provocam a inteligência da fé. Procurei exercer esta inteligência dentro da caminhada de nossa Igreja; se o fiz com proveito para a comunidade eclesial ou se estive aquém das exigências da fé e da história, cabe a quem de direito apreciar e ao próprio Deus. Sinto-me um servo inútil que procurou fazer o que tinha de fazer (cf. Lc 17,10) ou que pensou ser seu dever fazer.

Na casa do Pai, há muitas moradas (Jo 14,2). Esta casa se encontra na terra e no céu. Assim, na teologia há muitos caminhos que conduzem ao encontro do mesmo Deus e muitas moradas para a linguagem da fé. Estimo que minhas reflexões eclesiológicas, mesmo as mais ousadas e em função dos reptos ingentes que percebemos, situam-se dentro do pluralismo teológico tão ressaltado pelo Vaticano II (*UR* nº 4/771; GS nº 44/340).

De uma coisa estou certo: prefiro caminhar com a Igreja a andar sozinho com a minha teologia. A Igreja permanece, a teologia passa; aquela é uma realidade de fé que eu assumo, esta é uma construção da razão que eu discuto; aquela é mãe, embora com suas rugas e máculas, esta é serva, apesar de sua fraca luz e de seu brilho lunar.

No intento de servir teologicamente à Igreja, tive a ousadia de pensar nossas questões vitais e de dizê-las alto. Estou consciente daquilo que nos asseverava Santo Agostinho e que eu coloquei no frontispício de meu livro *Igreja: carisma e poder*: seguimos "caminhos tormentosos pelos quais éramos obrigados a caminhar com multiplicadas canseiras e sofrimentos impostos aos filhos de Adão". Estas canseiras e sofrimentos não são metáforas, mas realidades diuturnas. Por elas, disponho-me a comungar com tantos irmãos e irmãs que sofrem e se cansam muitíssimo mais do que eu sob o peso da paixão da vida.

Por fim, permito-me testemunhar que amo e continuo a amar a Igreja, comunidade viva dos seguidores de Jesus na força de seu Espírito, mais do que a comodidade tranquila e o curso sereno de minha trajetória pessoal de teólogo periférico, menor e tristemente pecador.

Fr. Leonardo Boff, O.F.M.
frater, theologus minor et peccator

Petrópolis, festa de Santa Rosa de Lima,
24 de agosto de 1984.

Documento 3

Congregação para a Doutrina da Fé

Notificação sobre o livro
Igreja: carisma e poder. Ensaios de eclesiologia militante, de Frei Leonardo Boff, O.F.M.

Cidade do Vaticano 1985
Tipografia Poliglota Vaticana

Introdução

No dia 12 de fevereiro de 1982, Frei Leonardo Boff, OFM, tomou a iniciativa de enviar à Congregação para a Doutrina da Fé a resposta que deu à Comissão Arquidiocesana para a Doutrina da Fé do Rio de Janeiro, que criticara o seu livro "Igreja: Carisma e Poder". Declarava que aquela crítica continha graves erros de leitura e de interpretação.

A Congregação, após ter estudado o livro nos seus aspectos doutrinais e pastorais, expôs ao autor, em uma carta de 15 de maio de 1984, algumas reservas, convidando-o a aceitá-las e oferecendo-lhe, ao mesmo tempo, a possibilidade de um diálogo de esclarecimento. Tendo, porém, em vista a repercussão que o livro estava tendo entre os fiéis, a Congregação informou L. Boff de que, em qualquer hipótese, a carta seria publicada, levando eventualmente em consideração a posição que ele viesse a tomar por ocasião do diálogo.

No dia 7 de setembro de 1984, L. Boff foi recebido pelo Cardeal Prefeito da Congregação, acompanhado pelo Mons. Jorge Mejía, na qualidade de Secretário. Foram objeto do colóquio alguns problemas eclesiológicos surgidos da leitura do livro "Igreja: Carisma e Poder" e assinalados na carta de 15 de maio de 1984. A conversa, que se desenvolveu em um clima fraterno, proporcionou ao autor ocasião de expor seus esclarecimentos pessoais, que ele quis também entregar por escrito. Tudo isto foi explicado em um comunicado final publicado e redigido de comum acordo com L. Boff. Concluído o diálogo, foram recebidos pelo Cardeal Prefeito, em outra sala, os Eminentíssimos Cardeais Aloísio Lorscheider e Paulo Evaristo Arns, que se encontravam em Roma para esta oportunidade.

A Congregação examinou, seguindo a praxe que lhe é própria, os esclarecimentos orais e escritos fornecidos por L. Boff e, embora tomando nota das boas intenções e das repetidas declarações de fidelidade à Igreja e ao Magistério por ele expressas, sentiu-se contudo no dever de salientar que as reservas levantadas acerca do conteúdo do livro e assinaladas na carta, não poderiam, na sua substância, considerar-se superadas. Julga, pois, necessário, assim como estava previsto, agora publicar, nas suas partes essenciais, o conteúdo doutrinal da mencionada carta.

Premissa doutrinal

A eclesiologia do livro "Igreja: Carisma e Poder" propõe-se ir ao encontro dos problemas da América Latina e, em particular do Brasil, com uma coletânea de estudos e perspectivas (cf. p. 17). Tal intenção exige, de um lado, uma atenção séria e aprofundada às situações concretas, às quais o livro se refere e, por outro lado, – para realmente corresponder ao seu objetivo – a preocupação de inserir-se na grande tarefa da Igreja universal, no sentido de interpretar, desenvolver e aplicar, sob a inspiração do Espírito Santo, a herança comum do único Evangelho, entregue, uma vez para sempre, pelo Senhor à nossa fidelidade. Deste modo, a única fé do Evangelho cria e edifica, ao longo dos séculos, a Igreja Católica, que permanece una na diversidade dos tempos e na diferença das situações próprias às múltiplas Igrejas particulares. A Igreja universal realiza-se e vive nas Igrejas particulares e estas são Igrejas exatamente enquanto continuam a ser, em um determinado tempo e lugar, expressão e atualização da Igreja universal. Deste modo, com o crescimento e o progresso das Igrejas particulares cresce e progride a Igreja universal; ao passo que, debilitando-se a unidade, diminuiria e decairia também a Igreja particular. Por isso, o verdadeiro discurso teológico não pode jamais contentar-se em apenas interpretar e animar a realidade de uma Igreja particular, mas deve, ao contrário, procurar aprofundar os conteúdos do depósito sagrado da palavra de Deus, depósito confiado à Igreja e autenticamente interpretado pelo Magistério. A práxis e as experiências que sempre têm origem em uma determinada e limitada situação histórica, ajudam o teólogo e o obrigam a tornar o Evangelho acessível ao seu tempo. A práxis, contudo, não substitui, nem produz a verdade, mas está a serviço da verdade, que nos foi entregue pelo Senhor. O teólogo é, pois, chamado a decifrar a linguagem das diversas situações – os sinais dos tempos – e a abrir esta linguagem à inteligência da fé (cf. Enc. *Redemptor Hominis*, nº 19).

Examinadas à luz dos critérios de um autêntico método teológico – aqui apenas brevemente assinalados – certas opções do livro de L. Boff manifestam-se insustentáveis. Sem pretender analisá-las todas, colocam-se em evidência apenas as opções eclesiológicas que parecem decisivas, ou seja: a estrutura da Igreja, a concepção do dogma, o exercício do poder sagrado e o profetismo.

A estrutura da Igreja

L. Boff coloca-se, segundo as suas próprias palavras, dentro de uma orientação, na qual se afirma "que a igreja como instituição não estava nas cogitações do Jesus histórico, mas que ela surgiu como evolução posterior à ressurreição, particularmente com o processo progressivo de desescatologização" (p. 133). Consequentemente, a hierarquia é para ele "um resultado" da "férrea necessidade de se institucionalizar", "uma mundanização", no "estilo romano e feudal" (p. 78-79). Daí deriva a necessidade de uma "mutação permanente da Igreja" (p. 116); hoje deve emergir uma "Igreja nova" (p. 114, passim), que será "uma nova encarnação das instituições eclesiais na sociedade, cujo poder será pura função de serviço" (p. 115).

Na lógica destas afirmações, explica-se, também, a sua interpretação acerca das relações entre catolicismo e protestantismo: "Parece-nos que o cristianismo romano (catolicismo) se distingue por afirmar corajosamente a identidade sacramental, e o cristianismo protestante por uma afirmação destemida da não identidade" (p. 141; cf. pp. 135 ss., 148).

Dentro desta visão, ambas as confissões constituiriam mediações incompletas, pertencentes a um processo dialético de afirmação e de negação. Nesta dialética "se mostra o que seja o cristianismo. Que é o cristianismo? Não sabemos. Somente sabemos aquilo que se mostrar no processo histórico" (p. 140).

Para justificar esta concepção relativizante da Igreja – que se encontra na base das críticas radicais dirigidas contra a estrutura hierárquica da Igreja Católica – L. Boff apela para a Constituição *Lumen Gentium* (nº 8) do Concílio Vaticano II. Da famosa expressão do Concílio "*Haec Ecclesia (sc. unica Christi Ecclesia)... subsistit in Ecclesia catholica*", ele extrai uma tese exatamente contrária à significação autêntica do texto conciliar, quando afirma: de fato "esta (isto é, a única Igreja de Cristo) pode subsistir também em outras Igrejas cristãs" (p. 134). O Concílio tinha, porém, escolhido a palavra "subsistit" exatamente para esclarecer que há uma única "subsistência" da verdadeira Igreja, enquanto fora de sua estrutura visível existem somente "elementa Ecclesiae", que – por serem elementos da mesma Igreja – tendem e conduzem em direção à Igreja católica (*LG* 8). O Decreto sobre o ecumenismo exprime a mesma doutrina (*UR* 3-4), que foi novamente reafirmada pela Declaração *Mysterium Ecclesiae*, nº 1 (*AAS* LXV [1973], pp. 396-398).

A subversão do significado do texto conciliar sobre a subsistência da Igreja está na base do relativismo eclesiológico de L. Boff, supra delineado, no qual se desenvolve e se explicita um profundo desentendimento daquilo que a fé católica professa a respeito da Igreja de Deus no mundo.

Dogma e revelação

A mesma lógica relativizante encontra-se na concepção da doutrina e do dogma expressa por L. Boff. O autor critica, de modo muito severo, "a compreensão doutrinária da revelação" (p. 81). É verdade que L. Boff distingue entre dogmatismo e dogma (cf. p. 147), admitindo o segundo e rejeitando o primeiro. Todavia, segundo ele, o dogma, na sua formulação, é válido somente "para um determinado tempo e circunstâncias" (pp. 136). "Num segundo momento do mesmo processo dialético o texto deve poder ser ultrapassado para dar lugar a outro texto do hoje da fé" (p. 137). O relativismo que resulta de semelhantes afirmações torna-se explícito quando L. Boff fala de posições doutrinárias contraditórias entre si, contidas no Novo Testamento (cf. p. 137). Consequentemente "a atitude verdadeiramente católica" seria de "estar fundamentalmente aberto a todas as direções" (p. 137). Na perspectiva de L. Boff, a autêntica concepção católica do dogma cai sob o veredito do "dogmatismo": "Enquanto perdurar este tipo de compreensão dogmática e doutrinária da revelação e da salvação de Jesus Cristo dever-se-á contar irretorquivelmente com a repressão da liberdade de pensamento divergente dentro da Igreja" (pp. 82).

A este propósito convém ressaltar que o contrário do relativismo não é o verbalismo ou o imobilismo. O conteúdo último da revelação é o próprio Deus, Pai, Filho e Espírito Santo, que nos convida à comunhão com Ele; todas as palavras referem-se à Palavra, ou – como diz São João da Cruz: "... *a su Hijo ... todo nos habló junto y de una vez en esta sola Palabra y no tiene más que hablar*" (*Subida del Monte Carmelo*, II, 22, 3). Mas nas palavras, sempre analógicas e limitadas, da Escritura e da fé autêntica da Igreja, baseada na Escritura, exprime-se, de modo digno de fé, a verdade acerca de Deus e acerca do homem. A constante necessidade de interpretar a linguagem do passado, longe de sacrificar esta verdade, torna-a, antes, acessível e desenvolve a riqueza dos textos autênticos. Avançando, guiada pelo Senhor, que é o caminho e a verdade (Jo 14,16), a Igreja, que ensina e que crê, está convencida de que a verdade expressa pelas palavras de fé não só não oprime o homem, mas o liberta (Jo 8,32) e é o único instrumento de verdadeira comunhão entre os homens de diversas classes e opiniões, enquanto uma concepção dialética e relativizante o expõe a um decisionismo arbitrário.

No passado, esta Congregação teve ocasião de mostrar que o sentido das fórmulas dogmáticas permanece sempre verdadeiro e coerente, determinado e irreformável, embora possa ser ulteriormente esclarecido e melhor compreendido (cf. *Mysterium Ecclesiae*, nº 5: AAS LXV [1973], pp. 403-404).

Para continuar na sua função de sal da terra, que nunca perde o seu sabor, o "depositum fidei" deve ser fielmente conservado na sua pureza, sem deslizar no sentido de um processo dialético da história e em direção ao primado da práxis.

O exercício do poder sagrado

Uma "grave patologia" de que, segundo L. Boff, a Igreja romana deveria livrar-se, é provocada pelo exercício hegemônico do poder sagrado que, além de torná-la uma sociedade assimétrica, teria também sido deformado em si mesmo.

Dando por certo que o eixo organizador de uma sociedade coincide com o modo específico de produção que lhe é próprio, e aplicando este princípio à Igreja, L. Boff afirma que houve um processo histórico de expropriação dos meios de produção religiosa por parte do clero em prejuízo do povo cristão que, em consequência, teria sido privado de sua capacidade de decidir, de ensinar etc. (cf. pp. 82, 231ss., 255-257). Além disso, após ter sofrido esta expropriação, o poder sagrado teria também sido gravemente deformado, vindo a cair deste modo nos mesmos defeitos do poder profano em termos de dominação, centralização, triunfalismo (cf. pp. 106, 94, 99ss.). Para remediar estes inconvenientes, propõe-se um novo modelo de Igreja, no qual o poder seria concebido sem privilégios teológicos, como puro serviço articulado de acordo com as necessidades da comunidade (cf. pp. 223, 115).

Não se pode empobrecer a realidade dos sacramentos e da palavra de Deus enquadrando-a no esquema da "produção e consumo", reduzindo deste modo a comunhão da fé a um mero fenômeno sociológico. Os sacramentos não são "material simbólico", a sua administração não é produção, a sua recepção não é consumo. Os sacramentos são dom de Deus. Ninguém os "produz". Todos recebemos por eles a graça de Deus, os sinais do eterno amor. Tudo isto está além de toda produção, além de todo fazer e fabricar humano. A única medida que corresponde à grandeza do dom é a máxima fidelidade à vontade do Senhor, de acordo com a qual todos seremos julgados – sacerdotes e leigos – sendo todos "servos inúteis" (Lc 17,10). Existe sempre, decerto, o perigo de abusos; põe-se sempre o problema de como garantir o acesso de todos os fiéis à plena participação na vida da Igreja e na sua fonte, isto é, na vida do Senhor. Mas interpretar a realidade dos sacramentos, da hierarquia, da palavra e de toda a vida da Igreja em termos de produção e de consumo, de monopólio, expropriação, conflito com o bloco hegemônico, ruptura e ocasião para um modo assimétrico de produção, equivale a subverter a realidade religiosa. Ao contrário de ajudar na solução dos verdadeiros problemas, este procedimento leva, antes, à destruição do sentido autêntico dos sacramentos e da palavra da fé.

O profetismo na Igreja

O livro *Igreja: Carisma e poder* denuncia a hierarquia e as instituições da Igreja (cf. pp. 73-74, 96-97, 255-256). Como explicação e justificação para semelhante atitude reivindica o papel dos carismas e, em particular, do profetismo (cf. pp. 254-257, 263, 264). A hierarquia teria a simples função de "coordenar", de "propiciar a unidade, a harmonia entre os vários serviços", de "manter a circularidade e impedir as divisões e sobreposições", descartando pois desta função "a subordinação imediata de todos aos hierarcas" (cf. p. 265).

Não há dúvida de que todo o povo de Deus participa do múnus profético de Cristo (cf. *LG* 12); Cristo cumpre o seu múnus profético não só por meio da hierarquia, mas também por meio dos leigos (cf. ib. 35). Mas é igualmente claro que a denúncia profética na Igreja, para ser legítima, deve permanecer sempre a serviço, para a edificação da própria Igreja. Esta não só deve aceitar a hierarquia e as instituições, mas deve também colaborar positivamente para a consolidação da sua comunhão interna; além disso, pertence à hierarquia o critério supremo para julgar não só o exercício bem orientado da denúncia profética, como também a sua autenticidade (cf. LG 12).

Conclusão

Ao tornar público o que acima ficou exposto, a Congregação sente-se na obrigação de declarar, outrossim, que as opções aqui analisadas de Frei Leonardo Boff são de tal natureza que põem em perigo a sã doutrina da fé, que esta mesma Congregação tem o dever de promover e tutelar.

O Sumo Pontífice João Paulo II, no decorrer de uma Audiência concedida ao Cardeal Prefeito que subscreve este documento, aprovou a presente Notificação, deliberada em reunião ordinária da Congregação para a Doutrina da Fé, e ordenou que a mesma fosse publicada.

Roma, Sede da Congregação para a Doutrina da Fé,
11 de Março de 1985.

Joseph Card. Ratzinger
Prefeito

Alberto Bovone
Arcebispo tit. de Cesarea de Numidia
Secretário

Documento 4

Comentário crítico e confutação de pontos da "Notificação" da Congregação para a Doutrina da Fé

Já se passaram dez anos do processo jurídico-doutrinário movido contra o livro *Igreja: carisma e poder* pelas mais altas instâncias da Igreja romano-católica. A justificação escrita e a defesa oral não pareceram convincentes às autoridades da Congregação para a Doutrina da Fé. O autor acolheu a "Notificação" sem poder fazer-lhe um comentário teológico e a confutação de pontos importantes. Fora submetido a "um silêncio obsequioso"; na verdade, a um silêncio forçado e penitencial.

1. Atualidade das questões do carisma e poder na Igreja

Após dez anos de sua incriminação, *Igreja: carisma e poder* mantém ainda atualidade, pois se convalidaram as posições militantes e críticas que nele se formulam: o poder da administração central da Igreja romano-católica não só conserva como até exacerbou os traços denunciados no livro, a saber: a centralização, o autoritarismo e a falta de piedade na aplicação das medidas tomadas.

Nesse entretempo, houve a intervenção na Confederação dos Religiosos na América Latina (CLAR), com a deposição de toda a Diretiva eleita, destroçando o instrumento de maior renovação e evangelismo da Igreja latino-americana entre as populações pobres e marginalizadas, como os índios, os negros, as mulheres, os sem-terra, os sem-teto e os excluídos. Houve manifesta manipulação, por parte das autoridades do Vaticano, da IV Conferência do Episcopado Latino-Americano em Santo Domingo, em 1992, com a nomeação paralela de uma coordenação imposta e com a modificação dos textos feita unilateralmente em Roma. Houve traumáticas intervenções autoritárias nas conferências dos bispos e em veneráveis dioceses, como aquela de Olinda – Recife do maior profeta do Terceiro Mundo, D. Hélder Câmara, da arquidiocese de Colônia na Alemanha, de Viena da Áustria, de Chur na Suíça, entre outras. Houve a publicação de documentos pontifícios cerceando poderosamente a liberdade dos teólogos, como a *Instrução sobre a vocação eclesial do teólogo* e a encíclica *Splendor Veritatis*. Houve a punição de vários teólogos, renomados na comunidade teológica internacional. Houve a introdução do controle severo das opiniões e correntes teológicas nos seminários e faculdades de teologia. Tais fatos ilustram um certo tipo de poder eclesiástico cuja lógica é linear, de uma mão só, excludente e desvinculado de qualquer participação da comunidade, como foi amplamente analisado no livro *Igreja: carisma e poder*.

Normalmente, há duas visões de Igreja, fruto de duas correspondentes práticas eclesiais: uma a partir da organização (paróquia, cúria episcopal, conferência de bispos, dicastério, cúria romana), e outra a partir do organismo vivo da comunidade de fiéis.

A partir da organização, a Igreja tende a ser vista em seu caráter imutável, hierático, sagrado, dogmático, canônico e imune às vicissitudes históricas. Este tipo de Igreja confere grande importância à ordem e à disciplina, que supõem a obediência e o acatamento dos ditames da autoridade eclesiástica. Nesta visão, importa manter a tradição, reafirmar as fórmulas dogmáticas consagradas, assegurar a exatidão do rito. Pelo fato de o poder sagrado constituir a categoria-chave para se entender a Igreja concreta, a lógica predominante é linear e vem de cima para baixo. Não há muito lugar para o diálogo, a participação na elaboração das opiniões e na tomada de decisão. Para tal diligência, existem as autoridades eclesiásticas, assistidas pelo Espírito, diz-se.

A outra visão crê na vida do Espírito como se manifesta na vitalidade da comunidade eclesial. Entende que a Igreja precisa libertar-se do demasiado peso das tradições e que deve encontrar uma nova linguagem para achegar-se aos homens e às mulheres de hoje e reproduzir o fascínio que Jesus e sua mensagem provocaram, a seu tempo, nos ouvintes. Se a primeira coloca a centralidade no poder sagrado, a segunda a coloca na vida da fé, expressa nos muitos carismas. Os carismas manifestam a complexidade da Igreja. A lógica não pode ser linear, mas dialética e dialógica, circulando de baixo para cima e de cima para baixo e por todos os lados. Por isso, são importantes para essa lógica o diálogo, a participação e a comunhão de todos com todos na construção de um saber religioso coletivo e na definição dos melhores caminhos pastorais.

Estas duas visões, não raro, se confrontam. No livro *Igreja: carisma e poder*, esse confronto aflora porque o livro possui como transfundo a irrupção do novo modelo de Igreja concretizado nas comunidades eclesiais de base, nas pastorais sociais e na teologia da libertação em permanente diálogo e tensão com o modelo tradicional. Ele procura recolher o entusiasmo dos pobres e marginalizados que constroem um perfil novo de Igreja que toma a sério a opção pelos pobres e por sua libertação. Está em curso uma verdadeira eclesiogênese (a gênese de um novo modo de ser Igreja, Igreja que nasce do povo pelo Espírito de Deus). A partir desta emergência, cujo centro se encontra na Palavra, no seguimento de Cristo, na valorização dos carismas e serviços, na participação e na comunhão, em uma palavra, na rede de comunidades, dando forma concreta ao Povo de Deus, questiona-se o clássico modelo de Igreja estruturado ao redor do princípio da autoridade, da figura do clero e do sacramento.

Como se trata de uma reflexão teológica, importa ganhar altura crítica e perceber a legitimidade e o valor de cada uma destas visões. Elas remetem a lugares eclesiais diferentes; eles são reais e devem ser integrados numa visão complexa e includente. Daí se entende o título do livro – *Igreja: carisma e poder* –, que une, já na sua formulação, os termos em tensão, o carisma e o poder. O livro significa um esforço de manter unidas as duas dimensões, mas em uma união complexa e dialética, vale dizer, includente. Era essa a intenção axial do texto.

Na Igreja, há o carisma que corresponde ao instituinte, à vida, à novidade. Há também o poder que corresponde ao instituído, à estrutura e à tradição. Mas ambos devem se entrelaçar e conviver de tal forma que se fecundem mutuamente e mantenham a Igreja sempre dinâmica, estruturada sobre o Cristo (a encarnação, a dimensão de poder) e sobre o Espírito (pentecostes, a dimensão de carisma) ou sobre o princípio petrino (da tradição e da estrutura) e sobre o princípio paulino (da novidade e do estruturante). Aqui não cabe o ou-ou (a lógica linear da exclusão), mas o e-e (a lógica complexa da inclusão e complementaridade).

Não queremos uma Igreja de poder sem o carisma, como não queremos uma Igreja de carisma sem o poder. Queremos uma Igreja: carisma e poder. Os cristãos devem se habituar a essa dialética de inclusão do carisma com o poder e do poder com o carisma, porque somente assim serão capazes de conservar e expandir a força libertadora do Evangelho. Nunca haverá uma equação perfeita entre eles. Haverá sempre a difícil tensão que mantém o mistério aberto à história e obriga a história a abrir-se ao mistério. Cada época fará a sua síntese, ora o pêndulo correndo pelo lado do carisma, ora pendendo para o lado do poder, com a consciência de que esta contradição pertence ao mesmo corpo da Igreja. É neste jogo que vive, sofre e espera a Igreja, como se pretendeu elaborar no livro *Igreja: carisma e poder*.

Esta lição não foi entendida pelas autoridades encarregadas de zelar pela reta doutrina, talvez por estarem demasiadamente aferradas ao polo do poder e da organização. Daí a sua estranheza diante do livro. Não obstante, a questão precisa ser sempre retomada. Aqui, queremos recuperar a intenção originária do livro e defendê-la contra arguições insuficientes e equivocadas presentes no pronunciamento oficial do Vaticano. É o que faremos, comentando e confutando, quando necessário, a Notificação da Congregação para a Doutrina da Fé acerca do livro *Igreja: carisma e poder*.

Convém notar que as autoridades doutrinárias inauguraram um novo tipo de censura. Não dizem que no livro haja heresia, nem doutrinas próximas à heresia, nem ensinamentos perigosos que ofendem "os ouvidos piedosos" (*piae aures offendentes*). O documento diz: "a Congregação sente-se na obrigação de declarar que as opções analisadas de Frei Leonardo Boff são de tal natureza, que põem em perigo a sã doutrina da fé". Não se julgam sentenças, mas opções. Isso é inédito na já longa história dos organismos encarregados de zelar pela ortodoxia. As opções são do mundo das práticas, e não juízos do mundo das teorias. Condenar opções práticas é arriscado e pode ser até temerário. Corre-se o risco de, em nome das opções, ter que condenar ou colocar sob suspeita práticas de Jesus, dos Apóstolos, dos profetas e dos santos e santas. Geralmente, são opções práticas que questionam doutrinas tradicionais e originam novas doutrinas. Com acerto, diz a Congregação: "põem em perigo a sã doutrina da fé". Veja-se que não se diz que destroem ou negam a sã doutrina da fé. Apenas "põem em perigo". Com efeito, as doutrinas podem ser abaladas, pois, como veremos mais adiante, elas são construções culturais; o que não pode ser abalada é a fé que subsiste para além de determinadas doutrinas. A fé nos coloca imediatamente diante de Deus, como suprema Alteridade, deixando para trás todas as doutrinas e fórmulas. Esta fé deve ser preservada. Nem sempre a repetição da tradição garante a preservação da fé. Muitas vezes – e esse parece ser o caso mais frequente hoje em dia –, para conservar a mesma fé devemos expressá-la em fórmulas diferentes. O livro *Igreja: carisma e poder* enfatiza continuamente esta afirmação.

2. *O pastiche como forma de montar a acusação*

O sentido dos textos está ligado ao seu contexto literário e ao seu contexto vital. Um dos vícios comuns de atitudes autoritárias e da lógica linear é conferir um *tour de force* aos textos dos autores criticados, para que digam o que interessa à autoridade, mas à custa do contexto e do sentido literal. É comum o pastiche, vale dizer, um conglomerado de citações do autor, descoladas de seu contexto, dando a impressão de ser, de fato, a opinião do autor, quando, na verdade, em seu texto e contexto, defende outra opinião ou uma opinião com nuances fundamentais.

Esse recurso é frequente na história das condenações feitas pelo Magistério eclesiástico. Por isso, passada a borrasca, quase todos os condenados são teologicamente reabilitados. Assim com Pelágio, contra quem lutou Santo Agostinho; assim com Martinho Lutero, contra quem se armou o Concílio de Trento; assim com Pierre Teilhard de Chardin, cujos livros foram proibidos por estabelecer um diálogo fecundo entre cosmologia moderna e consciência cristã.

Com o texto de *Igreja: carisma e poder*, aplicou-se o mesmo método do pastiche. O autor espera que o livro tenha a mesma reabilitação histórica, feita por uma análise isenta, pelos teólogos que vierem depois de nós, dentro de circunstâncias mais serenas. Em razão disso, não se fará nenhuma modificação da obra. Ela vem publicada como saiu em sua primeira edição.

Foi fácil, também, ao autor acolher a Notificação, quando, de forma solene, o representante do Núncio Apostólico e o bispo local assomaram inesperadamente, sem qualquer comunicação prévia, à portaria do Convento de Petrópolis. Entregaram ao autor o documento oficial, impresso pela Tipografia Poliglota Vaticana. Deram-lhe meia hora para lê-lo e posicionar-se diante dele. Ao término da leitura, o autor se apresentou a eles, enquanto ambos permaneciam na Igreja ao lado, em oração (para quê e a quem estariam rezando?), dizendo-lhes: "Aceito o documento. Não tenho nenhuma dificuldade em aceitá-lo, pois eu também condeno as posições que aí se condenam." Não se preocuparam em saber se as posições eram do autor ou não; para a instituição, não interessam muito as opiniões das pessoas; importa condenar certo tipo de doutrinas, pouco importa quem as representa. O que importava era a atitude de acolhimento do autor de *Igreja: carisma e poder*. Estavam felizes, pois se evitava um conflito que questionava a autoridade. Estando salva a autoridade, está salvo o sistema assentado mais sobre o princípio de autoridade e menos sobre o princípio da verdade ou da participação ou do amor. E tudo pode continuar como antes na velha Sé de Abrantes.

Vejamos como funcionou o método do pastiche com referência às citações de *Igreja: carisma e poder*.

Na parte Estrutura da Igreja, faz-se um conglomerado confuso de citações tiradas de várias partes do livro e fora dos respectivos contextos, o que configura exatamente o pastiche. Precisamos, por isso, destrinchar as várias afirmações. Começa-se com a seguinte asserção: "Segundo suas próprias palavras, (L. Boff) coloca-se dentro de uma orientação na qual se afirma que 'a Igreja como instituição não estava nas cogitações do Jesus histórico, surgindo, isto sim, como evolução posterior à ressurreição, particularmente com o processo progressivo de desescatologização'" (p. 133).

Ora, lendo o que realmente está na p. 133, constata-se o corte da frase, forçando uma posição que permite melhor a condenação. No texto, faz-se referência a duas tendências entre os teólogos, uns afirmando a continuidade entre Cristo e a Igreja, e outros que "tendem a afirmar que a Igreja como instituição não estava nas cogitações do Jesus histórico…" O texto de *Igreja: carisma e poder* cita vários destes teólogos (evidentemente omitidos pela Notificação), como E. Peterson, H. Kung e o próprio Prefeito da Congregação para a Doutrina da Fé, o hoje Cardeal

Joseph Ratzinger, e o próprio autor L. Boff. No artigo citado, J. Ratzinger, então professor em Tubingen em 1965 (O destino de Jesus e a Igreja, em *A Igreja em nossos dias*, São Paulo, 1969, 9-29), afirma, com referência ao círculo dos Doze (depois chamados de Apóstolos), ser um dado seguríssimo, criado pelo Jesus histórico, antes de sua paixão, morte e ressurreição, mas com um significado bem específico: "A instituição do círculo dos Doze é característica para a forma pré-pascal de preceder de Jesus. Não se criaram então funções de cargos propriamente ditos e sim foram colocados serviços simbólicos, sinais escatológicos" (p. 9). A passagem da significação simbólica e escatológica (ligada à ideia de Reino de Deus iminente) para cargos de direção e animação somente se fez após o fracasso de Jesus (morte na cruz), e no pressuposto de sua ressurreição, que permitiu que a sua causa continuasse mediante a comunidade reunida ao redor desta crença.

Cita-se também a p. 79. As palavras referidas estão lá, mas dentro de um sentido completamente alheio ao contexto. A necessidade de se institucionalizar não se refere à hierarquia, como o diz a Notificação, mas à comunidade cristã de então. A expressão "mundanização, no estilo romano e feudal" é entendida pelo documento romano em um sentido pejorativo, quando o autor a usa em sentido analítico e positivo na linha da encarnação, como se vê nesta explicação: "esta necessária 'mundanização' (e não uma mundanização) da Igreja era condição de sua continuidade no mundo, e, como a encarnação, pode-se dizer, teologicamente, é também querida por Deus. O estilo romano e feudal de poder na Igreja, sem conotação pejorativa, perdura até hoje..." (p. 79).

Depois, cita-se a página 141: "parece-nos que o cristianismo romano (catolicismo) se distingue por afirmar corajosamente a identidade sacramental, e o cristianismo protestante, por uma afirmação destemida da não identidade". Esta afirmação é rejeitada como relativização do conceito de Igreja quando confrontada com as duas confissões cristãs, católica e protestante. Na verdade, o texto de *Igreja: carisma e poder* não se refere absolutamente a duas confissões, mas, como é dito claramente, a "dois estilos diferentes" de se compreender e viver o mesmo cristianismo em sua relação com as mediações históricas. Um afirma a proximidade entre cristianismo e suas mediações, outro acentua a distância entre cristianismo e suas mediações. Não são duas coisas diferentes; "trata-se de acentuações, e, daí, de estilos de viver a totalidade do cristianismo" (p. 141).

Novamente a Notificação retorce o sentido do que diz o livro à página 140. Modificada a frase, é fácil a sua condenação. Ocorre que o texto não diz "nesta dialética se mostra o que seja o cristianismo", mas "nesta circularidade sacramental, onde o sobrenatural e o natural constituem uma unidade dialética, mostra-se o que seja o cristianismo"; e continua a frase imediatamente: "Que é o cristianismo? Não sabemos. Somente sabemos aquilo que se mostrar no processo histórico" (p. 140). Por esta afirmação, a Congregação Romana procura ilustrar que Boff sustenta diante das "confissões eclesiais", diante do catolicismo e do protestantismo, um "conceito relativizante da Igreja". Ora, o texto de *Igreja: carisma e poder* fala de unidade dialética, e não de dialética pura e simplesmente. A dialética é inscrita na moldura da unidade complexa e rica do cristianismo, que se identifica na História mas que também não se identifica com a História. Essa nuance fundamental não foi percebida pela Notificação, falsificando, de fato, o pensamento do autor.

A mesma acusação de relativismo é feita na parte que concerne ao Dogma e à Revelação (p. 138-140). Utiliza-se o mesmo procedimento de destacar frases isoladas de seu contexto para se concluir então: "consequentemente, 'a atitude verdadeiramente católica' seria de 'estar fundamentalmente aberto a todas as direções'" (p. 137). Na página 137, não se afirma esse vale-tudo realmente relativizante. Aí se coloca um critério fundamental para a fé cristã: o Novo Testamento, coisa que foi completamente omitida pela Notificação. O texto da p. 137 diz: "estar fundamentalmente aberto a todas as direções, sem excluir sequer uma, que o Novo Testamento permite". Para não haver dúvida acerca desta referência imprescindível, enfatiza-se: "Ser autenticamente católico seria estar livre e aberto à totalidade do Evangelho" (p. 137). Essa omissão é fatal. Dá a impressão de que a ânsia de condenar cega o Organismo de controle das doutrinas, que acaba treslendo e perdendo a objetividade. Com isso, compromete sua reputação de instância última, que deve primar pela isenção e pelo rigor.

A Notificação cita ainda o seguinte tópico: "enquanto perdurar esse tipo de compreensão dogmática e doutrinária da revelação e salvação de Cristo, dever-se-á contar irretorquivelmente com a repressão da liberdade de pensamento divergente dentro da Igreja" (p. 82). Pior ainda: sustenta-se que isso se refere à "compreensão genuinamente católica do dogma". Ora, o texto da página 82 não fala da "compreensão genuinamente católica do dogma", mas de seu excesso na Inquisição.

O parágrafo imediatamente anterior à frase citada reza: "O rigor implacável da Inquisição se impõe pela lógica férrea e necessitante do próprio sistema e ainda hoje preside a mentalidade doutrinária dos prepostos da Sagrada Congregação para a Doutrina da Fé. Enquanto perdurar este tipo de compreensão..." (p. 81). A propósito, cabe perguntar: será que o Cardeal J. Ratzinger e seu secretário, o Arcebispo Alberto Bovone, que assinaram a Notificação, vêem a "genuína compreensão católica do dogma" depositada e salvaguardada na antiga Inquisição da qual a atual Congregação para a Doutrina da Fé é herdeira e continuadora? Se assim for, então serão coerentes com as exigências do sistema montado historicamente, segundo o qual a revelação e a salvação em Jesus Cristo devem ser interpretadas de forma dogmática e doutrinária, sistema que tornou possível em 1542, sob Paulo III, a criação da Sagrada Congregação da Inquisição Romana e Universal ou o Santo Ofício, e sua manutenção sob outro nome na atual Congregação para a Doutrina da Fé. Não cabem ilusões. Os nomes são diferentes, mas a lógica é a mesma. E a produção de eventuais vítimas continua.

Por fim, na parte "O profetismo na Igreja" impinge-se ao autor de *Igreja: carisma e poder* uma compreensão da função da hierarquia que de modo algum reproduz o que está escrito na página citada, 265. Diz a Notificação: "a hierarquia teria a simples função de coordenar, de propiciar a unidade, a harmonia entre os vários serviços, de manter a circularidade e impedir as divisões e sobreposições..." (265). Ora, lendo a frase à página 265, lá não se diz "simples função", mas "função específica" da hierarquia. Por causa desta "função específica", aqueles que "ocupam cargos de direção", e "por causa do carisma da unidade" (sua função específica), são os "que presidem as celebrações da comunidade, são os primeiros responsáveis pela doutrina ortodoxa e pela ordenação da caridade; em razão da reta ordem e do funcionamento do todo, compete particularmente a eles discernir os espíritos e zelar para que os carismas guardem sua natureza de carismas na medida em que são serviços para o bem da comunidade" (p. 265-266). Não teria havido nenhum problema a ser denunciado caso os autores da Notificação tivessem lido com o mínimo de atenção o que está claramente escrito às páginas referidas.

Por fim, cabe perguntar: é possível, com base neste método de pinçar textos fora de seus contextos para construir um pastiche, conservar-se, ainda, a decência de qualquer apreciação crítica? Essa prática não desmoraliza uma tão alta instância, que deveria primar pela objetividade, isenção e busca serena da verdade, não apenas da verdade divina, mas da simples verdade humana, expressa na correção e no cuidado ao referir o pensamento dos teólogos incriminados? Será que a *mens condemnandi*, a vontade de condenar, é tão forte que dita o modo de interpretar, assim como decide o pinçamento das citações? Com tal método, não haverá texto que se sustente, nem do próprio Cardeal Prefeito, nem dos Papas, nem do pobre Jesus de Nazaré, que não escreveu nada nem tinha biblioteca, muito menos do teólogo que se subscreve: "*olim frater, theologus minor et peccator*".

3. Onde encontrar a Igreja de Cristo: uma questão ecumênica

Na verdade, a grande questão teológica, esta sim, verdadeiramente central, diz respeito à relação entre a Igreja de Cristo e as várias Igrejas historicamente existentes (romana, protestante, ortodoxa etc.). O autor de *Igreja: carisma e poder* diz à página 134: "A Igreja Católica, apostólica, romana é por um lado a Igreja de Cristo, e por outro não o é. É a Igreja de Cristo porque nesta mediação concreta ela aparece no mundo. Mas também não o é, porque não se pode pretender identificá-la exclusivamente com a Igreja de Cristo, porque esta pode subsistir também em outras Igrejas cristãs. O Concílio Vaticano II, superando uma ambiguidade teológica de eclesiologias anteriores, que tendiam a identificar pura e simplesmente a Igreja de Cristo com a Igreja católica romana, ensina, com acerto: 'Esta Igreja (de Cristo) subsiste na Igreja Católica' (*subsistit in*: tem sua forma concreta na Igreja Católica). Evita dizer, como estava em documentos anteriores: é a Igreja de Cristo."

A Notificação é particularmente dura contra esta interpretação do autor. Diz que Boff "extrai uma tese exatamente contrária à significação autêntica do texto conciliar" (p. 338), "a subversão do significado do texto conciliar sobre a subsistência da Igreja está na base do relativismo eclesiológico de L. Boff... no qual se desenvolve e se explicita um profundo desentendimento daquilo que a fé católica professa a respeito da Igreja de Deus no mundo" (p. 338).

A acusação das autoridade da Congregação nos obriga a um aprofundamento da *mens Patrum* neste particular e da expressão *subsistit in*.

Importa, antes de mais nada, identificar o sentido que o Concílio quis dar ao famoso nº 8 da *Lumen Gentium*, onde ocorre o termo em questão, *subsistit in* (subsiste em), no lugar do *est* (é). A comissão teológica do Concílio que acompanhava estas questões deixou um pronunciamento claro, dizendo: "A intenção do nº 8 é mostrar que a Igreja, cuja natureza íntima e secreta se descreve, natureza essa pela qual se une perpetuamente com Cristo e sua obra, é encontrada concretamente (*concrete inveniri*) nesta terra na Igreja Católica. Esta Igreja empírica (*haec autem Ecclesia empirica*) revela um mistério, mas não sem sombras, por isso deve ser conduzida à plena luz, assim como também Cristo, o Senhor, pela humilhação chegou à glória. Desta forma, previne-se contra a impressão de que a descrição proposta pelo Concílio seja meramente idealística e irreal" (*Acta Synodalia Sacrossanti Concilii Oecumenici Vaticani Secundi*, vol. III, *periodus tertia, pars* I, Typis Polyglotis Vaticanis, 1973, vol. III/1, p. 176).

O texto claramente insiste na concreção histórica da Igreja, no seu lado empírico e concreto. Ela contém um mistério, mas sob a veste da contradição; portanto, não pode pretender ser detentora da perfeição e da plenitude. Não é outro o sentido de "ela deve ser conduzida à plena luz", porquanto não se encontra na plenitude da luz; ao lado da luz, ela, como reconhece o texto, sempre carrega sombras. Tal consciência deveria impedir da parte dela qualquer arrogância de ser o sacramento exclusivo de Cristo, a única detentora da concretização histórica da Igreja de Cristo. A Igreja de Cristo, pura e sem mácula, é maior e mais santa que qualquer concretização que se faça dela na História. Não poderá haver, portanto, nenhuma identificação pura e simples.

O *subsistit in* deve ser entendido dentro desta intenção. Ela se afasta de uma visão essencialista ou substancialista e de pura identificação; o *subsistit in* está a serviço de uma dimensão histórica, concreta e, por isso, sempre limitada da Igreja.

Com efeito, os doze sentidos que o clássico dicionário de latim de Forcellini dá ao *subsistere* vão todos na linha do concreto e histórico (*manere, permanere, sustentare, resistere, consistere, fermare, adstare*), sem qualquer significação na linha do abstrato; portanto, sempre na linha da subsistência (ganhar forma, concretizar-se) e nunca na linha da substância (*Totius Latinitatis Lexicon*, Aeg. Forcellini, vol. V, 707-708).

Com base nesta compreensão, entende-se que os Padres Conciliares substituíram o *est* (é, expressão da substância e da identificação) por *subsistit in* (ganha forma concreta, se concretiza). A Igreja de Cristo se concretiza na Igreja Católica, apostólica e romana, mas não se exaure nesta concretização, a qual, dadas as limitações históricas, culturais-ocidentais e outras, especialmente em razão das sombras e dos pecados nela presentes, não pode identificar-se *in toto, pure et simpliciter* com a Igreja de Cristo. Esta ganha outras expressões histórico-culturais nas diferentes Igrejas cristãs. Juntas e em comunhão, formam a Igreja de Cristo na História, a Igreja de Deus através do tempo.

Um esclarecimento da Comissão teológica do Concílio dá as razões da mudança do *est* para *subsistit in*: "para que a expressão concorde melhor com a afirmação acerca dos elementos eclesiais (*de elementis eclesiastibus*) que se encontram alhures" (álibi no sentido de: para além da Igreja Católica, nas outras Igrejas, cf. *Acta Synodalia*, op. cit., p. 177). Se esta mudança foi introduzida, o foi para significar que "est" não é sinônimo de *subsistit in*. O *est* ("é") remete para uma visão essencialista e pede uma definição essencial da Igreja. O *subsistit in* aponta para uma visão concreta e empírica, como ficou claro da intenção dos Padres Conciliares acerca do nº 8, onde ocorre esta expressão.

O próprio Cardeal J. Ratzinger, quando teólogo e comentando este ponto da *Lumen Gentium* (Aschafendorf, 1965), diz que o Concílio não intencionou aqui dar uma definição de Igreja. Portanto, não seria legítimo tirar do Concílio, aqui, aquilo que ele não quis dar.

Na própria Constituição sobre a Igreja, bem como no Decreto sobre o Ecumenismo, fala-se de Igrejas e comunidades eclesiais. No nº 3 do Decreto sobre o Ecumenismo, diz-se que todos os batizados e cristãos crentes pertencem, como membros, ao Corpo de Cristo (cf. 1Cor 12,13). Não se lhes atribui apenas o "ser-cristão", mas também o "ser-Igreja". Na verdade, não há "ser-cristão" sem ser membro de alguma Igreja. Por esta razão, como sustenta *Igreja: carisma e poder*, pode-se dizer que na Igreja Católica certamente se encontra a Igreja de Cristo. Mas ela não está lá completamente, em uma identidade perfeita e sem resto, em um sentido extensivo. Muitos que pertencem ao corpo de Cristo não pertencem à Igreja Católica. No que concerne à sua extensão, falta-lhe algo muito importante.

Reconhecemos que a expressão "elementos eclesiais" referidos às outras Igrejas que a Católica causa ambiguidades e dificuldades. É o ponto fraco do nº 8 da *Lumen*

Gentium. Entretanto, não podemos ficar parados naquele texto, por mais oficial que seja. O próprio Concílio e o Magistério Eclesiástico posterior superaram esta expressão. Chamam de Igrejas ou Comunidades Eclesiais às outras confissões cristãs. Portanto, os "elementos eclesiais" não nos devem levar a negar o título teológico de "Igrejas" às denominações cristãs não católicas, caso não queiramos entrar em conflito com os demais documentos do Vaticano II e do Magistério posterior. Elas são, sim, Igreja, e não apenas num sentido pastoral, teologicamente impreciso. Elas o são teologicamente. Se a pastoral e os discursos dos Papas se referem a elas como Igrejas, isso significa que aí existe um conteúdo teológico garantido e verdadeiro. Não se trata de uma mera concessão à gentileza da linguagem. A expressão "elementos eclesiais" não traduz bem esta riqueza; representa um momento de uma reflexão que o próprio Concílio em seu trabalho e em seus textos posteriores superou, coisa que se verifica claramente na prática comum do Magistério papal, sinodal e episcopal após o Vaticano II.

Bem diz o texto comum de um bispo católico alemão D. Tenhumberg (de Degenhardt) e de um Praeses evangélico, Thime, no livro *Igrejas no caminho comum*: "O ser-Igreja não coincide simplesmente com a Igreja Católica. Há também fora da Igreja Católica inúmeros elementos eclesiais. Os textos conciliares, por isso, aplicam os conceitos 'igrejas e comunidades eclesiais' também a outras comunidades cristãs. Elas participam da Igreja fundada por Cristo. Há vários graus de densidade na concretização da Igreja como instituição fundada por Cristo" (*Kirchen auf gemeinsamen Wege*, Butzon u. Becker, p. 26). É o que defendíamos em *Igreja: carisma e poder* ao introduzirmos a expressão "sacramento" para enfatizar os distintos graus de densidade e de concretização do mistério-realidade da Igreja, pois 'sacramento', em uma só palavra, une o visível e o invisível, o humano e o divino, e, ao mesmo tempo, permite uma gradação de concretização e manifestação de uma mesma realidade (*sacramentum, res et sacramentum, res*). E é um termo que vem da mais antiga tradição comum da Igreja, usado já no segundo século para definir a Igreja como *sacramentum Christi*.

A Notificação, entretanto, vai totalmente em uma outra linha. Entende *subsistit in* no sentido de substância e essência. No diálogo que o autor manteve dentro dos aposentos da Congregação para a Doutrina da Fé, no dia 7 de setembro de 1984, com o seu Prefeito, discutiu-se detalhamente a questão. O Cardeal J. Ratzinger deixou claro que *subsistit in* deve ser entendido como substância e essência. E argumentava: assim como o ser humano possui apenas uma substância ou essência, da mesma forma a Igreja de Cristo possui apenas uma essência e substância. E esta se encontra na Igreja Católica, apostólica e romana. O Cardeal repetia o que depois ganhou forma na Notificação: "fora de sua estrutura visível (da Igreja) existem somente *elementa Ecclesiae*, que – por serem elementos da mesma Igreja – tendem e conduzem em direção à Igreja Católica (*LG* 8)" (p. 338). Em outras palavras: a Notificação do Card. J. Ratzinger é reducionista; não toma em conta os outros enunciados do Concílio e a prática do Magistério. Interpreta o *subsistit in* em oposição ao sentido manifestamente concreto e não substancialista dos Padres Conciliares, bem expresso pela Comissão Teológica do Concílio (confira as citações anteriores). E termina pondo em dúvida o título de "Igreja" conferido às comunidades evangélicas, concedendo-lhes apenas os "elementos" do "ser-Igreja". Consequentemente, deveria reincriminar os próprios Papas recentes, que, ao se dirigirem às comunidades cristãs não católicas, chamam-nas, verdadeira e sinceramente, de Igrejas. Não deveriam fazê-lo, consoante a doutrina reducionista da Notificação, para não "subverter o texto conciliar" nem induzir "a um relativismo eclesiológico". Ademais, o peso de quem fala, os Papas, é consideravelmente maior do que o de qualquer teólogo, por mais proeminente que seja. Ora, condenar esta terminologia, seja nos Papas, seja em *Igreja: carisma e poder*, é manifestamente peregrino e contraditório.

 É como se alguém dissesse ao outro: "casa mesmo é só a minha; a de vocês não é casa; vocês possuem apenas elementos da casa, como tijolos, janelas, telhas, mesas que foram tiradas da minha casa e que, por isso, devem, de direito, retornar a ela". Tal afirmação não seria apenas arrogante; seria errônea. Como dizer que as Igrejas evangélicas não são Igrejas, se elas realizam tudo o que de teologicamente se precisa para constituir o mínimo do mínimo do "ser-Igreja": como o fato de se serem comunidades que se formam ao redor da Palavra, na fé, nos dois sacramentos principais (batismo-confirmação e eucaristia), no serviço ao mundo e em todas as demais virtudes que se derivam do seguimento de Cristo na força do Espírito?

 Em razão destas reflexões, não caberia fazer a *retorquio* e perguntar: quem está fazendo "a subversão do significado do texto conciliar sobre a subsistência da Igreja", o livro *Igreja: carisma e poder* ou a Notificação das autoridades romanas?

4. *Dogma e revelação no cativeiro da cultura ocidental*

A Notificação vê a "lógica relativizante" atuando por todo lado no livro *Igreja: carisma e poder* e manifestamente não gosta da palavra "dialética" ou "processo dialético"; nem poderia gostar, como vimos, pois ela se move nos parâmetros do pensamento autoritário, que é linear, negador de toda a dialética.

Para fazer frente a este presumido risco, as autoridades romanas enrijecem o outro lado, o caráter irreformável do sentido das fórmulas dogmáticas. A partir desta posição (objetivamente nada dialética), movem-se as críticas à maneira de entender a relação entre dogma e revelação e linguagem atual apresentada por *Igreja: carisma e poder*.

Com referência ao tema, o autor suscita esta permanente preocupação: não obstante o peso das antigas formulações da fé, o que importa hoje é a atualização da fé no mundo, mediante uma linguagem que possa ser tão entendida pelos homens de hoje quanto as fórmulas dos dogmas do passado puderam ser entendidas pelos homens daquele tempo. Tal diligência implica uma certa relativização das formulações. Deve-se preservar sempre o sentido originário por elas expresso. Mas, quer queiramos ou não, as novas formulações tanto podem trazer um enriquecimento ao sentido original quanto o risco de empobrecimento e até mutilação. Esse risco é inerente às palavras e aos contextos históricos. A fé no mundo não está isenta desta situação. Tanto vale para nós quanto para os próprios evangelhos, que já, como um São João, operaram uma atualização da mensagem originária de Jesus. Assim, o evangelista João quase não usa a *ipsissima verba* de Jesus – Reino de Deus, Reino dos céus –, mas a traduz por vida eterna, por verdade, por caminho, por luz, por pão verdadeiro etc.

Ora, tal operação mete medo às instâncias romanas, medo do relativismo. Entretanto, fornece, contraditoriamente, as bases para permitir esta relativização legítima e, com isso, a superação do medo ao relativismo. Com acerto, ensina: "O conteúdo último da revelação é o próprio Deus, Pai, Filho e Espírito Santo, que nos convida à comunhão com Ele" (p. 339). Ora, se o conteúdo último é o Deus-Trindade, portanto, o mistério absoluto, consequentemente as formulações serão sempre inadequadas. Como diz a Notificação, "serão sempre analógicas e limitadas" (p. 339). Em outros termos, não podemos ficar rigidamente presos a estas formulações, como se traduzissem plenamente o mistério. É definitiva naquilo que diz (o sentido), mas superada naquilo que não diz e esconde (formulações). Nesse lado, pois, ela é transitória.

Com acerto, diz Walter Kasper, outrora mestre em Tubingen e hoje conhecido bispo em Rothemburg, no sudeste da Alemanha: "A verdade das fórmulas de fé é, portanto, sempre definitiva e ao mesmo tempo provisória e imperfeita; ela é apenas fragmentária ou parcial (cf. 1Cor 13,9-12), porque só escatologicamente será plenamente aberta. A heresia no Novo Testamento não é apenas possível pela negação de verdades já fixadas, mas também pelo fixismo face a uma nova situação da profissão de fé em que a fórmula tradicional se torna equívoca ou insuficiente, carecendo, portanto, de nova formulação. Este aspecto dinâmico-histórico da verdade do Evangelho – continua Walter Kasper – foi posteriormente muito esquecido. Com isto, o dogma tornou-se muitas vezes uma proposição petrificada, que aparentemente carecia totalmente de horizonte e perspectiva futura, essenciais para a verdade do Evangelho" ("A relação entre evangelho e dogma", em *Concilium*, nº 3., 1967, p. 73).

Este enrijecimento das formulações é particularmente danoso para a compreensão da mensagem cristã àqueles cristãos que se situam fora do arco da cultura ocidental. Importa reconhecer que os dogmas e a história dos dogmas são parte da história da cultura ocidental. Seria repristinar a questão do judaísmo na Igreja impor-lhes a circuncisão ocidental como condição para serem cristãos em sentido pleno.

É de se lamentar a tendência ao fundamentalismo das instâncias romanas, tributárias de uma visão ocidentalocêntrica, pior ainda, romanocêntrica, quando se lê a seguinte frase que omite a necessária referência à relatividade das formulações culturais: "No passado, esta Congregação teve ocasião de mostrar que o sentido das fórmulas dogmáticas permanece sempre verdadeiro e coerente, determinado e irreformável, embora possa ser ulteriormente esclarecido e melhor compreendido (cf. *Mysterium Ecclesiae*, nº 5)".

O próprio J. Ratzinger, em seu minucioso comentário à Constituição Dogmática sobre a revelação divina, escreve: "No lugar de uma visão legalista, que continua vendo na revelação um edito de decretos divinos, implantou-se uma visão sacramental que vê lei e graça, palavra e ação, mensagem e sinal, pessoas e suas manifestações, na abrangente unidade do mistério... A palavra dogma não pode ser isolada deste seu contexto abrangente; caso contrário, far-se-ia uma redução da realidade da revelação, o que a adulteraria. Pois, Deus mesmo, a pessoa de Deus, é de onde parte e para onde se reconduz o acontecimento da revelação; desta forma, a revelação referida ao destinatário penetra, necessariamente, no centro pessoal do homem, atinge-o na profundidade de seu ser e não apenas numa ou noutra potencialidade singular, na vontade ou na razão" (*Lexikon fur Theologie und Kirche. Das Zweite Vatikanische Konzil*, Teil II, 506s).

O *depositum fidei* é constituído por esta verdade assim abrangente. Não pode ser reduzido, portanto, a fórmulas verdadeiras, como dá a entender a Notificação. Somente a partir de uma compreensão pobre e reducionista do *depositum fidei*, pode-se entender a advertência da Congregação segundo a qual o referido *depositum fidei* não pode "deslizar no sentido de um processo dialético da História e em direção ao primado da práxis" (p. 339).

Ora, se a revelação, segundo o teólogo J. Ratzinger, só pode ser entendida na unidade de palavra e ação, então se deve, também, dizer que a ação-caridade (a práxis, como dizemos comumente, práxis que em relação aos oprimidos tem que ser libertadora) faz parte da interpretação adequada da revelação. Se assim não for, a revelação decai para um conjunto de verdades necessárias para a salvação, concepção esta qualificada de legalista e não sacramental por J. Ratzinger. Esta visão originou o intelectualismo neoescolástico na interpretação dos dogmas e da revelação, tão fortemente criticado pelo então professor de dogmática e história dos dogmas Joseph Ratzinger, nestes termos: "Por mais verdade que seja, e, portanto, por maior que se apresente a indeclinável necessidade de uma fé cristológica ou eclesiástica, continua mesmo assim verdade que tudo aquilo que se nos é apresentado no dogma não passa, por fim, de uma interpretação. Interpretação da realidade sacramental, decisiva e verdadeiramente suficiente, do amor de Deus e dos homens. É, por isso, que continua válido dizer que os que verdadeiramente amam e como tais são professantes da fé cristã podem ser chamados de cristãos" (*Vom Sinn des Christseins*, Munique, 1965, 62s). A interpretação é sempre uma operação humana, uma expressão histórico-cultural, algo, portanto, que nós criamos e que não se identifica *pure et simpliciter* com o evento-revelação. Mas carrega dentro de si a revelação, sempre passível de novas expressões, especialmente aquelas que vêm ligadas ao amor e à macrocaridade visando à transformação não só dos corações mas de uma inteira sociedade. A teologia da libertação possui entre outros méritos especialmente este, o de ter estendido esse amor às macrodimensões histórico-sociais, conflitivas e opressoras, donde emerge a prática da libertação, inspirada no amor evangélico aos oprimidos, como gênero marginalizado, como classes exploradas, como culturas negadas e como povos humilhados contra a sua opressão e em favor de sua libertação. Com tal diligência, a teologia da libertação propiciou, seguramente, um enriquecimento na compreensão da revelação e do fenômeno cristão, beneficiando a toda a Igreja.

5. O faraonismo no exercício do poder sagrado

Uma questão básica que atravessa todo o livro *Igreja: carisma e poder* é a do poder e de seu exercício dentro da Igreja. A questão não se limita aos abusos, como o quer a Notificação. Na verdade, no livro *Igreja: carisma e poder* faz-se uma distinção clara entre abusos e abusos. Há abusos que procedem da fragilidade humana e até do pecado da vontade de dominação. Esses não afetam a estrutura, porque estão ligados à subjetividade humana. Há aqui uma questão de conversão pessoal. Mas há abusos que derivam da estrutura, independentemente da subjetividade humana, vale dizer, da forma objetiva como a Igreja se organizou historicamente e da maneira como distribuiu o poder na comunidade.

Na atual estrutura, há uma separação nítida entre clérigos e leigos, entre hierarquia e simples fiéis. Nesta estrutura, o poder está todo concentrado do lado dos clérigos. Eles detêm o monopólio da palavra, da decisão e da celebração. Os leigos e particularmente as mulheres (que são mais da metade dos cristãos e as mães e as irmãs da outra metade) são claramente marginalizados nos processos de formação da opinião, de discussão, de participação e de tomada de decisão na comunidade eclesial.

Ora, esta concentração unilateral de poder leva, estruturalmente, a desigualdades, à negação de direitos dos cristãos, afirmados na sociedade mas inviabilizados na Igreja, à impossibilidade de participação e de comunhão efetivas (e não espiritualizadas) entre os membros da comunidade cristã.

As duas afirmações feitas pelo Cardeal J. Ratzinger na carta incriminatória, de que a hierarquia da Igreja é por instituição divina e de que o ministério hierárquico é essencial e exclusivamente ligado ao sacramento da ordem, não podem passar sem um sério questionamento histórico-teológico.

A esse respeito, basta-nos refletir sobre dois pontos. Em primeiro lugar, a centralidade para Jesus não são o poder e a hierarquia, mas a vida e o serviço à vida, a partir daqueles que menos vida têm, que são os pobres e marginalizados. Notoriamente, o Jesus histórico submete o poder a uma pesada crítica: "assim não há de ser entre vocês"; quem quiser mandar que sirva (cf. Mc 10,42-45 par.)! Invalida qualquer hierarquia ao proclamar que ninguém se chame de mestre, nem de pai, nem aspire a qualquer poder de mando (cf. Mt 23,8-12). Se hierarquia houver – pastor e ovelha –, é de mero serviço e de função (não uma fração) no âmbito claro do amor e do martírio (cf. Jo 21,15-19: "Simão, amas-me mais do que estes?" – "apascenta meus cordeiros") ou na perspectiva da fé, despojada de qualquer pretensão carnal que vise poder e glória, pois estes são valores apetecidos por Satanás (cf. Mt 16,23, referindo-se a Pedro, que não aceita a ausência de poder e glória em Jesus: "Vade retro, Satanás", cf. Mt 4,10 par.).

Se tudo isso é verdade, não se pode aceitar *este tipo* de hierarquia que existe e funciona na Igreja romano-católica, com seu aparato pomposo e titulaturas grandiloquentes, como sendo de instituição divina. Significa blasfemar o Filho e caluniar o Espírito Santo. A Igreja dos pobres vive uma outra forma de exercício de poder, mais próximo do sonho de Jesus, participativo, serviçal, despojado de qualquer titulatura de magnificência. Logicamente, nem todos fazem todas as coisas. Há hierarquia nos serviços e ministérios, mas em função da comunidade. Quem é cardeal, bispo, sacerdote, coordenador da comunidade não deixa de ser coordenador, sacerdote, bispo e cardeal. Mas o é de forma diferente, comunional, humilde, dentro e não acima da comunidade, e assim é acolhidos por todos.

Em segundo lugar, a investigação histórica mostrou, com um dossiê completo das fontes, e com todo o rigor científico, como nasceram no processo de institucionalização do cristianismo a hierarquia e o laicato. Basta citar uma investigação fundamental de Alexandre Faivre em três livros: *Fonctions et premières étapes du cursus clérical* (Service des reproduction des thèses, Lille, 1975); *Naissance d'une hiérarchie* (Éditions Beauchesne, Paris, 1977), *Les laïcs aux origines de l'Eglise*

(Le Centurion, Paris, 1984, em português pela Vozes, Petrópolis, 1992). Aí se mostra com grande honestidade que aquilo que é adjudicado à instituição divina não passa de uma construção humana, dentro de condicionamentos psicossociológicos bem determinados. Tal verificação não invalida o fato de a hierarquia, a graça de Deus e o serviço evangélico à comunidade podem passar por tais mediações. Mas o que fica invalidado é o faraonismo destas instituições, historicamente explicável, mas não em nome do Evangelho e da vontade divina. Isso implica humilhar Deus, pois não é razoável teologicamente atribuir a Deus um funcionamento de uma instituição que é nocivo à vida da comunidade e que introduz dissimetrias ofensivas aos direitos das pessoas e dos batizados. Tal pretensão implica pecar contra o segundo mandamento da lei de Deus, que proíbe a utilização do santo nome de Deus em vão.

Não é também legítimo, como ensina qualquer manual de apologética e de teologia fundamental, o recurso à intervenção divina quando podemos explicar os fenômenos com o recurso da razão e da história humana. *Entia non sunt multiplicanda sine necessitate* (não se deve complicar as coisas sem necessidade). Caso contrário, não evitaremos a mistificação e a justificativa perversamente ideológica. Não faziam, assim, os reis absolutistas, no século XVII, para fundamentar seu faraonismo, ou os ditadores, como Francisco Franco, que nas moedas mandava inscrever: "Francisco Franco, *caudillo de España por la gracia de Dios*"? Nisso, Jesus é claro: "convosco não deve ser assim" (Mc 10,43)!

Por fim, a sociologia da religião desenvolveu categorias refinadas para analisar o campo religioso e as formas de distribuição do poder sagrado. O livro *Igreja: carisma e poder* se apropria delas, a fim de mostrar os mecanismos que entram em jogo no surgimento do tipo de monopólio dos meios de produção simbólica, instaurado lentamente no cristianismo de versão romano-católica. A utilização de tal racionalidade, antes de desnaturar o verdadeiro sentido do poder religioso, ajuda a resgatá-lo contra patologias que, à força da inércia histórica, da imposição autoritária e da reprodução acrítica, acabam configurando um quadro de "sanidade e normalidade", quando são, na verdade, patologias e vícios estruturais. Não é sem razão que todo poder autoritário, uma vez desmascarado, mostra sua verdadeira face: persegue, condena e pune quem mostra o rei nu. A condenação de *Igreja: carisma e poder* é um entre tantos exemplos.

É dentro deste quadro que se entendem as expressões rejeitadas pela Notificação: "produção" e "consumo". Ela esquece – o que é reconhecido unanimemente pela pesquisa – que grande parte da terminologia litúrgica provém da vida econômica. A começar pela expressão *oeconomia salutis*. Basta ler qualquer texto sacramental e litúrgico ou do tratado dogmático De Redemptione para identificar a terminologia econômica, como: "*producere gratiam, conficere sacramentum, consumere panem et corpus Christi, distribuire dona Dei*", para terminar com o "*sacrum commercium Dei et hominis*" etc. Como se depreende, estamos em face de uma clara terminologia econômica que serviu de veículo para expressar uma verdade religiosa, sem com isso desnaturá-la ou retirar-lhe dignidade.

Parece que, com má consciência, a Notificação, à última hora, reconhece: "põe-se sempre o problema de como garantir o acesso de todos os fiéis à plena participação na vida da Igreja e na sua fonte, isto é, na vida do Senhor" (p. 340). Reconhece, mas não aceita nenhuma colaboração teórica que viabilize tal acesso e esta participação. Para a teologia crítica, é claro: tal conquista passa pela conversão da hierarquia da Igreja, dispondo-se a renunciar ao seu faraonismo antievangélico, a se despojar do poder-privilégio para se transformar em verdadeiro serviço à comunidade, como aqueles que se colocam como últimos – como convém a servos – e não como primeiros – como convém aos Césares. A hierarquia assim como se mostra e funciona está mais próxima dos palácios dos Césares do que da pobre barca de Pedro, o pescador. Isso não é denúncia. É análise e fria constatação. Essa conversão não se restringe de modo algum aos portadores do poder sagrado, mas deve atingir a estrutura da hierarquia, a própria compreensão de hierarquia, para que ela possa encontrar o seu lugar dentro da totalidade do Povo de Deus e como serviço dentro da comunidade de fé. Enquanto não houver esta mudança estrutural, em vão se procurará uma resposta ao desafio lançado pela Notificação, isto é, "de como garantir o acesso de todos os fiéis à plena participação na vida da Igreja e na sua fonte, isto é, na vida do Senhor".

6. *É* hybris *da hierarquia querer controlar as manifestações do Espírito*

A última parte da Notificação concerne à profecia e aos carismas em relação à hierarquia e às instituições da Igreja. Importa, de saída, desfazer a oposição que a

Notificação supõe existir no livro *Igreja: carisma e poder* entre profecia/carismas de um lado e hierarquia/instituições de outro. No livro, é dito com todas as letras: "A hierarquia é um estado carismático na Igreja" (p. 256). Melhor: "há um carisma, um entre outros, mas de importância capital, que é aquele responsável pela harmonia entre os vários e múltiplos carismas. Este carisma é próprio dos que ocupam as instâncias de direção na comunidade" (p. 264). Portanto, a hierarquia não é, de modo nenhum, posta em dúvida, nem se coloca em oposição aos carismas. Apenas critica-se seu funcionamento autoritário.

Problemática, em termos de uma teologia fundamental e ecumênica, é a afirmação, sempre repetida pela hierarquia, e da forma mais solene, nos documentos oficiais: "pertence à hierarquia o critério supremo para julgar não só o exercício bem orientado da denúncia profética, como também a sua autenticidade" (cf. *LG* 12; Notificação, p. 341). Para Paulo, há, pelo menos, dois critérios básicos para o discernimento do verdadeiro carisma: o serviço aos outros e a edificação: "A cada um é dada a manifestação do Espírito para a utilidade comum" (1Cor 12,7; cf. 1Pd 4,10); "que ninguém procure o seu proveito, mas sim o dos outros"; "tudo me é permitido, mas nem tudo me aproveita; tudo é lícito, mas nem tudo edifica" (1Cor 10,23). Como diz *Igreja: carisma e poder*: "estamos ante o critério básico, simples, natural do serviço, da descentração do próprio eu, do desinteresse pessoal em função dos outros; não necessitamos de muita sutileza teológica, sofisticação argumentativa, nem recursos a muitas autoridades para saber se um dom, serviço ou trabalho vem ou não de Deus. Basta olharmos sua funcionalidade e utilidade para a comunidade; deve haver proveito e edificação, e não apenas bondade e pureza de intenções" (p. 263). E, ainda, que compete aos hierarcas "em razão da reta ordem e do funcionamento do todo discernir os espíritos e zelar para que os carismas guardem sua natureza de carismas na medida em que são serviços para o bem da comunidade (*LG* 12; AP 1.339)" (p. 265-266).

É-nos lícito dizer, como faz a Notificação, tendo em vista estes critérios de Paulo, que "pertence à hierarquia o critério supremo para julgar"? A hierarquia é um dos critérios, entre outros, e certamente importante, pois cabe à sua função carismática. Mas reivindicar o caráter "supremo" não configura *hybris*, desmesurada pretensão e arrogância por parte dos membros da hierarquia, o maior pecado segundo a teologia grega, pois implica a equiparação do ser humano a Deus? A hierarquia não é o único carisma fundacional, pois, como assevera novamente Paulo, a família de Deus é construída sobre o alicerce dos Apóstolos, dos Profetas (Ef 2,20), bem como dos Doutores (Ef 4,11; 1Cor 12,28), "sendo pedra angular o próprio Cristo Jesus" (Ef 2,20). Qualquer monopólio ou caráter último e supremo por parte da hierarquia (Apóstolos) é aqui descartado.

Por fim, não cabe à hierarquia dar a aparência de colocar-se acima da Palavra de Deus e do Espírito. O Espírito é o Espírito de Cristo (Jo 16,14), por isso, prolonga e atualiza o que é de Cristo na História. Mas não só. Ele é também o Espírito do Pai (Jo 15,26), dessa maneira mergulha no mistério insondável do Sem Origem e do Não Manipulável. Por fim, o Espírito é Ele mesmo, com sua personalidade e atividade próprias. Como tal, Ele "anunciará coisas que hão de vir" (Jo 16,113), portanto algo novo não dado totalmente através de Jesus. O evangelho de São João o enfatiza, fazendo Jesus dizer: "O Espírito sopra onde quer... não sabes nem de onde vem nem para onde vai" (Jo 3,8). Em razão desta liberdade do Espírito, não podemos reduzir os critérios ao que sabemos de Jesus, e muito menos à hierarquia. Precisamos estar atentos ao próprio Espírito, à sua personalidade própria e às "coisas futuras", portanto novas, que nos irá comunicar por mensagens ou por práticas dentro da história humana e das comunidades cristãs. A Notificação sequer fica dentro do quadro cristocêntrico ou cristomônico tradicional e sempre lamentado da teologia romano-latina; o que é pior, decai para o hierarquiocentrismo, a pressuposição errônea de que a hierarquia seja o centro da Igreja e de que o Espírito esteja definitiva e exclusivamente na hierarquia.

7. Conclusão: o carisma do poder central, magnífico e terrível

Para concluir, nada mais acertado do que citar duas autoridades. Uma, talvez o maior eclesiólogo do século XX, o mestre Yves Congar OP, e outra, o poeta mais representativo da América Latina, o chileno Pablo Neruda.

No dia 8 de setembro, comentando o julgamento do livro *Igreja: carisma e poder*, escreveu Y. Congar no diário *Lacroix*: "O carisma do poder central na Igreja é o de não possuir nenhuma dúvida. Ora, não ter nenhuma dúvida sobre si mesmo é a um tempo terrível e magnífico. É *magnífico* porque o carisma do centro consiste precisamente em permanecer firme quando tudo ao seu redor vacila. É *terrível* porque em Roma estão homens que têm limites: limites em sua inteligência, em seu vocabulário, em suas referências e em seu ângulo de visão." Creio que a análise da carta incriminatória do Cardeal J. Ratzinger e da Notificação mostra suficientemente a presença de todos estes limites. Apesar disso, não cabe vê-los na ótica do *Grande Inquisidor* de Dostoievski. Estão imbuídos de boa intenção, embora esta intenção nem sempre seja boa para a liberdade necessária da teologia.

O processo contra o livro *Igreja: carisma e poder* e o "colóquio" no interior do edifício da ex-Santa Inquisição e do ex-Santo Ofício, e hoje da Congregação para a Doutrina da Fé, provocaram uma grande cadeia de solidariedade que vinha desde a Coreia até a Polônia, desde cardeais até prostitutas. Esta solidariedade era menos para o autor do livro do que para a causa que representava: a libertação dos oprimidos. A teologia da libertação, que serviu de quadro para o livro *Igreja: carisma e poder*, criou a articulação necessária para mostrar que a Igreja não está fatalmente vinculada ao pensamento conservador, ligada aos estratos sociais inimigos das mudanças que beneficiam os pobres e marginalizados; ela pode recuperar a memória subversiva de Jesus, que foi tratado como um preso político e crucificado como um agitador social. Preservada sua dimensão transcendente, ela pode ser um espaço de conscientização da dignidade humana, de escuta do grito do oprimido, de potenciação do horizonte utópico – alimentador de toda esperança, de organização social em vista das mudanças necessárias e um fator de libertação integral.

É descabido entender esta corrente de solidariedade como um desapreço à figura do Papa. A presença de dois cardeais, Cardeal Aloísio Lorscheider (Fortaleza) e Cardeal Paulo Evaristo Arns (São Paulo) e do presidente da Conferência dos Bispos do Brasil, D. Ivo Lorscheiter, que acompanharam o autor a Roma, constitui, seguramente, um fato inédito na história do ex-Santo Ofício. Lá estavam para testemunhar a eclesialidade da teologia, elaborada na América Latina e no Brasil. Ela poderá conter equívocos e erros. Os equívocos poderão ser esclarecidos, e os erros, corrigidos. Nada disso, portanto, lhe tira o caráter pastoral de uma teologia feita no interior da comunidade eclesial e em seu benefício. Apesar de tudo, porém, o autor de *Igreja: carisma e poder* foi condenado a um período indeterminado de "silêncio obsequioso", suspenso da cátedra e deposto da função de redator da *Revista Eclesiástica Brasileira* e de responsável pelas publicações religiosas da Editora Vozes.

Não obstante, para ele, passar por todas essas peripécias significou vivenciar, com humildade, o que disse Pablo Neruda, e aqui citamos a segunda autoridade: "É memorável e dilacerador ter encarnado para muitos, durante um minuto, a esperança" (*Confesso que vivi*, Difel, São Paulo, 1979, 336).

A esperança dos oprimidos e marginalizados é de que existe a possibilidade concreta de sua libertação, sendo eles os sujeitos históricos principais de seu fazimento. A esperança dos cristãos é de que o Evangelho e a Igreja possam ser aliados poderosos nesta libertação que deve ser integral, pois este propósito faz parte do sonho de Jesus, do desígnio histórico de Deus e da missão integral da Igreja, sacramento de Cristo e de Deus no meio da História.

Leonardo Boff
olim frater, theologus minor et semper peccator

Rio de Janeiro, Vale Encantado,
15 de maio de 1994,
dez anos após a convocação ao
"colóquio" em Roma.

Documento 5

Balanço crítico vinte anos após

I. O processo doutrinário no Vaticano

Já se passaram vinte anos de minha convocação ao Vaticano para defender opiniões expressas no meu livro *Igreja: carisma e poder*. Com a distância do tempo, pode-se fazer um pequeno balanço do que tem significado tal acontecimento, que mobilizou a Igreja do Brasil e, de certa forma, também a Igreja universal, sem falar de sua incidência em minha própria vida pessoal e minha atividade teológica.

1. *Antecedentes: a polêmica acerca do livro*

Em 1981, a Editora Vozes de Petrópolis lançou o livro *Igreja: carisma e poder. Ensaios de eclesiologia militante*, de minha autoria. Nele se recolhiam treze ensaios escritos nos anos de 1970 e 1980, nos quais se procurava aplicar as intuições da teologia da libertação à situação interna da Igreja. É importante que a Igreja se comprometa com a libertação dos oprimidos na sociedade. Mas seu compromisso terá credibilidade aumentada se a própria Igreja tiver a coragem de reconhecer e superar os mecanismos de opressão vigentes dentro dela mesma. O livro questionava o exercício do poder da hierarquia na sua forma centralizada e autoritária, a falta de respeito aos direitos humanos, especialmente, em questões de opinião dentro da Igreja, a marginalização das mulheres e a falta de cidadania cristã dos leigos. O livro denunciava fatos, buscava causas e ousava apresentar alternativas possíveis a partir do capital teológico das Escrituras, da grande Tradição e da significativa experiência eclesial em curso com a Igreja da libertação no Brasil e na América Latina que eu havia caracterizado como uma eclesiogênese, quer dizer, a gênese de um novo tipo de Igreja.

O livro logo provocou polêmicas no Brasil que se prolongaram ao longo dos anos de 1982 e 1983. O Cardeal do Rio de Janeiro, Dom Eugênio Sales, acionou em 1982 a recém-criada Comissão Arquidiocesana para a Doutrina da Fé que acabou condenando o livro. Houve réplica e tréplica, e, ao cabo, o material e o livro foram enviados a Roma para a informação à Sagrada Congregação para a Doutrina da Fé, orgão oficial que zela pela ortodoxia católica. Sob esse nome positivo se esconden a antiga Santa Inquisição e o subsequente Santo Ofício, nomes carregados de conotações negativas e até aterradoras por sua história de incontáveis condenações e queimas de presumidos hereges e bruxas.

Com data de 15 de maio de 1984, o Cardeal Joseph Ratzinger, presidente da Sagrada Congregação, enviou-me carta de seis páginas onde se faziam pesadas críticas "a não poucas posições menos dignas de aceitação do livro *Igreja: carisma e poder*". E me convocava para um "colóquio" em Roma nos meses de junho ou julho do corrente ano de 1984.

A convocação representava fato inédito, pois todas as pendências teológicas no Brasil eram resolvidas no seio da CNBB (Conferência Nacional dos Bispos do Brasil), especialmente mediante a Comissão Episcopal de Doutrina.

Nos meios eclesiásticos brasileiros, suspeitava-se, com boas razões, que minha convocação não representava apenas um fato isolado e circunscrito ao livro em tela, mas significava um juízo crítico à própria Conferência Nacional dos Bispos, da qual eu era assessor teológico, e da teologia subjacente aos muitos documentos publicados pela Conferência, todos marcados pela abertura às questões sociais, pela ousadia profética na denúncia das injustiças (era o tempo da ditadura militar no Brasil) e pelo apoio corajoso aos movimentos sociais. Tal linha era vista como expressão da teologia da libertação, que desde o início preocupava o Vaticano.

Por causa destas ponderações, dois cardeais franciscanos, conhecidos por publicamente estarem comprometidos com a teologia da libertação, Dom Paulo Evaristo Arns, de São Paulo, e Dom Aloisio Lorscheider, de Fortaleza, decidiram acompanhar-me a Roma a fim de estarem ao meu lado no interrogatório.

Entendiam que a teologia é um bem da Igreja local e que, como pastores, deviam zelar por ele e testemunhar em seu favor. Ademais, haviam manifestado a convicção de que essa minha teologia fazia bem aos fiéis e à Igreja no Brasil e que, como pastores, queriam testemunhar tal fato. Se doutrinariamente houvesse algum erro nela, este deveria ser apontado pelas instâncias romanas e ser corrigido. Mas pastoralmente queriam testemunhar quão positivo era esse tipo de reflexão, agora posto em tela de juízo pela mais alta instância da Igreja.

Essa decisão dos cardeais brasileiros de me acompanhar a Roma causou espécie ao Cardeal Ratzinger, que não acolheu a ideia. Depois, em conversa direta com o Papa e com o Cardeal Secretário de Estado, Casaroli, os dois cardeais brasileiros conseguiram permissão para estarem presentes. Mas, para manter a tradição em tais julgamentos, criaram uma inovação. Haveria duas partes. Em uma primeira, eu seria interrogado pelo Cardeal Ratzinger a sós. Depois, em uma segunda parte, seriam introduzidos os dois cardeais. Desta forma, respeitava-se a posição do cardeal interrogador e ao mesmo tempo se atendia à pretensão dos cardeais brasileiros.

Marcou-se a data do interrogatório para o dia da Independência do Brasil, 7 de setembro. Entre a convocação em maio e essa data, pude preparar a defesa escrita que pode ser lida nos anexos desta edição de *Igreja: carisma e poder*. Usei todos os recursos da ciência teológica para fundamentar minhas posições e contei com o aconselhamento dos Cardeais já referidos e ainda do cardeal Primaz Dom Avelar Brandão Vilela, de Salvador da Bahia, conhecido por sua prudência, sabedoria e conhecimento da lógica das instâncias de poder no Vaticano.

Nesse tempo, recebi milhares e milhares de cartas de apoio, vindas do mundo inteiro, de simples cristãos, de intelectuais, de bispos e arcebispos, de comunidades e dioceses inteiras, de lugares distantes, como do Japão, da Coreia, das Filipinas, especialmente das milhares de comunidades eclesiais de base da América Latina e do Brasil. Grande parte destes testemunhos levei comigo a Roma para conhecimento do cardeal interrogador.

2. A chegada a Roma e a questão da teologia da libertação

Chego a Roma no dia 2 de setembro de 1984, sábado. Sou literalmente assaltado por jornalistas já na própria porta do avião e depois no salão de entrada do aeroporto. Aos jornalistas, apenas declaro: "Vim a Roma não como peregrino, nem como turista, nem como participante de algum congresso teológico. Vim convocado pelo prefeito da Congregação para a Doutrina da Fé. Terei de responder a questões suscitadas por ele e não por vocês, jornalistas. Estou na diocese do Papa, Roma. Por respeito a ele, falarei somente dentro da Sagrada Congregação."

Fiquei, efetivamente, escondido na Cúria Generalícia dos Franciscanos, que fica atrás do Vaticano. De minha janela, podia ver a imensa cúpula da Basílica de São Pedro, enquanto estudava o procedimento do interrogatório (*Ratio Agendi*) e preparava teologicamente as questões suscitadas na carta convocatória. Na portaria, o frade hospedeiro, em meu nome, gentilmente, recusava as centenas de pedidos de entrevistas para jornais, rádios, televisões de várias partes do mundo, o que não impedia que todos os dias se divulgassem matérias alusivas à minha convocação e seu significado para a teologia da libertação e para o engajamento da Igreja na América Latina contra as ditaduras militares, que cometiam sequestros, torturas e assassinatos de opositores a esses regimes.

O interesse da imprensa havia se acirrado porque no dia seguinte à minha chegada a Roma, no dia 3 de setembro de 1984, o Vaticano publicara a "Instrução sobre alguns aspectos da teologia da libertação", documento que formulava duras críticas a esse tipo de teologia elaborada por nós na América Latina. Eu mesmo havia sido, no âmbito da língua portuguesa, um dos fautores desta maneira de fazer teologia, comprometida com os oprimidos, contra sua opressão e em favor de sua libertação, especialmente com o livro *Jesus Cristo, libertador*, publicado em 1971.

A imprensa associara minha convocação a Roma e o "*colóquio*", com a publicação deste documento oficial condenatório. Eu seria, na leitura deles, o primeiro teólogo a ser enquadrado nas censuras oficiais. E isso deveria ser feito exemplarmente, como advertência aos demais teólogos da libertação.

Curiosamente, o principal representante da teologia da libertação, o peruano Gustavo Gutierrez, também fora convocado, uma semana depois de mim. Mas desta vez a estratégia seria diferente. Quem o julgaria seria a Conferência dos

Bispos do Peru, adrede convocada a Roma para cumprir essa espinhosa missão, assessorada poderosamente pelos teólogos da Sagrada Congregação. Lembro-me de ter encontrado, secretamente, Gustavo Gutiérrez, na casa de um amigo comum, brasileiro, trabalhando na FAO. Estava profundamente acabrunhado. Nunca sua feição de índio oprimido aparecia tão expressiva como agora. Ele considerava uma humilhação aos bispos peruanos o fato de eles serem obrigados a deslocar-se até Roma para julgá-lo, sob pressão da Congregação para a Doutrina da Fé, como se eles, como bispos, não fossem também mestres da fé e não tivessem autonomia e suficiente discernimento teológico para fazê-lo no Peru. Por outro lado, a profunda espiritualidade de Gustavo Gutiérrez não o deixava sucumbir àquela situação humilhante. Ele deixava transparecer sua confiança inabalável na verdade da causa dos pobres. Ela iria se manifestar no coração mesmo da Igreja, no Vaticano.

Com isso, na versão dos vaticanólogos, Roma fechava, completamente, o cerco à teologia latino-americana da libertação, dando às suas críticas um contexto da mais alta importância, pois envolvia as autoridades maiores do Vaticano.

Tal fato incidiu pesadamente sobre nós teólogos e sobre mim pessoalmente. Por sorte, pude contar com familiares que estavam em Roma e que me apoiaram psicológica e espiritualmente: meu irmão Frei Clodovis, também teólogo, que dava cursos no Marianum de Roma; Irmã Lina, que vivia há anos lá, a serviço de sua congregação; e Ruy, vivendo na Bélgica desde os anos 60 como professor de música na região de Chaumont-Gistoux e Louvain la Neuve. Com eles, fazíamos humor e pintávamos cenários hilariantes do "colóquio" para relativizar a dramaticidade da situação

3. O "colóquio" com o Cardeal Joseph Ratzinger em Roma

Dia 7 de setembro, sexta-feira, é o dia do interrogatório, chamado eufemisticamente pelas autoridades vaticanas de "colóquio". Cedo, por volta das sete horas, concelebro uma missa em uma capela da igreja da Cúria Generalícia dos Franciscanos, junto com os dois cardeais brasileiros. O clima era tenso, mas penetrado por um profundo sentido espiritual, pois não estávamos em Roma a passeio, e sim para responder a uma convocação. Na nossa compreensão, ela devia servir de oportunidade para mostrar às altas autoridades da Igreja central a força do evangelho no meio do povo através de uma teologia que assume seriamente a opção pelos pobres, contra a pobreza e em favor da vida e da libertação. Não era sem sentido que o interrogatório se fazia exatamente no dia em que no Brasil se celebrava a festa de sua independência política, proclamada há mais de um século, mas ainda por ser completada economicamente, de baixo para cima e de dentro para fora, a partir dos últimos. E a Igreja brasileira se sente no dever de cooperar nesta tarefa verdadeiramente messiânica.

Às 9h40min sou buscado pelos enviados da Sagrada Congregação. Vestido de hábito franciscano, despeço-me de meu superior maior, o norte-americano John Vaughn. Sou literalmente empurrado para dentro do carro, que sai em disparada para evitar a imprensa, que cercava o local. Seguimos em alta velocidade por vielas rumo ao Vaticano, até na contramão, para despistar os carros da imprensa que seguiam atabalhoadamente atrás. Entramos nos jardins do Vaticano, até pararmos diante de um imenso portão com grades de ferro em forma de espinhos. Com certo humor, digo aos dois que me acompanhavam, tensos e até humilhados: "É aqui a famosa sala de tortura da Inquisição?" Rimos descontraídos, enquanto nos dávamos amigáveis cotoveladas. O jornalista brasileiro Renato Machado, mais afoito, conseguiu penetrar nos jardins do Vaticano. Foi detido e ficou por lá, algumas horas, até ser liberado.

Na porta do elevador, encontro dois soberbos guardas suíços, festivamente vestidos. Abrem-me a porta, e ao chegar ao andar do interrogatório sou recebido, na porta do elevador, sorridentemente, pelo Sr. Cardeal J. Ratzinger, em solenes trajes cardinalícios. Saúdo-o em alemão. Atravessamos o imenso salão de grossos tapetes cinza e ornamentado nas paredes por grandes quadros renascentistas. No final, abria-se uma pequena porta que dava acesso à sala dos interrogatórios. Sombria e cercada de livros, criava uma atmosfera grave e lúgubre.

Antes de sentar-me na cadeira na qual se sentaram teólogos e pensadores mais ilustres que eu, como Galileo Galilei, Giordano Bruno e outros, mostrei ao cardeal a mala com milhares de apoios que recebera do mundo inteiro. Disse-lhe que não estava só, mas acompanhado por milhares de olhares, ouvidos e mentes, interessados no desfecho feliz daquele *imbroglio* que envolvia a questão dos pobres, a liberdade da teologia e a credibilidade da Igreja. O cardeal fez pouco-caso, dizendo que grande parte desses escritos era manipulada a partir de umas poucas pessoas. Levemente indignado, mostrei minha estranheza, pois esses poucos manipuladores deveriam ter um poder incomensurável de comunicação para levar um cristão da Sibéria, um bispo das Filipinas e uma comunidade indígena da Floresta Amazônica a manifestarem apoio a mim e à causa da teologia da libertação.

Sentamos à mesa, acompanhados por um notário, um teólogo argentino, Jorge Mejía. Ia começar o diálogo, quando atalhei o cardeal, dizendo: "Eminência, em nosso país e como cristãos, sempre começamos coisas importantes como esta com uma oração. Permito-me convidá-lo a rezar comigo." Ao que ele, nervosamente, tomou um folheto sobre a mesa e leu, meio apressadamente, como quem cumpre um rito, sem empenhar a alma, o *Veni Sancte Spiritus* (Vinde, Santo Espírito) em latim.

Sentados, discutimos que língua deveríamos usar: alemão, que ambos dominávamos; espanhol, que ele entendia bem; ou eventualmente até o latim. Ponderei que o ideal seria o português, pois, argumentei, se eu ofendera a fé em português, logicamente, seria nesta língua que iria fazer a minha defesa. Mas o cardeal não se sentia seguro nesta língua, última flor do Lácio. Pediu alternativas. Evitei o alemão, pois, sendo o alemão sua língua materna, ele teria mais desenvoltura que eu, que a aprendi a duras penas nos meus tempos de estudos em Munique. Preferi o espanhol onde sempre me sentia mais à vontade e era possivelmente superior ao cardeal.

Em seguida, o cardeal interrogador me deu ampla liberdade de escolher a forma de minha defesa. Podia aceitar um minucioso interrogatório, poderia ler parte de minha defesa escrita, ou poderia ler toda ela, mesmo que demorasse dois dias. Escolhi ler parte de minha defesa nos temas considerados relevantes.

Antes de passar à leitura das partes, fiz uma longa introdução sobre a realidade histórico-social do Brasil, a função da Igreja dentro dela e o lugar da reflexão teológica tentando articular o discurso da fé da Igreja com o discurso da sociedade. Em um contexto de clara opressão histórica, a missão dos cristãos deveria ser, consequentemente, libertadora. Somente desta forma cumpriria sua missão evangelizadora, de transformar a realidade de ruim em boa. Boa nova é esse dinamismo, e não simplesmente a proclamação dos textos evangélicos. A Igreja estava cumprindo esta sua missão religioso-social mediante sua imersão nas bases da sociedade, no universo dos pobres, permitindo surgir uma Igreja libertadora, Igreja-povo-de-Deus.

Cumpria sua missão incentivando as pastorais sociais na reivindicação, por terra, por teto, por saúde, por direitos e assim por adiante. Tudo, entretanto, filtrado pela mensagem evangélica. Em outras palavras, dizia eu, a libertação nasce como exigência da própria fé, herdeira de Jesus, que não morreu de velho na cama, mas crucificado, em pleno vigor de sua vida; nasce do coração da prática e da mensagem de Jesus, e não de alguma ideologia revolucionária. Recordo-me de ter dito que Marx não era nem pai nem padrinho da teologia da libertação, nascida, antes, sob inspiração dos profetas, do próprio Jesus histórico e de figuras como S. Francisco de Assis e João XXIII, que falou da Igreja dos pobres.

a) Que são as comunidades eclesiais de base?

Nisso, o cardeal me interrompeu e perguntou o que eram, na verdade, as comunidades eclesiais de base. Se não eram células políticas com forte presença de marxistas. Eu disse que as comunidades eclesiais são constituídas pelos pobres que são simultaneamente pobres e cristãos e católicos. E que fazem, de sua fé, força de libertação. Reúnem-se para matar duas fomes, a fome de Deus e a fome de justiça. Matam a fome de Deus pela oração e pela leitura comunitária da Palavra da revelação. Matam a fome de justiça elaborando a consciência de seus direitos, organizando-se e distribuindo entre os membros tarefas de melhoria das condições de vida. Com certo humor, acrescentei que, em certas comunidades, alguns marxistas pedem licença para participar. Tal fato deve ser entendido considerando o nosso contexto político sob pesada ditadura militar. Nestas circunstâncias, não podem se reunir e manter contato direto com o povo. Vão, então, às comunidades para sentir o clamor do povo oprimido. E aguentam horas de oração. E muitos se converteram, porque viram concretamente como a religião não precisa ser instrumento de alienação; ao contrário, surge como fator de conscientização e libertação.

b) Só a Igreja Católica é a Igreja de Cristo?

De resto, o cardeal se ateve a ouvir minha exposição com atenção e interesse. Em um determinado ponto, entretanto, estabeleceu-se uma verdadeira disputa teológica, cujas ressonâncias perduram até os dias de hoje.

Tratava-se da relação entre a Igreja de Cristo e a Igreja romano-católica, e as demais Igrejas cristãs. O Concílio Vaticano II conheceu uma evolução interna na elaboração desta espinhosa questão. Inicialmente, fazia uma afirmação de identidade pura e simples entre a Igreja de Cristo e a Igreja romano-católica: "a Igreja de Cristo *é* a Igreja Católica". Mas a consciência ecumênica criada pelo diálogo com as demais Igrejas e também o fato de existirem nelas tantos elementos eclesiais, como os sacramentos, da celebração a ceia do Senhor, o cultivo da Palavra de Deus, os vários ministérios, o compromisso com a justiça e a caridade, a manifesta santidade de muitos membros, fizeram com que se nuançasse a compreensão. Cortou-se o taxativo *é*, e em seu lugar se colocou a expressão *subsiste*. Então ficava assim formulada a doutrina, como aparece na "Lumen Gentium" nº 8: "A Igreja de Cristo *subsiste* na Igreja Católica". O sentido dos padres conciliares era estender o caráter de Igreja às demais denominações cristãs que comungam da mesma fé. Portanto, não há uma unidade compacta e linear entre a Igreja de Cristo e a Igreja Católica. A unidade é dinâmica e se realiza na forma de sombra e de fidelidade, como se diz no texto conciliar (nº 8). A Igreja de Cristo ganha forma concreta na Igreja romano-católica e se concretiza também, de um jeito próprio, nas demais Igrejas, portadoras que são da herança de Jesus. Essa era a tese do meu livro *Igreja: carisma e poder*, tese sustentada pela maioria dos teólogos católicos.

O Cardeal Ratzinger discordou completamente desta minha interpretação. Alegava que o *subsiste* tinha o sentido de subsistência. E a subsistência não se multiplica, é sempre una e indivisível. Portanto, devia-se manter a identidade entre o *é* e o *subsiste*. Eu, então, disse: por que os Padres conciliares fizeram a substituição de um termo pelo outro, depois de acaloradas discussões? Deve ter havido um sentido. E agreguei: as Atas Conciliares e o esclarecimento da Comissão Teológica do Concílio ratificam minha leitura. A discussão não prosseguiu, porque, abruptamente, ele interrompeu, dizendo: "eu estava na Comissão Teológica do Concílio e sei que assim foi entendida a expressão".

Dom Aloísio Lorscheider, que também participara desta Comissão, afiançou-me, mais tarde, que minha interpretação era a correta.

Esta questão, porém, não morreu aí. Posteriormente, em sucessivas intervenções oficiais, o cardeal voltou a condenar minha interpretação. Finalmente, na Declaração *Dominus Jesus* de 6 de agosto de 2000, um documento oficial de corte fundamentalista, anulando os cinquenta anos de trabalho ecumênico, a questão é retomada. Sem reticências, ele afirma que a Igreja romano-católica é a única Igreja de Cristo, enquanto as demais denominações têm somente elementos eclesiais (esse "somente" é um acréscimo do Cardeal Ratzinger, pois o Concílio diz positivamente que elas "têm muitos elementos"), e que, por isso, nem sequer deveriam ser chamadas de Igreja. Neste contexto, dedica-me um rodapé inteiro (o nº 56), geralmente reservado às autoridades da Tradição e aos documentos pontifícios, para voltar a me citar e condenar, alegando que aquilo que era opinião pessoal minha, expressa no livro *Igreja: carisma e poder*, havia se transformado, no entretempo, em opinião comum dos teólogos. Isso o urgia a recondenar a minha opinião, asseverando que eu "cometera subversão do significado do texto conciliar... base do relativismo eclesiológico", reinante hoje na reflexão cristã.

Esta renovada condenação me levou a pesquisar as Atas do Concílio e os comentários mais seguros dos teólogos. E, com toda a honestidade, pude comprovar, em um livro publicado apenas em alemão (*Manifest fur die Ökumene. Ein Streit mit Kardinal Ratzinger*, Patmos Verlag, Dusseldorf 2001) que fora ele, o cardeal, quem subvertera o sentido dos Padres Conciliares, e não eu, especialmente ao introduzir uma palavra no texto oficial, o "somente", negando assim o caráter de Igreja às demais comunidades cristãs não romano-católicas. A conclusão final de minha investigação, apoiada pela maioria da comunidade teológica, seja católica, seja protestante, é que tanto a Igreja Católica como todas as Igrejas e comunidades cristãs, em comunhão umas com as outras, formam a única Igreja de Cristo.

4. *O "colóquio" com os cardeais brasileiros*

Encerrada esta fase, que durou cerca de duas horas, seguiu-se, como fora acordado, o encontro com os cardeais brasileiros. Agregou-se a eles o secretário da Sagrada Congregação, o arcebispo Dom Alberto Bovone. O clima era de descontração, como se o pior já tivesse passado. Todos estavam sob o impacto da Instrução do Cardeal Ratzinger com elementos críticos e condenatórios da teologia da libertação, publicada quatro dias antes. O Cardeal Paulo Evaristo Arns, de São Paulo, foi logo direto, dizendo mais ou menos as seguintes palavras: "Sr. Cardeal Ratzinger: não gostamos de seu documento sobre a teologia da libertação.

Ele não representa a verdade que nós conhecemos. O que o senhor afirma existe apenas em cabeças amedrontadas que projetam distorções inexistentes. Parece que somente essas pessoas foram ouvidas. Para construir uma ponte, o senhor chamou um gramático que nada sabe de pontes, em vez de convocar um engenheiro, que sabe tudo de pontes. Queremos um outro documento, positivo, e que faça justiça aos teólogos."

E aí sugeriu ao Cardeal Ratzinger que, para a elaboração de um novo documento, em primeiro lugar se convidassem os engenheiros desta teologia, vale dizer, os teólogos que há anos vêm construindo essa maneira nova de fazer teologia, sempre a partir da pastoral e da prática da libertação. Em segundo lugar, fossem consultados os episcopados onde existe uma pastoral libertadora, pois assim se realçaria a dimensão eclesial e prática desta teologia. Por fim, dever-se-ia elaborar o novo documento em algum país do Terceiro Mundo, em contato vivo com a realidade e com as comunidades, pois, desta forma, o texto ganharia mordência e faria justiça à causa dos pobres. E sugeriu que eu e meu irmão Frei Clodovis, que estava em Roma, fizéssemos um desenho do que seria tal documento e o entregássemos à Sagrada Congregação. Efetivamente, trabalhamos dois dias seguidos no Marianum, onde estava hospedado meu irmão, e entregamos no edifício del Santo Officio, ao lado esquerdo do Vaticano, sede da Sagrada Congregação, os pontos principais de um futuro documento.

O Cardeal Ratzinger se sentia meio acuado e parecia que concordava timidamente com estes pontos. Mas foi ilusão de leitura, pois logo alegou que tinham poucos teólogos e que viviam atarefados com inúmeras tarefas, ligadas à preservação da fé, e que nunca fora praxe trabalhar desta forma. Aqui se constatava o visceral conservadorismo e burocratismo desta instituição, que, no fundo, teme o confronto com a vida, com medo de ter que mudar e que somente sabe de papéis, de relatórios e denúncias, longe da vida concreta dos teólogos, envolvidos com o povo, batizando, enterrando mortos, organizando comunidades e dando aulas nas faculdades e não simplesmente fazendo "subversão marxista" sob o pretexto de libertação.

Mas, com referência ao "colóquio" comigo, deixou claro aos cardeais brasileiros que a carta acusatória contra o livro *Igreja: carisma e poder* iria, de qualquer forma, ser publicada, e que seriam incorporados nessa publicação os eventuais pontos que ficaram esclarecidos no diálogo com ele. Depois de uma hora de conversação, cujo conteúdo não cabe aqui relembrar, gastamos certo tempo em elaborar um comunicado à imprensa dando conta do "colóquio". Que terminava pacificamente, com as palavras: "A conversação se desenvolveu num clima fraterno."

A significação maior da presença dos dois cardeais brasileiros foi, seguramente, a de testemunhar a eclesialidade da teologia elaborada no Brasil em contato orgânico com a caminhada da Igreja. Roma não é a única instância a decidir sobre questões de doutrina. Não basta a pura ortodoxia, quer dizer, a correção das fórmulas, é importante também a ortopraxia, a correta ação da Igreja, que deve ser evangelizadora e atualizadora da mensagem libertária de Jesus. E aí os bispos locais têm um testemunho insubstituível a dar, quebrando o monopólio de atuação do Vaticano.

Após o "colóquio", seguiu-se uma semana de entrevistas com os mais diferentes meios de comunicação, dado o interesse que a temática da Igreja e da libertação suscitara na opinião pública mundial. Até as televisões do Japão, da Finlândia, da Coreia e da Rússia mostraram interesse, ao que eu correspondi benevolamente.

Passados alguns meses, sucederam-se muitas palestras no Brasil e no exterior, sempre a convite de organizações, universidades, academias católicas (o caso da Alemanha) e grupos organizados das bases da Igreja. Aceitei sempre, sob a condição de não restringir os conteúdos ao meu problema pessoal, abordando, também, o tema da pobreza no mudo, da necessária justiça e do processo de libertação que leva a ela. Insistia firmemente que tais coisas se derivam da própria fé cristã quando confrontada com a situação real do mundo atual, especialmente do submundo dos pobres, e não de alguma ideologia revolucionária. Esse ponto é o que mais irrita ainda hoje os do Vaticano, pois, a ser verdade o que afirmamos, eles também deveriam ser pelos pobres e pela libertação, coisa que, manifestamente, não são. E não aceitam que estejam longe da herança do Jesus histórico, daquele que morreu na cruz e que ressuscitou para instaurar a insurreição contra aquele tipo de mundo que o levou à cruz.

5. *Lições a tirar*

Ser convocado à presença da mais alta instância doutrinária da Igreja não é um fato corriqueiro na biografia de um teólogo, ainda mais sendo periférico e produzindo teologia em condições tão distintas daquelas dos grandes centros metropolitanos de reflexão. Relembrando uma célebre palavra do poeta chileno Pablo Neruda, é certamente memorável e ao mesmo tempo dilacerante encarnar, por um momento, a razão e o destino de toda uma caminhada de pensamento e de prática eclesial com os pobres, e em razão disto estar na mira das autoridades oficiais, controladoras das doutrinas e dos meios de comunicação, interessados em fatos curiosos que fazem vender seus jornais e seus programas.

Subjetivamente, é muito oneroso sentir o peso da instituição secular da Igreja caindo sobre nossa cabeça, instituição que além do poder sagrado possui uma inegável significação simbólica, por estar ligada a valores que têm a ver com Deus, Jesus, os evangelhos e a comunidade de fé. Mais penoso ainda é sentir os limites humanos desta instituição, pois, não raro, a impressão que se tem é que ela está mais interessada na segurança do que na verdade, mais na manutenção da própria imagem do que em servir a causas dos humilhados e condenados da Terra.

Trava-se nos bastidores verdadeira luta de interesses que revelam mesquinharias pouco dignas de pessoas religiosas. Soube por um alto funcionário da própria Sagrada Congregação (eles sempre se escondem sob o anonimato) que, em maio de 1984, portanto, antes da instauração do processo doutrinário, um prelado brasileiro, ligado à Caritas, empenhava-se em Roma por uma condenação sumária do livro *Igreja: carisma e poder*. E insistia tanto, que chegou a ser importuno.

Outra fonte da Congregação, depois de tudo ocorrido, procurou-me na calada da noite para me confidenciar que, quando a carta do Cardeal Ratzinger contendo as críticas ao meu livro fora apresentada ao Papa para ser publicada, este perguntara ao cardeal: "mas já conversaram com o Padre Boff sobre o conteúdo desta carta?" Ao receber a resposta negativa, dissera o Papa: "Então, por favor, chamem o teólogo brasileiro e conversem com ele." Só então eu fora convocado ao Vaticano. Se não tivesse havido essa intervenção salvadora do Papa, a carta teria sido publicada com as críticas e condenações que contém. Eu teria perdido sumariamente a cátedra, o livro não teria sido editado, e eu jamais poderia ser convidado a encontros, retiros e assessorias, onde se manifesta a dinâmica viva da Igreja.

Um outro ponto importante a ser ressaltado é a corrente de solidariedade vinda de todas as camadas sociais, até da articulação nacional das mulheres marginalizadas (prostitutas) e de regiões distantes, como a Nova Zelândia e a Sibéria. Essa solidariedade era menos para mim do que para a causa dos pobres, de uma Igreja que opta preferencialmente por eles, por uma teologia que lhe dá centralidade. Essa solidariedade é um valor eclesiológico em si, pois representa uma forma de comunhão (*communio*) – a base que sustenta a Igreja e a comunidade eclesial.

Outro ponto é o significado da repercussão do fato, noticiado e comentado nos principais órgãos de comunicação do mundo. Através desta discussão, a opinião pública mundial entrou em contato com um outro tipo de Igreja, destituída de poder, simples, evangélica, profética, que faz corpo com os pobres e que, por isso, participa também um pouco do destino deles, que é o sofrimento, a maledicência e a perseguição dos poderosos de dentro da Igreja e da sociedade. Entrou em contato, também, com outro tipo de teologia, feita no sentido da libertação histórico-social dos pobres e não apenas para a edificação interna da galáxia eclesial. A teologia da libertação virou assunto de conversa nas ruas, nos bares e em rodas de intelectuais, como nos tempo antigos, quando, nos mercados, discutia-se se Cristo era semelhante a Deus ou era Deus mesmo encarnado. E havia até confusões públicas e mortes por causa destas questões.

A opinião pública captou o momento ético da questão da libertação: ela concerne às grandes maiorias da humanidade sofredora. Captou também a argumentação básica da teologia da libertação: os cristãos, pelo fato de serem cristãos e seguidores de Jesus de Nazaré, são urgidos a serem agentes de libertação e a assumirem a causa dos destituídos da História. A fonte de inspiração para o compromisso não reside tanto na tradição indignada e revolucionária da humanidade, mas no próprio capital da fé cristã. Ficou claro que é possível ser simultaneamente cristão e revolucionário. É possível uma teologia que nasce deste compromisso, que guarda seriedade em sua elaboração, fidelidade com a grande Tradição, e que traz uma contribuição social inegável, na medida em que mobiliza pessoas para se empenharem contra a injustiça social e em favor de mudanças estruturais nas relações humanas. A imagem de Deus que daí surge é facilmente compreensível aos homens críticos da modernidade, com boas razões cheios de suspeitas do discurso religioso, em grande parte legitimador do *status quo*. O Deus que aí emerge é o Deus mais interessado na justiça que no rito, mais ligado ao grito do oprimido que às louvações que sobem dos lábios dos piedosos, o Deus da vida e da ternura dos humildes, e não o Deus transcendente e indiferente aos destinos humanos.

Por fim, por mais excelsa que se considere a Igreja e solenes os seus altos funcionários, eles não deixam de ser humanos, marcados pelas limitações da condição humana. Bem o disse o grande teólogo francês Yves Congar, O.P., em minha defesa, no *La Croix* (8/09/84), um mês após o meu julgamento em Roma, com o título "O carisma do poder central". O carisma do poder central, diz Congar, é o de não ter nenhuma dúvida. "Ora, não ter nenhuma dúvida sobre si mesmo é, a um tempo, magnífico e terrível. É *magnífico* porque o carisma do centro consiste precisamente em permanecer firme quando tudo ao redor vacila. E é *terrível* porque em Roma estão homens que têm limites, limites em sua inteligência, limites no seu vocabulário, limites em suas referências, limites no seu ângulo de visão."

Essa palavra de Congar representa um testemunho de grande credibilidade, pois também ele sofreu atrozes perseguições da Congregação sob Pio XII. Consoante sua autobiografia, publicada após a sua morte, o cerceamento foi tão implacável, que ele pensou, seriamente, em suicidar-se. E somente não o fez por amor à sua mãe, com a qual tinha uma ligação especialmente terna, e aos confrades dominicanos com os quais partilhava o carisma e o estilo de vida.

Apesar destes limites, não nos é permitido vê-los na ótica do Grande Inquisidor, mas na perspectiva evangélica da compreensão e da misericórdia daqueles que procuram, em boa consciência, entre acertos e erros, servir à verdade, apesar do distanciamento e alienação dos percursos concretos e contraditórios da vida. No termo de tudo, à verdade cabe a última palavra. E ela se revelará um dia, julgando a todos.

Fui a Roma como teólogo franciscano e católico. Regressei como teólogo franciscano e católico. Mais experimentado e, seguramente, mais amadurecido com a renovada vontade de continuar no mistério da reflexão, da palavra falada e escrita, e com a consciência do servo do Evangelho, que, afinal, não fez outra coisa senão aquilo que simplesmente devia fazer (cf. Lc 17,10).

II. Leigo, teólogo e escritor

De regresso ao Brasil, depois do "colóquio" no Vaticano, retomei minhas atividades de sempre, como professor de teologia sistemática no Instituto Franciscano de Petrópolis, como editor responsável dos livros religiosos da Editora Vozes, como redator da *Revista Eclesiástica Brasileira* (*REB*), como animador da comunidade São João Batista, onde fica o lixão de Petrópolis, como assessor de comunidades eclesiais de base e movimentos sociais, e como escritor.

Em maio de 1985, entretanto, foi-me entregue em mãos no convento de Petrópolis, por um representante do Núncio Apostólico de Brasília, em forma de livreto, impresso na Poliglota Vaticana, a "Notificação sobre o livro *Igreja: carisma e poder*, ensaios de *eclesiologi militante*", com a conclusão da Comissão de Cardeais, aprovada pelo Papa João Paulo II, onde se dizia: "as opções analisadas de Frei Leonardo Boff são de tal natureza, que põem em perigo sã doutrina da fé, que esta mesma Congregação tem o dever de promover e tutelar".

Curiosamente, não se condena nenhuma sentença, não se diz que se fere alguma verdade de fé, não há nenhuma referência à heresia, apenas se diz que "as opções põem em risco a sã doutrina". E não consta que ela tenha caído sob o risco. As opções são decisões, portanto, atitudes de natureza ética. Estas são ajuizadas, e não, propriamente, doutrinas. Mas é essa a competência da Sagrada Congregação para a Doutrina da Fé? Ela não deve ater-se às doutrinas? Nesse sentido, como teólogos notaram, inaugura-se algo inédito na história do Magistério que até o momento analisava apenas doutrinas e, eventualmente, as condenava.

Passados alguns dias, foram-me impostas sanções, a saber: guardar "silêncio obsequioso" por tempo indeterminado, renunciar a dar palestras, participar de congressos e encontros, e publicar textos, sendo afastado do editorial da Editora Vozes, da direção da *Revista Eclesiástica Brasileira* e da cátedra de teologia.

Antes de entrar nesse silêncio penitencial, fiz publicar uma declaração nos seguintes termos:

"1. Declaro que não sou marxista. Como cristão e franciscano, sou a favor das liberdades, do direito de religião e da nobre luta pela justiça em direção a uma sociedade nova.

2. Reafirmo que o evangelho se destina a todos sem exceção. Entretanto, reconheço que este mesmo evangelho privilegia os pobres, porque eles constituem as maiorias sofredoras e são os preferidos de Deus, de Cristo e da Igreja.

3. Entendo que, em uma situação de opressão como a nossa, a missão da Igreja deve ser, sem equívocos, libertadora.

4. Estou convencido de que as medidas tomadas a meu respeito não anulam a necessidade de, em comunhão com o Magistério, continuarmos avançando na elaboração de uma autêntica teologia da libertação.

5. Caberá doravante às instâncias competentes fornecer maiores informações."

As restrições impostas pelo Vaticano foram acolhidas por mim, dizendo: "Prefiro caminhar com a Igreja a caminhar sozinho, com minha teologia." Caso me recusasse a acatá-las, haveria o risco de condenação tanto das comunidades eclesiais de base quanto da teologia da libertação.

Depois de onze meses, devido às muitas pressões sobre o Vaticano, sobre o Cardeal Ratzinger e diretamente sobre o Papa, na noite de Páscoa de 1986 fui liberado do silêncio obsequioso e das demais medidas restritivas. Permanecera entretanto um rígido esquema de censura prévia a tudo o que eu escrevia, tanto por parte da Ordem Franciscana quanto por parte da autoridade eclesiástica, encarregada de dar o "imprima-se" (*imprimatur*) aos textos.

Retomei todas as atividades anteriores, acolhendo muitos convites no Brasil e no exterior para falar das questões ligadas à teologia da libertação e da Igreja da base.

Durante a Eco-92 do Rio de Janeiro, entretanto, foi-me comunicado pelo Geral da Ordem Franciscana, Frei Hermann Schaluck, antigo colega de doutorado em Munique, de que novamente eu deveria me submeter ao silêncio obsequioso e renunciar ao ensino da teologia. Foi-me sugerido sair do país e do continente, podendo escolher conventos franciscanos na Ásia, nas Filipinas ou na Coreia. Mesmo nestes países, deveria me submeter ao silêncio e não teria licença de lecionar teologia.

Que fazer? A única arma do teólogo é a palavra falada e escrita. Também para ele valem os direitos humanos e o direito inalienável de se expressar.

Em razão disto, não sem dor, resolvi preservar minha liberdade. Renunciei ao ministério presbiteral e à vida comunitária com os franciscanos. Não deixei a Igreja, mas apenas uma função dentro dela. Continuei como teólogo e escritor, fazendo o que fazia, acompanhando as comunidades de base, publicando textos teológicos e espirituais e aprofundando a teologia da libertação em relação com a ecologia, pois não só os pobres gritam, mas também as águas, as florestas, os animais, enfim, a Terra, e juntos todos devem ser libertados. Assumi por concurso a cátedra de Ética, Filosofia da Religião e Ecologia Filosófica na Universidade do Estado do Rio de Janeiro (UERJ). E fui professor visitante em universidades estrangeiras, como Harvard, Basel e Heidelberg.

Ao tomar esta decisão, fiz publicar uma carta na imprensa na qual dava as razões de minha decisão. Ela resume minha trajetória.

Leonardo Boff
Petrópolis, 11 de março de 2004

Documento 6

Carta aos companheiros e companheiras de caminhada

Há momentos na vida em que uma pessoa, para ser fiel a si mesma, tem que mudar. Mudei. Não de batalha, mas de trincheira. Deixo o ministério presbiteral, mas não a Igreja. Afasto-me da Ordem franciscana, mas não do sonho terno e fraterno de São Francisco de Assis. Continuo e serei sempre teólogo, de matriz católica e ecumênica, a partir dos pobres, contra a sua pobreza e em favor de sua libertação.

Quero declinar aos companheiros e companheiras de caminhada as razões que me levaram a tal decisão.

De antemão, digo: saio para manter a liberdade e para continuar um trabalho que me estava sendo extremamente cerceado. Este trabalho tem significado a razão de minha luta nos últimos 25 anos. Não ser fiel às razões que dão sentido à vida significa perder a dignidade e diluir a sua própria identidade. Não o faço. E penso que Deus também não o quer.

Recordo a frase de José Martí, notável pensador cubano do século passado: "Não pode ser que Deus ponha na cabeça da pessoa um pensamento e que um bispo, que não é tanto como Deus, a proíba de expressá-lo."

Mas refaçamos um pouco a trajetória. A partir dos anos de 1970, junto com outros cristãos, tentei articular o evangelho com a injustiça social e o grito dos oprimidos com o Deus da vida. Disso resultou a teologia da libertação, a primeira teologia latino-americana de relevância universal. Através dela procurávamos resgatar o potencial libertador da fé cristã e atualizar "a memória perigosa" de Jesus, rompendo aquele círculo férreo que mantinha aqui o cristianismo cativo dos interesses dos poderosos.

Essa diligência nos levou à escola dos pobres e marginalizados. Fomos evangelizados por eles. Ficamos mais humanos e sensíveis à sua paixão. Mas também mais lúcidos na descoberta dos mecanismos que os fazem sempre e de novo sofrer. Da iracúndia sagrada, passamos à prática solidária e à reflexão comprometida.

Temos suportado, em comunhão com eles, a maledicência daqueles setores sociais que encontram no cristianismo tradicional um aliado na manutenção de seus privilégios, a pretexto da preservação da ordem, que é, para as grandes maiorias, pura e simplesmente desordem. Sofremos ao sermos acusados por nossos irmãos de fé de heresia e de mancomunação com o marxismo e vermos os laços da fraternidade rompidos publicamente.

Sempre sustentei a tese de que uma Igreja só é verdadeiramente solidária com a libertação dos oprimidos quando ela mesma, em sua vida interna, supera estruturas e hábitos que implicam a discriminação das mulheres, o rebaixamento dos leigos, a desconfiança ante as liberdades modernas e o espírito democrático e a demasiada concentração do poder sagrado nas mãos do clero.

Com frequência, fiz a seguinte reflexão, que aqui repito: O que é erro na doutrina sobre a Trindade, não pode ser verdade na doutrina sobre a Igreja. Na Trindade, ensina-se que não pode haver hierarquia. Todo o subordinacionismo é aí herético. As pessoas divinas, o Pai, o Filho e o Espírito Santo são de igual dignidade, de igual bondade e de igual poder. A natureza íntima da Trindade não é solidão, mas comunhão. A pericórese (o inter-retro-relacionamento) de vida e de amor entrelaça os divinos Três com tal radicalidade, que não temos três deuses, mas um só Deus-comunhão. Mas da Igreja se diz que é essencialmente hierárquica. E que a divisão entre clérigos e leigos é de instituição divina.

Não somos contra a hierarquia. Se hierarquia houver, porque esse pode ser um imperativo cultural legítimo, será sempre, num bom raciocínio teológico, hierarquia de serviços e de funções. Se assim não for, como afirmar, verdadeiramente, que a Igreja é o ícone-imagem da Trindade? Onde fica o sonho de Jesus de uma comunidade de irmãos e de irmãs, se há tantos que se apresentam como pais e mestres, quando Ele disse explicitamente que temos um só Pai e um só Mestre (cf. Mt 23,8-9)?

A atual forma de se organizar a Igreja (nem sempre foi assim na História) cria e reproduz mais desigualdades do que atualiza e viabiliza a utopia fraterna e igualitária de Jesus e dos Apóstolos.

Por tais e semelhantes postulações, que de resto se inserem na tradição profética do cristianismo e no ideário dos reformadores, a começar por Francisco de Assis, caí sob a severa vigilância por parte das autoridades doutrinárias do Vaticano. Diretamente ou por intermédias autoridades, essa vigilância foi, como um torniquete, mais e mais se fechando até tornar minha atividade teológica de professor, conferencista, assessor e escritor praticamente impossível.

Desde 1971, tenho recebido, frequentemente, cartas e admoestações, restrições e punições.

Não se diga que não colaborei. Respondia a todas as cartas. Negociei, por duas vezes, meu afastamento temporário da cátedra. Enfrentei o "diálogo" em Roma diante da mais alta autoridade doutrinária da Igreja romano-católica em 1984. Acolhi o texto de condenação de várias de minhas opiniões em 1985. E depois (contra o sentido do direito, pois havia me submetido a tudo) fui castigado com um período de "silêncio obsequioso". Aceitei, dizendo: "prefiro caminhar com a Igreja (dos pobres e das comunidades eclesiais de base) a caminhar sozinho com a minha teologia." Fui deposto da redação da Revista Eclesiástica Brasileira e afastado do Editorial da Editora Vozes. Impuseram-me um estatuto especial, fora do direito canônico, ao me obrigarem a submeter cada escrito à dupla censura prévia, uma interna da Ordem franciscana e a outra do bispo a quem cabe dar o imprimatur (imprima-se).

Tudo aceitei e a tudo me submeti. Entre 1991 e 1992, fechou-se ainda mais o cerco. Fui deposto da redação da revista Vozes (a mais antiga revista de cultura do Brasil, de 1904), foi imposta censura à Editora Vozes e a todas as revistas que aí se publicam. A mim se cobrou novamente a censura prévia sobre cada escrito, artigo ou livro. E ela foi aplicada com zelo. E por um tempo indeterminado eu deveria afastar-me do ensino comum da teologia.

A experiência subjetiva que colhi nestes vinte anos às voltas com o poder doutrinal do Vaticano é esta: ele é cruel e impiedoso. Nada esquece, nada perdoa, tudo cobra. E, para isso, se toma o tempo necessário e se dão os meios para atingir o seu fim: o enquadramento da inteligência teológica. Esse poder age diretamente ou usa instâncias intermediárias ou obriga os próprios irmãos de Ordem franciscana a executarem uma função que só cabe, pelo direito canônico, a quem é autoridade doutrinal (bispos e a Congregação para a Doutrina da Fé), pois a autoridade entre religiosos é somente fraterna.

A sensação que tenho é que cheguei diante de um muro. Não posso mais avançar. Retroceder implicaria sacrificar a própria dignidade e renunciar a uma luta de tantos anos.

Nem tudo vale na Igreja. E o próprio Jesus morreu para testemunhar que nem tudo vale neste mundo. Há limites intransponíveis, o direito, a dignidade e a liberdade da pessoa humana. Quem se abaixa continuamente acaba ficando encurvado e assim desumanizado. A Igreja hierárquica não detém o monopólio dos valores evangélicos nem a Ordem franciscana é a única herdeira do Sol de Assis. Existem ainda a comunidade cristã e a torrente de fraternura franciscana, nas quais me poderei situar em jovialidade e liberdade.

Antes de me amargurar, de ver destruídas em mim as bases humanas da fé e da esperança cristãs, e abalada a imagem evangélica de Deus-comunhão-de-pessoas, prefiro trocar de caminho. Não de direção. As motivações axiais que inspiraram minha vida continuarão inalteradas: a luta pelo Reino, que começa pelos pobres, a paixão pelo Evangelho, a com-paixão pelos sofredores deste mundo, o compromisso com a libertação dos oprimidos, a articulação entre o pensamento mais crítico com a realidade mais desumana e o cultivo da ternura por com cada ser da criação à luz da prática de S. Francisco de Assis.

Não deixarei de amar o caráter mistérico e sacramental da Igreja e compreender suas limitações históricas com a lucidez e a necessária tolerância.

Há inegavelmente uma crise grave na Igreja romano-católica atual. Duas atitudes básicas se confrontam duramente. A primeira crê na força da disciplina, e a segunda, na força intrínseca do curso das coisas. A primeira estima que a Igreja tem necessidade de ordem e, por isso, coloca todo o peso na obediência e no submetimento de todos. Essa atitude é majoritariamente assumida por setores hegemônicos da administração central da Igreja. A segunda acredita que a Igreja tem necessidade de libertar-se e por isso faz fé no Espírito que fermenta a história e nas forças vitais que, como o húmus, conferem fecundidade ao milenar corpo eclesial. Essa atitude é representada por setores importantes das Igrejas periféricas, do Terceiro Mundo e do Brasil.

Indiscutivelmente, eu me situo na segunda atitude, daqueles que fazem da fé a superação do medo, daqueles que têm esperança no futuro da flor sem defesa e nas raízes invisíveis que sustentam a árvore.

Irmãos e irmãs, companheiros de caminhada e de esperança: que este meu gesto não os desanime na luta por uma sociedade onde seja menos difícil a colaboração e a solidariedade, pois a isso nos convidam a prática de Jesus e o entusiasmo do Espírito. Ajudemos a Igreja institucional a ser mais evangélica, compassiva, humana e comprometida com a liberdade e a libertação dos filhos e filhas de Deus. Não andemos de costas para o futuro, mas com os olhos bem abertos para discernirmos no presente os sinais de um novo mundo que Deus quer, e, dentro dele, de um novo jeito de ser Igreja, comunional, popular, libertadora e ecumênica.

De minha parte, quero, com meu trabalho intelectual, empenhar-me na construção de um cristianismo indo-afro-americano, inculturizado nos corpos, nas peles, nas danças, nos sofrimentos, nas alegrias e nas línguas de nossos povos, como uma resposta ao evangelho de Deus ainda não plenamente dada depois de quinhentos anos de presença cristã no continente. Continuarei no sacerdócio universal dos fiéis, que é também uma expressão do sacerdócio do leigo Jesus como no-lo recorda o autor da epístola aos Hebreus (7,14; 8,4).

Não saio triste desta situação, mas tranquilizado, pois faço minha a poesia de nosso poeta maior, Fernando Pessoa:

"Valeu a pena?
Tudo vale a pena,
se a alma não é pequena."

Sinto que minha alma, com a graça de Deus, não foi pequena. Unido a todos na caminhada e na graça d'Aquele que conhece o segredo e o destino de todos os nossos caminhos, saúdo-os com o franciscano Paz e Bem.

Leonardo Boff
Petrópolis, 28 de junho de 1992.

Livros de Leonardo Boff

1 – *O Evangelho do Cristo Cósmico*. Petrópolis: Vozes, 1971. • Reeditado pela Record (Rio de Janeiro), 2008.
2 – *Jesus Cristo libertador*. Petrópolis: Vozes, 1972.
3 – *Die Kirche als Sakrament im Horizont der Welterfahrung*. Paderborn: Verlag Bonifacius-Druckerei, 1972 [Esgotado].
4 – *A nossa ressurreição na morte*. Petrópolis: Vozes, 1972.
5 – *Vida para além da morte*. Petrópolis: Vozes, 1973.
6 – *O destino do homem e do mundo*. Petrópolis: Vozes, 1973.
7 – *Experimentar Deus*. Petrópolis: Vozes, 2012 [Publicado em 1974 pela Vozes com o título *Atualidade da experiência de Deus*].
8 – *Os sacramentos da vida e a vida dos sacramentos*. Petrópolis: Vozes, 1975.
9 – *A vida religiosa e a Igreja no processo de libertação*. 2. ed. Petrópolis: Vozes/CNBB, 1975 [Esgotado].
10 – *Graça e experiência humana*. Petrópolis: Vozes, 1976.
11 – *Teologia do cativeiro e da libertação*. Lisboa: Multinova, 1976. • Reeditado pela Vozes, 1998.
12 – *Natal*: a humanidade e a jovialidade de nosso Deus. Petrópolis: Vozes, 1976.
13 – *Eclesiogênese* – As comunidades reinventam a Igreja. Petrópolis: Vozes, 1977. • Reeditado pela Record (Rio de Janeiro), 2008.
14 – *Paixão de Cristo, paixão do mundo*. Petrópolis: Vozes, 1977.
15 – *A fé na periferia do mundo*. Petrópolis: Vozes, 1978 [Esgotado].
16 – *Via-sacra da justiça*. Petrópolis: Vozes, 1978 [Esgotado].
17 – *O rosto materno de Deus*. Petrópolis: Vozes, 1979.

18 – *O Pai-nosso* – A oração da libertação integral. Petrópolis: Vozes, 1979.
19 – *Da libertação* – O teológico das libertações sócio-históricas. Petrópolis: Vozes, 1979 [Esgotado].
20 – *O caminhar da Igreja com os oprimidos*. Rio de Janeiro: Codecri, 1980. • Reeditado pela Vozes (Petrópolis), 1988.
21 – *A Ave-Maria* – O feminino e o Espírito Santo. Petrópolis: Vozes, 1980.
22 – *Libertar para a comunhão e participação*. Rio de Janeiro: CRB, 1980 [Esgotado].
23 – *Igreja*: carisma e poder. Petrópolis: Vozes, 1981. • Reedição ampliada: Ática (Rio de Janeiro), 1994; Record (Rio de Janeiro) 2005.
24 – *Crise, oportunidade de crescimento*. Petrópolis: Vozes, 2011 [Publicado em 1981 pela Vozes com o título *Vida segundo o Espírito*].
25 – *São Francisco de Assis* – ternura e vigor. Petrópolis: Vozes, 1981.
26 – *Via-sacra para quem quer viver*. Petrópolis: Vozes, 1991 [Publicado em 1982 pela Vozes com o título *Via-sacra da ressurreição*].
27 – *O livro da Divina Consolação*. Petrópolis: Vozes, 2006 [Publicado em 1983 com o título de *Mestre Eckhart*: a mística do ser e do não ter].
28 – *Ética e ecoespiritualidade*. Petrópolis: Vozes, 2011 [Publicado em 1984 pela Vozes com o título *Do lugar do pobre*].
29 – *Teologia à escuta do povo*. Petrópolis: Vozes, 1984 [Esgotado].
30 – *A cruz nossa de cada dia*. Petrópolis: Vozes, 2012 [Publicado em 1984 pela Vozes com o título *Como pregar a cruz hoje numa sociedade de crucificados*].
31 – (com Clodovis Boff) *Teologia da Libertação no debate atual*. Petrópolis: Vozes, 1985 [Esgotado].
32 – *A Trindade e a sociedade*. Petrópolis: Vozes, 2014 [publicado em 1986 com o título *A Trindade, a sociedade e a libertação*].
33 – *E a Igreja se fez povo*. Petrópolis: Vozes, 1986 (esgotado). • Reeditado em 2011 com o título *Ética e ecoespiritualidade*, em conjunto com *Do lugar do pobre*.
34 – (com Clodovis Boff) *Como fazer Teologia da Libertação?* Petrópolis: Vozes, 1986.
35 – *Die befreiende Botschaft*. Friburgo: Herder, 1987.
36 – *A Santíssima Trindade é a melhor comunidade*. Petrópolis: Vozes, 1988.
37 – (com Nelson Porto) *Francisco de Assis* – homem do paraíso. Petrópolis: Vozes, 1989. • Reedição modificada em 1999.
38 – *Nova evangelização*: a perspectiva dos pobres. Petrópolis: Vozes, 1990 [Esgotado].

39 – *La misión del teólogo em la Iglesia*. Estella: Verbo Divino, 1991.
40 – *Seleção de textos espirituais*. Petrópolis: Vozes, 1991 [Esgotado].
41 – *Seleção de textos militantes*. Petrópolis: Vozes, 1991 [Esgotado].
42 – *Con La libertad del Evangelio*. Madri: Nueva Utopia, 1991.
43 – *América Latina*: da conquista à nova evangelização. São Paulo: Ática, 1992 [Esgotado].
44 – *Ecologia, mundialização e espiritualidade*. São Paulo: Ática, 1993. • Reeditado pela Record (Rio de Janeiro), 2008.
45 – (com Frei Betto) *Mística e espiritualidade*. Rio de Janeiro: Rocco, 1994. • Reedição revista e ampliada pela Vozes (Petrópolis), 2010.
46 – *Nova era*: a emergência da consciência planetária. São Paulo: Ática, 1994. • Reeditado pela Sextante (Rio de Janeiro) em 2003 com o título de *Civilização planetária*: desafios à sociedade e ao cristianismo [Esgotado].
47 – *Je m'explique*. Paris: Desclée de Brouwer, 1994.
48 – (com A. Neguyen Van Si) *Sorella Madre Terra*. Roma: Ed. Lavoro, 1994.
49 – *Ecologia* – Grito da terra, grito dos pobres. São Paulo: Ática, 1995. • Reeditado pela Record (Rio de Janeiro) em 2015.
50 – *Princípio Terra* – A volta à Terra como pátria comum. São Paulo: Ática, 1995 [Esgotado].
51 – (org.) *Igreja*: entre norte e sul. São Paulo: Ática, 1995 [Esgotado].
52 – (com José Ramos Regidor e Clodovis Boff) *A Teologia da Libertação*: balanços e perspectivas. São Paulo: Ática, 1996 [Esgotado].
53 – *Brasa sob cinzas*. Rio de Janeiro: Record, 1996.
54 – *A águia e a galinha*: uma metáfora da condição humana. Petrópolis: Vozes, 1997.
55 – *A águia e a galinha*: uma metáfora da condição humana. Edição comemorativa – 20 anos. Petrópolis: Vozes, 2017.
56 – (com Jean-Yves Leloup, Pierre Weil, Roberto Crema) *Espírito na saúde*. Petrópolis: Vozes, 1997.
57 – (com Jean-Yves Leloup, Roberto Crema) *Os terapeutas do deserto* – De Fílon de Alexandria e Francisco de Assis a Graf Dürckheim. Petrópolis: Vozes, 1997.
58 – *O despertar da águia*: o dia-bólico e o sim-bólico na construção da realidade. Petrópolis: Vozes, 1998.

59 – *O despertar da águia*: o dia-bólico e o sim-bólico na construção da realidade. Edição especial. Petrópolis: Vozes, 2017.

60 – *Das Prinzip Mitgefühl* – Texte für eine bessere Zukunft. Friburgo: Herder, 1999.

61 – *Saber cuidar* – Ética do humano, compaixão pela terra. Petrópolis: Vozes, 1999.

62 – *Ética da vida.* Brasília: Letraviva, 1999. • Reeditado pela Record (Rio de Janeiro), 2009.

63 – *Coríntios* – Introdução. Rio de Janeiro: Objetiva, 1999 (Esgotado).

64 – *A oração de São Francisco*: uma mensagem de paz para o mundo atual. Rio de Janeiro: Sextante, 1999. • Reeditado pela Vozes (Petrópolis), 2014.

65 – *Depois de 500 anos*: que Brasil queremos? Petrópolis: Vozes, 2000 [Esgotado].

66 – *Voz do arco-íris.* Brasília: Letraviva, 2000. • Reeditado pela Sextante (Rio de Janeiro), 2004 [Esgotado].

67 – (com Marcos Arruda) Globalização: desafios socioeconômicos, éticos e educativos. Petrópolis: Vozes, 2000.

68 – *Tempo de transcendência* – O ser humano como um projeto infinito. Rio de Janeiro: Sextante, 2000. • Reeditado pela Vozes (Petrópolis), 2009.

69 – (com Werner Müller) *Princípio de compaixão e cuidado.* Petrópolis: Vozes, 2000.

70 – *Ethos mundial* – Um consenso mínimo entre os humanos. Brasília: Letraviva, 2000. • Reeditado pela Record (Rio de Janeiro) em 2009.

71 – *Espiritualidade* – Um caminho de transformação. Rio de Janeiro: Sextante, 2001. • Reeditado pela Mar de Ideias (Rio de Janeiro) em 2016.

72 – *O casamento entre o céu e a terra* – Contos dos povos indígenas do Brasil. São Paulo: Salamandra, 2001. • Reeditado pela Mar de Ideias (Rio de Janeiro) em 2014.

73 – *Fundamentalismo.* Rio de Janeiro: Sextante, 2002. • Reedição ampliada e modificada pela Vozes (Petrópolis) em 2009 com o título *Fundamentalismo, terrorismo, religião e paz.*

74 – (com Rose Marie Muraro) *Feminino e masculino*: uma nova consciência para o encontro das diferenças. Rio de Janeiro: Sextante, 2002. • Reeditado pela Record (Rio de Janeiro), 2010.

75 – *Do iceberg à arca de Noé*: o nascimento de uma ética planetária. Rio de Janeiro: Garamond, 2002. • Reeditado pela Mar de Ideias (Rio de Janeiro), 2010.

76 – *Crise*: oportunidade de crescimento. Campinas: Verus, 2002. • Reeditado pela Vozes (Petrópolis) em 2011.

77 – (com Marco Antônio Miranda) *Terra América*: imagens. Rio de Janeiro: Sextante, 2003 [Esgotado].

78 – *Ética e moral*: a busca dos fundamentos. Petrópolis: Vozes, 2003.

79 – *O Senhor é meu Pastor*: consolo divino para o desamparo humano. Rio de Janeiro: Sextante, 2004. • Reeditado pela Vozes (Petrópolis), 2013.

80 – *Responder florindo*. Rio de Janeiro: Garamond, 2004 [Esgotado].

81 – *Novas formas da Igreja*: o futuro de um povo a caminho. Campinas: Verus, 2004 [Esgotado].

82 – *São José*: a personificação do Pai. Campinas: Verus, 2005. • Reeditado pela Vozes (Petrópolis), 2012.

83 – *Un Papa difficile da amare*: scritti e interviste. Roma: Datanews Ed., 2005.

84 – *Virtudes para um outro mundo possível* – Vol. I: Hospitalidade: direito e dever de todos. Petrópolis: Vozes, 2005.

85 – *Virtudes para um outro mundo possível* – Vol. II: Convivência, respeito e tolerância. Petrópolis: Vozes, 2006.

86 – *Virtudes para um outro mundo possível* – Vol. III: Comer e beber juntos e viver em paz. Petrópolis: Vozes, 2006.

87 – *A força da ternura* – Pensamentos para um mundo igualitário, solidário, pleno e amoroso. Rio de Janeiro: Sextante, 2006. • Reeditado pela Mar de Ideias (Rio de Janeiro) em 2012.

88 – *Ovo da esperança*: o sentido da Festa da Páscoa. Rio de Janeiro: Mar de Ideias, 2007.

89 – (com Lúcia Ribeiro) *Masculino, feminino*: experiências vividas. Rio de Janeiro: Record, 2007.

90 – *Sol da esperança* – Natal: histórias, poesias e símbolos. Rio de Janeiro: Mar de Ideias, 2007.

91 – *Homem*: satã ou anjo bom. Rio de Janeiro: Record, 2008.

92 – (com José Roberto Scolforo) *Mundo eucalipto*. Rio de Janeiro: Mar de Ideias, 2008.

93 – *Opção Terra*. Rio de Janeiro: Record, 2009.

94 – *Meditação da luz*. Petrópolis: Vozes, 2010.

95 – *Cuidar da Terra, proteger a vida*. Rio de Janeiro: Record, 2010.
96 – *Cristianismo*: o mínimo do mínimo. Petrópolis: Vozes, 2011.
97 – *El planeta Tierra*: crisis, falsas soluciones, alternativas. Madri: Nueva Utopia, 2011.
98 – (com Marie Hathaway) *O Tao da Libertação* – Explorando a ecologia da transformação. 2. ed. Petrópolis: Vozes, 2012.
99 – *Sustentabilidade*: O que é – O que não é. Petrópolis: Vozes, 2012.
100 – *Jesus Cristo Libertador*: ensaio de cristologia crítica para o nosso tempo. Petrópolis: Vozes, 2012 [Selo Vozes de Bolso].
101 – *O cuidado necessário*: na vida, na saúde, na educação, na ecologia, na ética e na espiritualidade. Petrópolis: Vozes, 2012.
102 – *As quatro ecologias: ambiental, política e social, mental e integral*. Rio de Janeiro: Mar de Ideias, 2012.
103 – *Francisco de Assis* – Francisco de Roma: a irrupção da primavera? Rio de Janeiro: Mar de Ideias, 2013.
104 – *O Espírito Santo* – Fogo interior, doador de vida e Pai dos pobres. Petrópolis: Vozes, 2013.
105 – (com Jürgen Moltmann) *Há esperança para a criação ameaçada?* Petrópolis: Vozes, 2014.
106 – *A grande transformação*: na economia, na política, na ecologia e na educação. Petrópolis: Vozes, 2014.
107 – *Direitos do coração* – Como reverdecer o deserto. São Paulo: Paulus, 2015.
108 – *Ecologia, ciência, espiritualidade* – A transição do velho para o novo. Rio de Janeiro: Mar de Ideias, 2015.
109 – *A Terra na palma da mão* – Uma nova visão do planeta e da humanidade. Petrópolis: Vozes, 2016.
110 – (com Luigi Zoja) *Memórias inquietas e persistentes de L. Boff*. São Paulo: Ideias & Letras, 2016.
111 – (com Frei Betto e Mario Sergio Cortella) *Felicidade foi-se embora?* Petrópolis: Vozes Nobilis, 2016.
112 – *Ética e espiritualidade* – Como cuidar da Casa Comum. Petrópolis: Vozes, 2017.
113 – *De onde vem?* – Uma nova visão do universo, da Terra, da vida, do ser humano, do espírito e de Deus. Rio de Janeiro: Mar de Ideias, 2017.

114 – *A casa, a espiritualidade, o amor.* São Paulo: Paulinas, 2017.

115 – (com Anselm Grün) *O divino em nós.* Petrópolis: Vozes Nobilis, 2017.

116 – *O livro dos elogios*: o significado do insignificante. São Paulo: Paulus, 2017.

117 – *Brasil* – Concluir a refundação ou prolongar a dependência? Petrópolis: Vozes, 2018.

118 – *Reflexões de um velho teólogo e pensador.* Petrópolis: Vozes, 2018.

119 – *A saudade de Deus* – A força dos pequenos. Petrópolis: Vozes, 2020.

120 – *Covid-19 – A Mãe Terra contra-ataca a Humanidade*: Advertências da pandemia. Petrópolis: Vozes, 2020.

121 – *O doloroso parto da Mãe Terra* – Uma sociedade de fraternidade sem fronteiras e de amizade social. Petrópolis: Vozes, 2021.

122 – *Habitar a Terra* – Qual o caminho para a fraternidade universal? Petrópolis: Vozes, 2021.

123 – *O pescador ambicioso e o peixe encantado* – A busca pela justa medida. Petrópolis: Vozes, 2022.

124 – *Igreja: carisma e poder* – Ensaios de eclesiologia militante. Petrópolis: Vozes, 2022.

Conecte-se conosco:

facebook.com/editoravozes

@editoravozes

@editora_vozes

youtube.com/editoravozes

+55 24 2233-9033

www.vozes.com.br

Conheça nossas lojas:

www.livrariavozes.com.br

Belo Horizonte – Brasília – Campinas – Cuiabá – Curitiba
Fortaleza – Juiz de Fora – Petrópolis – Recife – São Paulo

EDITORA VOZES

VOZES NOBILIS

Vozes de Bolso

Vozes Acadêmica

EDITORA VOZES LTDA.
Rua Frei Luís, 100 – Centro – Cep 25689-900 – Petrópolis, RJ
Tel.: (24) 2233-9000 – E-mail: vendas@vozes.com.br